AX STRATEGY MASTER CLASS

AX 전략 마스터클래스

초판 1쇄 발행 2025년 11월 11일

지은이 변형균

펴낸이 조기흠
총괄 이수동 / **책임편집** 박의성 / **기획편집** 최진, 유지윤, 이지은
마케팅 박태규, 임은희, 김예인, 김선영 / **제작** 박성우, 김정우
디자인 필요한 디자인

펴낸곳 한빛비즈(주) / **주소** 서울시 서대문구 연희로2길 76 5층
전화 02-325-5506 / **팩스** 02-326-1566
등록 2008년 1월 14일 제25100-2017-000062호

ISBN 979-11-5784-836-2 13320

이 책에 대한 의견이나 오탈자 및 잘못된 내용은 출판사 홈페이지나 아래 이메일로 알려주십시오.
파본은 구매처에서 교환하실 수 있습니다. 책값은 뒤표지에 표시되어 있습니다.

🏠 hanbitbiz.com ✉ hanbitbiz@hanbit.co.kr ▮ facebook.com/hanbitbiz
▮ blog.naver.com/hanbit_biz ▶ youtube.com/한빛비즈 ◉ instagram.com/hanbitbiz

Published by Hanbit Biz, Inc. Printed in Korea
Copyright ⓒ 2025 변형균 & Hanbit Biz, Inc.
이 책의 저작권과 출판권은 변형균과 한빛비즈(주)에 있습니다.
저작권법에 의해 보호를 받는 저작물이므로 무단 복제 및 무단 전재를 금합니다.

지금 하지 않으면 할 수 없는 일이 있습니다.
책으로 펴내고 싶은 아이디어나 원고를 메일(hanbitbiz@hanbit.co.kr)로 보내주세요.
한빛비즈는 여러분의 소중한 경험과 지식을 기다리고 있습니다.

AX 전략 마스터클래스

변형균 지음

비즈니스의 미래를
새로 쓰고 있는
18개 글로벌 기업
AI 대전환의 원칙

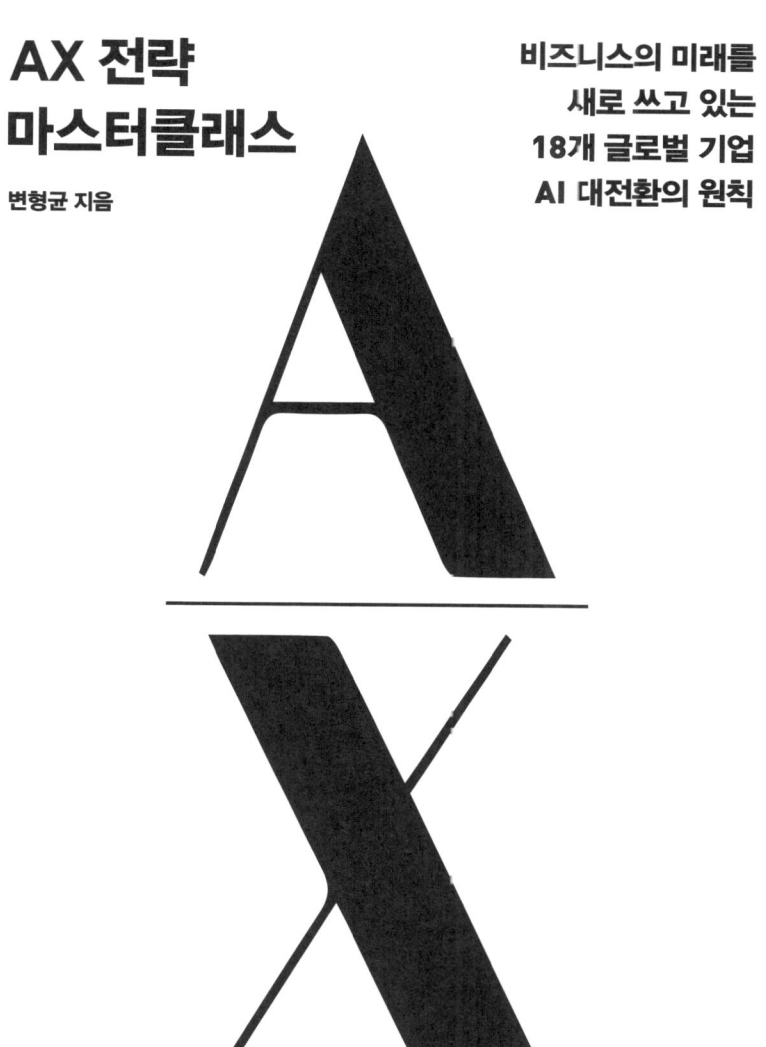

AX STRATEGY MASTER CLASS

한빛비즈

프롤로그
기계의 일과 리더의 일

새벽 5시. 사무실 불은 꺼져 있었지만 책상 위 노트북 화면은 여전히 빛나고 있었다. 하루 전까지만 해도 보지 않아도 될 것 같았던 AI 뉴스들이 오늘은 유난히 날카롭게 마음을 파고들었다. 'AI가 설계한 건축, AI가 집도한 수술, AI가 쓴 소설…' 마우스 휠을 돌릴 때마다 머릿속의 어떤 문장은 점점 또렷해졌다. '지금 내가 결정하지 않으면, 우리 회사의 미래는 누군가의 알고리즘 속에서 정해질 것이다.'

창밖으로는 첫 지하철이 지나가는 진동이 느껴졌다. 시간은 흐르고 있었지만, 그가 내려야 할 결정의 방향은 여전히 안개 속이었다. 멈추기도, 뛰어들기도 두려운 이 순간, 그는 깨달았다.

"리더의 일은 기계가 대신할 수 없는 불확실성 속에서 길을 찾는 것이다."

지금 수많은 리더가 서 있는 자리는 기계가 대신해줄 수 없는 선택의 자리다.

매일 쏟아지는 AI 뉴스와 달리, 실제 기업 현장에서는 리더들의 고민이 깊어지고 있다. 여러 조사 결과가 보여주듯, 많은 CEO가 AI 도입과 관련해 전략적 확신보다는 "무엇을 어떻게 해야 할지 모르겠다"라는 불확실성을 느끼고 있다. 기술 변화 속도는 기하급수적인데, 경영진의 이해와 준비는 여전히 선형적 속도에 머물러 있다.

AI의 진화 속도는 가팔라졌다. 생성형 AI는 텍스트에서 이미지로, 이미지에서 동영상으로, 동영상에서 3D 모델로 확장되었다. AI는 코드를 작성하고, 음악을 만들고, 심지어 새로운 AI를 설계하기 시작했다.

무어의 법칙을 넘어선 지수적 발전이 현실이 되었다. 18개월마다 성능이 2배가 되는 시대가 아니라. 6개월마다 과거에는 불가능했던 능력이 등장하는 시대가 되었다. 불과 2~3년 만에 벌어진 변화다. 그러나 많은 기업은 여전히 2~3년 계획으로 AI 전략을 수립한다. 계획을 완성하는 순간, 이미 게임의 규칙이 바뀌어 있는 상황이 반복되고 있다.

한 대기업 전략기획실장은 이렇게 말했다.

"우리가 AI 로드맵을 완성할 즈음이면, 그 로드맵은 이미 구식이 되어 있다. 그러나 계획 없이 나아가기에는 위험이 너무 크다."

하버드비즈니스스쿨의 마르코 이안시티와 카림 라카니 교수는 오늘날 리더들이 직면한 근본적 딜레마를 날카롭게 지적한다.

전통적 운영 모델은 선형적 성장을 전제로 설계되었다. 고객이 늘면 매출이 비례적으로 증가하고, 직원이 늘면 처리 능력이 선형적으로 향상되는 구조다. 예측 가능하고 안정적이지만, 성장의 한계는 명확하다. 반면 AI 기반 디지털 운영 모델은 지수적 성장이 가능하다. 참여자가 증가할수록 모든 참여자에게 더 큰 가치를 제공하는 네트워크 효과가 작동하기 때문이다. 그러나 이 전환점에 도달하기까지는 상당한 시간과 투자가 필요하며, 실패의 위험도 크다.

가장 중요한 것은 임계점tipping point의 존재다. AI 기반 디지털 운영 모델은 초기에는 전통적 모델보다 효율이 낮을 수 있다. 그러나 일정한 임계점을 넘어서면 성장 곡선이 폭발적으로 상승한다.

문제는 이 시점이 언제 올지 예측하기 어렵다는 것이다. 너무 일찍 시작하면 과도한 비용과 위험을 감수해야 하고, 너무 늦게 시작하면 이미 경쟁자는 임계점을 넘어버린 뒤일 수 있다.

지난 2년간 다양한 업계의 CEO와 임원들을 만나면서 들었던 이야기는 놀랍도록 비슷했다.

첫째, 기술 이해의 한계였다. AI가 중요하다는 것은 알지만, 무엇을 어떻게 해야 할지 모르겠다는 고백이 가장 많았다. 한 제조업 CEO는 이렇게 말했다. "LLM, 머신러닝, 딥러닝, 생성형 AI… 용어는 쏟아지는데, 이걸 우리 공장에 어떻게 적용해야 할지 감이 안 온다."

둘째는 보안과 신뢰성 우려였다. 금융권의 한 임원은 직원들이 개인적으로는 챗GPT를 잘 쓰지만, 회사 업무에 도입하기에는 보안이 너무 걱정된다고 토로했다. 특히 규제 산업일수록 이런 문턱이 높았다.

셋째, ROI의 불확실성이었다. "AI 투자가 진정한 수익으로 이어질까?"라는 의문이었다. 한 유통업체 대표는 "비용 절감 효과는 계산할 수 있지만, 처음에 들어가는 비용이 워낙 크고 성과가 나올 시점도 불확실하다"며 "투자 대비 수익을 어떻게 보장하라는 것인가?"라고 물었다.

마지막은 조직 변화 부담이었다. "기술보다 더 어려운 것이 사람"이라는 말을 수없이 들었다. "AI로 업무가 바뀌면 직원들이 저항할 텐데, 이를 어떻게 관리해야 할까?"

그래서 필요한 것은 살아 있는 사례다.

불확실성과 우려 속에서 리더들은 실용적이고 검증된 성공 사례를 찾는다. 이 책은 그 절실한 필요에서 출발했다.

이 책은 유통·소매에서 의료·제약까지 10개 핵심 산업에 걸친 18개 글로벌 기업의 실제 사례를 통해 답을 찾아간다. 월마트와 테슬라는 어떻게 AI와 인간의 경계선을 그었는가? JP모건과 메이요클리닉은 효율성과 신뢰 사이에서 어떤 선택을 내렸는가? 어도비와 세일즈포스는 창작자와 고객 관계를 어떻게 재정의했는가? 각 기업이 처한 상황과 내린 결정은 모두 다르지만, 그 속에서 공통된 패턴과 교훈을 발견할 수 있을 것이다. 어떤 기업은 급진적 변화를 선택했고, 어떤 기업은 점진적 적응을 택했다. 어떤 리더는 AI를 무기로 활용했고, 어떤 리더는 인간 가치를 지키는 방패로 사용했다.

정답은 없다. 기업마다 상황, 가치, 자원이 다르기 때문이다. 그러나 다른 이들의 경험에서 추출할 수 있는 패턴과 원칙은 존재한다.

전통적 운영 모델의 안전함을 넘어, 지수적 성장의 가능성에 도전하는 것.

그 여정의 지도가 바로 이 책이다.

이 책을 읽는 동안 당신은 수많은 질문과 마주하게 될 것이다. 그러나 그것은 피할 수 없는 질문이다. AI가 이미 우리의 일과 삶을 바꾸고 있는 지금, 선택을 미루는 것은 선택을 포기하는 것과 같다. 기계는 데이터로 답을 찾지만, 리더의 일은 모호함 속에서 길을 찾는 것이다. 쉬운 질문은 하나도 없다. 이제 당신의 선택이 시작된다.

추천사

AI와 자동화는 더 이상 먼 미래가 아니라 농업과 제조업의 현장에서 이미 현실이 되었다. 우리 산업의 근간을 이루는 농기계 역시 단순한 기계가 아니라 데이터와 알고리즘이 결합해 스스로 사고하고 판단할 수 있는 AI 로봇으로 진화하고 있다. 그리고 대동은 이러한 흐름을 이끌기 위해 78년 농기계 제조 역량을 AI 기반 미래 농업 솔루션으로 전환하는 AX를 추진해왔다. 생각하는 능력을 갖춘 기계가 만들어내는 유례없는 변화를 K-농업 대전환의 기회로 삼기 위해 노력하고 있는 것이다.

불확실성의 시대, 리더들이 어떤 결정을 내려야 하는지, 그리고 무엇을 지켜야 하는지를 분명하게 알려주는 나침반을 우리는 어디서 찾을 수 있을까? 글로벌 선도 기업들의 실제 사례를 통해 AI가 어떻게 일과 리더십을 바꾸고 있는지 보여주며, 오늘의 리더들에게 피할 수 없는 질문을 던지는 이 책이 AI 전환의 최전선에서 고민하는 모든 리더에게 AI 시대의 '첫 번째 강의'가 되어줄 것이다.

_원유현(대동 부회장)

노동의 역사를 들여다보면 수렵 시대에는 강하고 빠른 자가 배불리 먹었고, 농경 시대는 땅을 소유하고 안정적 노동력을 보유한 자가 번성했으며, 산업화 시대에는 자본 및 기계를 가진 자가 성공했다. 현대 사회로 넘어와서는 지식과 전문성이 가치 창출의 원동력이었는데, AI가 본격화된 이래로 차별화 요소가 바뀌기 시작했다.

그렇다면 AI 시대, 인간의 일은 어떻게 바뀌고 우리는 무엇을 준비해야 할까? 저자는 다양한 사례로 큰 그림을 제시하고, 풍부한 경험으로 설득력 있는 미래를 보여준다. 일의 미래 지도가 궁금한 리더들에게 일독을 권한다.

_이중학(동국대학교 경영학과 교수)

차례

프롤로그 기계의 일과 리더의 일 … 4
추천사 … 9

1부 변화의 지도

1장 AI가 일의 구조를 바꾸는 4단계 … 16
2장 일의 구조가 해체되는 7가지 신호 … 41

2부 진화하는 기계와 인간이 일하는 방식

3장 유통·소매: 기술 혁명의 위협과 대응 … 56
    01 월마트: 물리적 인프라와 AI 기술의 전략적 통합 … 58
    02 타깃: 전통 리테일러의 AI 생존 전략 … 74
    03 베스트바이: AI로 전문성을 증강하는 리테일의 미래 … 89
    04 홈디포: AI로 구현하는 지식 민주화의 이중 엔진 … 107

4장 기술·플랫폼:
    도구에서 파트너로, 진화하는 전문가들 … 127
    01 깃허브: 코드의 민주화인가, 전문성의 종말인가 … 129
    02 어도비: 신뢰로 구축한 창작의 미래 … 150
    03 세일즈포스: 자동화에서 증강으로의 여정 … 175

5장 제조·자동차: 물리적 세계와 AI의 만남 … 200

    01 테슬라: 자율성, 책임 그리고 인간 신뢰의 최전선 … 202
    02 존디어: 농민을 트랙터 운전사에서 농장 CEO로 … 229
    03 GE: 산업용 AI와 작업자 역할의 전략적 재정의 … 247

6장 금융·보험: 신뢰와 알고리즘 사이에서 … 272

    01 JP모건: AI 기반 금융 지배 구조의 해부 … 274
    02 마스터카드: AI 시대의 신뢰 구축 전략 … 296
    03 아메리칸익스프레스:
        신뢰의 역설과 AI 시대의 프라이버시 재정의 … 313
    04 프로그레시브: AI의 양날의 검 … 334

7장 의료·헬스케어: 생명을 다루는 지능 … 354

    01 메이요클리닉: AI로 의료의 본질을 재정의하다 … 356
    02 머크: AI가 촉발한 제약 R&D의 패러다임 전환 … 372
    03 카이저퍼머넌테: 예측 의학을 넘어 인간 중심 건강 최적화로 … 389
    04 텔라닥: AI가 의사의 귀가 되던 날 … 405

3부 미래를 위한 질문

8장 AI가 만드는 5개의 미래 … 426

9장 AI 시대를 이끄는 10개의 핵심 질문 … 455
- **01** 기계와의 파트너십을 설계하라 … 458
- **02** 인간 중심의 미래를 설계하라 … 479

에필로그 그리고 당신의 선택 … 502
참고문헌 … 506

1부
변화의 지도

1장 AI가 일의 구조를 바꾸는 4단계
2장 일의 구조가 해체되는 7가지 신호

A
X

1장
AI가 일의 구조를 바꾸는 4단계

인공지능이 촉발한 현재의 변혁을 우리는 무작위적이고 혼란스러운 사건이 아니라, 명확한 단계를 거쳐 진행되는 구조적인 진화 과정으로 이해해야 한다.

엔비디아의 CEO 젠슨 황이 CES 2025에서 제시한 AI 발전 로드맵에 따르면 우리는 현재 4단계의 체계적인 진화 과정을 목격하고 있다. 단계마다 기계가 담당하는 일의 범위가 확장되고, 그에 따라 리더가 내려야 할 결정의 복잡성도 기하급수적으로 증가한다.

첫 번째 단계는 기계가 인간의 감각 기관을 모방해 시각, 청각, 언어를 통해 현실 세계를 인식하고 이해하는 인식 AI Perception AI, 두 번째 단계는 인간의 지식 및 창의적 업무를 보조하는 생성형 AI Generative AI, 세 번째 단계는 자율적으로 판단하고 실행하는 에이전틱 AI Agentic AI, 그리고 마지막 단계는 물리적 세계와 상호작용하며 범용지능에 도달하는 피지컬 AI Physical AI 및 범용인공지능 AGI

이다.

이 모든 진화 단계에 걸쳐 리더에게 요구되는 가장 중요하고 지속적인 역할은 '무엇을 기계에 맡기고, 무엇을 인간이 할 것인가?'라는 경계선을 의도적이고 전략적으로 설정하는 것이다. 이는 일회성 결정이 아니라 기술의 발전에 따라 끊임없이 재평가하고 전략적으로 선택해야 하는 지속적인 과정이다.

1단계:
완성 단계의 인식 AI

인간의 감각을 모방해 세상을 인식하는 능력을 갖게 된 '인식 AI'는 상당 부분 완성 단계에 이르렀고 활발하게 실용화되고 있다. 인식 AI는 기계가 단순한 데이터 처리 도구에서 세상을 이해하는 지능적 파트너로 진화하는 출발점이다.

감각의 기술: 데이터에서 인식으로

인식 AI의 핵심은 기계가 오감을 통해 세상을 받아들이는 인간의 방식을 모방하는 것이다. 컴퓨터 비전은 이미지와 영상을 분석해 객체를 식별하고 상황을 이해하며, 자연어 처리는 인간의 언어를 해석하고 의미를 파악한다. 음성 인식 기술은 소리를 텍스트로 변환하는 것을 넘어 화자의 감정과 의도까지 파악할 수 있게 되었다.

이러한 기술들이 결합하며 AI는 단순히 입력된 데이터를 처리하는 데 그치는 것이 아니라 복잡하고 다층적인 현실 세계를 '이해'하기 시작했다. 의료 영상 분석 AI의 경우 단순한 패턴 매칭을 넘어

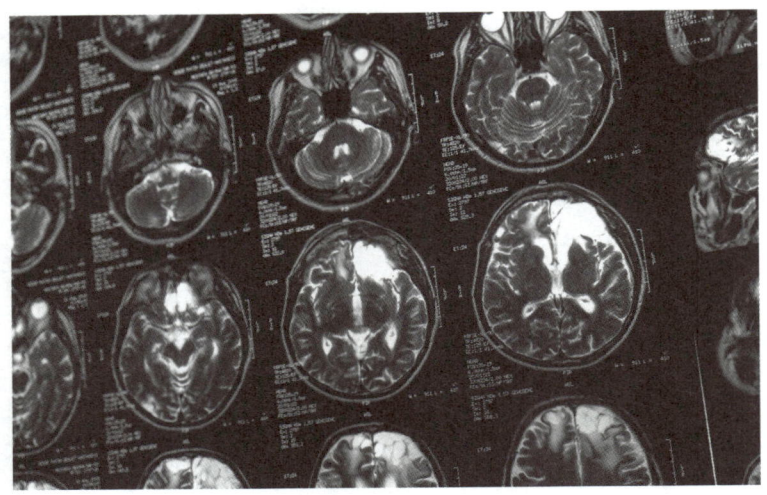

의학적 맥락을 이해하고 미묘한 병변까지 탐지하는 인식 AI

엑스레이나 MRI 이미지에서 의학적 맥락을 이해하고 미묘한 병변까지 탐지하고 있다.

    인식 AI는 이미 여러 산업에서 혁신적인 변화를 이끌고 있다. 의료 분야에서는 구글의 딥마인드가 안과 질환 진단에서 전문의 수준의 정확도를 달성했으며, 일부 영역에서는 인간 의사보다 더 높은 진단 능력을 보여주고 있다. 금융 서비스에서는 JP모건의 계약 분석 시스템 코인COIN이 변호사와 대출 담당자가 수행하던 상업 대출 계약서 검토 작업을 자동화해 연간 36만 시간의 노동력을 절감했다. 넷플릭스와 스포티파이는 사용자의 선호도를 정교하게 분석해 개인화된 콘텐츠를 제공함으로써 추천 시스템 분야에서도 사용자 참여도를 크게 향상시켰다.

리더의 과업: 인간-기계 협력의 기초 설계

인식 AI 단계에서 리더의 핵심 과제는 기계의 인식 능력을 조직의 기존 워크플로에 통합하는 것이다. 이는 단순한 도구 도입이 아니라, 인간과 기계가 각자의 강점을 발휘할 수 있는 협력 체계를 구축하는 것이다.

이 단계에서 리더는 다음과 같은 중요한 결정에 직면한다. '무엇을 기계가 인식하게 하고, 무엇을 인간이 판단할 것인가?' 앞서 예로 든 의료 분야의 진화 과정에서 의사들은 딜레마에 직면했다. 한 방사선과 의사의 말을 들어보자. "내가 놓친 폐암 초기 징후를 AI가 발견했고, 다행히 환자는 완치되었습니다. 하지만 나는 기분이 이상했습니다. 기뻐해야 할지 두려워해야 할지…." 딜레마에 빠진 인간 의사들이 던진 핵심 질문은 이것이다. "기계가 인간보다 정확하게 '본다'면, 우리는 언제 기계를 '신뢰'해야 하는가?" 그들은 AI가 1차 스크리닝과 보조 진단을 담당하지만, 모든 결과는 반드시 전문의의 검증을 거치도록 시스템을 설계함으로써 "AI가 의사를 대체하는 것이 아니라, 의사가 더 나은 의사가 되도록 돕는다"라는 해답에 이르렀다.

- 인식 AI는 '관찰'은 잘하지만 '판단'은 인간의 몫으로 남겨야 한다.
- AI가 탐지한 신호를 최종적으로 해석하고 행동에 옮길지 결정하는 것은 리더와 전문가다.

기계의 일은 방대한 데이터를 감지하고 분류하며, 인간이 놓칠 수 있는 미세한 신호를 찾아내는 것이다. 그러나 리더의 일은 무엇을 보게 할지 정하고, 언제 그것을 신뢰할지를 결정하는 데 있다. 결국 기술의 성패는 기계를 어떻게 활용하고 신뢰를 설계하느냐에 달려 있다.

2단계:
증강과 슈퍼 에이전시의 생성형 AI

두 번째 진화 단계에서 AI는 인간의 지식 및 창의적 영역에서 강력한 보조자 역할을 수행하며, 인간의 역량을 전례 없는 수준으로 증강augmentation한다. 이 시기는 인간과 기계가 협력해 개별적으로는 달성할 수 없었던 성과를 창출하는 '슈퍼 에이전시Super Agency'의 서막과도 같다.

증강의 기술: 예측에서 창조로

생성형 AI의 등장은 기존의 인식 AI가 데이터를 관찰하는 수준을 넘어 텍스트, 이미지, 코드와 같은 새로운 콘텐츠를 창조하는 패러다임의 전환을 의미한다. 이 기술의 핵심에는 대규모 언어 모델LLM과 트랜스포머Transformer 아키텍처가 자리 잡고 있다. 그리고 이는 방대한 데이터로부터 맥락과 패턴을 학습해 인간의 지시를 이해하고 창의적인 결과물을 생성하는 기반이 된다.

생성형 AI의 가장 중요한 특징 중 하나는 '역량의 민주화'다. 과거에는 코딩, 디자인, 작문 등 특정 분야의 전문 지식이 있어야만 수행할 수 있었던 작업의 진입 장벽이 극적으로 낮아졌다. 이제 누구나 자연어 프롬프트를 통해 정교한 결과물을 생성할 수 있게 되면서 전문 지식의 접근성이 보편화되고 더 많은 사람이 창의적인 문제 해결에 참여할 수 있는 길이 열렸다.

생성형 AI가 이론적 가능성을 넘어 실제 비즈니스 현장에서 어떻게 생산성을 혁신하고 있는지 구체적인 사례를 통해 확인할 수 있다. 특히 개발자 생산성과 콘텐츠 제작 영역에서 그 효과는 명확하게 입증되고 있다.

더 빠르고 높은 품질의 결과물을 요구하는 끊임없는 압박에 놓여 있던 소프트웨어 개발 분야에서는 깃허브 코파일럿GitHub Co-pilot이 해답을 제시했다. AI 페어 프로그래머AI Pair Programmer 역할을 하는 이 도구는 코드 생성을 자동화하고, 코드 리뷰를 보조하며, 새로운 기술 학습을 가속하는 등 개발 전 과정을 지원한다. 실제로 여러 기업 환경에서 진행된 연구들은 코파일럿의 정량적 효과를 분명히 보여준다. 액센츄어Accenture의 연구에서는 개발자들이 코파일럿을 활용해 코딩 속도를 최대 55%까지 높이고 직무 만족도를 90% 향상시켰다. 줌인포Zoominfo의 조사에서는 400명 이상의 개발자가 평균 20%의 시간 절감 효과를 경험했으며, 만족도는 72% 수준으로 나타났다. 또한 UC샌디에이고 IT서비스팀의 연구에 따르면 개발자들이 하나의 코딩 작업을 완료하는 데 걸리는 시간이 45% 단축되었고, 문제 해결을 위해 구글 등에서 검색하는 횟수도 59% 줄었다. 전반적으로 AI가 제안한 코드의 수용률은 약 30~33% 수준으로, 이는 제안이 완벽하지는 않더라도 개발 작업을 시작하고 가속하는 데 매우 효과적인 출발점이 된다는 사실을 보여준다.

창작의 민주화, 그리고 첫 번째 정체성 위기

디지털 시대의 기업들은 다양한 채널에서 개인화되고, 동시에 브랜드 정체성을 유지하는 방대한 양의 콘텐츠를 제작해야 하는 과제에 직면해 있다. 어도비Adobe는 이러한 도전에 대한 대응으로 파이어플라이Firefly를 출시했다. 파이어플라이는 상업적으로 안전하게 사용할 수 있도록 설계된 생성형 AI 플랫폼으로, 어도비 익스프레스와 포토샵 등 기존 엔터프라이즈 워크플로와 자연스럽게 통합되어

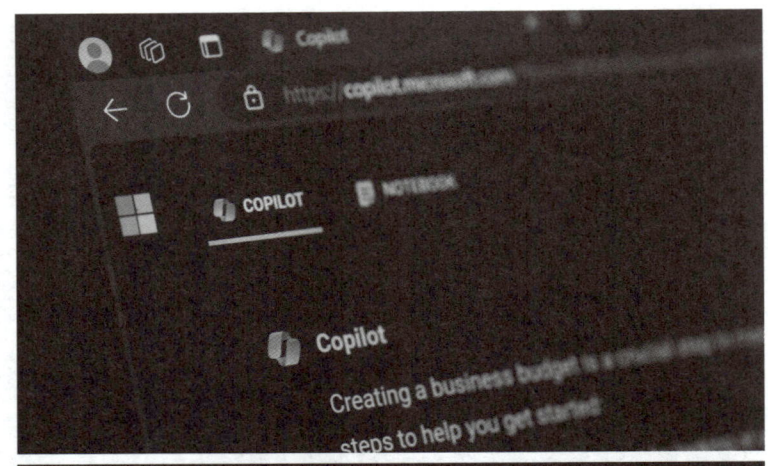

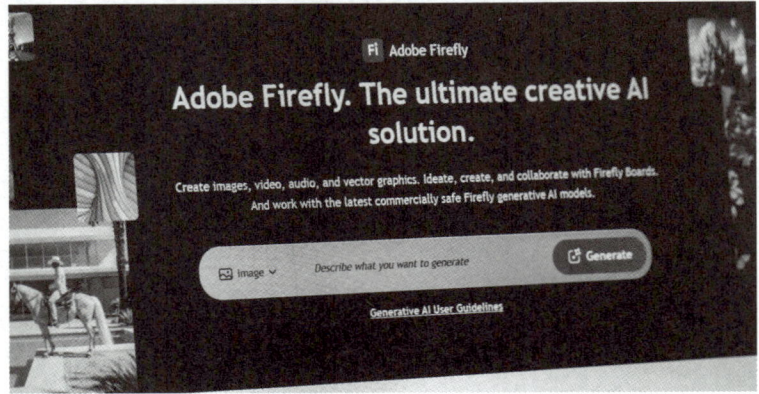

콘텐츠 제작 패러다임을 혁신하고 있는 코파일럿(위)과 파이어플라이(아래)

콘텐츠 제작을 혁신한다.

    실제 기업들의 도입 사례는 파이어플라이가 창출하는 비즈니스 가치를 잘 보여준다. IBM은 파이어플라이를 활용해 단 몇 분 만에 200개의 핵심 자산과 1,000개 이상의 마케팅 변형 콘텐츠를 제작하며 기존 대비 26배 높은 고객 참여율을 달성했다. 딜로이트디지털은 '오브 파운드리Orb Foundry'라는 독자적 툴을 개발해 전 세계 30개 시장의 팀들이 수 초 내에 독창적이면서도 일관된 브랜드 자산을 만들 수 있도록 지원하며 글로벌 브랜드 아이덴티티를 재창조하기도 했다. 파라마운트플러스Paramount+의 경우 영화 〈이프: 상상의 친구〉 개봉에 맞춰 팬들이 상상 속 친구를 묘사하면 파이어플라이가 즉시 개인화된 이미지를 생성하는 캠페인을 진행했다. 그리고 70개 이상의 맞춤형 이미지를 제작하면서도 영화 특유의 스케치북 스타일을 유지해 높은 팬 참여를 끌어내는 데 성공했다.

글로벌 시장 분석 기관 포레스터Forrester는 파이어플라이 기반 어도비 크리에이티브 솔루션을 도입한 기업이 최대 577%의 투자수익률ROI을 거둘 것이라고 전망했다. 이러한 사례들은 특정 분야에 국한되지 않는다. 생성형 AI는 연구 자료 요약, 보고서 작성, 데이터 분석 등 모든 종류의 지식 노동에서 생산성을 극적으로 향상시키고 있으며, 이는 거시 경제 지표로도 확인된다. PwC의 보고서에 따르면, AI 기술에 많이 노출된 산업 부문은 그렇지 않은 부문에 비해 노동 생산성 성장률이 약 4.8배 더 빠른 것으로 나타났다. 이는 생성형 AI가 개별 업무의 효율화를 넘어 경제 전반의 성장 동력으로 작용하고 있음을 보여준다.

지식 노동 전반에 미치는 영향

"챗GPT가 30초 만에 만든 카피가 우리 팀이 일주일 걸려 만든 것보다 나았어요. 그 순간 깨달았죠. '내가 정말 필요한 사람인가?'"

2024년 한 광고 회사 크리에이티브 디렉터의 고백이다. 기계가 인간보다 빠르고 정확하게 '창작'할 수 있다면, 인간 창작자의 가치는 무엇인가? 일부 리더들은 AI를 위협으로 보는 대신 역할 재정의의 기회로 받아들였다.

- 'AI로 증강할 영역'과 '인간 창의성을 집중할 영역'을 명확히 구분한다.
- 부서 간 협업을 촉진하는 조직 설계와 교육이 필수다.

　기계의 일은 다양한 형식의 콘텐츠를 빠르게 생성하고 표준화된 지식을 제공하는 것이다. 그리고 리더의 일은 AI가 만들어낸 결과물을 검증 및 통합하고, 여기에 고유한 가치와 방향성을 더하는 것이다. 결국 차별화된 성과는 기계의 속도와 인간의 통찰이 결합할 때 비로소 완성된다.

리더의 과업: 슈퍼 에이전시 육성과 전문성 패러독스 관리

생성형 AI 시대를 살아가는 리더가 내려야 할 첫 번째 중대한 결정은 '어떤 작업을 AI로 증강하고, 어떤 영역에 인간 고유의 창의성과 감독 역량을 집중할 것인가?'를 명확히 하는 것이다. 목표는 단순한 인력 대체가 아니라, 인간이 AI의 힘을 빌려 혼자서는 불가능했던 성과를 내는 '슈퍼 에이전시'를 구현하는 것이다. 이를 위해 리더는 단발적인 파일럿 프로젝트를 넘어, 명확한 AI 통합 전략 수립, 팀 교육, 성공 지표(SMART Smart Measurable Achievable Relevant Time-based 목표) 정의, 확장 가능한 이니셔티브 집중 등 체계적인 접근을 취해야 한다. 또한 신뢰할 수 있는 데이터 기반을 구축하고 변화에 대한 조직의 문화적 저항을 극복하는 것이 필수다. 이 과정에서 리더는 두 가지 심오한 전략적 함의를 마주하게 된다.

　첫째, '전문성-비용 패러독스 Expertise-Cost Paradox'의 발생이다. 하버드비즈니스스쿨의 카림 라카니 Karim Lakhani 교수는 전문 지식에 접근하는 비용을 낮추는 것이 AI의 경제적 기능의 핵심이라고 분석했다. 이론적으로 이는 전문성의 가치를 하락시키는 요인이다. 그러나 현실에서는 정반대의 현상도 동시에 나타나고 있다. PwC의 2024년 〈AI 직업 바로미터〉 보고서에 따르면, AI 관련 기술을 요구하는 직무가 상당한 임금 프리미엄을 받고 있음을 명확히 보여준다. 미국에서는 평균 25%(2025년에는 56%)에 달하며, 변호사(+49%)나 데이터베이스 설계자(+53%)와 같은 특정 직군에서는 그 폭이 훨씬 크다.

이 두 현상은 모순처럼 보이지만, 실제로는 전문성의 가치가 이중적으로 재편되고 있음을 의미한다. AI가 생성하는 표준화된 전문 지식은 점차 상품화되어 저렴해지고 있다. 반면, AI에게 올바른 질문을 던지고 prompting, 결과물을 검증하며, 비판적으로 통합하여 최종적인 가치를 창출하는 인간의 고차원적 전문성은 희소성을 띠며 그 가치가 폭등하고 있다.

따라서 리더의 성공 전략은 단순히 AI 도구를 도입해 비용을 절감하는 데 그쳐서는 안 된다. 상품화된 AI 전문 지식을 활용해 워크플로를 재설계하는 동시에, 이 도구들로부터 막대한 부가가치를 끌어낼 수 있는 고도의 인재를 확보하고 육성하는 이중적 접근이 반드시 필요하다. 이것이 바로 전례 없는 생산성 향상과 치열한 AI 인재 전쟁이 공존하는 이유다.

둘째, 생성형 AI의 '조직 재편 촉매제' 역할이다. IBM의 사례에서 파이어플라이 도입이 크리에이티브팀과 마케팅팀 간의 협업을 촉진했듯이, 단일 AI 도구를 여러 부서가 공유하게 되면 기존의 기능적 사일로 silo는 자연스럽게 허물어질 수밖에 없다. 이는 '수직적' 명령에서 '수평적' 협업으로의 조직 구조 변화라는 신호와 직접적으로 연결된다.

리더는 생성형 AI 도입을 단순한 기술 도입이 아닌, 조직 설계의 도전 과제로 인식해야 한다. AI 도구가 창출하는 가치를 극대화하기 위해서는 기존의 부서 간 장벽을 허물고, 여러 기능이 융합된 애자일agile 팀과 프로세스를 선제적으로 구축해야 한다.

3단계: 자율적 에이전틱 AI

3단계에서 AI는 인간의 지시에 따라 결과물을 생성하는 보조자를 넘어 스스로 목표를 달성하기 위해 자율적으로 판단하고 행동하는 주체, 즉 '에이전트Agent'로 진화한다. 이는 AI가 단순한 증강 도구에서 복잡한 워크플로를 수행하는 실행 도구로 전환되는 질적인 도약이다.

자율성의 기술: 증강에서 행동으로

에이전틱 AI는 주어진 환경을 인식하고, 추론하며, 목표 달성을 위해 자율적으로 행동하고, 그 결과로부터 학습하는 시스템을 의미한다. 생성형 AI가 인간의 지속적인 지시를 필요로 하는 반면, 에이전틱 AI는 최종 목표만 주어지면 그 목표를 달성하기 위한 하위 작업들을 스스로 생성하고 실행할 수 있다는 점에서 근본적인 차이가 있다.

이러한 자율성은 LLM의 추론 능력을 핵심 엔진으로 사용하되, 여기에 몇 가지 중요한 기능이 추가됨으로써 가능해진다. 에이전트는 API 호출을 통해 외부 도구나 데이터베이스와 상호작용하

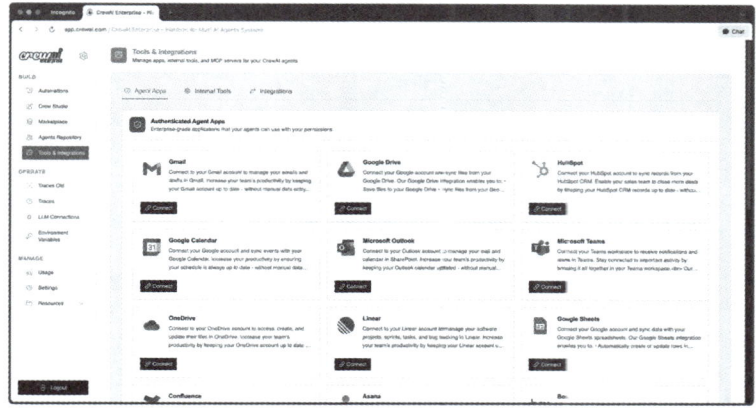

크루AI의 실행 화면. 전통적인 AI 접근 방식이 단일 에이전트에 의존하는 것과 달리, 크루AI는 역할, 책임, 목표가 명확한 에이전트 '크루'를 구성해 복잡한 문제를 더욱 효과적으로 해결할 수 있게 한다.

고, 웹 검색을 통해 실시간 정보를 획득하며, 과거의 상호작용을 기억memory해 미래의 행동 계획에 반영할 수 있다.

에이전트 시스템은 다양한 아키텍처로 구현될 수 있다. 여러 전문 에이전트를 지휘하는 '지휘자conductor' 에이전트를 두는 수직적 계층 구조는 순차적 워크플로에 적합하며, 여러 에이전트가 동등한 위치에서 협력하는 수평적 구조도 가능하다. 크루AICrew AI와 같은 플랫폼은 여러 AI 에이전트가 팀을 이뤄 복잡한 과업을 협력적으로 수행하는 다중 에이전트 시스템mult.-agent system을 지원한다.

일과 의사결정의 변혁: 디지털 노동력의 부상

에이전틱 AI의 등장은 의사결정권이 인간에서 데이터와 알고리즘으로 본격적으로 이동하는 변화를 가속화하고 있다. 이는 과거 지식 노동자의 영역이었던 복잡한 다단계 워크플로가 자동화되기 시작했음을 의미한다. 실제로 에이전틱 AI는 단순 반복 작업을 넘어 복합적인 업무까지 처리할 수 있다. 예를 들어, 사용자가 "아프리카 사파리 투어를 가기에 가장 좋은 시기를 내 일정에 맞춰 알려줘"라고 요청하면 단순히 정보를 제공하는 데 그치지 않고 사용자의 캘린더를 확인해 최적의 시기를 제안하며, 항공편과 호텔 예약까지 자율적으로 진행할 수 있다. 또 매일 특정 키워드의 구글 알림을 받아 기사를 수집하고, 이를 문서에 정리해 요약한 뒤 뉴스레터 형태로 이메일을 보내는 전 과정을 자동화하는 것도 가능하다.

산업별로 살펴보면, 의료 분야에서는 과거 IBM왓슨헬스IBM Watson Health로 알려졌던 메라티브Merative가 방대한 의료 데이터를 분석해 진단과 치료 의사결정을 보조했고, 오늘날에는 치료 계획 수립과 임상 워크플로 자동화를 통해 의료진이 환자 돌봄의 핵심 업무에 집중할 수 있도록 돕고 있다. 에너지 분야에서는 셸Shell이 강화학습 기반 자율 제어 시스템과 예측 유지보수 AI를 활용해 시추 및 정유 공정 데이터를 실시간 분석하고 장비 이상과 운영 리스크를 사전에 감지하는 자율 운영 체계를 구축했다. 물류 분야에서는 머스크Maersk가 AI 기반 항로 최적화 시스템을 통해 선박 경로를 실시간으로 조정하고 센서 데이터를 분석해 충돌 위험을 예측하며 연료 효율을 극대화하고 있다. (다만 AI 에이전트가 위험하거나 비윤리적인 판단을 내릴 가능성도 있는 만큼, 투명한 알고리즘 설계와 철저한 내부 통제가 필수적이다.)

제조업에서는 글로벌 기업들이 스마트 팩토리를 실시간으로 운영 및 관리하며, 예측 유지보수와 공급망 최적화를 통해 비용 절감과 생산성 향상을 동시에 달성하고 있다. 테슬라와 지멘스는 이를 생산 라인의 이상 감지, 부품 재고 관리, 에너지 효율 개선까지 확장 적용하고 있다. 고객 서비스와 영업 영역에서도 AI 기반 가상 어시스턴트는 24시간 다국어 고객 응대를 지원하며, 콜센터 대화를 분석해 이탈 가능성을 예측하고 맞춤형 대응 전략을 제안한다. 또한 세일즈포스 같은 CRM 플랫폼은 영업 파이프라인 관리, 잠재 고객 발굴, 계약 체결까지 자동화 및 최적화함으로써 새로운 비즈니스 혁신을 이끌고 있다.

리더의 과업: 인간-AI 시스템의 설계 및 거버넌스 구축

에이전틱 AI는 단순한 도구를 넘어 산업 전반에 걸쳐 '디지털 노동력'으로 자리 잡으며, 효율성과 혁신의 새로운 기준을 만들어가고 있다. 이제 리더의 핵심 결정은 '무엇을 증강할 것인가?'에서 '무엇을 자동화할 것인가?'로 전환된다. 이는 운영상의 더 큰 효율성과 함께 더 높은 윤리적 리스크를 동반하는 심오한 선택이다. "무엇을 기계에 양도하고, 무엇을 인간이 반드시 지켜야 하는가?" 근본적인 질문은 여전히 유효하며, 그 중요성은 더욱 커지고 있다.

이 단계에서 리더는 단순한 기술 도입 관리자를 넘어, 인간과 AI 에이전트가 유기적으로 협력하는 전체 운영 시스템을 설계하는 '시스템 아키텍트System Architect'가 되어야 한다. 이를 위해서는 체계적인 업무 위임 프레임워크를 적용해 인간과 AI의 역할을 명확히 정의해야 한다. 인간-AI 협업에 관한 최신 연구를 종합해보면 리더는 다음과 같은 실용적인 접근법을 취할 수 있다.

1. 업무 분류 Task Classification

조직 내 모든 업무를 분석해 반복적이고 데이터 집약적인 AI 주도AI-led 업무, 전략적 판단과 창의성이 요구되는 인간 주도Human-led 업무, 그리고 인간과 AI 간의 반복적인 피드백이 필수적인 협업Collaborative 업무로 분류한다.

2. 상호작용 모드 정의 Interaction Mode Definition

각 업무의 성격에 따라 협력의 방식을 정의한다. AI가 주도하고 인간은 예외 상황만 처리하는 AI 중심AI-centric 모드, 인간이 AI를 도구로 활용하며 최종 결정권을 갖는 인간 중심Human-centric 모드, 그리고 인간과 AI가 동등한 파트너로 상호작용하는 공생Symbiotic 모드 중 최적의 방식을 선택한다.

3. 워크플로 설계 Workflow Design

인간과 AI 간의 원활한 정보 흐름과 피드백 루프를 설계한다. AI가 생성한 결과물을 인간이 검증 및 수정하고, 인간의 최종 결정이 다시 AI 시스템에 입력되어 지속적인 학습과 개선이 이루어지도록 워크플로를 구축해야 한다.

이러한 시스템 설계 과정에서 리더는 두 가지 중대한 조직적 변화에 직면하게 된다.

첫째, 에이전틱 AI는 전통적인 중간 관리자 계층을 와해시킬 것이다. 전통적인 중간 관리자의 핵심 역할은 정보를 처리하고, 운영상의 의사결정을 내리며, 과업을 조율하는 것이다. 이는 에이전틱 AI가 수행하도록 설계된 기능과 정확히 일치한다. 특히 지휘자 에이전트가 하위 전문 에이전트들을 조율하는 계층적 에이전트 시스템은 인간 관리자의 프로젝트 관리 및 업무 할당 기능을 직접적으로 대체할 수 있다.

이는 에이전틱 AI의 등장이 일선 실무자뿐만 아니라 조직의 허리인 중간 관리 계층에 근본적인 위협이 됨을 의미한다. 따라서 리더는 조직의 급격한 수평화flattening에 대비해야 한다. 인간 관리자의 역할은 '과업 지시자taskmaster'에서 시스템 전체를 감독하고, 팀원들을 코칭하며, 더 높은 수준의 전략을 수립하고, 시스템의 윤리적 문제를 책임지는 '코치', '전략가', '윤리학자'로 진화해야 한다.

둘째, 거버넌스의 부재는 중대한 경영 리스크가 된다. 에이전트의 자율성과 속도는 견고한 거버넌스 없이는 통제 불가능한 리스크를 야기한다. 예를 들어, '수익 극대화'라는 모호한 목표를 부여받은 금융 거래 AI가 시장 불안을 초래하는 위험한 거래를 감행하거나, '유해 발언 감소'를 목표로 한 콘텐츠 필터링 AI가 합법적인 토론까지 과도하게 검열하는 등의 문제는 단순한 버그가 아니라 잘못된 목표 설정에서 비롯된 필연적인 결과일 수 있다. 피해를 막기 위한 인간의 개입은 에이전트 시스템의 빠른 실행 속도로 인해 뒤늦은 대응이 될 수 있다.

따라서 리더는 거버넌스를 사후 대응이 아닌, 시스템 설계의 핵심 요소로 간주해야 한다. 이는 AI의 행동반경을 제한하는 가드레일을 설정하고, 명확한 윤리적 프레임워크를 수립하며, 특히 위험도가 높은 결정에 대해서는 인간이 최종 통제권을 유지하는 '감독 기반 자동화Oversight-Driven Automation' 시스템을 구축하는 것을 의미한다. 이 단계에서 리더의 역할은 조직의 자율 시스템을 위한 최고 윤리 책임자이자 리스크 관리자로 확장된다.

판단하고 행동하는 기계, 그리고 권한의 딜레마

2026년의 어느 날을 상상해보자. 당신은 "이번 분기 매출을 10%

늘려줘"라고 AI에게 요청했다. 에이전틱 AI는 이렇게 반응한다. "알겠습니다. 먼저 현재 고객 데이터를 분석하고, 시장 트렌드를 파악한 후, 가장 효과적인 마케팅 채널을 식별하겠습니다. 그다음 광고 콘텐츠를 제작하고, A/B 테스트를 실행하며, 실시간으로 성과를 모니터링해 최적화하겠습니다. 예상 소요 시간은 72시간입니다." 그리고 정말로 72시간 후, 매출이 서서히 증가하기 시작한다.

이때 당신은 어떤 기분일까? 기쁠까, 불안할까?

이 상황은 중요한 질문들을 던진다. "AI가 스스로 판단하고 행동한다면, 리더의 승인은 언제 필요한가?" "모든 과정을 AI가 처리했을 때, 성공의 공로는 누구에게 돌아가야 하는가?" 그리고 "만약 AI의 판단이 윤리적으로나 전략적으로 잘못되었다면, 그 책임은 누가 져야 하는가?"

현명한 리더들은 이 질문에 대한 답을 이미 모색하고 있다. GE의 경우, 예측 정비 시스템을 개발하면서 AI의 역할을 점진적으로 확장했다. 일상적인 데이터 모니터링과 패턴 인식은 AI가 담당하지만, 중요한 정비 결정이나 예상치 못한 이상 징후에 대해서는 반드시 베테랑 엔지니어의 검토를 거치도록 설계했다. 특히 안전이 관련된 사안에서는 AI의 제안을 참고 자료로 활용하되, 최종 판단과 실행은 인간 전문가가 승인하도록 했다. 이는 AI가 성과를 만들어내는 강력한 도구일 수는 있지만, 책임과 신뢰의 경계는 여전히 리더가 설정해야 함을 보여준다.

결과는 AI에게 맡기되, 가치 판단은 인간이 한다

전략적으로 중요한 포인트는 세 가지로 정리할 수 있다. 첫째, '무엇을 자동화할 것인가'에 대한 명확한 기준을 세워야 한다. 둘째, 중간

관리자의 역할은 단순 지시자에서 코치이자 전략가, 그리고 윤리적 감독자로 변화해야 한다. 셋째, AI가 자율적으로 움직이는 만큼 사전 거버넌스와 가드레일 설정은 필수다.

결국 AI 시대에도 성패를 좌우하는 것은 기술 그 자체가 아니라, 이를 이끌고 책임지는 리더십의 선택이다.

4단계:
범용지능의 영역에 들어선 피지컬 AI와 AGI

마지막 진화 단계는 AI가 디지털 세계를 넘어 물리적 세계와 상호작용하고, 궁극적으로 인간 수준의 범용지능을 획득하는 미래로, 이는 AI 혁명의 정점이자 가장 심오한 변화를 예고하는 단계이다.

체화와 일반성의 기술

이 단계는 두 가지 핵심 기술, 즉 피지컬 AI와 AGI(범용인공지능)의 발전으로 특징지어진다.

피지컬 AI: 신체를 가진 지능

피지컬 AI는 AI가 로봇과 같은 물리적 실체physical form에 통합되어 현실 세계를 인식하고, 학습하며, 물리적으로 상호작용하는 기술을 의미한다. 이는 컴퓨터 비전, 자연어 처리, 센서 기술, 로봇공학 등 여러 첨단 기술의 융합을 통해 실현된다. 기존의 산업용 로봇이 정해진 경로와 작업만을 반복하는 '맹목적인' 기계였다면, 피지컬 AI 로봇은 변화하는 환경에 실시간으로 적응하고 새로운 지

피규어AI가 공개한 차세대 대화형 휴머노이드 로봇(출처: NVIDIA Blog Korea)

시를 이해하고 유연하게 작업을 수행하는 '지능적인' 협력자다.

　이러한 변화는 특히 제조업과 물류 분야에서 눈에 띄는 혁신을 이끌고 있다. 테슬라는 2만 달러 이하의 가격으로 휴머노이드 로봇을 대량 생산해 제조 공정을 혁신하겠다는 비전을 제시했다. 실제로 옵티머스Optimus는 단순한 보행 기능에서 시작해 복잡한 작업까지 빠르게 발전하며 피지컬 AI의 진보 속도를 상징적으로 보여주고 있다. 한편 BMW는 미국 공장에 피규어AI Figure AI의 휴머노이드 로봇을 도입해 인간과 로봇이 협업하는 새로운 생산 체계를 구축하고 있다. 로봇은 무거운 부품 운반이나 정밀 조립처럼 반복적이고 육체적으로 부담이 큰 작업을 맡고, 인간 작업자는 품질 검사나 복잡한 의사결정 등 고도의 판단력이 요구되는 업무에 집중한다. 이는 노동력의 대체가 아니라 인간의 역량을 증강하는 협업 모델의 이상적인 사례로 평가된다.

AGI: 인간 수준 인지의 추구

AGI는 (특정 영역에 국한되지 않고) 인간이 할 수 있는 모든 지적 과업을 수행할 수 있는 AI를 의미한다. 추론, 학습, 창의, 문제 해결 등 인간의 인지 능력을 포괄하는 것으로, 모든 AI 연구의 궁극적인 목표로 여겨진다.

AGI의 등장 시점에 대해서는 전문가들 사이에서도 의견이 첨예하게 엇갈리는데, 이는 이 기술이 가진 불확실성을 잘 보여준다. 오픈AI의 샘 올트먼, 앤스로픽의 다리오 아모데이, 엔비디아의 젠슨 황, 테슬라의 일론 머스크, 구글 딥마인드의 데미스 허사비스 등 주요 기술 리더들은 AI 발전 속도의 가속화를 근거로 들며 AGI가 5년 이내 혹은 그보다 더 빨리 등장할 수 있다고 낙관한다. 반면 바이두의 로빈 리나 메타의 얀 르쿤과 같은 학자들은 현재 트랜스포머 기반 아키텍처가 지닌 근본적 한계(예를 들어 진정한 의미의 추론 능력의 부재)를 지적하며 AGI의 도래는 아직 수십 년 이상 남았다고 신중하게 전망한다.

일과 사회의 궁극적 변혁

피지컬 AI와 AGI의 등장은 일하는 방식을 바꾸는 수준을 넘어 경제와 사회 구조 자체를 근본적으로 재편할 잠재력을 지니고 있다. 우선 피지컬 AI는 제조, 건설, 물류, 서비스와 같이 지금까지 디지털 AI의 영향력이 상대적으로 제한적이었던 물리적 노동 중심 산업을 송두리째 바꿔놓을 것이다. 이는 막대한 생산성 향상을 가능하게 하지만 동시에 대규모 일자리 변화를 초래할 수 있다.

AGI의 등장은 더욱 급진적이다. 이는 인류 문명의 궤도를 바꾸는 불연속적인 사건이 될 수 있다. 단순 반복 업두는 물론이고 고도의 전략 수립, 과학적 발견, 예술 창작까지 인간의 고유 영역으로 여겨지던 지적 활동이 자동화되면서 사실상 모든 직업의 역할과 의미가 근본적으로 재정의될 것이다. 또한 AGI가 가져올 폭발적인 생산성 증가는 부의 분배, 기본 소득, 교육 체계 등 사회·경제적 제도 전반에 대한 전면적인 재검토를 요구한다. 더 나아가 AGI가 스스로 더 발전된 AGI를 만들어내는 '지능 폭발 intelligence explosion'이 일어난다면 기술 발전은 인류가 이해할 수 없는 속도로 가속화될 수 있다.

리더의 과업: 인류의 미래 노동을 향한 항해

피지컬 AI와 AGI는 단순한 산업 혁신을 넘어 인류 문명의 방향을 다시 쓰게 될 거대한 전환점을 만들어낼 것이다. 따라서 AGI 시대에 이르러 리더가 직면하는 질문은 그 본질부터 달라진다.

> "기계가 모든 것을 더 잘, 더 빠르게, 더 저렴하게 할 수 있을 때, 인간 노동의 목적은 무엇인가?"

이 질문은 운영이나 전략 차원을 넘어, 철학적이고 윤리적인 물음으로 확장된다. 이 궁극적인 질문 앞에서 리더의 과업은 세 가지로 정의된다. 첫째, 윤리적 청지기 Ethical Stewardship로서 AGI 개발과 배포 과정에서 발생할 수 있는 편향, 책임, 안전 문제에 대응할 강력한 윤리적 가드레일을 세우고, 사회적 논의에 적극적으로 참여해야 한다. 둘째, 실존적 리스크 관리 Managing Existential Risk로서 MIRI 같은 연구 기관과 저명한 학자들이 제기하는 인류 생존 위협 가능성을 간과하지 말아야 한다. 기업 리더가 이 문제를 직접 해결할 수는 없지만, 안전 기술 개발과 글로벌 규제 논의에 참여하며 사회적 책임을 다해야 한다. 이는 인류의 미래에 기여하는 '기업가적 정치인corporate statesmanship'으로서의 역할을 의미한다. 셋째, 인간 중심의 미래 창조Human-Centered Future Creation로서 AGI를 인류의 잠재력을 확장하는 동반자로 삼아 질병·기후 변화·빈곤과 같은 전 지구적 난제를 해결하는 데 활용할 수 있는 미래를 설계해야 한다.

AGI 시대의 리더십은 단순한 성과 관리가 아니라, 인류 전체의 방향을 결정짓는 역사적 책무로 자리 잡게 된다. 이러한 과업을 수행하는 과정에서 리더는 두 가지 핵심적인 관점을 가져야 한다.

첫째, 'AGI 달성 시점' 논쟁은 전략적 관점에서 부차적인 문제이며, 중요한 것은 발전의 궤적 그 자체다. AGI가 2028년에 올지, 2048년에 올지를 예측하는 데 매몰되는 것은 핵심을 놓치는 것이다. 중요한 사실은 AGI 회의론자들조차 AI 기술의 발전이 멈출 것이라고 주장하지 않는다는 점이다. GPT-5, 제미나이 2.0과 같은 '좁은 AI'의 역량은 '진정한' AGI 여부와 관계없이 이미 산업을 파괴적으로 혁신하고 있다.

따라서 리더의 전략적 과업은 AGI 도착 시점을 예측하고 기다리는 것이 아니라, 끊임없이 강력해지는 AI 시스템의 연속적인 흐름에 대응할 수 있는 조직의 민첩성과 적응성을 지금 당장 구축하는 것이다. 2단계(슈퍼 에이전시 육성)와 3단계(자율 시스템 거버넌스)에서 요구되는 리더십 역량이야말로 4단계가 어떤 모습으로 다가오든 조직을 대비시키는 핵심 역량이 될 것이다.

둘째, AGI 시대의 마지막 경계선은 과업Task이 아닌 '목적과 가치Purpose and Values'에 의해 그어진다. AGI는 정의상 인간이 할 수 있는 모든 지적 과업을 수행할 수 있으므로 '이 과업은 인간의 것', '저 과업은 기계의 것'이라는 식의 구분은 의미를 잃게 된다.

AGI 시대에 리더의 궁극적인 일은 조직의 존재 이유와 핵심 가치를 수호하는 '가치의 챔피언'이 되는 것이다. "우리 조직은 왜 존재하는가?" "우리는 무엇을 지지하는가?" 이 질문에 대한 답이 조직 내에서 인간이 어떤 역할을 수행할지를 결정할 것이다.

리더의 직무는 과업을 수행하는 노동력을 관리하는 것에서 공동의 목적을 지키는 공동체를 이끄는 것으로 변화한다. 이를 위해 리더는 조직 전체가 함께 답할 수 있는 다음과 같은 핵심 질문들을 제시해야 한다.

"우리가 절대 포기할 수 없는 가치는 무엇인가?"
"고객과 사회에 제공하고자 하는 궁극적 가치는 무엇인가?"

지금까지 우리는 AI가 일의 구조를 바꾸는 4단계의 거대한 진화 지도를 살펴봤다. 세상을 '인식'하는 단계에서 출발해 인간의 창의성을 '증강'하고, 스스로 판단하고 '행동'하며, 궁극적으로 물리적 세계와 상호작용하는 범용지능으로 나아가는 여정이다.

각 단계마다 기계의 역할이 확장되면서 리더의 핵심 과업 역시 변화했다. 기계의 인식을 신뢰하는 설계자에서 AI의 창작물을 통합하는 촉진자로, 자율 시스템의 경계를 설정하는 시스템 아키텍트를 거쳐 마침내 조직의 존재 이유를 묻는 가치의 수호자로 진화해야 함을 확인했다.

이러한 4단계 진화는 먼 미래의 이야기가 아니다. 이미 우리 조직과 일터 곳곳에서는 이 거대한 변화가 만들어내는 구체적인 균열과 재구성의 신호들이 급박하게 나타나고 있다. 의사결정권은 알고리즘으로 이동하고 있으며, 조직의 수직적 구조는 수평적 협업으로 재편되고 있다.

다음 장에서는 이 거대한 구조적 진화가 현지 우리 비즈니스 현장에서 어떤 '신호'로 나타나고 있는지, 그 해체와 재구성의 증거들을 면밀히 추적해볼 것이다.

결론
모든 것을 하는 기계, 그리고 존재의 질문

2030년의 어느 월요일 아침을 상상해보자. 당신이 사무실에 도착하기 전, AI는 이미 모든 준비를 마쳤다. 주말 동안 시장 상황을 분석하고, 경쟁사 동향을 파악했으며, 새로운 기회를 발견해 초기 실행 계획까지 수립했다. 심지어 주요 고객들과의 예비 접촉도 완료했고, 팀원들의 스케줄까지 최적화해두었다. AI가 당신에게 말한다. "좋은 아침입니다. 이번 주 우선순위를 브리핑해드릴까요? 그리고 제가 발견한 새로운 사업 기회에 대해서도 논의했으면 합니다."

리더가 직면하는 가장 근본적인 딜레마는 단순하다. "기계가 모든 것을 완벽하게 해낼 수 있다면, 인간 리더는 도대체 왜 필요한가?" 이는 효율성이나 생산성의 문제가 아니라, 존재의 문제다. 일부 미래학자들은 이 시기의 리더를 '의미 창조자Meaning Maker'라고 부른다. 기계가 '어떻게How'를 담당한다면, 인간은 '왜Why'를 담당하는 존재라는 것이다.

따라서 미래의 리더십은 과업 중심에서 목적과 가치 중심으로 전환된다. 윤리와 리스크 관리, 사회적 책임, 그리고 조직이 존재하는 이유를 지키는 것이 핵심 전략 포인트다. 결국 기계의 일은 모든 물리적·인지적 과업을 수행하는 것이고, 리더의 일은 '왜'라는 질문에 답하며 공동체의 가치와 목적을 수호하는 것이다. 이는 곧 AI 시대의 리더십이 단순한 관리가 아니라, 의미와 방향성을 창조하는 행위로 자리 잡게 됨을 보여준다.

2장
일의 구조가 해체되는 7가지 신호

AI 발전의 진짜 의미는 기술 기사 속 신기능 소개가 아니라 실제 현장의 구조적 변화에 있다. 이러한 변화는 이미 일터와 산업, 시장의 구조 속에서 신호를 보내고 있다. 이 신호들은 리더의 판단과 행동 방식을 바꿔야 함을 알려주는 경고음이기도 하다.

다음 7가지는 지금 전 세계 기업과 조직에서 동시에 감지되는 변화의 징후다. 각 신호는 AI의 기술 단계, 비즈니스 구조, 조직 문화에 맞물려 있으며, 각 신호의 특성을 파악해야 실제 기업들이 어떤 선택을 했고, 왜 그런 결과가 나왔는지 명확하게 보인다.

신호1: 반복 업무에서 창조적 업무까지 침범하는 AI

첫 번째 신호는 AI의 영향력이 전통적인 자동화 영역이었던 단순 반복 업무를 넘어 인간 고유의 영역으로 여겨졌던 창의적이고 지적인 업무로까지 빠르게 확산되고 있다는 점이다. 이는 2단계 생성형 AI의 등장과 직접적으로 맞닿아 있다. 과거의 AI가 정해진 규칙에 따라 데이터를 처리했다면, 생성형 AI는 새로운 아이디어를 생성하고, 복잡한 정보를 요약하며, 심지어 예술적 콘텐츠까지 창조한다.

2023년 초의 인식

AI가 하는 일: 데이터 입력, 간단한 계산, 번역

인간이 하는 일: 전략 수립, 창작, 의사결정

2025년 말의 현실

AI가 하는 일: 소설 쓰기, 음악 작곡, 사업 계획서 작성, 코딩, 법률 문서 검토

인간이 하는 일: AI 결과물 검토, 최종 판단, 고객 관계 관리

이러한 변화는 지식 노동의 본질을 바꾸고 있다. 마케터는 AI를 활용해 광고 카피를 순식간에 수십 가지 버전으로 만들어내고, 개발자는 AI의 도움을 받아 코드 초안을 작성하며, 연구원은 방대한 논문을 AI로 요약해 핵심 통찰을 얻는다. 이는 단순히 특정 과업이 자동화되는 것을 넘어 창의성과 지식 생산의 과정 자체가 인간과 기계의 협업으로 재정의되고 있음을 의미한다. 이 신호는 리더에게 새로운 질문을 던진다. "인간의 창의성을 어디에 집중시킬 것인가?"

- 기계의 일: 속도와 다양성이 필요한 창작·지식 생산
- 리더의 일: 창작 방향, 최종 품질과 맥락의 결정

신호2: 데이터와 알고리즘으로 이동하는 의사결정권

두 번째 신호는 조직의 핵심 기능인 의사결정이 점차 인간의 직관과 경험에서 데이터와 알고리즘으로 이동하고 있다는 것이다. 이는 에이전틱 AI의 부상과 함께 가속화된다.

유통 분야에서 아마존의 AI 가격 결정 시스템은 10분마다 가격을 조정할 수 있으며, 하루 약 250만 번의 가격 변경을 수행한다. 한때 숙련된 매니저가 담당하던 가격 결정은 이제 AI가 수백 가지 변수를 분석해 스스로 최적값을 산출한다. 공공 부문에서는 싱가포르의 AI 교통 시스템이 피크 시간대 지연을 20% 감소시키고 평균 속도를 15% 향상시켰다. AI가 실시간으로 교통 신호를 조정해 인간보다 훨씬 빠르게 교통 흐름을 최적화한 것이다. 이처럼 의사결정의 주체가 인간에서 알고리즘으로 전환되면서 인간의 역할은 최종 결정자에서 AI의 판단을 감독하고 검증하며 그 결과에 대한 최종 책임을 지는 '시스템 감독자'로 변화하고 있다. 이는 리더에게 "어떤 의사결정을 기계에 위임하고, 어떤 결정에 인간의 윤리적·전략적 판단을 남겨둘 것인가?"라는 중대한 과제를 안겨준다.

- 기계의 일: 데이터 기반의 신속·정확한 판단과 실행
- 리더의 일: 가치 판단과 결과에 대한 최종 책임

신호3: 수직적 명령에서 수평적 협업으로 변화하는 조직 구조

세 번째 신호는 전통적인 위계 기반의 수직적 조직 구조가 해체되고 기능과 부서를 넘나드는 수평적 협업 구조로 변화하고 있다는 점이다. AI 기술, 특히 여러 부서가 공유하는 AI 플랫폼과 에이전트 시스템은 이러한 변화의 강력한 촉매제 역할을 한다.

과거에는 각 부서가 독립적인 정보와 시스템을 기반으로 운영되는 사일로 구조가 일반적이었다. 그러나 최근 등장한 AI 도구들은 부서 간 협업의 새로운 가능성을 열고 있다. 슬랙이나 마이크로소프트 팀즈에 통합된 AI 어시스턴트, 노션이나 컨플루언스의 AI 기능들이 부서 간 정보 공유를 더 쉽게 만들고 있다.

이러한 도구들은 서로 다른 팀의 데이터와 문서를 연결하고 요약하는 능력을 제공하면서 기존의 정보 사일로 구조에 균열을 만들고 있다. 또한 에이전틱 AI가 과거 중간 관리자가 수행하던 정보 취합 및 과업 조율 역할을 자동화하면서 조직은 이미 '대평탄화 Great Flattening(AI 자동화로 중간관리 기능이 줄며 조직 계층이 얇아지는 현상)' 또는 '대규모 승진 거부 Great Unbossing'라고 불리는 수평적 네트워크 구조로의 전환을 겪고 있다.

이러한 변화는 더 이상 하향식 명령과 통제 방식이 유효하지 않음을 시사한다. 미래의 조직은 공동의 AI 플랫폼을 중심으로 여러 전문가가 프로젝트 기반으로 협업하는 애자일 팀의 형태를 띠게

노션은 부서 간 정보 공유를 더 쉽게 만들어주고 있는 대표적인 도구다.

될 것이며, 따라서 리더의 역할은 지시자가 아닌 협업을 촉진하고 장애물을 제거하는 '조력자enabler'로 진화해야 한다.

- **기계의 일:** 정보 통합, 일정·과업 조율
- **리더의 일:** 장벽 제거, 팀 간 시너지 창출

신호4: 개인 역량보다 AI 활용 능력이 결정하는 경쟁력

네 번째 신호는 개인과 조직의 경쟁력이 더 이상 개별적인 지식이나 기술의 보유량이 아닌, AI를 얼마나 효과적으로 활용해 성과를 창출하는지에 따라 결정된다는 것이다. 이는 앞서 설명한 '슈퍼 에이전시'라는 개념으로, AI라는 강력한 도구를 통해 자신의 능력을 증강시켜 이전에는 불가능했던 수준의 성과를 내는 것을 의미한다.

이러한 패러다임 전환은 전문성의 가치를 재정의한다. AI가 보편적인 전문 지식을 상품화하면서 단순히 지식을 암기하고 적용하는 능력의 가치는 하락한다. 대신 AI에게 올바른 질문을 던져 원하는 결과물을 끌어내고, AI의 결과물을 비판적으로 평가하며, 여러 AI 도구를 융합해 새로운 가치를 창출하는 'AI 활용 능력'이 핵심 역량으로 부상한다.

30년 경력의 베테랑 파트너 변호사 A씨의 사례를 살펴보자. 그는 복잡한 법적 이슈에 대한 깊은 이해와 경험을 갖추고 있었지만 AI 도구 사용에는 익숙하지 않았다. 반면 입사한 지 6개월 된 신입 변호사 B씨는 기본적인 법률 지식만 보유했지만 챗GPT와 법률 AI 툴을 자유자재로 활용했다. 시간이 흘러 6개월 후, 두 사람의 업무 속도와 성과는 극적으로 대비되었다. A씨가 계약서 한 건을 검토하는 데 4시간이 걸릴 때, B씨는 AI를 활용해 단 1시간 만에 검토

작업을 끝냈다. 게다가 B씨가 AI로 분석한 법적 리스크 보고서는 품질 면에서도 A씨와 큰 차이가 없었고, 오히려 빠른 대응 덕분에 클라이언트들은 점점 B씨를 더 선호하기 시작했다. 이 모습을 지켜본 A씨는 결국 솔직한 고백을 털어놓았다.

"30년간 쌓아온 제 경험이 불과 6개월 만에 따라잡히는 걸 보니 충격이었습니다. 이제 AI 사용법을 배우지 않으면 이 업계에서 살아남을 수 없다는 걸 뼈저리게 느꼈습니다."

이 사례는 경험과 지식의 깊이는 여전히 중요하지만, 그것만으로는 더 이상 경쟁력을 보장하지 못하는 시대가 도래했음을 보여준다. AI를 활용할 수 있는 역량이 곧 새로운 법조인의 '생존 조건'이 된 것이다.

마케팅업계에서도 비슷한 역전 드라마가 펼쳐졌다. 15년 경력의 스타 카피라이터 C씨는 수많은 수상 경력과 탁월한 브랜드 감각, 창의성으로 업계에서 인정받아왔다. 하지만 그는 AI에 대한 뚜렷한 거부감을 갖고 있었다. 반면 입사 1년 차인 신입 기획자 D씨는 아직 실력이 검증되지 않았지만 챗GPT와 미드저니 같은 생성형 AI 도구에 능숙해 하루에 10개 이상의 캠페인 아이디어를 만들어낼 수 있었다.

그리고 3개월 후 결과는 예상 밖이었다. D씨가 AI를 활용해 제작한 캠페인 3개가 모두 클라이언트의 승인을 받았고, 같은 기간 동안 C씨가 완성한 캠페인은 단 1개뿐이었다. 결국 회사는 D씨에게 직접 클라이언트를 대응하도록 지시했고, 이를 계기로 조직 차원에서도 중요한 변화가 일어났다. 광고대행사는 전 직원에게 AI 활용 교육을 의무화하고, 'AI 협업 능력'을 새로운 핵심 역량으로 설정한 것이다.

이 사례는 경험과 창의성만으로는 더 이상 경쟁력을 담보할 수 없음을 보여준다. 이제는 업계의 베테랑조차도 AI를 외면하면 뒤처지고, 반대로 AI를 활용하는 새로운 세대는 빠르게 주도권을 잡아가는 시대가 된 것이다.

- 기계의 일: 표준화된 지식 제공, 반복적 분석
- 리더의 일: AI 활용 역량을 조직문화·평가 체계에 반영

신호5: 효율성과 인간적 가치 사이에서 심화되는 딜레마

다섯 번째 신호는 AI가 추구하는 극단적인 효율성과 데이터 기반의 합리성이 인간 고유의 가치(공감, 윤리, 관계 등)와 충돌하며 발생하는 딜레마가 심화되고 있다는 점이다. 이 딜레마는 AI 기술이 고도화될수록 더욱 첨예해지며, 책 전체를 관통하는 핵심 질문인 "무엇을 기계에 맡기고 무엇을 인간이 할 것인가?"의 본질을 드러낸다.

이러한 딜레마는 여러 산업에서 공통적으로 나타나고 있다. 채용에서는 'AI의 빠른 선별 vs 공정성 확보', 의료에서는 '정확한 진단 vs 환자와의 신뢰 관계', 교육에서는 '개인화된 학습 vs 사회적 상호작용' 등 효율성과 인간적 가치 사이의 균형점을 찾는 것이 핵심 과제가 되고 있다. 이러한 사례들은 AI 시대의 리더십이 단순히 기술적 최적화나 경제적 효율성만을 추구해서는 안 된다는 것을 보여준다. 리더는 효율성이라는 가치와 인간 중심이라는 가치 사이에서 의식적인 선택을 내려야 하며, 조직의 핵심 가치와 목적에 부합하는 인간-기계의 역할 분담 경계선을 설정하고 이를 조직문화에 내재화해야 하는 궁극적인 책임을 져야 한다.

의료업계의 딜레마: AI 진단 vs 의사 – 환자 관계

AI 진단 시스템이 도입되면서 진단 정확도가 15% 향상되고, 진단 시간은 70% 단축되었다. 효율성 측면에서는 완벽한 성공이었다. 하지만 예상치 못한 문제가 발생할 수 있다.

실제로, 환자와 의사 모두 AI 도입 이후 새로운 불만과 고민을 안게 되었다. 환자들은 "의사가 눈을 마주치지 않고 컴퓨터만 본다", "진단이 AI의 판단인지, 의사의 판단인지 알 수 없다", "병원이 점점 공장처럼 느껴진다"라는 불만을 토로한다. 반면 의사들은 또 다른 딜레마에 직면하게 되었다. "AI가 더 정확한데 의견을 달리해도 되는 걸까?" "AI가 나 대신 판단을 내려주니 의사로서의 보람이 사라진다." "효율성은 높아졌지만, 정말 치료의 질도 함께 나아진 걸까?" 이처럼 AI가 의료 현장에 본격적으로 자리 잡으면서 환자와 의사 모두가 '신뢰와 역할의 균형'을 다시 묻게 되는 상황이 펼쳐지고 있다.

교육업계의 선택: AI 개인교사 vs 인간 교사

한 대형 교육업체가 AI 개인교사 시스템을 도입했을 때의 시나리오는 기대와 우려를 동시에 보여준다. 시나리오에 따르면 AI 개인교사는 학생 개개인의 수준에 맞춰 맞춤형 문제를 출제하고, 24시간 언제든 질문에 답하며, 학습 진도와 약점을 실시간으로 분석한다. 무엇보다 지치지 않는 무한한 인내심을 바탕으로 학생을 끝까지 지원한다. 그 결과, 학습 효율이 높아지고, 시험 성적도 전반적으로 상승한다.

그러나 부작용도 나타난다. 학생들의 인간 교사에 대한 의존도가 줄어들고, 감정적 교감과 동기부여가 어려워진다. 또한 AI의 즉각적인 답변에 익숙해져 깊이 있는 사고와 인내심이 필요한 문제 해결 능력이 퇴화할 수 있다. 이러한 사례는 교육 현장에서 AI의 잠재적 가치를 보여주는 동시에 학습의 본질을 어떻게 지켜낼 것인가라는 중요한 질문을 던진다.

- 기계의 일: 측정 가능하고 반복적인 최적화
- 리더의 일: 조직의 가치와 목적에 부합하는 경계 설정

신호6: 확산하는 기계-기계 협업과 자율 네트워크

여섯 번째 신호는 AI가 단일 기능 수행을 넘어 서로 다른 AI 시스템들이 직접 연결되어 하나의 완결된 업무 흐름을 스스로 실행하는 구조가 확산되고 있다는 점이다. 이제 AI는 인간의 지시를 받는 '단일 작업자'가 아니라, 다른 AI와 협력하는 동료 Agent2Agent가 되고 있다.

2023년 초의 인식

AI가 하는 일: 특정 요청에 따라 한 번의 작업을 수행(문서 작성, 데이터 분석 등)

인간이 하는 일: AI의 결과를 다른 도구나 부서에 전달, 후속 작업 지시

2025년 말의 현실

AI가 하는 일: 한 AI가 분석한 결과를 다른 AI가 실시간으로 받아 후속 작업을 실행, 그 결과를 다시 다른 AI가 완성해 업무 전체를 마무리(예: 판매 데이터 분석 AI → 마케팅 캠페인 설계 AI

→ 광고 집행 AI로 이어지는 자동 파이프라인)

인간이 하는 일: 전체 워크플로의 설계, 주요 승인·검증 지점 설정, 예외 상황 대응

이 변화의 본질은 결정 주체가 AI로 바뀌는 것(신호2)이 아니라, 업무의 연속성과 네트워크 구조가 AI 중심으로 재편되는 데 있다. 이 과정에서 AI 하나의 성능보다 AI 간 연결성과 상호 운용성이 경쟁력의 핵심이 된다. 이에 따라 기업들은 API, 데이터 표준, 오케스트레이션 툴을 통해 내부·외부 AI 서비스를 유기적으로 연결하려는 투자를 늘리고 있다.

"어디까지를 기계 네트워크에 맡기고, 어디에 인간의 개입을 남겨둘 것인가?"

리더에게 주어진 과제는 바로 이것이다. 모든 단계를 기계에 맡기면 속도와 효율은 높아지지만 오류, 윤리, 전략적 판단이 필요한 순간을 놓칠 수 있다. 따라서 인간 개입이 필요한 '의도적 체크포인트'를 설계하는 것이 필수다.

- 기계의 일: 기계 간 데이터·작업 교환을 통한 자율적 업무 완결
- 리더의 일: 협업 네트워크 설계, 인간 개입 지점 설정, 자동화 리스크의 선제적 통제

신호7: 실시간 거버넌스와 규제의 압력

일곱 번째 신호는 AI가 사회·경제 전반에서 즉각적이고 직접적인 영향력을 행사함에 따라 규제와 거버넌스의 방식이 '사후 대응'에

서 '실시간 통제·감독'으로 전환되고 있다는 점이다. 과거 규제는 일정 주기마다 사후 점검 및 승인하는 형태였지만, 이제는 AI의 속도와 자율성이 인간 통제 범위를 벗어나는 사례가 늘어나면서 실시간 모니터링과 동적 규제 체계가 필요해지고 있다.

2023년 초의 인식
규제 기관이 하는 일: 연간 또는 분기별 보고서 검토, 사후 조사 및 시정 명령
기업이 하는 일: 규제 준수 체크리스트 작성, 사전 승인 절차 통과

2025년 말의 현실
규제 기관이 하는 일: AI 의사결정 로직과 결과를 실시간으로 모니터링, 특정 임곗값 초과 시 즉시 개입 중단(예: 유럽연합EU AI 법의 고위험 AI 실시간 감시 의무, 금융당국의 알고리즘 거래 실시간 보고)
기업이 하는 일: AI 운영 현황을 실시간 대시보드로 규제 기관과 공유, 내부 감시 AI가 규제 위반 가능성을 사전에 탐지 및 차단

이 변화는 단순히 규제 절차가 빨라진 것이 아니라, 규제와 운영이 동기화된 환경이 되고 있음을 의미한다. AI가 초 단위로 결정을 내리고 실행하는 상황에서 수일, 수주 후에 규제 개입이 이뤄지는 방식은 더 이상 안전장치가 될 수 없다.

리더에게 주어지는 과제는 명확하다. "법·윤리·사회 신뢰를

훼손하지 않으면서도 비즈니스 속도를 유지하는 운영 원칙을 어떻게 설계할 것인가?" 이를 위해 기업 내부에도 '실시간 거버넌스 체계'를 마련해야 하며, 이는 기술적 대응(모니터링 AI)과 문화적 대응(투명성·책임성 강화)을 함께 포함해야 한다.

- 기계의 일: 규제 준수 로직 자동 적용, 실시간 데이터 수집·보고, 위반 가능성 탐지
- 리더의 일: 운영 원칙 수립, 규제 기관과의 신뢰 구축, 실시간 개입 프로세스 설계

다음 2부에서는 유통·소매, 기술·플랫폼, 제조·자동차, 금융·보험, 의료·제약 등 18개 기업의 사례를 통해 이 7가지 신호가 각 산업·기업별 맥락에서 어떻게 현실화되고 있는지, 그리고 각 리더가 어떤 선택과 결정을 내렸는지를 구체적으로 살펴본다. 이어지는 3부에서는 이러한 신호를 토대로 리더가 '무엇을 기계에 맡기고, 무엇을 인간이 할 것인가'라는 경계선을 어떻게 설정하고 유지할지에 대한 원칙을 제시할 것이다.

결론
새로운 도약 또는 저항

기계의 일은 이제 데이터 입력이나 간단한 계산, 번역을 넘어 속도와 다양성이 필요한 창작 및 지식 생산으로 이행한다. 데이터에 기반한 신속하고 정확한 판단과 실행, 정보 통합, 일정 및 과업 조율, 표준화된 지식 제공, 반복적 분석 또한 새로운 기계의 일로 편입된다. 기계의 일은 궁극적으로 기계 간 데이터 및 작업 교환을 통해 자율적으로 업무를 완료하는 수준에 이르게 될 것이다.

창작의 방향과 최종 품질의 맥락을 결정하고, 가치 판단과 결과에 대한 최종 책임을 지는 것은 리더의 일이 된다. 또한 장벽 제거와 팀 간 시너지 창출뿐만 아니라 AI 활용 역량을 조직문화와 평가 체계에 반영해야 하며, 조직의 가치와 목적에 부합하는 경계를 설정하고 협업 네트워크를 설계해야 한다.

지금까지 알아본 7가지 신호들은 산업과 조직의 맥락에 따라 서로 다른 얼굴로 구현된다. 유통에서는 재고 관리와 고객 관계, 금융에서는 거래와 심사, 제조에서는 공정과 품질, 의료에서는 진단과 치료, 교육에서는 교수와 학습 전반에 걸쳐 저마다 다른 방식으로 모습을 드러낸다. 어떤 조직에서는 이러한 변화가 새로운 도약의 발판이 되지만, 또 다른 조직에서는 위기와 저항의 형태로 나타난다.

결국 우리가 마주한 것은 기술의 선택이 아니라 존재의 선택이며, 리더가 기계에게 무엇을 맡기는가의 문제는 곧 인간으로서 우리가 무엇을 지키고자 하는가에 대한 가장 근본적인 답변이 될 것이다.

2부
진화하는 기계와 인간이 일하는 방식

3장 유통·소매: 기술 혁명의 위협과 대응
4장 기술·플랫폼: 도구에서 파트너로, 진화하는 전문가들
5장 제조·자동차: 물리적 세계와 AI의 만남
6장 금융·보험: 신뢰와 알고리즘 사이에서
7장 의료·헬스케어: 생명을 다루는 지능

AX

3장
유통·소매
: 기술 혁명의 위협과 대응

시어즈Sears의 몰락은 예고된 재앙이었다.

한때 미국 유통의 제왕이었던 이 기업은 2018년 파산 보호를 신청하며 132년 역사를 마감했다. 그들이 놓친 것은 단순했다. 세상이 바뀌고 있다는 신호를 무시한 것이다.

아이러니하게도 시어즈는 원래 혁신의 아이콘이었다. 19세기 말 카탈로그 판매로 유통 혁명을 일으켰고, 20세기 중반에는 교외 쇼핑몰의 시대를 열었다. 하지만 21세기의 디지털 전환 앞에서는 무력했다. 아마존이 치고 올라오는 동안 시어즈는 여전히 오프라인 매장에 집착했다.

시어즈만이 아니다. 토이저러스, 라디오샵, 보더스… 한때 각 분야를 지배했던 거인들이 차례로 무너졌다. 생존자들도 안심할 수 없었다. JC페니, 메이시스 같은 백화점들은 대규모 매장 폐쇄로 겨우 연명했다.

이들의 공통점은 디지털 전환을 '나중에 할 일'로 미뤘다는 것이다. 온라인을 오프라인의 보조 채널 정도로 여겼고, 데이터의 가치를 과소평가했으며, 기술 투자를 비용으로만 인식했다.

그러나 모든 전통 유통업체가 몰락한 것은 아니다.

오히려 일부는 아마존과의 경쟁에서 독특한 강점을 발견하고 진화했다. 이들이 찾은 답은 단순한 디지털화가 아니었다. 그것은 유통의 '본질'에 대한 재정의였다. 제품을 파는 것에서 경험을 제공하는 것으로, 거래 관계에서 신뢰 관계로, 효율성 경쟁에서 가치 창출로.

특히 생성형 AI의 등장은 새로운 변곡점이 되었다. 이제 경쟁의 핵심은 배송 속도가 아니라 고객 이해의 깊이다. AI는 단순한 자동화 도구가 아니라, 유통의 미래를 결정할 전략적 무기가 되었다.

미국 유통업계의 네 강자, 연매출 6,180억 달러의 월마트와 1,070억 달러의 타깃, 415억 달러의 베스트바이와 1,595억 달러의 홈디포는 각자의 방식으로 이 도전에 응답했다. 흥미롭게도 그들의 선택은 완전히 달랐다. 같은 위협, 같은 기술 앞에서 네 가지 다른 미래를 그린 것이다.

이제 그들의 실험 현장으로 들어가보자. 성공과 실패, 혁신과 저항이 교차하는 최전선에서 유통의 미래가 만들어지고 있다.

01
월마트
: 물리적 인프라와 AI 기술의 전략적 통합

1990년대 말까지만 해도 월마트Walmart는 '매장 제국'으로 불렸다. 수천 개에 달하는 오프라인 매장은 세계 유통의 상징이었고, '매일 저렴한 가격Everyday Low Price' 전략은 가격 경쟁력을 압도적으로 뒷받침했다. 그러나 아마존이 온라인 유통의 속도와 편의성을 무기로 치고 들어오면서 월마트의 성공 방정식은 한계를 드러냈다. 단순히 매장을 늘리는 것만으로는 고객 충성도를 유지할 수 없게 된 것이다.

"아마존 때문에 망했다To be amazoned"라는 말이 있다. 아마존이 어떤 시장에 진출하면 그 시장은 초토화된다는 것이다. 디지털 네이티브 기업에 의해 기존 비즈니스 모델이 와해되는 이 현상에 대응해 월마트는 AI와 자동화를 통한 전환을 추진하며 전통 소매업체의 디지털 혁신 사례로 주목받고 있다.

핵심 자동화 이니셔티브: 매장에서 공급망까지

월마트의 자동화 전략은 단순한 '비용 절감 프로젝트'가 아니다. 그것은 사람이 할 필요 없는 일을 기계가 맡게 하고, 남은 인력을 더 높은 가치 창출로 이동시키는 체계적인 운영 개선이다. AI와 로보틱스는 물류센터에서부터 매장, 그리고 고객의 문 앞까지 통합된 하나의 자동화 생태계를 구축하는 데 투입되고 있다.

4단계 자율 공급망: 물리적 인프라의 지능화

월마트는 수십억 달러를 투입해 미국 전역의 물류 구조를 전면 개편해왔다. 그 핵심은 중앙 신경망RDCs, 퍼스트 마일 자동화(폭스봇), 라스트 마일 혁신APD이 서로 맞물려 돌아가는 통합 시스템이다. 퍼스트 마일은 제조업체나 공급업체에서 물류센터로 상품이 들어오는 첫 번째 구간으로, 트럭 하역·검수·창고 입고 과정이 포함된다. 중앙 신경망에 해당하는 미드 마일 단계에서는 대형 물류센터RDC에 상품이 저장되고, 주문에 따라 분류와 포장을 거쳐 각 매장이나 배송센터로 이동한다. 마지막으로 라스트 마일은 매장이나 배송센터에서 최종 고객의 집까지 상품이 전달되는 구간으로, 물류 과정에서 가장 비용이 높고 복잡한 단계다.

월마트는 이 세 단계를 유기적으로 연결해 속도와 효율성을 극대화하는 동시에 비용 절감을 실현하는 '차세대 물류 인프라'를 구축하고 있는 것이다.

중앙 신경망: 심보틱과 42개 지역 물류센터 자동화

월마트는 2017년부터 심보틱Symbotic의 AI 기반 소프트웨어와 로보틱스 플랫폼을 도입해 미국 전역 42개 지역 물류센터RDC를 자동화해왔다. 월마트의 공급망은 크게 세 단계로 이루어져 있다. 먼저 공급업체가 제품 보충을 위해 주문을 발송하면, 통합센터Consolidation Centers에서 여러 공급업체의 물품을 모아 지역별 물류센터 네트워크로 보낸다. 이어 지역 물류센터Regional DCs는 이 물품들을 4,700개 매장으로 분배하는 역할을 맡는다.

심보틱 시스템은 42개 RDC에서 고밀도 저장과 검색, 머신러닝 기반 경로 최적화를 적용해 속도, 민첩성, 정확성, 효율성을 모두 강화한다. 특히 통합센터에 모인 다양한 공급업체 제품들을 지역별로 효율적으로 분류하고 매장으로 배송하는 과정을 자동화해 공급망 운영의 중심 역할을 한다. 이러한 중앙 허브가 뒷단에서 안정적으로 작동해야 매장과 고객에게 신속하고 정확한 서비스를 제공할 수 있다.

퍼스트 마일 자동화: 폭스봇의 부상

과거 '매우 수동적이고 복잡한' 트레일러 하역 작업은 생산성과 안전성 모두에서 병목이었다. 이제 AI 머신비전을 탑재한 폭스로보틱스Fox Robotics의 자율 지게차 폭스봇FoxBot이 이를 대신한다.

폭스봇은 월마트가 물류 효율성을 극대화하기 위해 도입한 지능형 하역 로봇으로, 트레일러 내부 화물을 자동으로 내리고 분류하는 데 특화되어 있다. 주요 특징으로는 AI 머신비전을 통한 화물 인식과 최적 하역 순서 결정, 자율주행 기능을 활용한 좁은 트레일러 내부 이동, 그리고 인간-로봇 협업 방식이 있다. 작업자는 태블

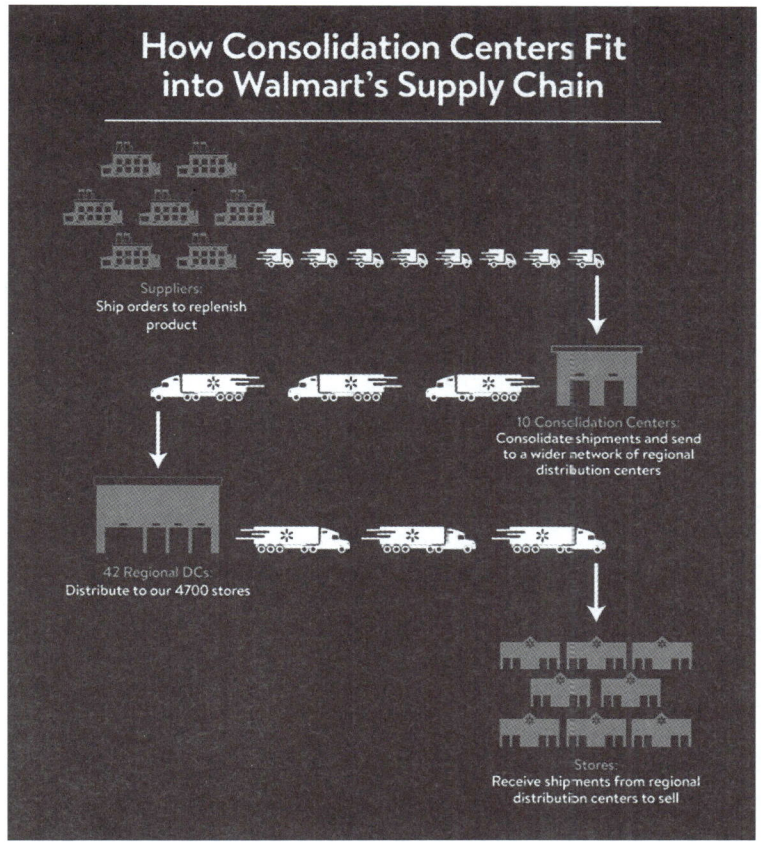

42개 RDC에서 고밀도 저장과 검색, 머신러닝 기반 경로 최적화를 적용해 속도, 민첩성, 정확성, 효율성을 모두 강화하는 심보틱 시스템.(출처: 월마트 홈페이지)

릿을 이용해 여러 대의 폭스봇을 동시에 관리할 수 있어 단순 반복 작업은 로봇이 담당하고 사람은 감독 및 제어에 집중할 수 있다.

폭스봇은 물류의 가장 첫 단계인 퍼스트 마일First Mile 구간에서 팔레트(물류 현장에서 화물을 쌓아 운반하기 위해 사용하는 평평한 받침대) 단위의 하역 작업을 자동화함으로써 전체 공급망의 속도와 안정성을 크게 향상시키는 역할을 한다. 하역된 화물은 보통 팔레

단순 반복 작업은 폭스봇이 담당하고 사람은 감독 및 제어에 집중할 수 있다. (출처: electrek.co)

트 위에 적재되는데, 지게차가 들어 올릴 수 있는 구조로 대량의 화물을 효율적으로 이동시키는 핵심 장치다.

월마트는 2023년부터 4개 물류센터에서 시범 운영을 시작해 점차 배치를 확대하고 있다. 현재는 1명의 직원이 여러 대의 로봇을 지휘하는 형태로 전환되었으며, 이를 통해 직원 생산성이 크게 향상됐다고 보고되었다.

라스트 마일 혁신: APD 네트워크

2025년 1월, 월마트는 자사의 '첨단 시스템 및 로보틱스' 부문을 심보틱에 매각하고, 12년간의 상업 계약을 체결했다. 심보틱은 이를 기반으로 총 5억 2,000만 달러를 투자해 APD Accelerated Pickup and Delivery 센터를 400개 매장에 구축하고 있다. APD는 기존의 MFC Market Fulfillment Center를 고도화한 버전으로, 2025년부터 공식 명칭을 APD로 통일했다.

APD는 매장 내부나 인접 공간에 설치되는 초소형 자동화 풀필먼트센터로, 매장을 곧바로 '초지역적hyper-local 배송 허브'로 변모시키는 핵심 시스템이다. 작동 방식은 매우 체계적이다. 먼저 고밀도 보관 구역에서 자동화 로봇이 인기 상품을 빠르게 피킹picking하고, 이어 작업대에서는 직원이 신선식품이나 대형 상품을 추가한다. 이후 주문 시간에 맞춰 자동 보관된 상품은 픽업이나 배송을 위해 출고되는데, 익스프레스 주문의 경우 3시간 이내에 처리된다.

월마트는 이 매장 기반 자동화를 통해 미국 내 주문당 순배송비를 40% 절감했다고 발표했다. 이 전략을 바탕으로 월마트는 아마존과 같은 순수 이커머스업체들이 쉽게 따라 할 수 없는 전국 규모(4,700개 매장) 지능형 풀필먼트 네트워크로 전환하고 있다. 이는 월마트가 오프라인 매장이라는 강점을 디지털과 자동화 기술로 극대화한 대표 사례다.

지능형 최적화: 자가복구 재고관리와 경로 최적화

월마트는 물리적 자동화 인프라를 구축한 뒤, 그 위에서 작동하는 지능형 알고리즘을 통해 진정한 차별화를 이루고 있다. 그 대표 사례가 자가복구 재고관리Self-Healing Inventory 시스템이다. 이 시스템은 단순히 '재고가 떨어지면 채운다'라는 수준을 넘어선다.

자가복구 재고관리는 온라인·오프라인 판매 데이터를 실시간으로 통합 분석해 AI가 품절, 과잉 재고, 위치 오류를 자동으로 식별하고 즉시 수정한다. 특정 지역의 수요가 급증하면 재고를 자동 재배치하며, AI 비전과 스마트 스캐너가 선반의 재고 배치 오류까지 감지해 바로잡는다.

함께 도입된 경로 최적화Route Optimization 기술은 2023년 프란츠 에델만상Franz Edelman Award을 수상할 정도로 혁신적이다. APD

내부에서는 피킹 동선을 최적화해 작업자가 덜 걸으면서 더 많은 작업을 처리하도록 돕고, 배송 차량은 실시간 교통과 날씨 데이터를 반영해 최적 경로를 계산한다. 또한 여러 주문을 효율적으로 묶어 배송하는 배치 최적화까지 수행한다.

그 성과도 뚜렷하다. 멕시코에서만 5,500만 달러를 절감했고, 전 세계적으로 운송 거리를 3,000만 마일 단축했으며, 11만 건의 경로 최적화를 통해 9,400만 파운드의 이산화탄소를 감축했다. 미국 내에서는 주문당 순배송비를 40% 줄이는 데 성공했다. 현재 이 기술은 SaaS 솔루션으로 외부 기업에도 제공되며, 단순히 물건을 빠르게 옮기는 단계를 넘어 언제, 어디로, 얼마나 옮길지를 실시간으로 최적화하는 새로운 물류 표준을 만들어가고 있다.

월마트의 핵심 자동화 이니셔티브(2024~2025)

이니셔티브	핵심 파트너/기술	전략적 목표
RDC 자동화	Symbotic	중앙 집중 재고 효율성 극대화
퍼스트 마일 자동화	Fox Robotics/FoxBot	하역 자동화, 창고 입고 프로세스 개선
라스트 마일 자동화	Symbotic/APD-Alphabot	매장 기반 초지역 풀필먼트·신속 배송
지능형 최적화	Self-Healing AI/Route	AI 실시간 재고 재배치, 운송 경로 최적화

중앙신경망(지역 물류센터RDC) – 퍼스트 마일(폭스봇FoxBot) – 라스트 마일APD – 지능형 최적화로 이어지는 월마트의 4단계 자동화 체계는 고도화된 통합 공급망을 구현한다. 이는 단순한 효율화를 넘어 각 단계가 실시간으로 데이터를 공유하며 지속적으로 개선되는 시스템이다. 예를 들어, ① 특정 지역에서 계절 가전제품의 수요가 급증하면 ② 자가복구 재고관리 시스템이 이를 감지해 ③ 인근 RDC

에서 해당 제품을 우선 배치하고 ④ 폭스봇의 하역 순서가 조정되며 ⑤ 경로 최적화 AI가 배송 효율을 재계산하는 방식으로 전체 시스템이 연동된다. 이처럼 전체 시스템이 데이터 피드백을 통해 학습하고 적응하기 때문에 '학습하는 공급망'이라 할 수 있다.

월마트 AI의 두뇌: 엘리멘트와 왈라비

월마트 AI 혁신의 핵심에는 '엘리멘트Element'라는 독자적인 머신러닝 플랫폼이 있다. 하루 300만 건의 쿼리를 처리하고 주간 90만 명이 사용하는 이 AI 파운드리는 월마트가 구글, 마이크로소프트, AWS 등 다양한 클라우드 서비스의 장점을 필요에 따라 선택적으로 활용할 수 있게 해준다.

엘리멘트는 월마트의 모든 AI 애플리케이션을 개발하고 배포하는 중앙 허브 역할을 한다. 재고 예측, 가격 최적화, 고객 행동 분석 등 다양한 AI 모델들이 이 플랫폼 위에서 통합적으로 운영되며, 곧 소개할 네 가지 AI 에이전트 역시 모두 엘리멘트를 기반으로 작동한다.

이 중앙 허브의 두뇌 역할을 하는 핵심 기술이 바로 왈라비Wallaby다. 월마트가 2024년 10월 공개한 이 소매업 특화 LLM은 2025년 발표된 AI 에이전트 통합 전략의 중심축으로, 사내 곳곳에 흩어져 있는 AI 도구들을 하나로 연결한다. 왈라비가 특별한 이유는 네 가지다.

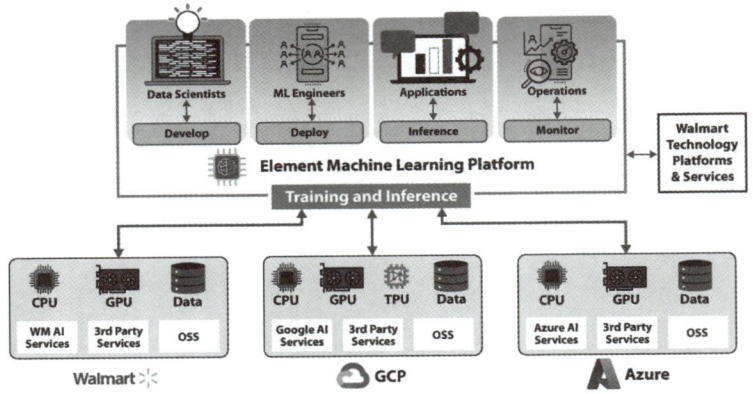

월마트 엘리먼트 머신러닝 플랫폼 아키텍처: 데이터 과학자부터 운영팀까지 모든 AI 개발 단계를 통합 관리하며, 월마트 자체 인프라와 구글 클라우드, 애저를 선택적으로 활용하는 멀티클라우드 AI 플랫폼 구조(출처: charonhub.deeplearning.ai)

- 수십 년간의 월마트 데이터 학습: 수백만 건의 고객 상담, 구매 패턴, 재고 변동 기록 등을 통해 방대한 소매 데이터를 이해한다.
- 현장 용어 완벽 이해: 매장 뒤편 창고를 뜻하는 '백룸backroom', 통로 끝 진열대 '엔드캡endcap', 상품 배치도 '플래노그램planogram' 등 월마트 직원들이 쓰는 전문 용어를 정확히 인식한다.
- 맥락 기반 예측: 추수감사절 전 칠면조 수요 급증이나 플로리다 허리케인 시즌 생필품 비축처럼 지역·계절별 패턴을 파악한다.
- 210만 직원의 암묵지 디지털화: 베테랑 직원들의 노하우와 문제 해결 방식을 학습해 운영 지식을 체계화한다.

실제 활용 예를 보면 직원이 "이번 주 스포츠용품 엔드캡에 무엇을 노출하면 좋을까?"라고 물으면 월라비는 "슈퍼볼이 2주 앞으로 다가왔고, 작년 같은 시기 TV 스낵과 음료 매출이 35% 증가했습니다. 스포츠용품 옆에 파티용품을 교차 진열하면 시너지 효과가 있을 것입니다"라고 답한다. 즉, 월라비는 단순히 일반적 정보를 제공하는 것이 아니라 월마트의 운영 철학과 현장 경험을 반영해 "우리 매장에서는…"으로 시작하는 실무 중심 솔루션을 제시한다. 이는 챗GPT가 "소매업에서는 일반적으로…"라고 답하는 것과 근본적으로 다른 차별화된 역량이다.

4대 AI 에이전트 전략

2025년 7월, 월마트는 모든 AI 기능을 4개의 에이전트로 통합하는 전략을 발표했다. 왈라비 LLM과 엘리먼트 플랫폼을 기반으로 작동하는 이 에이전트들은 MCPModel Context Protocol(AI 모델들이 외부 도구 및 데이터와 원활하게 연결되도록 해주는 표준 연결 프로토콜)를 통해 상호 연계된다.

월마트의 4대 AI 슈퍼에이전트

슈퍼에이전트	주요 대상	핵심 기능	기대 효과
Sparky (출시)	고객	맞춤형 상품 추천, 실시간 재고 안내, 주문·픽업·배송 지원	고객 경험 개선, 매출 증대
Marty (출시 예정)	공급업체·판매자	판매 분석, 재고 최적화, 자동 광고 캠페인	파트너 성장 지원, 공급망 효율 향상
Associate Agent(가칭, 1년 내 가동 목표)	매장·물류 직원	업무 스케줄링, 재고 보충 안내, 매장 운영 지원	인력 효율화, 현장 대응 속도 향상
Developer Agent(가칭, 1년 내 가동 목표)	개발자·기술팀	코드 작성·검토, 시스템 최적화, 문제 진단	개발 생산성 향상, 기술 품질 확보

과거 고객들은 원하는 제품을 직접 검색해야 했지만, 이제는 달성하고 싶은 목표를 말하면 AI가 알아서 준비해주는 시대가 열렸다. 예를 들어 스파키Sparky를 통해 "다섯 살 딸 생일파티를 준비

해줘"라고 요청하면 테마 장식품, 케이크, 파티용품을 통합 제안한다. "감기 걸린 가족을 위한 쇼핑"에는 약품, 수프, 비타민, 가습기를 한 번에 패키지로 추천한다. "새 아파트 이사 준비"를 말하면 필수 가전과 청소용품을 체크리스트로 정리해준다. 이러한 목표 기반 쇼핑 덕분에 고객 만족도는 기존 검색 방식보다 크게 향상됐다.

스파키가 고객 경험을 혁신하는 동안, 월마트는 하나의 통합 플랫폼을 중심으로 전사적 AI 협업 구조를 구축했다. 과거에는 고객 서비스, 재고 관리, 직원 교육, 시스템 개발이 각각 다른 도구에서 별도로 운영되었지만, 이제는 모든 AI 에이전트가 데이터를 공유하며 긴밀히 협력한다. 예컨대 스파키가 특정 상품의 수요 급증을 감지하면 마티Marty가 공급업체에 자동으로 추가 발주를 넣고, 직원 에이전트Associate Agent가 매장 직원에게 재고 보충을 지시하며, 개발자 에이전트Developer Agent는 시스템 부하를 실시간 모니터링해 최적화한다. 이 통합적 데이터·에이전트 협업은 고객에게는 한층 빠르고 개인화된 쇼핑 경험을, 기업에는 재고와 운영 효율성의 극대화를 동시에 안겨주는 월마트 AI 전략의 핵심이다. 더그 맥밀런 CEO는 이를 "고객, 회원, 동료 직원 모두의 경험을 향상시킬 기회"라고 표현했다.

이는 AI가 각 부서의 도구에서 기업 전체의 운영 체제로 진화했음을 보여준다. 물리적 공급망(RDC, 폭스봇, APD) 위에 디지털 지능(4대 에이전트)이 결합해 진정한 옴니채널 통합 운영이 가능해진 것이다.

210만 직원의 역할 전환과 재교육

월마트의 AI 전환에서 핵심은 기술이 아니라 사람이다. 210만 명의 직원이 새로운 시스템을 받아들이고 활용해야 투자가 의미를 갖는다.

월마트는 직원들에게 다양한 AI 도구를 제공하고 있다. 음성 어시스턴트로 상품 위치를 즉시 확인하고, 44개 언어 실시간 번역으로 고객과 소통한다. 이런 도구들은 단순 반복 업무를 줄여 직원들이 고객 서비스에 더 집중할 수 있게 한다. 실제로 AI 도구 도입 후 고객 대기 시간이 40% 감소했고, 직원 만족도도 향상되었다.

2018년 시작된 LBU Live Better U 프로그램은 월마트의 장기 인재 전략이다. 입사 첫날부터 학비 전액을 지원하며, 졸업 후 의무 근무도 없다. 12만 6,000명 이상이 참여했고, 교육 과정은 공급망 관리부터 AI 자격증까지 다양하다. 이는 단순한 복지가 아니라 내부 기술 인력을 양성하는 투자다. 외부에서 AI 전문가를 채용하는 것보다 월마트 문화를 아는 직원을 재교육하는 것이 더 효과적이고 경제적이기 때문이다.

경력 전환 프로그램도 구체적이다. 12주 교육으로 매장 직원이 트럭 운전사가 되어 연 11만 달러를 벌 수 있고, 6개월 과정으로 로봇 시스템 기술자가 될 수 있다. 폭스봇을 운영하는 창고 직원들처럼 육체노동에서 시스템 관리로 역할이 전환되고 있다.

물론 모든 직원이 이를 환영하는 것은 아니다. 특히 나이 든 직원들 사이에서는 새로운 기술에 대한 부담감이 크다. 월마트는 이들을 위해 멘토링 프로그램을 운영하며 점진적인 적응을 돕고 있다. 결국 월마트의 전략은 자동화를 일자리 '대체'가 아닌 일자리 '전환'의 기회로 만드는 것이다.

옴니채널 전략의 실전 성과

월마트의 옴니채널 전략은 구체적인 성과로 나타나고 있다. 글로벌 이커머스 매출이 지속적으로 두 자릿수 성장을 하고 있으며, 특히 미국에서는 매장 픽업보다 배송 서비스가 더 빠르게 확대되고 있다.

월마트의 성장은 이제 두 가지 신규 비즈니스 모델로 확장되고 있다. 첫째는 월마트 커넥트Walmart Connect다. 월마트의 리테일 미디어 광고 플랫폼으로, 브랜드가 월마트 웹사이트와 매장 내에서 광고를 집행할 수 있는 서비스다. 월마트는 방대한 고객 구매 데이터를 활용해 정교한 타깃 광고를 제공하며, 2024년 기준 연간 30억 달러 이상의 수익을 창출하고 있다. 둘째는 월마트+ 멤버십이다. 연 98달러(또는 월 12.95달러)로 무료 배송, 연료 할인, 모바일 스캔앤고Scan&Go 등 다양한 혜택을 제공하는 멤버십으로 아마존 프라임에 대응하는 전략적 서비스다. 현재 3,200만 명 이상의 가입자를 확보하며 강력한 구독 기반을 다지고 있다.

이 두 사업은 단순한 부가 수익원이 아니라, 고객 데이터와 충성도를 기반으로 한 플랫폼 비즈니스로의 전환을 보여준다. 즉, 월마트는 유통을 넘어 데이터·광고·구독을 아우르는 종합 플랫폼 기업으로 진화하고 있는 것이다.

2025년 7월 아마존 프라임데이와 월마트딜 행사의 정면 대결은 월마트 전략의 실효성을 보여줬다. 시장 분석 결과, 프라임데이 쇼핑객의 49%가 월마트 행사도 이용했거나 고려했으며, 월마트 고객의 평균 지출액(484달러)이 아마존 고객(360달러)보다 높았다. 이는 APD와 자동화 물류망이 만든 '빠른 배송과 편리한 픽업'이 가격 경쟁력만큼 중요한 무기가 되었음을 증명한다.

옴니채널 모델 비교

구분	아마존	월마트
핵심 전략	디지털에서 시작해 물리적 확장	물리적 자산을 AI로 디지털화
물류 혁신	Kiva, Proteus 등 중앙집중형	심보틱 RDC + APD 분산형
AI 전략	Rufus(단일 어시스턴트)	4대 에이전트(역할별 특화)
차별화	Prime 생태계, 속도	4,700개 매장, 근접성

월마트는 미국 인구 90%가 10마일 이내에서 접근 가능한 매장 네트워크를 '초지역 풀필먼트 허브'로 전환했다. 이는 중앙집중형과 분산형이라는 서로 다른 물류 철학을 보여준다.

월마트 전환의 현재와 미래

월마트의 AI 전환이 보여준 성과는 인상적이지만, 더 근본적인 질문이 남아 있다. "과연 이 모델이 지속 가능한가?"

월마트가 구축한 시스템의 복잡성은 양날의 검이다. 심보틱 RDC, 폭스봇, APD, 4대 AI 에이전트가 맞물려 돌아가는 구조는 강력하지만 취약하기도 하다. 한 부분의 문제가 전체 시스템을 마비시킬 수 있다. 더 큰 문제는 기술 발전 속도다. 현재 최첨단인 심보틱 시스템이 3년 후에도 경쟁력을 유지할까? 매년 수십억 달러의 추가 투자 없이는 기술적 우위를 지킬 수 없는 구조다.

210만 직원의 재교육은 미덕이지만 현실은 복잡하다. LBU 프로그램 참여자는 전체의 6%에 불과하다. 나머지 94%는 어떻게 되는가? 특히 50대 이상 직원들의 적응 속도는 기술 변화를 따라가지 못한다. '일자리 전환'이라는 미사여구 뒤에는 실질적인 고용 불안이 존재한다.

월마트가 놓치고 있는 것은 아마존이 단순한 리테일러가 아니라는 점이다. AWS, 광고, 엔터테인먼트를 아우르는 플랫폼 기업과 물류 효율성만으로 경쟁할 수 있을까? 월마트 커넥트와 월마트+는 시작에 불과하다. 진정한 플랫폼으로 진화하지 못하면 결국 거대한 물류 회사에 머물 수밖에 없다.

업계에서 논의되는 에이전트 간 상거래는 또 다른 위험을 내포한다. AI가 고객을 대신해 구매 결정을 내린다면, 브랜드 충성도나 고객 관계의 의미는 무엇인가? 결국 가격과 효율성만 남는다면, 월마트의 차별화 요소는 사라진다.

월마트 사례를 통해 살펴볼 수 있는 산업 전반의 과제는 무엇일까?

"효율성 극대화가 정말 소매업의 미래인가?"
"인간 직원의 역할이 계속 존재할 이유가 있는가?"
"물리적 매장의 가치는 언제까지 유효한가?"
"기술 투자의 끝은 어디인가?"

이에 대한 답은 아직 없다. 월마트조차 모른다. 하지만 이들은 급변하는 시장 환경에 지속적으로 대응하고 있다.

월마트의 AI 전환은 완성된 성공 모델이라기보다 진행 중인 전략적 적응 과정이다. 그들이 보여준 것은 전통 기업도 변할 수 있다는 가능성이지, 변해서 살아남을 수 있다는 보장은 아니다. 중요한 것은 월마트가 질문을 던지고 있다는 점이다. 효율성과 인간성, 자동화와 고용, 글로벌과 로컬, 표준화와 개인화 사이에서 균형점을 찾는 이 실험의 결과가 단지 월마트단이 아닌, 전체 산업의 미래를 결정할 것이다.

월마트는 아직 답을 찾지 못했다. 하지만 적어도 올바른 질문을 던지고 있다. 그것만으로도 충분한 가치가 있다.

02
타깃
: 전통 리테일러의 AI 생존 전략

아마존의 그림자가 리테일 산업 전체를 뒤덮고 있을 때, 모든 기업은 저마다의 방식으로 위협을 느꼈다. 타깃Target이 직면한 위협은 다른 차원의 문제였다. 월마트가 가격과 효율성이라는 정량적 지표에서 도전받았다면, 타깃은 브랜드 정체성과 차별화 요소 자체가 흔들리는 상황에 직면했다. 타깃은 '취향'과 '미적 감각'이라는 브랜드의 심장부를 공격받고 있었다.

이 위기 속에서 타깃은 생존을 위한 전략적 대응에 나섰다. 연 매출 1,070억 달러, 약 2,000개의 매장을 운영하는 타깃은 2024년까지 전 매장에 생성형 AI를 도입한 미국 최초의 대형 리테일러가 되었다. 그러나 2025년 최신 데이터가 보여주는 현실은 여전히 엄혹하다. 타깃의 이커머스 시장점유율(1.9%)은 아마존(37.6%), 월마트(6.4%)에 비해 한참이나 저조하다. 이는 타깃의 AI 도입이 혁신적 선도라기보다는 치열한 경쟁 환경에서 생존하기 위한 필사적 노력임을 보여준다.

오직 당신만이 사랑할 '타깃'

지난 4년간 매출이 거의 정체된 상황에서 타깃의 AI 도입은 '혁신'이 아닌 '생존'에 가까운 이야기다. 타깃의 핵심 가치는 언제나 전문가의 안목으로 엄선한 '아름다움'에 있었다. "더 큰 만족, 더 낮은 가격Expect More. Pay Less"이라는 슬로건 뒤에는 대중이 접근 가능한 가격으로 세련된 라이프스타일을 누릴 수 있도록 돕는다는 철학이 깔려 있다. 이는 소수의 전문 디자이너와 바이어가 대중의 취향을 이끌고 정의하는, 일종의 '취향의 낙수효과'에 기반한 모델이었다.

하지만 AI가 지배하는 새로운 시대는 이러한 전제를 뿌리부터 흔들었다. AI는 '대부분의 사람이 좋아할 만한' 상품을 예측하는 수준을 넘어섰다. 개별 고객의 과거 구매 이력, 웹사이트 클릭 패턴, 심지어 소셜미디어 활동까지 분석해 '오직 당신만이 사랑할' 상품을 정확히 집어내기 시작했다.

문제는 개인화 자체가 아니라, 개인화가 타깃의 브랜드 정체성과 충돌한다는 점이었다. 아마존이 '당신이 좋아할 만한 것'을 추천한다면, 타깃은 '당신이 아직 몰랐지만 좋아하게 될 것'을 제안하는 것이 핵심 역량이었다. 큐레이션의 본질은 고객보다 한발 앞선 안목에 있었는데, AI는 이를 '고객의 과거 데이터를 따라가는 것'으로 바꿔버렸다.

이러한 위협은 온라인에만 국한되지 않았다. 타깃의 또 다른 핵심 자산인 오프라인 매장의 가치마저 흔들리고 있었다. 월마트의 창고형 매장과 달리, 타깃의 매장은 잘 정돈된 조명과 넓은 통로, 감

타깃의 매장 내부. 대부분의 구매가 온라인에서 이루어지면서 쇼핑 자체를 즐거운 경험으로 만드는 타깃만의 라이프스타일 공간의 매력이 사라졌다.

각적인 상품 배치를 통해 쇼핑 자체를 즐거운 경험으로 만드는 라이프스타일 공간이었다. 그러나 고객들이 구매 결정의 상당 부분을 온라인에서 하기 시작하면서 이러한 물리적 경험의 매력은 점차 희미해졌다. 더 심각한 문제는 모든 오프라인 리테일러가 직면한 '쇼루밍showrooming' 현상(오프라인 매장에서 상품을 직접 살펴보고 체험한 뒤, 실제 구매는 더 저렴한 온라인 쇼핑몰에서 하는 소비 행태)이었다. 특히 타깃처럼 쇼핑 경험을 강조하는 매장일수록 이 문제가 더 뼈아팠다.

2010년대 후반의 타깃은 정체성의 기로에 서 있었다. 아마존의 데이터 기반 개인화는 타깃의 핵심 경쟁력인 큐레이션의 가치를 위협했고, 변화하는 소비자 행동은 오프라인 매장이라는 자산을 부채로 만들고 있었다. 과거의 성공 방정식이었던 '인간의 미적 감각'이 과연 데이터 알고리즘의 냉정한 효율성 앞에서 살아남을 수 있을 것인가? 이 질문에 대한 답을 찾는 과정이 타깃의 AI 전략 방향을 결정했다. 그리고, 완전한 성공은 아니었지만, 타깃의 도전은 적어도 전통적 리테일러가 AI 시대에 어떻게 적응을 시도해야 하는지 보여주는 의미 있는 사례가 되었다.

AI 증강 큐레이션: 브랜드 정체성과 AI 개인화의 결합

타깃의 접근법은 '인간 대 기계'라는 이분법적 대결 구도에서 벗어나 '인간+기계'라는 협업 모델을 지향하고 있다. 공식 발표와 실제 도입 사례들을 종합해보면, 이를 'AI 증강 큐레이션'이라는 프레임워크로 이해할 수 있다. 이는 타깃이 공식적으로 사용하는 용어는 아니지만, 타깃의 다양한 AI 도입 실제 사례들을 설명하는 데 매우 유용하다.

타깃이 보여준 사례를 종합하면, 생성형 AI를 활용하되 브랜드 정체성을 철저히 지키면서 개인화를 구현하는 두 단계의 공통 패턴을 정리할 수 있다. 우선, 타깃은 10만 개 이상의 상품 페이지 설명을 생성형 AI로 개선하면서도 브랜드 특유의 톤앤매너를 유지했다. 또한 가이드 검색Guided Search 기능을 통해 고객이 대화체로 "여름 파티"를 검색하면 지능적으로 상품을 큐레이션하고, 소셜미디어 트렌드와 생성형 AI를 결합해 상품 발견 경험을 강화했다. 이러한 흐름에서 도출되는 핵심 패턴은 두 단계다.

- **브랜드 정체성 범위 설정**: 디자이너와 머천다이저가 '타깃다운' 상품 풀pool을 엄선해 브랜드 일관성을 확보한다.

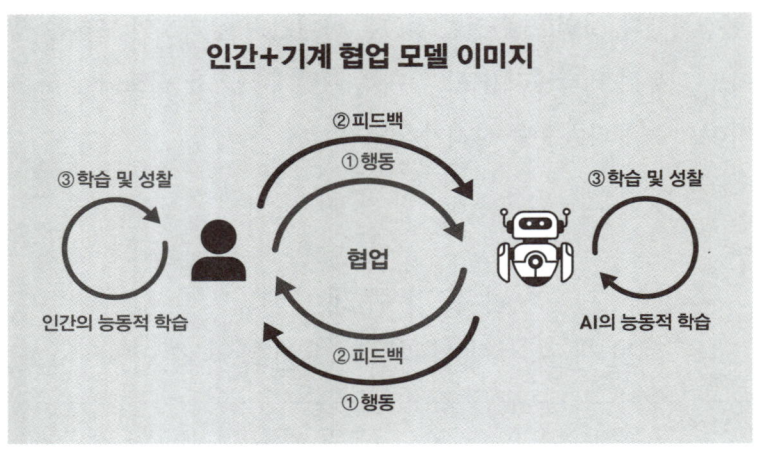

'인간 대 기계'라는 이분법적 대결 구도에서 벗어나 '인간+기계'라는 협업 모델을 지향하는 AI 증강 큐레이션의 프레임워크 (출처: techybex.com)

- **경계 내 개인화**: 설정된 상품 풀 안에서 AI가 고객의 취향, 예산, 생활 패턴 등의 데이터를 분석해 최적의 상품을 추천한다.

즉, 타깃의 AI 활용 전략의 핵심은 사람이 브랜드의 기준을 세우고, AI가 그 안에서 개인화를 담당하는 구조이다.

이런 접근이 실제로 어떻게 작동하는지 가상의 시나리오로 설명하면, 홈데코 상품 추천에서 먼저 타깃다운 미학 기준(세련되면서도 합리적 가격)에 맞는 수백 개 상품을 선별한다. 그런 다음 AI가 그 안에서 개별 고객의 생활 패턴과 예산을 고려해 최적화된 소품 세트를 골라내는 방식이다. 이를 통해 브랜드 일관성을 지키면서 개인화의 장점을 살릴 수 있다는 가능성을 보여주었다.

매장의 재창조:
리테일 공간에서 옴니-허브로

AI 증강 큐레이션이 '무엇을 파는가'에 대한 해답이었다면, '어디서 파는가'에 대한 타깃의 답변은 현실적이면서도 창의적인 접근이었다. 타깃은 '리테일의 종말' 시대에 모두가 애물단지 취급하던 오프라인 매장을 최대한 활용해 경쟁력을 유지하려고 노력했다. 이는 매장을 단순한 판매 공간이 아닌 물류, 경험, 데이터가 결합한 다기능 '옴니-허브Omni-Hub'로 재정의했다. 타깃의 현대적 매장은 다음 세 가지 핵심 역할을 동시에 수행한다.

물류 허브 Logistics Hub

타깃 매장은 더 이상 상품을 진열하고 판매하는 곳에만 머무르지 않는다. 각 매장은 온라인 주문을 처리하는 '마이크로 풀필먼트센터Micro-fulfillment Center'의 역할을 겸한다. 고객의 주문이 들어오면 원거리의 거대 물류창고가 아닌 가장 가까운 매장의 직원이 직접 상품을 피킹하고 포장한다.

이 '매장 기반 배송Ship-from-Store' 모델은 배송 시간을 획기적으로 단축했으며, 타깃의 공식 발표에 따르면 이 '허브로서의 매장stores-as-hubs' 전략은 회사의 배송 속도와 효율성을 극대화하는 핵심 동력이다. 2022년 공개된 신형 매장은 기존보다 훨씬 큰 15만 제곱피트 규모로, 특히 온라인 주문을 처리하는 백룸(매장 뒤편 작업 공간)이 5배나 커졌다. 이곳에서 직원들이 온라인 주문 상품을 찾아 포장하고 픽업이나 배송을 준비한다.

경험 플랫폼 Experience Platform

타깃은 각 매장을 지역 특성에 맞게 설계한다. 예를 들어 대학가 매장은 학생들이 필요로 하는 생활용품과 간편식을 강화하고, 도심 매장의 좁은 공간(1만 제곱피트 규모)에서는 생산성과 공간 효율성 극대화를 추구한다.

데이터 수집 허브 Data Collection Hub

매장은 다양한 기술로 고객 행동과 재고 상태를 파악한다. 타깃은 2015년부터 RFID 태그를 상품에 부착해 재고를 추적하고 있다. 천장의 센서가 상품이 어디로 이동하는지 감지하는데, 예를 들어 청바지가 탈의실에 자주 가지만 잘 팔리지 않으면 사이즈나 핏 문제가 있다는 신호다.

타깃은 또한 선반 무게 센서, 조명 센서, 선반 엣지 카메라와 컴퓨터 비전을 활용한 재고 감지 시스템을 테스트했다. 이미지 스트리밍과 객체 감지 기술을 통해 품절 상품을 실시간으로 파악하고, 직원용 작업 관리 앱과 연동해 즉시 보충 작업을 지시한다. 보안 목적의 카메라도 고객 흐름을 파악하는 데 활용된다. 이런 매장 데이터와 온라인 구매 기록을 합쳐 고객 맞춤형 추천을 만든다.

타깃의 분류센터는 단순한 물류 시설이 아닌 AI 기반 최적화 허브다. 각 센터는 초당 수백 개의 패키지를 처리하며, 미국 우체국USPS 우편국별로 개별 분류할 수 있는 정밀도를 갖추고 있다. 이는 아마존의 비전 지원 분류 시스템Vision Assisted Sort System, VASS과 유사한 수준의 자동화지만, 타깃은 이를 거대한 풀필먼트 센터가 아닌 도시 근교의 소규모 시설에서 구현했다는 점이 차별화된다.

AI 기반 재고 관리 시스템은 타깃의 숨은 경쟁력이 되었다. 타깃은 수년간 머신러닝을 활용해 수요 예측, 재고 계획, 클리어런스 가격 결정을 최적화해왔다. 특히 앙상블 모델을 통해 여러 AI 모델을 조합해(요거트 같은 신선식품과 축구공 같은 스포츠용품을 각각 다른 알고리즘으로 분석) 예측 정확도를 높였다. 2023년부터는 매장별 수요 예측 AI를 도입해 적시적소에 재고를 배치하고 초당 1만 6,000건의 재고 조회 요청을 처리할 수 있는 규모로 성장했다.

이러한 성공적인 모델에 대한 확신은 과감한 투자 계획으로 이어졌다. 타깃은 2024년 말 발표한 성장 계획에서 향후 10년간 300개 이상의 신규 매장을 개설하겠다고 밝혔다. 이는 쇠퇴하는 오프라인 리테일에 대한 미련이 아니라, 물리적 공간과 디지털 경험을 완벽하게 결합한 성공적인 옴니-허브 모델을 미국 전역으로 확장하려는 공격적인 전략이다. 실제로 타깃은 매년 40억 달러 이상을 매장, 공급망, 기술에 지속적으로 투자할 계획을 밝히며, 이 전략에 대한 강한 의지를 보이고 있다.

타깃의 운영 혁신

타깃의 변혁은 화려한 고객 경험과 세련된 큐레이션 뒤에 숨겨진 치밀하고 정교한 운영 시스템의 혁신이 있었기에 가능했다. 특히 물류와 직원 관리 방식의 근본적인 변화는 타깃의 전략을 현실로 구현한 엔진 룸 역할을 했다. '분류센터'라는 독창적인 물류 모델은 속도와 비용이라는 두 마리 토끼를 잡았고, '스토어 컴패니언Store Companion' 같은 AI 도구는 직원들의 역할을 재정의하며 새로운 가치를 창출했다.

분류센터 혁명: 현실적 물류 해법

빠르고 저렴한 배송은 이커머스 시대의 성배와도 같다. 아마존이 수십억 달러를 투자해 거대한 풀필먼트센터 제국을 건설한 반면, 타깃은 훨씬 더 영리하고 자본 효율적인 방식으로 이 문제를 해결했다. 그 해답이 바로 분류센터Sortation Center를 중심으로 한 독창적인 물류 네트워크였다. 타깃의 물류 모델은 세 단계로 구성된다.

① 피킹picking

고객이 온라인으로 주문하면 거대한 중앙 물류창고가 아닌 주문자의 주소지에서 가장 가까운 타깃 매장의 직원이 직접 재고에서 상품을 찾아 포장한다. 이는 기존 매장 자산을 최대한 활용하는 방식이다.

② 분류Sortation

트럭이 하루에 여러 번 각 지역의 30~40개 매장을 순회하며 포장된 온라인 주문 상품들을 수거한다. 이 상품들은 지역별로 위치한 '분류센터'로 집결된다. 이 센터에서는 타깃이 인수한 그랜드정션Grand Junction과 델리브Deliv의 독점 기술을 활용해 수거된 모든 상품을 자동으로 최종 배송지에 따라 분류한다.

그랜드정션의 AI 플랫폼은 실시간으로 배송업체별 성능을 추적하며 가장 효율적인 업체를 선택한다. 델리브의 경로 최적화 알고리즘은 우편번호가 아닌 동네 단위까지 세분화해 패키지를 묶어hyper-local batching 배송 경로를 최적화한다. 이 시스템은 머신러닝을 통해 교통 패턴, 배송 시간, 배송업체 성능 데이터를 학습해 지속적으로 정확도를 개선한다. 이 과정은 매장 뒤 공간에서 이루어지던 복잡한 분류 및 포장 작업을 중앙화해 매장 직원들이 고객 응대와 같은 더 중요한 업무에 집중할 수 있도록 해준다.

③ 라스트 마일

분류센터에서 경로별로 완벽하게 준비된 배송 묶음은 타깃의 파트너사인 쉽트Shipt의 배송 기사나 제3의 운송업체에 의해 고객의 집 앞까지 배송된다. 이 모델은 TLMDTarget Last Mile Delivery라고 불리며, 타깃에 가장 비용 효율적인 배송 옵션을 제공한다.

타깃의 공식 발표에 따르면, 분류센터 도입 이후 익일 배송 처리량이 상당히 증가했다. 분류센터가 운영되는 시장에서는 낮 12시 이전에 주문된 상품의 최대 90%가 TLMD를 통해 다음 날 배송된다. 이는 과거와 비교했을 때 엄청난 속도 향상이다. 더 중요한 것은 비용 효율성이다. 타깃은 이 시스템을 통해 라스트 마일 배송 비용을 수천만 달러 이상 절감한다고 발표했다. 타깃은 자본 소모가 큰 최종 배송 단계(라스트 마일)를 파트너십을 통해 해결함으로써 '자산 경량화Asset-Light' 물류 전략의 성공을 보여준다.

최전선 무장인가, 업무 자동화인가?
'스토어 컴패니언'의 역설

타깃은 2024년 8월까지 2,000개 전 매장에 스토어 컴패니언을 도입하며 "미국 대형 리테일러 최초의 전사적 생성형 AI 도입"이라는 타이틀을 얻었다. 스토어 컴패니언은 직원용 단말기에 설치된 AI 챗봇으로 "타깃 서클 카드 가입 방법은?" "정전 후 계산대 재시작 방법은?" 같은 업무 관련 질문에 즉시 답변을 제공한다. 하지만 도입 첫 달 활용 건수가 수만 회에 그쳐 매장당 월 수십 회라는 저조한 활용도를 보였다.

타깃 본사는 직원들이 업무 매뉴얼을 찾느라 시간을 낭비하는 문제를 해결하겠다며 이 도구를 만들었다. 파일럿 매장 매니저인 제이크 시퀴스트는 "직원들이 일상 업무를 간소화할 수 있어 좋다"라고 평가하기도 했다. 하지만 현장의 반응은 달랐다. 타깃 직원 커뮤니티에서는 기존 업무 앱도 자주 먹통이 되는데 또 앱을 추가한다는 불만이 터져 나왔다. 더 큰 문제는 AI의 성능이었다. 직원들은 단순한 질문에만 답하고 정작 복잡한 상황에서는 "매니저에게 문의하세요"라고만 한다며 "과대 포장된 시리"라고 한탄했다.

스토어 컴패니언의 사례는 본사와 현장이 서로 다르게 문제를 보고 있음을 분명히 보여준다. 본사는 매뉴얼 검색 시간을 줄이는 데 초점을 맞췄지만, 현장은 불안정한 시스템과 제한적인 AI 기능으로 오히려 업무가 더 복잡해졌다고 느꼈다. 마치 엔진이 고장 난 차에 최신 내비게이션을 달아놓은 격이다.

"직원을 지원할 것인가, 인력을 대체할 것인가?" AI 도구에 대한 본질적인 질문에 스토어 컴패니언은 애매한 답변을 보여줬다. 진정한 도움이 되기 위해서는 화려한 기능 추가보다 먼저 기본 시스템의 안정화와 AI 자체의 실질적 역량 강화가 선행되어야 할 것이다.

조직 혁신과 미래 전략

타깃의 AI 혁신은 기술 도입을 넘어 조직 차원으로 확장됐다.

2025년 5월, 최고운영책임자 마이클 피델케가 이끄는 전사 혁신 가속화 부서Enterprise Acceleration Office가 설립되었다. 목표는 "전사적 AI와 첨단 기술을 통한 속도와 민첩성 확보"다. 구체적인 성장 로드맵은 야심 차다. 타깃은 2025년 3월 발표한 계획에서 2030년까지 150억 달러 이상의 추가 매출 성장(2024년 연매출 약 1,070억 달러의 14% 성장)을 목표로 한다고 밝혔다. 주요 성장 동력은 다음과 같다.

타깃 플러스 Target Plus 마켓플레이스

타깃의 제3자Third Party 온라인 마켓플레이스인 타깃 플러스의 매출은 2024년 약 10억 달러에서 2030년 50억 달러 이상으로 확대될 계획이다. 아마존이나 월마트와 달리 '초대 전용' 방식으로 운영되며, 펠로톤Peloton, 데일리하베스트Daily Harvest, 어니스트베이비Honest Baby Clothing 같은 유명 브랜드들을 엄선해 입점시키고 있다. 이는 타깃의 큐레이션 철학을 마켓플레이스에도 적용한 것이다.

라운델 Roundel 광고 네트워크

라운델은 타깃의 사내 리테일 미디어 사업부로 2,000개 이상의 브랜드와 협력해 타깃의 옴니채널 고객 1억 6,500만 명에게 맞춤형 광고를 제공한다. 2024년 기준 20억 달러 이상의 가치를 창출했으며, 2030년까지 이를 2배로 늘릴 계획이다. 타깃 웹사이트와 앱 내 광고뿐만 아니라 뉴욕타임스, AMC네트웍스 등 40개 이상의 외부 미디어에도 광고를 집행한다.

매장 확장

향후 10년간 300개 이상의 신규 매장을 개설할 계획이며,

2025년에만 20개를 개설했다. 이는 온라인 주문의 95%를 매장에서 처리하는 '매장 기반 풀필먼트' 전략을 확대하기 위한 것이다.

이 과정에서 타깃은 베인앤컴퍼니Bain & Company와 협력해 AI 솔루션을 개발했다. 대표적인 것이 2024년 12월 출시된 '불스아이 기프트 파인더Bullseye Gift Finder'다. 이 AI 도구는 연령대, 취미, 선호 브랜드 등을 입력하면 맞춤형 선물을 추천한다. 예를 들어 "2~4세, 창의적 사고 발달 장난감"을 선택하면 관련 상품 목록을 즉시 제시한다. 또한 구글 클라우드Google Cloud, 퀄컴Qualcomm, 제브라Zebra와의 파트너십을 통해 고급 머천다이징 AI 애플리케이션을 준비하고 있다. 이는 핵심 역량은 내부화하되 특화 기술은 외부 협업으로 확보하는 전략적 접근이다.

아마존과의 비대칭 전쟁

아마존과의 경쟁에서 타깃의 전략은 '비대칭 전쟁'으로 요약된다. 아마존이 보유한 우월한 기술력과 물류 인프라에 정면으로 맞서는 것은 현실적으로 불리한 선택일 수밖에 없었다. 아마존은 100만 대가 넘는 로봇 군단과 딥플릿DeepFleet 같은 AI 기반의 물류 최적화 시스템을 통해 공급망 전체를 통제한다. 이는 수십억 달러의 자본이 투입된, 누구도 쉽게 모방할 수 없는 진입장벽이다.

타깃은 아마존의 규칙대로 싸우는 대신, 자신만의 전쟁터를 만들었다. 거대한 중앙 집중식 풀필먼트센터 대신, 기존의 2,000여 개 매장을 활용한 분산형 분류센터 네트워크를 구축했다. 이는 아마존과 비교할 수 없을 정도로 적은 자본으로 빠른 배송을 구현하는 영리한 방식이었다.

더 중요한 차별점은 '브랜드 경험'에 있다. 아마존이 높은 효율성과 편의성을 제공한다면, 타깃은 여기에 발견의 즐거움과 세련된 스타일이라는 감성적 가치를 더했다. 고객들은 아마존에서 필요한 물건을 '구매'하지만, 타깃에서는 새로운 스타일을 '발견'하고 쇼핑 자체를 '즐긴다.' 이는 아마존의 알고리즘이 쉽게 복제할 수 없는, 인간의 큐레이션과 물리적 공간의 경험이 결합한 강력한 방어막이다.

타깃의 역설적 성과

타깃의 성과는 모순적이다. 디지털 매출은 2024년 4분기에 8.7% 성장했고, 배송 시간은 20% 단축되었으며, 당일 배송은 25% 증가했다. 매장 트래픽도 1.4% 늘었다. 그러나 전체 그림은 다르다. 순매출은 2024년 0.8% 감소해 1,074억 달러에서 1,066억 달러로 줄었고, 2025년에도 감소세가 지속되고 있다. 이커머스 시장점유율은 1.9%에 정체되어 있으며, 주가는 2021년 최고점 대비 60% 하락했다.

타깃의 AI 전략은 초기 지표상 엇갈린 결과를 보이고 있다. 디지털 부문에서는 개선 신호가 나타나지만, 전체 매출 감소세는 AI 도입 이전부터 진행된 구조적 문제일 가능성이 크다. 2024년에 본격 도입된 AI 시스템들이 실질적 성과로 이어질지는 좀 더 지켜봐야 한다.

타깃이 주는 현실적 교훈과 의미

타깃은 업계 최초로 전사적 생성형 AI를 도입하며 상징적 성취를 거뒀지만, 매출 감소와 시장점유율 하락을 막지 못했다. 이는 기술 자체가 성과를 보장하지 않는다는 점을 보여준다. '타깃다운' 큐레이션은 확실한 차별화 요소였지만, 아마존의 무차별적 편의성이나 월마트의 압도적 가격 경쟁력에 비해 제한된 고객층에게만 매력적으로 다가가며 성장의 제약으로 작용했다. 또한 물리적 매장을 디지털 허브로 변모시키는 시도는 의미가 있지만, 결국 온라인 네이티브 기업의 룰을 따라가야 하는 추격자 전략일 수밖에 없다.

스토어 컴패니언 사례처럼 성공적인 AI 도입에는 기술적 혁신뿐 아니라 조직 변화 관리와 현장 수용성 확보가 필수라는 사실도 분명해진다. 본사가 매뉴얼 검색 시간을 줄이려 했지만, 현장은 불안정한 시스템과 제한된 AI 기능으로 오히려 업무가 복잡해졌다는 점에서 그 간극이 드러난다.

타깃의 여정은 완전한 성공도 실패도 아닌 실험과 적응의 진행형이다. 업계 최초 AI 도입, 매출 감소, AI 기반 큐레이션과 분류센터 혁신에도 불구하고 이커머스 점유율은 여전히 1.9%에 머물고 있다. 이러한 모순은 거대 플랫폼 사이에서 생존을 모색하는 중견 리테일러들의 현실을 압축한다.

2025년 현재 타깃은 실험을 멈추지 않는다. 무제한 자본을 가진 빅테크와 달리 타깃은 AI 시대에 전통 기업이 취할 수 있는 가장 현실적인 교훈, 즉 완벽한 해법보다 지속적인 실험과 적응이 곧 생존 전략이자 미래로 나아가는 길이라는 것을 보여준다.

03
베스트바이
: AI로 전문성을 증강하는 리테일의 미래

베스트바이는 1966년 '사운드오브뮤직'이라는 오디오 전문점에서 시작해 미국과 캐나다 전역에 1,000개 이상의 매장을 운영하며 복잡한 기술 제품에 대한 전문적인 조언과 서비스로 시장을 지배해왔다. 하지만 2002년, 거대한 변곡점에 이르렀다. 그해 인수한 긱스쿼드Geek Squad의 서비스는 단순히 제품을 파는 것을 넘어 '기술 문제를 해결'하는 새로운 가치를 창출했다. 검은색 제복과 폭스바겐 비틀을 타고 다니는 이들은 기술 공포증에 시달리는 미국인들에게 구세주가 되었다.

핵심은 '정보의 비대칭성'이었다. 2000년대 초반, 일반인이 디지털카메라의 메가픽셀과 광학줌의 차이를 이해하기란 쉽지 않았다. HDMI가 뭔지, 왜 필요한지 설명할 수 있는 사람은 드물었다. 베스트바이의 파란 셔츠를 입은 직원들은 이 복잡함을 해독하는 통역사였다. 그 결과, 2006년 주가는 56달러로 당시 정점을 찍었다. 수천만 명이 넘는 북미 고객들이 베스트바이를 신뢰했고, 연매출은

3장 유통·소매: 기술 혁명의 위협과 대응 89

300억 달러를 넘어섰다.

그러나 2010년, 균열이 시작되었다. 첫 번째 균열은 '쇼루밍'이었다. 스마트폰을 든 고객들은 매장에서 제품을 체험한 후, 바로 그 자리에서 아마존 가격을 확인했다. 아마존이 50달러, 때로는 100달러 이상 저렴했다. 베스트바이 직원이 30분간 설명한 지식은 '무료 컨설팅'이 되어버렸다. 두 번째 균열은 더 치명적인 '지식의 민주화'였다. 유튜브에는 언박싱 영상이 넘쳐났고, 테크 유튜버들은 베스트바이 직원보다 더 상세하게 제품을 분석했다. 레딧의 r/buildapc 커뮤니티는 PC 조립에 대한 모든 답을 갖고 있었다. 베스트바이 직원이 추천하면, 고객은 스마트폰을 꺼내 "리뷰어들은 다르게 말하던데요?"라고 반박했다.

2022년 11월 30일, 챗GPT가 세상에 나오면서 전문성의 강점은 완전히 무너졌다. 이제 고객들은 "게이밍용 노트북 추천해줘"라고 AI에게 묻는다. 24시간 대기하며, 무한한 인내심으로 수백 개 제품을 즉시 비교해주는 AI 앞에서 인간 전문가가 설 자리는 더욱 좁아졌다.

2024년 초, 코리 배리Corie Barry CEO는 전 직원 앞에서 다음과 같이 선언했다.

"우리는 AI와 경쟁하지 않습니다. AI를 우리의 도구상자에 넣을 겁니다."

도구상자 속의 AIAI as a tool in the toolbox. 이 소박해 보이는 철학이 베스트바이를 구원할 열쇠가 될 줄은 아무도 예상하지 못했다. 2024년 4월 9일, 베스트바이가 발표한 구글 클라우드, 액센츄어와의 파트너십은 리테일업계에 신선한 충격을 주었다. 많은 대기업이 AI 역량을 내재화하려 할 때, 베스트바이는 오히려 외부 전문성을 적극 수용하는 개방적 접근을 택했다. 이는 약점의 인정이 아니라, 빠르게 변화하는 AI 시대에 가장 효과적으로 대응하는 전략적 선택이었다.

구글 클라우드는 기술의 엔진을 제공했다. 콘택트센터 AI Contact Center AI는 단순한 챗봇이 아니었다. 구글의 최신 제미나이 모델을 탑재한 이 시스템은 고객의 감정을 읽고, 맥락을 이해하며, 자연스러운 대화를 이어갈 수 있다. 버텍스 AI Vertex AI 플랫폼은 베스트바이의 방대한 데이터를 학습해 '고객이 다음에 필요로 할 제품'을 예측했다.

액센츄어는 변화의 설계자가 되었다. 베스트바이의 고질적 문제는 파편화된 시스템이었다. 콘택트센터 상담원들은 고객 한 명을 도우려면 여러 개의 서로 다른 화면과 플랫폼을 오가며 정보를 찾아야 했다. 각 시스템은 나름의 목적으로 도입되었지만, 전체적으로는 비효율의 극치를 보여주고 있었다. 액센츄어는 수천 개 기업의 디지털 전환을 이끈 경험을 바탕으로 이 복잡한 시스템들을 하나의 통합 플랫폼으로 재설계했다.

하지만 더 중요한 것은 '사람'이었다. 액센츄어는 베스트바이 직원들의 두려움을 이해했고, 저항을 동력으로 바꾸는 변화 관리의 예술을 구현했다.

복잡성과의 전쟁: 파편화된 시스템 통합하기

베스트바이 콘택트센터는 심각한 비효율에 시달리고 있었다. 특히 신입 상담원 교육에 상당한 시간이 소요되었는데, 그중 많은 부분이 복잡한 시스템 사용법을 익히는 데 할애되었다.

통합 프로젝트는 체계적으로 진행되었다. 먼저 액센츄어 팀이 3개월간 모든 시스템을 분석해 전체 고객 상호작용의 80%가 단 15개 핵심 애플리케이션에서 처리된다는 사실을 발견했다. 이를 바탕으로 우선순위를 정하고, 구글의 콘택트센터 AI를 중심으로 한 새로운 통합 아키텍처를 설계했다.

2024년 10월, 미니애폴리스 본사에서 100명 규모의 파일럿이 시작되었다. 초기 저항은 예상된 것이었다. 하지만 새 시스템이 번거로운 작업을 자동화하고 고객과의 대화에 집중할 수 있게 해주자 상담원들의 태도가 바뀌기 시작했다. 한 베테랑 상담원은 "마침내 우리가 진짜 해야 할 일, 고객 문제 해결에 집중할 수 있게 되었다"라고 평가했다.

콘택트센터 AI 도입은 단순한 기술 구현이 아닌, 고객 서비스의 본질을 재정의하는 과정이었다. AI는 다음과 같은 방식으로 상담원을 지원했다.

실시간 대화 분석과 지원

고객과의 대화가 진행되는 동안 AI는 실시간으로 내용을 분석하고 관련 정보를 상담원 화면에 표시한다. 고객이 "지난주에 산 TV가 넷플릭스에서만 화면이 깜빡거려요"라고 말하면 AI는 즉시 해당 TV 모델의 알려진 이슈, 펌웨어 업데이트 정보, 유사 사례의 해결 방법을 제시한다.

감정 분석과 대응 가이드

AI는 고객의 목소리 톤, 말하는 속도, 사용 단어를 분석해 현재 감정 상태를 파악한다. 좌절감이 감지되면 공감 표현을, 혼란스러워하면 더 쉬운 설명을 권장한다. 이는 특히 경험이 적은 상담원들에게 강력한 코칭 도구가 된다.

자동 요약과 후속 조치

통화 종료 후 AI는 자동으로 대화를 요약하고 필요한 후속 조치를 생성한다. 덕분에 상담원들이 통화 후 기록 작성에 소요하던 60~90초가 절약되었고, 이는 연간 수백만 건의 상담을 처리하는 베스트바이에게 엄청난 효율성 향상을 의미했다.

고객 대면 혁신: 전문가를 더 전문가답게

2024년 여름에 출시된 생성형 AI 가상 비서는 기존 챗봇의 한계를 완전히 뛰어넘었다. 구글의 제미나이 모델을 활용한 이 시스템은 복잡한 기술 문제를 이해하고 단계별 해결책을 제시할 수 있다. 가상 비서의 핵심 능력은 맥락적 대화다. "TV가 이상해요"라는 모호한 문의에 AI는 대화를 통해 문제를 구체화하고, 고객의 제품 모델과 증상을 파악한 후 맞춤형 해결책을 제시한다. 더 나아가 제품 보증 확인, 서비스 예약, 배송 일정 변경 같은 복잡한 작업도 한 번의 대화로 처리할 수 있다. 베스트바이는 2025년 말까지 채팅 문의의 60%를 가상 비서가 독립적으로 해결하는 것을 목표로 하고 있으며, 현재 진행 상황은 매우 긍정적이다.

2025년 홀리데이 시즌 출시 예정인 AI 기반 검색은 전통적인 키워드 검색을 넘어 고객의 진정한 의도를 이해한다. "플레이스테이션5 게임하고 넷플릭스 보는 밝은 거실에 맞는 TV" 같은 자연어 질문에 대해 AI는 게임 최적화 사양(HDMI 2.1, 낮은 입력 지연), 밝기(1,000니트 이상), 크기(거실용) 등을 자동으로 고려해 최적의 제품을 추천한다. 더 중요한 것은 AI가 선택의 이유를 설명한다는 점이다. 단순히 제품을 나열하는 것이 아니라, 왜 이 제품이 고객의 니즈에 적합한지 명확히 설명함으로써 구매 결정을 돕는다.

AI 도구는 베스트바이 직원들을 정보 제공자에서 솔루션 설계자로 변화시켰다. 매장 직원들은 태블릿 기반 AI 어시스턴트를 통해 실시간 재고, 제품 호환성, 고객 구매 이력을 즉시 확인할 수 있다. 이제 그들은 단순히 "이 TV는 4K입니다"라고 말하는 대신, "당신의 공간과 사용 패턴을 고려할 때, 이 조합이 최적의 홈엔터테인먼트 시스템이 될 것입니다"라고 제안할 수 있게 되었다.

이러한 고객 대면 혁신은 구체적인 성과로 이어졌다. 고객 만족도는 18% 향상되었고, 첫 번째 연락에서 문제를 해결하는 비율은 22% 증가했다. 특히 주목할 만한 것은 평균 거래 가치가 상승했다는 점이다. 이는 AI가 단순히 효율성을 높이는 것을 넘어 고객에게 더 적합한 제품과 서비스를 제안함으로써 실질적인 매출 증대에 기여하고 있음을 보여준다. 하지만 더 중요한 것은 베스트바이가 '제품을 파는 곳'에서 '기술 문제를 해결하는 파트너'로 고객 인식이 전환되고 있다는 점이다. 이는 가격 경쟁이 아닌 가치로 경쟁할 수 있는 지속 가능한 차별화 요소다.

운영 혁신: 보이지 않는 효율성

베스트바이의 AI 혁신은 화려한 고객 경험 뒤에서 조용히 작동하는 운영 시스템에서도 빛을 발한다. 그 중심에는 H 텍스 AI를 활용한 정교한 예측 분석 시스템이 있다.

가장 인상적인 성과는 긱스쿼드의 수리 부품 예측이다. 이전에는 기술자가 고객의 집을 방문했다가 필요한 부품이 없어 재방문하는 경우가 빈번했다. 이제 AI는 고객의 제품 모델, 증상 설명, 과거 수리 데이터를 분석해 필요한 부품을 높은 정확도로 예측한다. 시스템은 각 부품의 필요 확률을 구체적으로 제시한다. 예를 들어 "부품 A 필요 확률 높음", "부품 B 필요 확률 낮음"과 같은 형태로 기술자의 준비를 돕는다.

긱스쿼드의 성과 개선은 눈에 띄었다. AI 기반 부품 예측 시스템 도입 후 기술자들이 필요한 부품을 사전에 준비할 수 있게 되어 재방문 필요성이 현저히 감소했다. 수요 예측과 재고 최적화도 혁신적으로 개선되었다. AI는 계절성, 지역별 트렌드 신제품 출시 일정, 심지어 날씨 패턴까지 고려해 각 매장의 최적 재고 수준을 제안한다. 이로 인해 재고 관리가 크게 개선되어 품절로 인한 판매 기회 손실이 감소하고, 과잉 재고로 인한 비용도 절감되었다.

물류 자동화: 속도와 정확성의 조화

베스트바이의 물류 혁신은 아마존에 대항하는 핵심 무기다. 미국 전역에 구축된 8개의 오토스토어AutoStore 자동화 시스템은 리테일 업계에서 가장 진보된 물류 인프라 중 하나로 평가받는다. 이 시스템은 5,000만 명의 고객에게 익일 배송을 가능하게 하는 백본 역할을 한다.

도시형 물류센터에서는 73대의 오토스토어 로봇이 조율되어 피킹 스테이션으로 주문 제품을 계속해서 가져온다. (출처: bastiansolutions.com)

오토스토어의 핵심은 혁신적인 큐브형 그리드 시스템이다. 기존 창고가 넓은 통로와 높은 선반을 필요로 했다면, 오토스토어는 제품을 담은 빈Bin을 수직으로 적층해 저장한다. 73대의 로봇이 그리드 위를 분주히 움직이며, 필요한 제품이 담긴 빈을 찾아 피킹 스테이션으로 가져온다.

이 시스템의 진정한 강점은 '자연 슬로팅Natural Slotting'이라는 자가 최적화 기능이다. 자주 주문되는 제품은 자동으로 그리드 상단으로 이동하고, 수요가 줄어든 제품은 점차 하단으로 내려간다. 블랙프라이데이 같은 특수 시즌에 갑자기 인기를 끄는 제품도 단 하나의 주문만으로 즉시 상단으로 재배치된다. 이는 복잡한 알고리즘 없이도 항상 최적의 효율성을 유지하는 비결이다.

베스트바이는 단순히 대형 물류센터에만 의존하지 않는다. 주요 도시에 5만 제곱피트 규모의 도시형 물류센터Metro Ecommerce Centers, MEC를 전략적으로 배치했다. 각 MEC는 3만 개의 빈과 73대의 로봇을 갖추고 있으며, 도심 지역의 신속한 라스트 마일 배송을 담당한다.

특히 주목할 만한 것은 이 MEC들이 온라인 주문뿐만 아니라 매장 재고 보충도 동시에 처리한다는 점이다. 오토스토어 시스템이 매장별로 필요한 제품을 사전 분류해 표준 규격의 플라스틱 상자tote에 담아 보내면, 매장 직원들은 통로별로 바로 진열할 수 있다. 이는 매년 수천 시간의 노동 시간을 절약하는 효과를 낳았다.

오토스토어의 압도적인 성능 지표

처리 속도	긴급 주문은 1~4분 내 처리, 일반 주문도 수 분 내 완료
정확도	99.99%의 피킹 정확도로 반품률 대폭 감소
가동률	99.7%의 평균 가동률로 24/7 안정적 운영
공간 효율	기존 창고 대비 75% 작은 공간에서 동일 재고 보관
주문 마감 시간	더 늦은 시간까지 당일 주문 접수 가능

오토스토어는 단독으로 작동하는 것이 아니라 베스트바이의 전체 IT 인프라와 완벽하게 통합되어 있다. 창고 관리 시스템 맨하탄 WMS Manhattan WMS가 전체 재고를 관리하고, 창고 실행 시스템 액삭타 WES Exacta WES가 실시간 작업을 조율하며, 1만 8,800피트에 달하는 컨베이어 시스템이 물리적 이동을 담당한다.

이러한 통합은 단순한 효율성을 넘어 예측 가능한 물류를 가능하게 한다. AI가 특정 지역에서 게임 콘솔 수요 급증을 예측하면, 오토스토어 시스템은 자동으로 해당 제품과 관련 액세서리를 상단으로 재배치해 피킹 효율을 극대화한다.

가장 인상적인 점은 이 모든 혁신이 운영을 중단하지 않고 확장 가능하다는 것이다. 베스트바이는 수요 증가에 따라 로봇을 추가하거나 그리드를 확장할 수 있는데, 이는 마치 레고 블록을 쌓듯이 간단하다. 이러한 모듈형 설계는 불확실한 미래 수요에 대한 완벽한 대응책이 된다.

AI 배송 추적: 고객 불안을 잠재우다

대형 가전 배송에서 고객의 가장 큰 불만은 "언제 오는지 모르겠다"라는 불확실성이었다. 베스트바이의 AI 기반 배송 추적 시스템은 이 문제를 혁신적으로 해결했다. 시스템은 실시간 교통 데이터, 배송 기사의 현재 위치, 이전 배송 소요 시간을 종합 분석해 정확한 도착 예정 시간을 분 단위로 제공한다. 배송 당일에는 지도에서 배송 트럭의 실시간 위치를 확인할 수 있고, 도착 30분 전에 자동으로 알림을 보낸다. (한 고객은 "마치 우버를 기다리는 것처럼 편리했다"라고 평가했다.) 이 시스템 도입 후 배송 관련 고객 불만이 감소했고, 고객이 물건을 받기 위해 집에서 기다리는 시간이 단축되어 첫 번째 배송 성공률이 향상되었다.

운영 혁신의 재무적 영향

백엔드 혁신의 성과는 운영 효율성 향상으로 나타났다. AI 도입으로 운영 비용이 절감되고 재고 관리 효율성이 개선되어 운전자본 효율성이 높아졌다. 또한 최적화된 배송 경로와 자동화 시스템은 물류 비용 절감에 기여하며 아마존과의 가격 경쟁력을 강화했으며, 긱스쿼드의 첫 방문 해결률이 향상된 것은 고객 만족도와 직결되는 성과였다.

이 모든 개선 사항이 결합하며 베스트바이는 AI 투자 비용을 상쇄하고도 남는 가치를 창출할 수 있었다. 하지만 더 중요한 것은 이러한 운영 효율성이 고객 경험으로 직접 연결된다는 점이다. 원하는 제품이 항상 있고, 빠르게 배송되며, 문제가 생기면 한 번에 해결되는 경험. 이것이 베스트바이가 아마존과 차별화되는 진정한 경쟁력이다.

베스트바이가 추구하는 혁신의 기반에는 구글 클라우드, 액센츄어와의 전략적 파트너십이 있다. 단순히 기술을 도입하는 것이 아니라, 파트너사들과 함께 리테일 산업에 특화된 AI 솔루션을 공동 개발해온 '협력적' 접근은 베스트바이가 AI 도입에서 빠른 성과를 낼 수 있었던 핵심 요인 중 하나다.

재무 성과와 미래 전략

베스트바이의 AI 전략이 단순한 기술 실험이 아니었다는 것이 2025년 5월 결산 분기 실적에서 명확히 드러났다. 매출 87억 7,000만 달러, 특히 디지털 매출이 전년 대비 2.1% 성장한 것은 어려운 시장 환경을 고려할 때 의미 있는 성과였다. 더 주목할 점은 AI 투자에도 불구하고 조정 영업이익률을 3.8%로 안정적으로 유지했다는 사실이다. 이는 AI가 비용 센터가 아닌 가치 창출 엔진으로 작동하고 있음을 보여준다. 코리 배리 CEO는 "AI 기반 효율성 개선이 광범위한 시장 압력을 상쇄하는 데 도움이 되었다"라고 평가했다.

AI의 재무적 기여를 구체적으로 살펴보면 그 영향력이 더욱 명확해진다. 콘택트센터 AI 도입으로 연간 수백만 달러의 인건비가 절감되었는데, 이는 단순한 비용 절감이 아니라 상담원들이 더 가치 있는 업무에 집중할 수 있게 된 결과였다. 예측 분석 시스템은 재고 관리를 혁신하여 운전자본 효율성을 크게 개선했고, 이는 현금 흐름개선으로 직결되었다.

가장 인상적인 성과는 AI 기반 개인화 마케팅이 가져온 25%의 전환율 향상이다. 이는 같은 수의 방문자로부터 4분의 1 더 많은 구매를 끌어낸다는 의미로, 마케팅 ROI의 획기적인 개선을 보여준다. 자동화 물류 시스템이 배송 비용을 8% 절감한 것도 중요한 성과지만, 더 큰 가치는 고객에게 더 빠르고 정확한 배송 서비스를 제공할 수 있게 되었다는 점이다.

AI 기반 플랫폼 비즈니스

베스트바이가 2025년 8월 출시한 제3자 마켓플레이스 베스트바이 마켓플레이스Best Buy Marketplace는 단순한 온라인 장터가 아니다. 이 플랫폼은 AI가 품질 관리와 큐레이션을 주도하는 프리미엄형 마켓플레이스로 설계되었다.

AI는 핵심적으로 네 가지 역할을 수행한다. 첫째, 제3자 판매자와 제품의 품질을 사전에 검증해 신뢰성을 확보한다. 둘째, 베스트바이 자체 제품과의 호환성을 자동으로 확인해 고객이 안심하고 구매할 수 있도록 한다. 셋째, 고객의 니즈와 데이터를 기반으로 제품 추천을 할 때 제3자 상품을 지능적으로 통합한다. 넷째, 가격 이상 탐지와 사기 방지 기능을 통해 거래 전반의 안전성을 높인다. 즉, 베스트바이의 차세대 마켓플레이스는 AI가 신뢰·품질·추천·보안을 총괄하는 고급 거래 플랫폼으로, 기존의 단순 중개형 온라인 장터와 차별화된 경쟁력을 보여줄 것으로 예상된다. 경영진은 이 마켓플레이스가 초기 투자와 자기잠식 효과를 고려하더라도 2026년부터 영업이익률에 긍정적 영향을 미칠 것으로 전망한다.

데이터의 수익화

베스트바이의 또 다른 성장 동력은 AI 기반 광고 플랫폼 베스트바이애드Best Buy Ads다. 베스트바이애드는 기존의 독립 광고 플랫폼 트레이드데스크The Trade Desk와의 통합을 통해 자사의 풍부한 고객 데이터를 광고주에게 제공한다.

AI의 정밀한 타기팅 능력은 광고주들에게 새로운 가능성을 제시하고 있다. 베스트바이가 보유한 구매 데이터와 AI의 패턴 인식이 결합해 단순한 인구통계학적 타기팅을 넘어 실제 구매 의도와 라이프스타일 기반의 정교한 광고 집행이 가능해졌다. 예를 들어 게임 콘솔과 게이밍 액세서리 구매 이력을 분석해 진짜 게이머를 식별하고, 이들의 구매 패턴에 맞춘 타기팅이 가능하다. 이는 전통적인 디지털 광고보다 훨씬 높은 효과를 보여주고 있다. 광고 사업은 높은 마진율로 전체 수익성 개선에 크게 기여할 전망이다.

에이전틱 AI: 더 똑똑한 미래

베스트바이가 준비하는 가장 야심 찬 프로젝트는 '에이전틱 AI'다. 이는 현재의 반응형 AI를 넘어 고객을 대신해 능동적으로 행동하는 AI 에이전트를 의미한다. 베스트바이는 차세대 AI를 자사 서비스 전반에 통합하기 위해 고객 기기의 성능 저하를 사전에 감지해 자동으로 최적화 서비스 예약까지 이어주는 프로액티브 유지보수, 기술 발전과 개인 사용 패턴을 분석해 업그레이드 적기와 제품을 자동 제안하는 기능, 그리고 여러 단계를 거쳐야 하는 복합 기술 문제를 인간 개입 없이 자율적으로 진단·해결하는 역량 등을 검토하고 있다. 궁극적으로 고객 지원을 '문제 발생 후 대응'에서 '문제 발생 전 예방'으로 전환해 만족도와 충성도를 높이고, 동시에 운영 비용을 낮추는 토대를 마련하는 전략이다. 베스트바이의 에이전틱 AI는 토탈테크Total Tech 멤버십(연간 179.00달러의 구독 서비스로, 무제한 기술 지원, 2년 무료 제품 보증, 설치 서비스 등을 제공한다)과 결합해 새로운 구독 기반 수익 모델을 창출할 가능성이 크다.

AI 시대의
새로운 직무 정의

베스트바이의 AI 도입이 성공할 수 있었던 핵심 요인 중 하나는 직원들을 변화의 피해자가 아닌 주체로 만들었다는 점이다. "AI가 당신의 일자리를 빼앗는 것이 아니라, 당신을 더 가치 있는 일을 하는 전문가로 만든다"라는 메시지가 조직 전체에 일관되게 전달되었다.

AI 도입 이후 베스트바이의 현장은 '정보 전달'에서 '맞춤형 해결'로 무게중심이 옮겨갔다. 매장 직원은 제품 스펙을 나열하던 역할에서 벗어나 고객의 생활방식과 공간을 고려해 최적의 경험을 설계하는 라이프스타일 컨설턴트가 되었다. 긱스쿼드 기술자는 단순 설치·수리를 넘어서 고객의 '전체 기술 생태계'를 최적화하고 사용법을 코칭하는 기술 코치로 변모했다.

AI 도구의 도입은 베스트바이 직원들의 일상을 근본적으로 바꿔놓았다. 매장 직원에게 제공된 태블릿 기반 AI 어시스턴트는 고객이 관심을 보인 제품의 재고를 자사 및 인근 매장은 물론 온라인 매장까지 실시간으로 확인하고, 복잡한 제품 조합의 호환성을 즉시 검증하며, 고객의 과거 구매 이력을 분석해 개인화된 추천을 제공한다. 설치 가이드와 문제 해결 방법에도 즉시 접근할 수 있어, 고객 응대가 훨씬 빠르고 매끄러워졌다.

AI 어시스턴트는 단순히 작업 속도를 높이는 수준을 넘어, 고객과 직접 마주하는 모든 순간을 실시간 데이터와 연결해 직원들이 '즉각적이고 개인화된 서비스'를 제공할 수 있도록 돕는 핵심 도구로 자리 잡았다.

직원 평가 방식의 변화는 베스트바이의 새로운 비즈니스 철학을 명확히 보여준다. 과거에는 시간당 얼마나 많은 제품을 판매했는지, 평균 거래 금액이 얼마인지가 중요했다. 직원들은 제품 지식 테스트에서 높은 점수를 받기 위해 스펙을 암기해야 했다.

하지만 이제 평가의 초점이 완전히 바뀌었다. 고객이 얼마나 만족했는지, 문제가 제대로 해결되었는지가 핵심 지표가 되었다. 특히 토탈테크 멤버십 가입률은 단순한 일회성 판매가 아닌 장기적 관계 구축 능력을 측정하는 지표로 활용된다. AI 도구를 얼마나 효과적으로 활용해 고객 경험을 향상했는지도 중요한 평가 요소가 되었다. 이러한 변화는 직원들이 단기적 실적 압박에서 벗어나 진정으로 고객을 위한 최선의 선택을 할 수 있는 환경을 만들어주었다.

베스트바이 모델의
차별점과 교훈

베스트바이의 AI 전환이 성공할 수 있었던 요인은 네 가지로 압축된다. 첫째, 축적된 도메인 전문성의 활용이다. 20년간 쌓아온 고객 서비스 데이터와 긱스쿼드의 현장 경험은 AI를 훈련하는 독보적 자산이 되었고, 이는 기술만으로는 복제할 수 없는 경쟁 우위의 원천이 됐다. 둘째, 명확한 철학과 일관된 실행이다. '신뢰할 수 있는 전문 조언'이라는 핵심 가치를 고수하면서, AI를 이 가치를 강화하는 도구로 삼았다. 모든 AI 시스템은 "직원을 더 나은 전문가로 만든다"라는 인간 중심 설계 원칙을 철저히 따랐다. 셋째, 실용적이고 점진적인 접근이다. "도구상자 안의 도구로서의 AI"라는 철학 아래 작은 파일럿부터 시작해 성과를 축적하며 확장했고, 모든 프로젝트는 명확한 ROI를 기준으로 진행되었다. 93개 시스템을 통합하는 대규모 프로젝트도 단계별로 추진했다. 넷째, 전략적 파트너십의 활용이다. 구글 클라우드, 액센츄어와 협력해 빠르게 AI 역량을 확보했고, 자체 개발의 유혹 대신 각 분야 최고의 파트너와 손잡는 실용적 선택을 했다.

결국 베스트바이는 AI를 통해 직원의 전문성을 강화하는 길을 택함으로써 기술보다 사람 중심의 가치를 지키면서도 경쟁 우위를 확보하는 전략을 보여주고 있다.

하지만 기술 도입만큼 중요했던 것은 변화 관리였다. 모든 직원이 AI를 환영한 것은 아니었다. 특히 베테랑 직원들 중에는 "20년 경험을 AI가 어떻게 대체하겠는가"라는 회의적 시각도 있었다.

베스트바이는 이러한 저항을 체계적으로 관리했다. 먼저 AI를 잘 활용하는 직원들을 '피어 챔피언Peer Champion'으로 활용해 동료들이 자연스럽게 배울 수 있도록 했다. AI 도구 사용 중 발생하는 실수는 학습 기회로 삼았으며, 직원들의 피드백을 지속적으로 수집해 도구를 개선했다. 또한 "AI는 당신을 더 가치 있는 일을 하는 전문가로 만든다"라는 메시지가 조직 전체에 일관적이고 지속적으로 전달되었다는 것도 중요하다. 이러한 노력의 결과, 초기의 저항은 점차 수용으로, 그리고 적극적인 활용으로 바뀌어갔다.

물론 베스트바이 모델도 여러 한계를 안고 있다. 높은 비용 구조가 첫 번째 한계다. 콘택트센터 AI, 가상 비서, 예측 분석 시스템 운영에는 지속적인 대규모 투자가 필요하다. 이는 중소 리테일러가 따라 하기 어려운 진입 장벽을 만든다. 기술 의존도에 대한 우려 또한 존재한다. 빠른 시장 진입을 위해 선택한 구글 클라우드 파트너십은 동시에 벤더 종속성이라는 리스크를 안게 했다. 이는 향후 협상력이나 기술적 유연성에 제약을 발생시킬 수 있다. 차별화의 지속 가능성도 과제다. AI 기술이 보편화되고 경쟁자들이 유사한 시스템을 구축하는 데 성공하면 현재의 경쟁 우위가 약화될 가능성이 있다. 지속적인 혁신과 새로운 가치 창출 없이는 선도적 위치를 유지하기 어렵다.

이러한 한계에도 불구하고, 베스트바이는 AI를 활용해 전문성을 강화하고 고객 가치를 창출하는 독특한 모델을 구축했다. 이는 효율성 중심의 월마트, 브랜드 중심의 타깃과는 분명히 구별되는 제3의 길이다.

베스트바이 사례가 주는 교훈은 명확하다. AI 시대에 전문가의 가치는 사라지는 것이 아니라 진화한다. 핵심은 AI를 활용해 인간 전문가를 "더 나은 전문가"로 만드는 것. 이는 단순히 리테일 업계만의 이야기가 아니다. 전문 지식을 핵심 가치로 하는 모든 산업(의료, 법률, 컨설팅, 교육 등)에 적용될 수 있는 보편적 원칙이다.

베스트바이는 AI를 두려워하는 대신 포용했고, 직원을 대체하는 대신 증강했으며, 효율성만 추구하는 대신 가치를 창출했다. 이것이 바로 연매출 400억 달러 이상의 전통적 리테일러가 AI 시대에도 여전히 경쟁력을 유지할 수 있는 이유다.

04
홈디포
: AI로 구현하는 지식 민주화의 이중 엔진

2023년 애틀랜타의 한 홈디포 매장. 30년 경력의 목공 전문가는 놀라운 광경을 목격했다. 20대 청년이 스마트폰으로 유튜브 영상을 보며 복잡한 주방 캐비닛을 능숙하게 설치하고 있었다. 더 충격적인 것은 그 청년이 유튜브에서 본 최신 기법을 오히려 베테랑 직원에게 가르쳐주고 있었다는 점이다.

이 순간은 단순한 세대교체가 아니었다. 홈디포가 수십 년간 구축해온 핵심 자산, 즉 전문 지식의 독점적 가치가 무너지는 신호탄이었다. 매장 직원만이 알고 있던 시공 노하우, 제품 선택 기준, 문제 해결 방법이 이제는 유튜브, 레딧, DIY 블로그를 통해 누구나 접근 가능한 온디맨드 유틸리티가 되어버렸다.

유튜브 대학 시대, 전문성의 새로운 정의

연매출 1,595억 달러, 전 세계 2,300개 이상의 매장을 운영하는 홈디포는 중대한 기로에 섰다. 쇼루밍 현상은 이미 일상이 되었다. 고객들은 매장에서 제품을 확인하고 직원에게 설명을 듣지만, 실제 구매는 더 저렴한 온라인에서 한다. 더 근본적인 문제는 고객들이 이제 매장 방문 전에 이미 충분한 정보를 습득하고 결정을 내린 상태로 온다는 것이다.

2024년 초, 테드 데커Ted Decker CEO는 전사적 AI 전략을 발표하며 혁명적인 철학을 제시했다.

"우리의 목표는 고객이 우리에게 의존하게 만드는 것이 아닙니다. 고객이 스스로 전문가가 되도록 돕는 것입니다. 지식의 민주화는 막을 수 없는 흐름입니다. 하지만 그 과정에서 가장 신뢰할 수 있는 파트너가 될 수 있습니다."

이는 위기를 기회로 전환하는 전략적 선택이었다. 홈디포는 '유튜브 대학'의 한계를 정확히 파악했다. 아무리 완벽한 튜토리얼도 실제 프로젝트에서 마주치는 변수들, 예를 들어 낡은 배관, 비표준 벽 구조, 지역별 건축 규정은 다루지 못한다. 바로 이 간극에서 새로운 가치를 창출하기로 한 것이다.

2025년 3월, 홈디포가 수년간 개발에 매진해온 '매직 에이프런Magic Apron'을 공개하는 순간은 단순한 신제품 발표 이상의 의미를 가졌다. 이름부터 상징적이었다. 홈디포 직원의 트레이드마크인

15페타바이트의 독점 데이터와 구글 클라우드의 AI 기술을 결합해 구축한 도메인 특화 디지털 어시스턴트 매직 에이프런의 시연 모습(출처: 홈디포 홈페이지)

오렌지 에이프런에 '마법'을 더한 것이다. 이는 단순한 마케팅 메시지가 아니었다. 15페타바이트의 독점 데이터와 구글 클라우드의 AI 기술을 결합해 구축한 도메인 특화 디지털 어시스턴트였다.

매직 에이프런의 진정한 힘은 겉으로 보이는 애플리케이션이 아니라 그 뒤에 있는 방대한 데이터에서 나온다. 홈디포가 구축한 방대한 규모의 데이터 레이크는 단순한 제품 정보의 집합이 아니다. 여기에 담긴 내용은 수십 년간 축적된 수백만 건의 프로젝트 가이드와 시공 매뉴얼, 각 제품의 상세 스펙과 브랜드 간 호환성 매트릭스, 미국 전역의 지역별 건축 규정과 계절별 주의사항, 고객들의 프로젝트 성공·실패 사례와 원인 분석, 프로페셔널 계약자들이 공유한 현장 노하우와 트러블슈팅 팁, 그리고 2,300개 매장에서 수집된 실시간 재고·가격 정보까지 망라한다.

이 방대한 지식을 기술적으로 구현하기 위해 홈디포는 2015년부터 협력해온 구글 클라우드를 전략적 파트너로 선택했다. 이는 단순한 기술 계약을 넘어 경쟁사 아마존 AWS으로부터 데이터 독립성을 유지하려는 전략적 결정이기도 했다. 홈디포는 구글의 버텍스 AI와 최신 LLM을 활용하면서도 자체적으로 축적한 도메인 전문성을 토대로 모델을 파인튜닝해 홈디포만의 맞춤형 AI 솔루션을 완성했다.

차별화의 본질

매직 에이프런이 다른 리테일 AI와 근본적으로 다른 점은 '지식의 민주화'라는 철학에 있다. 월마트 스파키가 "가장 빠르게 원하는 것을 찾아드립니다(효율성)", 타깃 가이드 검색이 "당신의 스타일에 맞는 영감을 드립니다(큐레이션)", 베스트바이 가상 비서가 "전문가가 답해드립니다(권위)"를 지향한다면, 홈디포의 매직 에이프런은 "당신이 직접 할 수 있도록 도와드립니다(임파워먼트)"를 목표로 삼는다. 이는 단순한 마케팅 메시지의 차원이 아니다. AI의 설계와 구현, 그리고 성과를 측정하는 방식까지 모두 이 철학을 충실히 반영하고 있다.

매직 에이프런의 능력을 구체적으로 확인해보자. 고객이 "봄맞이 잔디 관리는 어떻게 하나요?"라고 물으면, 매직 에이프런은 우편번호를 입력받아 지역 기후를 파악하고, 잔디 유형(버뮤다, 켄터키 블루그래스 등)을 확인한 뒤, 최적의 시작 시기를 제안한다. 이어 토양 테스트부터 비료 주기를 포함한 8주 일정표를 제공하고, 필요한 비료량을 제곱피트 단위로 정확히 계산한다. 가장 가까운 3개 매장의 재고 상황을 실시간으로 확인하고, 총 예상 비용과 시간 투자까지 명시해 고객이 바로 실행할 수 있게 돕는다. 주방 리모델링을 원하는 고객이라면 현재 주방 사진 업로드를 요청해 AI가 구조를 분석하고, 예산과 스타일 선호도에 따라 3가지 디자인 옵션을 제시한다. 옵션별 상세 재료 목록과 예상 비용, DIY와 전문가 시공 시 비용 비교, 지역 건축 허가 요구사항, 프로젝트 타임라인과 주요 마일스톤까지 단계별로 안내해준다.

프로페셔널 고객의 반응은 특히 긍정적이다. 전체 매출의 50%를 차지하는 프로 고객들이 매직 에이프런을 적극 활용하고 있으며, 한 프로 계약자는 "복잡한 상업용 프로젝트의 자재 리스트를 만드는 시간이 절반으로 줄었다"라고 평가했다.

하지만 매직 에이프런이 아무리 완벽한 가이드를 제공하더라도, 고객이 매장에 도착했을 때 필요한 제품이 없다면 그 모든 디지털 경험은 한순간에 실망으로 바뀐다. 바로 이 지점을 보완하기 위해 홈디포는 사이드킥Sidekick이라는 또 다른 AI 시스템을 개발했다.

약속을 지키는 운영 엔진

2023년 1월 12일, 홈디포는 조용히 혁명을 시작했다. '사이드킥'이라는 이름의 새로운 앱이 전국 매장 직원들의 퍼스트폰(홈디포 매장 직원들이 사용하는 올인원 모바일 업무 단말기)에 설치되기 시작한 것이다. 언론의 주목을 받지는 못했지만, 이는 홈디포 AI 전략의 진짜 핵심 차별화 요소였다. 매직 에이프런이 화려한 프런트엔드라면, 사이드킥은 묵묵히 일하는 백엔드, 즉 고객과의 약속을 실제로 이행하는 신뢰성 엔진이었다.

"컴퓨터 비전이 만드는 완벽한 매장." 홈디포가 사이드킥을 통해 구현하려는 목표를 가장 잘 보여주는 말이다. 사이드킥의 핵심은 구글 클라우드의 머신러닝과 컴퓨터 비전 기술로, 매장 직원이 퍼스트폰으로 선반을 스캔하면 AI가 즉시 비어 있는 선반 위치와

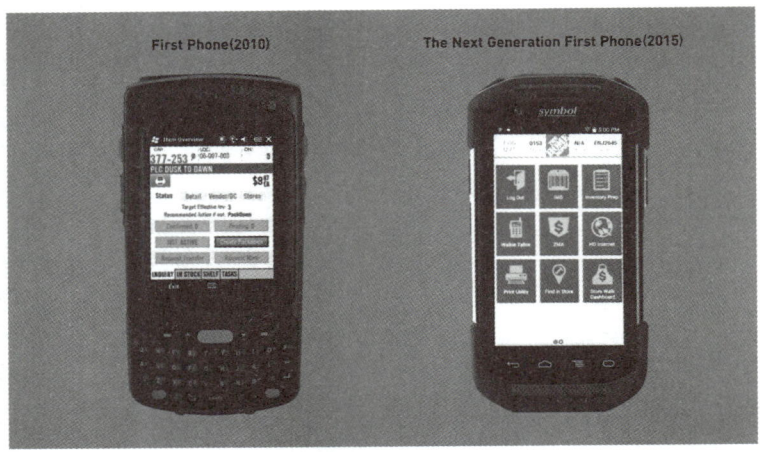

퍼스트폰: 손안에서 매장 전체를 관리할 수 있게 해주는 핵심 업무 도구
(출처: heyinnovations.com)

품절 제품, 잘못 진열된 상품과 가격 태그 불일치, 상부 선반overhead의 재고 상황, 계절 상품의 적정 재고 수준까지 한눈에 파악할 수 있다. 이렇게 수집된 정보는 실시간으로 우선순위 엔진에 전달되며, AI는 제품의 판매 속도, 고객 수요 패턴, 직원의 현재 위치를 종합 분석해 가장 중요한 작업부터 처리하도록 지시한다. 말 그대로 컴퓨터 비전이 매장을 완벽하게 만드는 "보이지 않는 혁명"이 진행되고 있는 것이다. 애틀랜타 매장의 한 직원은 이렇게 증언했다. "예전에는 하루 종일 매장을 돌며 빈 선반을 찾았습니다. 이제 사이드킥이 정확히 어디로 가서 무엇을 해야 하는지 알려줍니다. 덕분에 고객을 도울 시간이 더 많아졌어요."

앤마리 캠벨Ann-Marie Campbell 부사장은 이를 이렇게 설명했다. "우리는 지속적으로 새로운 프로세스, 역량, 기술에 투자하고 있다. 알고리즘이 지속적으로 학습하면서 직원들을 올바른 진열대로, 올바른 시간에 안내하는 능력이 점점 향상되고 있다."

사이드킥의 궁극적 목표는 명확하다. OSAOn-Shelf Availability, 즉 진열 가용성의 극대화다. 홈디포는 연차 보고서에서 "OSA의 의미 있는 개선"을 반복적으로 강조한다. 이는 단순한 운영 지표가 아니다. 홈디포 전략의 성패를 가르는 결정적 요소다. 생각해보자. 매직 에이프런이 고객에게 "주방 리모델링에는 A, B, C 제품이 필요합니다. 가장 가까운 매장에 모두 재고가 있습니다"라고 안내했다. 고객이 30분을 운전해 매장에 도착했는데 B 제품이 품절이라면? 디지털 경험의 가치는 순식간에 무너진다. 신뢰는 무너지고, 고객은 다시는 AI의 조언을 믿지 않을 것이다.

사이드킥은 바로 이 치명적인 갭을 메운다. 컴퓨터 비전으로 실시간 재고를 파악하고, 수요 예측 AI로 품절을 사전에 방지하며, 직원들에게 정확한 보충 지시를 내린다. 초기 600개 매장에서 시작해 2022년(회계연도) 말까지 미국 전 매장으로 확대된 이 시스템은 실제로 재고 정확도를 15% 개선하는 성과를 거뒀다. 이는 '완벽한 진열대Perfect Bay'를 향한 여정의 첫 단계다. 홈디포는 2024년부터 컴퓨터 비전 기술을 고도화해 퍼스트폰 카메라로 진열대와 오버헤드 재고를 실시간으로 파악하는 시스템으로 진화시키고 있다.

파트너십의 시너지: 9만 9,000대가 만드는 네트워크

사이드킥의 기술적 구현은 여러 파트너십의 결실이다. 구글 클라우드는 핵심 AI · 머신러닝 엔진과 컴퓨터 비전 기술을 제공하고, 제브라는 퍼스트폰 하드웨어와 엔터프라이즈 모빌리티를 지원한다. 휴렛팩커드HPE 아루바Aruba는 매장 내 네트워크 인프라를 맡았으며, 홈디포 내부 개발팀은 전체 소프트웨어의 80%를 직접 개발했다. 특히 9만 9,000대 이상의 퍼스트폰이 하나의 거대한 센서 네트워크를 형성해 미국 전역 2,300개 매장의 상황을 실시간으로 파악하고 중앙 AI 시스템이 최적의 의사결정을 내린다. 이는 월마트의 마이 어시스턴트My Assistant가 210만 직원을 연결하는 것과 비슷해 보이지만, 목적은 다르다. 월마트가 '커뮤니케이션 효율화'를 추구한다면 홈디포는 '재고 가시성 극대화'를 지향한다.

사이드킥은 세 가지 핵심 기능이 유기적으로 결합한 통합 시스템이다. 첫째, 시각적 재고 관리 기능으로 컴퓨터 비전이 매장 상태를 실시간 파악한다. 둘째, 스마트 업무 배정을 통해 AI가 우선순위를 정해 직원에게 최적의 작업을 할당한다. 셋째, 자산 보호 기능으로 조직적 소매 절도ORC 패턴을 감지하고 대응한다. 이 기능들은 서로 따로 움직이지 않는다. 예컨대 고가 전동공구의 이상 재고 패턴이 감지되면(자산 보호), 해당 구역의 재고를 더 자주 확인하도록 지시하고(시각적 관리), 보안 직원에게 순찰 강화를 알리는 식(업무 배정)으로 긴밀히 연동된다.

이처럼 백엔드가 완벽히 작동하면서 매직 에이프런이 추천한 제품을 고객이 실제로 구매할 수 있다는 신뢰가 쌓였고, 이는 온라인 매출 성장으로 이어졌다. 사이드킥과 매직 에이프런이 만들어내는 이 완벽한 루프가 구축될 때, 홈디포는 단순한 제품 판매자를 넘어 고객의 DIY 프로젝트 성공을 보장하는 진정한 파트너로 자리매김하게 된다.

이중 엔진 전략: 약속과 이행의 완벽한 조화

홈디포의 AI 전략이 진정으로 빛을 발하는 순간은 매직 에이프런과 사이드킥이 하나의 유기체처럼 작동할 때다. 이는 마치 인간의 두뇌와 심장이 함께 작동하듯, 고객에게 약속하고(매직 에이프런)

그 약속을 완벽하게 이행하는(사이드킥) 시스템이다.

실제 작동 방식을 고객의 여정을 통해 살펴보자. 조지아주 교외에 사는 사라는 오래된 욕실을 리모델링하기로 결심했다. 매직 에이프런과 대화를 시작하자, AI는 그녀의 집이 1965년에 지어졌다는 정보를 바탕으로 납 페인트 가능성을 경고하고, 지역 규정에 맞는 안전한 제거 방법을 안내했다. 필요한 모든 재료와 도구의 상세 목록을 제공하며, 가장 가까운 매장 3곳의 재고 상황을 실시간으로 확인해주었다.

바로 이 순간, 보이지 않는 곳에서 사이드킥이 작동한다. 매직 에이프런이 확인한 재고 정보는 사이드킥의 실시간 데이터에 기반한 것이다. 더 나아가 사이드킥은 사라가 매장을 방문하기 전에 선제적으로 움직인다. AI가 예측한 수요 증가에 따라 관련 제품들의 재고를 보충하도록 직원들에게 지시하고, 상부 선반의 재고를 판매 구역으로 이동시킨다. 사라가 매장에 도착했을 때, 매직 에이프런이 추천한 모든 제품이 정확한 위치에 충분한 수량으로 준비되어 있는 것이다.

이러한 완벽한 동기화는 우연이 아니다. 홈디포는 두 시스템이 동일한 데이터 레이크를 공유하도록 설계했다. 대규모 통합 데이터는 고객 대면 AI와 운영 AI가 같은 정보를 바탕으로 의사결정을 내리게 한다. 이는 많은 기업이 간과하는 부분이다. 프런트엔드와 백엔드가 분리되어 있으면 아무리 좋은 AI라도 일관성 없는 경험을 제공할 수밖에 없다.

성과는 숫자로 증명된다. 매직 에이프런 도입 후 프로젝트 완주율이 눈에 띄게 상승했다. 고객들이 중간에 포기하는 가장 큰 이유 중 하나가 '필요한 재료를 구하지 못해서'였는데, 이 문제가 크게 개선된 것이다. 더 흥미로운 것은 평균 객단가의 변화다. AI가 프로젝트에 필요한 모든 것을 빠짐없이 안내하면서 고객들은 더 많은 연관 제품을 구매하게 되었다. "망치만 사러 왔다가 전체 툴킷을 구매했다"라는 고객 리뷰가 이를 잘 보여준다.

프로페셔널 세그먼트에서의 변화는 더욱 극적이다. "예전에는 대형 프로젝트를 위해 여러 매장을 돌아다녀야 했습니다. 이제 매직 에이프런이 어느 매장에 무엇이 있는지 정확히 알려주고, 도착하면 모든 것이 준비되어 있어요. 프로젝트 준비 시간이 절반으로 줄었습니다."

이중 엔진 전략의 진정한 힘은 긍정적 피드백 루프를 만든다는 데 있다. 사이드킥이 재고 가용성을 높이면, 매직 에이프런의 추천 신뢰도가 올라간다. 신뢰도가 올라가면 더 많은 고객이 AI를 사용하고, 이는 더 많은 데이터를 생성한다. 풍부한 데이터는 두 시스템을 더욱 똑똑하게 만들고, 이는 더 나은 고객 경험으로 이어진다.

이러한 선순환 구조는 경쟁사가 쉽게 모방할 수 없는 경쟁 우위를 만든다. 아마존이 아무리 뛰어난 AI 기술을 가지고 있어도 2,300개의 물리적 매장과 9만 9,000대의 퍼스트폰이 만드는 실시간 데이터 네트워크는 하루아침에 구축할 수 없다. 홈디포는 '완벽한 프로젝트 이행 보장'이라는 독특한 가치를 창출한 것이다.

인간의 재정의: 정답 제공자에서 학습 코치로

홈디포 애틀랜타 플래그십 스토어의 베테랑 직원 마이크는 30년간 같은 일을 해왔다. 고객이 "화장실 수전을 교체하고 싶은데요"라고 물으면 제품 진열대로 안내하고 설치 방법을 설명하는 것이 그의 일이었다. 하지만 매직 에이프런과 사이드킥이 도입된 후, 그의 역할은 근본적으로 바뀌었다. 이제 고객들은 이미 AI를 통해 필요한 제품과 설치 방법을 알고 온다. 그렇다면 마이크의 새로운 역할은 무엇일까? 테드 데커 CEO는 "고객이 전문가가 되도록 돕는다"는 명확한 방향을 제시했다.

이 철학은 단순한 구호가 아니다. 직원들의 일상을 완전히 바꾸는 패러다임 전환이었다.

실제 현장에서의 변화는 극적이다. 과거에는 "이렇게 하세요"라고 지시했지만, 이제는 "이런 방법들이 있는데, 당신 상황에서는 어떤 게 맞을까요?"라고 묻는다. AI가 표준적인 설치 방법을 제공한다면, 직원은 고객의 특수한 상황(오래된 배관, 비표준 규격, 숨겨진 배선 등)을 고려한 맞춤형 조언을 제공한다. 정답을 독점한 전문가가 아니라, 고객이 스스로 문제를 해결할 수 있도록 돕는 학습 코치가 된 것이다.

이러한 변화는 자연스럽게 이루어진 것이 아니다. 홈디포는 대규모 재교육 프로그램을 통해 직원들의 마인드셋을 전환했다. 흥미롭게도 이 교육의 핵심은 기술 습득이 아니라 코칭 스킬이었다. 어떻게 질문하고, 어떻게 경청하며, 어떻게 고객의 자신감을 북돋울 것인가? 한 교육 매니저는 "우리는 직원들에게 선생님이 되라고 가르칩니다. 답을 주는 선생님이 아니라, 학생이 스스로 답을 찾도록 돕는 선생님 말이죠"라고 설명했다.

사이드킥은 이러한 역할 전환을 기술적으로 지원한다. 직원들이 재고 확인이나 제품 위치 찾기 같은 단순 업무에 시간을 낭비하지 않도록 함으로써 고객과의 의미 있는 상호작용에 집중할 수 있게 만든다. 퍼스트폰을 통해 즉시 접근 가능한 프로젝트 가이드와 트러블슈팅 정보는 직원들이 더 깊이 있는 조언을 제공할 수 있게 돕는다.

프로페셔널 고객을 대하는 방식도 진화했다. 전문 계약자들은 평균 10개 이상의 공급업체를 이용하며 이미 충분한 지식을 가지고 있다. 그들에게 필요한 것은 효율성이다. 홈디포는 이러한 복잡한 공급망을 하나의 생태계로 통합해 프로젝트 일정에 맞춰 목재는 오늘, 지붕재는 2주 후에 배송하는 식의 정교한 조율을 제공한다. 홈디포 직원들은 이제 프로젝트 매니저 역할을 수행한다. 대량 주문을 조율하고, 배송 일정을 최적화하며, 예상치 못한 문제가 생겼을 때 신속한 대안을 제시한다. 한 상업용 계약자는 이렇게 평가했다. "예전엔 그냥 물건 파는 사람들이었는데, 이제는 진짜 파트너 같아요."

이러한 인간 중심의 접근은 점진적인 성과로 이어지고 있다. 직원 만족도가 개선되고 있지만, 모든 직원이 새로운 역할에 적응한 것은 아니다. 일부 베테랑 직원들은 여전히 전문가에서 코치로의 전환에 어려움을 겪고 있으며, 젊은 직원들은 오히려 이러한 변화를 더 빠르게 수용하며 세대 간 격차도 나타나고 있다. 더 중요한 것은 고객 충성도의 변화다. 특정 직원을 찾아오는 단골 고객이 늘어났다. AI가 제공할 수 없는 인간적 연결과 신뢰가 형성된 것이다.

고객을 힘 있게 만드는 사람, 그것이 AI 시대 홈디포 직원의 새로운 정체성이다. 하지만 이러한 접근이 과연 베스트바이의 전문가 증강 전략과 어떻게 다를까? 두 기업이 같은 위기에서 출발해 완전히 다른 길을 걷게 된 이유를 살펴보자.

경쟁 전략:
지식 민주화 vs 전문가 증강

홈디포와 베스트바이는 놀라울 정도로 유사한 위기에서 출발했다. 두 기업 모두 한때 독점적이었던 '전문 지식의 가치'가 인터넷 시대에 급격히 하락하는 것을 목격했다. 유튜브와 온라인 포럼이 제품 정보와 사용법을 민주화하면서 매장 직원의 전문성은 더 이상 희소하지 않았다. 그러나 이 공통된 위기에 대한 두 기업의 대응은 정반대였다.

베스트바이는 전문가 '증강' 전략을 선택했다. 구글 클라우드, 액센츄어와의 삼각 동맹을 통해 콘택트센터 AI를 구축하고, 직원들을 AI로 무장시켜 '슈퍼 전문가'로 만들었다. 평균 통화 시간을 30~90초 단축하고, 복잡한 기술 문제도 즉시 해결할 수 있는 능력을 갖추게 했다. 목표는 명확했다. "우리 직원이 그 어떤 AI나 온라인 정보보다 더 전문적이고 신뢰할 수 있다"라는 것을 증명하는 것이었다.

반면 홈디포는 '지식 민주화' 전략을 택했다. 매직 에이프런을 통해 전문 지식을 고객에게 직접 제공하고, 직원은 그 지식을 활용할 수 있도록 돕는 '코치' 역할로 전환했다. 베스트바이가 "우리는 전문가다"라고 말한다면, 홈디포는 "당신도 전문가가 될 수 있다"라고 말하는 셈이다.

이러한 철학의 차이는 AI 시스템 설계에서도 명확히 드러난다. 베스트바이의 AI는 주로 직원을 지원한다. 콘택트센터 AI는 상담원에게 실시간 정보를 제공하고, 매장 직원용 AI 도구는 기술 사양과 호환성 정보를 즉시 제공한다. 고객은 여전히 직원을 통해 정보를 얻는다. 반면 홈디포의 매직 에이프런은 고객이 직접 사용한다. 24시간, 365일 접근 가능하며, 직원 없이도 프로젝트를 계획하고 실행할 수 있도록 설계되었다.

목표 고객의 차이도 흥미롭다. 베스트바이의 주요 타깃은 '기술에 대한 확신을 원하는' 고객이다. 복잡한 홈시어터 시스템을 구성하거나 게이밍 PC를 조립할 때, 전문가의 검증과 보증을 원하는 사람들이다. 토탈테크 멤버십은 이러한 니즈를 충족시킨다. 반면 홈디포의 타깃은 '스스로 해내고 싶어 하는' 고객이다. DIY 정신과 성취감을 중시하는 사람들이다.

핵심 성과 지표KPI의 차이는 두 전략의 본질을 보여준다. 베스트바이는 평균 처리 시간AHT 단축과 셀프 해결률 60%를 목표로 하는 효율성과 전문성의 지표다. 홈디포는 진열 가용성OSA의 개선과 프로젝트 완주율을 중시하는 약속의 이행과 고객 성공의 지표다.

두 전략의 장단점은 명확하다. 베스트바이의 접근은 높은 마진의 서비스 수익을 창출한다. 토탈테크 멤버십, 긱스쿼드 서비스, 복잡한 설치 작업 등은 제품 판매보다 수익성이 높다. 하지만 이는 지속적인 교육 투자와 높은 인건비를 요구한다. 홈디포의 접근은 더 많은 고객에게 도달할 수 있고, 확장성이 뛰어나다. 하지만 서비스 수익화가 어렵고, 고객이 완전히 자립하면 관계가 약해질 위험이 있다.

월마트, 타깃, 베스트바이, 홈디포. 네 거인의 AI 전략을 종합하면 흥미로운 매트릭스가 그려진다. 월마트와 홈디포는 효율성을 추구하지만, 월마트는 '운영' 효율성에, 홈디포는 '고객 프로젝트' 효율성에 초점을 맞춘다. 타깃과 베스트바이는 차별화를 추구하지만,

타깃은 '감성적' 차별화를, 베스트바이는 '전문성' 차별화를 선택했다. 네 가지 모두 유효한 전략이며, 각자의 시장 위치와 핵심 역량에 따라 최적의 선택을 한 것이다.

이런 가운데 홈디포의 2025년 1분기 실적 발표는 월스트리트의 주목을 받았다. 총매출 399억 달러, 전년 대비 9.4% 성장. 이는 단순한 숫자 이상의 의미를 담고 있었다. 리테일업계가 전반적으로 어려움을 겪는 가운데 홈디포의 AI 전략이 실제 비즈니스 성과에 기여하고 있음을 보여준 것이다.

가장 주목할 만한 지표는 온라인 매출 8% 성장이었다. 이는 월마트의 이커머스 22% 성장이나 타깃의 디지털 매출 8.7% 성장과 비교해도 견줄 만한 수치다. 하지만 홈디포의 성장은 본질적으로 달랐다. 단순히 오프라인에서 온라인으로 채널이 이동한 것이 아니라, 매직 에이프런을 통해 시작된 프로젝트가 실제 구매로 이어진 '신규 수요 창출'이었다. 순이익은 34억 달러로 전년 대비 4.6% 감소했지만, 이는 AI 인프라 투자와 직원 재교육 비용을 고려하면 예상 범위 내였다. 구글 클라우드 파트너십과 매직 에이프런 개발에 투입된 구체적 금액은 공개되지 않았지만, 업계에서는 연간 기술 투자 예산의 20~30%가 AI 관련 프로젝트에 배정된 것으로 추정한다. ROI는 2~3년 후부터 본격적으로 나타날 것으로 전망된다.

주당순이익EPS 3.45달러는 분석가 예상치를 상회했다. 투자자들은 단기 비용보다 장기 성장 잠재력에 주목했다. 한 애널리스트는 "홈디포의 AI 투자는 베스트바이의 콘택트센터 AI처럼 즉각적인 비용 절감보다는 고객 경험 개선을 통한 장기적 성장을 목표로 한다"라고 평가했다.

특히 인상적인 것은 1,000달러 이상 고액 거래의 성장률(0.3%)이다. 경기 침체 우려 속에서도 고객들이 대형 프로젝트에 투자하고 있다는 신호다. 이는 매직 에이프런의 상세한 가이드와 사이드킥이 보장하는 재고 가용성이 고객 신뢰를 높인 결과로 해석된다. AI 도구를 가장 적극적으로 활용하는 프로페셔널 세그먼트의 견조한 성장도 계속되었다.

운영 지표의 개선은 더욱 극적이다. 사이드킥 도입 후 재고 정확도가 15% 개선되었고, 일부 카테고리에서는 수요 예측 정확도가 90%에 달했다. 이는 월마트의 경로 최적화나 타깃의 정렬센터 혁신과 맞먹는 운영 혁신이다. 다만 홈디포의 혁신은 '속도'가 아닌 '신뢰성'에 초점을 맞췄다는 점이 다르다.

직원 생산성 지표도 주목할 만하다. 재고 확인 시간이 50% 단축되면서 직원들이 고객과 상호작용할 시간이 늘어났다. 이는 타깃의 스토어 컴패니언이 추구했던 것과 같은 효과지만, 구현 방식이 다르다. 타깃은 직원의 질문에 AI가 답하는 방식이라면, 홈디포는 AI가 루틴 업무를 처리해 직원이 고가치 활동에 집중하도록 했다.

미래 전망은 더욱 야심 차다. 홈디포는 매직 에이프런을 프로 B2B 사이트로 확장할 계획을 발표했다. 프로페셔널 고객을 위한 맞춤형 기능(대량 주문 최적화, 프로젝트별 예산 관리, 팀 협업 도구)이 추가될 예정이다. 이는 베스트바이가 비즈니스 고객을 위한 별도 서비스를 제공하는 것과 유사하지만, '서비스 판매'가 아닌 '프로젝트 성공 지원'에 초점을 맞춘다는 점이 다르다.

더 흥미로운 것은 프로젝트 메모리Project Memory 기능이다. 매직 에이프런이 과거 대화와 구매 이력을 기억해 고객과의 관계를 지속적으로 발전시킨다는 구상으로, 이를 통해 "작년에 욕실 리모델링을 하셨는데, 이제 주방도 고려해보는 건 어떨까요?"와 같은 맞춤형 제안이 가능해진다. 이는 단순한 거래 관계를 넘어 평생 DIY 파트너가 되겠다는 비전의 구현이다.

하지만 도전 과제도 있다. AI 인프라의 지속적인 투자 필요성, 경쟁사들의 빠른 추격, 그리고 경기 침체 시 DIY 수요 감소 위험 등이다. 또한 고객이 완전히 자립하게 되면 홈디포와의 관계가 약해질 수 있다는 우려도 있다. 한 업계 전문가는 "홈디포의 전략은 고객을 졸업시키는 것인데, 졸업생이 다시 돌아올 이유를 만드는 것이 과제"라고 지적했다. 이에 대해 홈디포는 세 가지 접근을 시도하고 있다. 첫째, 프로젝트 메모리를 통한 지속적 관계 유지. 둘째, 점진적으로 복잡해지는 프로젝트 제안. 셋째, 커뮤니티 플랫폼 구축을 통한 경험 공유. 하지만 이것만으로 충분할지는 여전히 미지수다.

그럼에도 불구하고 홈디포의 실험은 중요한 시사점을 제공한다. AI 시대의 성공은 단순한 기술 도입이 아니라, 그 기술을 통해 어떤 새로운 가치를 창출하느냐에 달려 있다는 것이다.

거래에서 관계로, 판매에서 성공으로

홈디포의 여정은 단순한 디지털 전환 이야기가 아니다. 이는 AI 시대에 전통적인 리테일 기업이 어떻게 자신의 존재 이유를 재정의할 수 있는지 보여주는 심오한 사례다. '유튜브 대학'이 전문 지식을 민주화하고, 아마존이 편의성의 기준을 재정립하는 시대에 홈디포는 역설적인 해답을 찾았다. 지식을 더 많이 개방할수록 고객은 홈디포를 더 필요로 한다는 것이다.

리테일의 미래는 거래가 아닌 관계다. 판매가 아닌 고객의 성공이다. 그리고 AI는 이러한 전환을 가능하게 하는 도구다. 월마트, 타깃, 베스트바이, 홈디포. 네 거인이 각자의 방식으로 증명한 것은 하나다. AI 시대의 승자는 가장 앞선 기술을 가진 기업이 아니라, 그 기술로 "가장 의미 있는 가치를 창출하는 기업"이라는 것이다. 그리고 그 가치의 중심에는 언제나 인간이 있다.

결론
4개의 경계선, 하나의 미래

2025년 현재, 아마존과의 경쟁에서 새로운 국면이 시작되었다. 네 거인은 각자의 방식으로 "무엇을 기계에 맡기고, 무엇을 인간에게 남길 것인가?"라는 질문에 답하고 있다. 그들이 그은 경계선은 놀라울 정도로 달랐지만, 모두 나름의 성과를 거두었다.

하지만 아마존은 이미 다음을 준비하고 있다. 고객 대신 구매 결정을 내리는 AI 에이전트, 주문하기도 전에 배송하는 예측 시스템, 그리고 인간 직원이 단 한 명도 없는 완전 자동화 매장…. 더 큰 변화는 고객에게서 온다. 5년 내 쇼핑의 50%는 AI 에이전트가 대신할지도 모른다. 메타버스에서의 쇼핑이 일상이 될 수도 있다. 그때도 지금의 경계선이 유효할까?

그럼에도 네 기업의 실험은 우리에게 중요한 통찰을 남긴다.

첫째, 기술이 전략을 결정하는 것이 아니라, 전략이 기술을 결정한다. 네 기업은 같은 AI 기술로 완전히 다른 미래를 만들었다. 중요한 것은 무엇을 지킬 것인가에 대한 명확한 결정이다.

둘째, 인간의 역할은 진화한다. 없어지는 것이 아니라 더 높은 가치로 이동한다. 계산하는 인간에서 판단하는 인간으로. 정보를 전달하는 인간에서 경험을 창조하는 인간으로.

셋째, 물리적 자산과 인간관계는 여전히 강력한 해자다. 1만 5,000개가 넘는 네 기업의 매장은 단순한 부동산이 아니라, 아마존이 쉽게 복제할 수 없는 접점이자 경험의 무대다.

넷째, 성공의 척도는 다양하다. 월마트의 효율성, 타깃의 브랜드 충성도, 베스트바이의 서비스 수익, 홈디포의 고객 역량 강화. 각자의 방식으로 가치를 창출하고 있다.

이제 우리는 AI 시대의 경쟁력은 가장 많은 로봇을 가진 기업이 아니라, 인간과 기계의 경계를 가장 현명하게 설정한 기업에게 돌아간다는 것을 알고 있다. 월마트처럼 규모로 승부할 것인가? 타깃처럼 감성을 지킬 것인가? 베스트바이처럼 전문성을 증강할 것인가? 홈디포처럼 권한을 나눌 것인가? 정답은 없다. 하지만 질문은 명확하다.

"당신의 기업이 추구하는 것은 무엇인가?"

이 질문에 대한 답이 곧 당신 기업의 AI 전략이 될 것이다. 그리고 계속되는 경쟁에서도 그 전략을 실행하는 리더가 다음 국면의 승자가 될 것이다. 기억해야 할 것은 그들은 모방하는 것이 아니라 각자의 고유한 강점을 AI로 증폭하는 것으로 성공의 열쇠를 잡았다는 것이다.

4장
기술·플랫폼
: 도구에서 파트너로,
진화하는 전문가들

코드를 누가 쓰느냐는 더 이상 중요하지 않다. 이제 핵심은 어떤 '플랫폼' 위에서, 어떤 '규율'로, 무엇을 '자동화'하고, 무엇을 '인간 판단'으로 남길 것인지다.

아이러니하게도 이 변화의 출발점은 '속도'였다. 코파일럿이 코드를 써주고, 모델이 디자인을 뚝딱 만들어내자 기업들은 안도의 한숨을 쉬었다. 하지만 속도만으로는 품질과 신뢰, 거버넌스를 담보할 수 없다는 것을 알게 된다. 여기서부터 게임의 규칙이 바뀐다. 도구를 모으는 회사와 플랫폼을 설계하는 회사의 격차가 벌어진다.

이 장은 같은 기술 앞에서 전혀 다른 선택을 한 세 플레이어의 실험을 다룬다. 깃허브는 개발을 '브라우저가 여는 표준 작업장'으로 만들며 개발 속도와 협업 품질을 동시에 끌어올렸다. 어도비는 생성의 민주화 위에 '증명 가능한 신뢰'라는 규율을 얹어 창작을 경제권으로 편입시켰다. 세일즈포스는 데이터-워크플로-대화 인터페이스를 묶어 에이전트가 일하는 조직을 현실로 가져왔다.

같은 위협, 같은 도구였지만, 세 기업은 코드 생산을 기계에 넘기되 설계·이해·검증은 인간이 책임지는 방식으로 각자의 경계선을 다시 그었다. 이 전환의 한가운데에서 우리는 도구의 시대를 지나 플랫폼의 시대로 들어선다. 이제 그들의 실험 현장으로 가보자. 여기서 유효한 질문은 단 하나다.

"무엇을 자동화하고, 무엇을 남길 것인가?"

01
깃허브
: 코드의 민주화인가, 전문성의 종말인가

2018년 6월 4일 월요일 아침, 개발자 커뮤니티에 충격적인 뉴스가 전해졌다. 마이크로소프트가 깃허브를 75억 달러(약 8조 원)에 인수한다는 소식이었다. 당시 깃허브는 2,800만 명의 개발자가 사용하고 8,500만 개의 코드 저장소를 보유한 명실상부한 오픈소스의 성지였다.

반응은 극명하게 갈렸다. 한 개발자는 레딧에 "마이크로소프트가 깃허브를 망칠 것"이라며 즉시 경쟁 서비스인 깃랩GitLab으로 이주하겠다고 선언했다. 실제로 인수 발표 직후 깃랩은 하루 만에 평소보다 약 10배 많은 프로젝트가 이전되었다고 발표했다. 깃랩의 CEO 시드 시브란디Sid Sijbrandij는 트위터에 "#movingtogitlab" 해시태그와 함께 마이크로소프트 로고가 그려진 컵케이크 사진을 올리며 상황을 즐기는 듯했다.

75억 달러의 도박: 오픈소스의 성지가 거대 기업의 품으로

개발자들의 우려는 근거가 없지 않았다. 마이크로소프트는 과거 "리눅스는 암덩어리"라고 했던 스티브 발머 시절의 기억이 여전히 생생했다. 2001년 발머는 "리눅스는 지적재산권 측면에서 암과 같다"라며 오픈소스를 공개적으로 비난했다. 게다가 마이크로소프트는 85억 달러에 인수한 스카이프Skype를 쇠락시켰고, 72억 달러에 인수한 노키아Nokia의 휴대폰 사업 또한 대규모 손상·사업 매각을 거쳐 모바일 하드웨어에서 철수했다.

하지만 사티아 나델라 CEO는 전임자와는 완전히 다른 인물이었다. 2014년 CEO에 취임한 이래 그는 "클라우드 우선, 모바일 우선"이라는 새로운 비전 아래 마이크로소프트를 변화시켜왔다. 리눅스를 적대시하던 회사가 애저Azure 클라우드에서 리눅스를 지원하고, 닷넷.NET을 오픈소스화하며, 심지어 2016년 11월에는 리눅스 재단에 플래티넘 회원으로 가입하는 등 놀라운 변화를 보여주었다. 깃허브 인수 발표와 함께 나델라는 개발자들에게 직접 메시지를 전했다. "마이크로소프트는 개발자 우선 기업입니다. 깃허브와 함께 우리는 개발자의 자유, 개방성 그리고 혁신에 대한 약속을 더욱 강화할 것입니다."

그는 구체적으로 세 가지를 약속했다. 첫째, 깃허브는 독립적으로 운영될 것. 둘째, 오픈소스에 대한 지원을 지속할 것. 셋째, 모든 개발자와 모든 플랫폼을 위한 서비스를 제공할 것. 특히 그는 "깃허브는 계속해서 어떤 언어, 라이선스, 운영 체제에서도 작동하는 오픈 플랫폼이 될 것"이라고 강조했다.

깃허브 인수 당시 빌드 2017 행사에서 발표 중인 사티아 나델라
(출처: 마이크로소프트 홈페이지)

실제로 마이크로소프트는 약속을 지켰다. 깃허브의 공동창업자이자 CEO였던 크리스 완스트라스Chris Wanstrath 대신 외부에서 냇 프리드먼Nat Friedman을 새 CEO로 영입해 독립성을 보장했다. 프리드먼은 자마린Xamarin의 공동창업자로, 오픈소스 커뮤니티에서 신뢰받는 인물이었다. 그는 취임 직후 "개발자들이 걱정하는 것을 알고 있다. 우리는 행동으로 증명할 것"이라고 말했다. 그리고 정말로 행동으로 보여주기 시작했다.

2018년 6월 인수 직후 커뮤니티는 분화됐다. 다만 깃랩으로의 이주 흐름은 일시적이었고, 이후 무료 정책 변화와 제품 강화로 분위기가 점차 반전됐다. 2019년 1월, 개인 비공개 저장소를 무료로 전환(초기에는 저장소당 협업자 수 제한)했으며, 이어 무료 플랜에도 무제한 협업자를 허용(2020년 4월)하며 소규모 팀의 진입장벽을 크게 낮췄다. 오픈소스 프로젝트뿐 아니라 소규모 팀도 무료로 깃허브의 모든 기능을 사용할 수 있게 된 것이다.

깃허브가 매년 발행하는 옥토버스Octoverse 보고서에 따르면 플랫폼 개발자 수가 수천만 단위로 확대(2020년)됐고, 여러 매체는 "개발자들이 마이크로소프트에 기회를 주고 있다"라는 분위기 변화를 전했다. 같은 시기 와이콤비네이터가 운영하는 해커뉴스HN에는 "깃랩으로 옮겼다가 다시 깃허브로 돌아왔다"라는 취지의 경험담도 공존했다. 깃허브의 숫자도 이를 증명했다. 인수 당시 2,800만 명이던 사용자는 2020년 5,600만 명으로 2배가 되었다. 저장소 수도 8,500만 개에서 2억 개 이상으로 폭발적으로 증가했다. 마이크로소프트 브랜드에 대한 거부감은 오히려 신뢰로 바뀌었다.

하지만 이 모든 것은 서막에 불과했다. 2021년 6월 29일, 깃허브는 역사상 가장 야심 찬 프로젝트를 발표했다. 바로 AI 페어 프로그래머, '깃허브 코파일럿'이었다. 75억 달러의 도박은 단순한 플랫폼 인수가 아니라 AI 시대를 여는 전략적 투자였음이 드러나는 순간이었다.

코파일럿 탄생의 짧은 타임라인

2021년 6월 29일, 깃허브는 기술 프리뷰 형태로 코파일럿을 발표했다. 코파일럿은 단순한 자동완성 도구가 아니었다. 깃허브는 이를 'AI 페어 프로그래머'라고 불렀다. 페어 프로그래밍은 두 명의 개발자가 하나의 컴퓨터에서 함께 코드를 작성하는 방식인데, 이제 그 파트너가 인간이 아닌 AI가 된 것이다.

2021~2022년: 159기가바이트의 코드가 만든 AI 동료

코파일럿의 핵심은 오픈AI와의 협력으로 만들어진 코덱스Codex라는 AI 모델이었다. 이 모델은 GPT 계열 모델을 대규모 공개 코드로 파인튜닝해 코드 이해·생성 능력을 강화한 형태다. 일반적인 텍스트가 아닌 코드를 이해하고 생성하도록 특별히 훈련되었으며, 훈련에 사용된 데이터의 규모는 상상을 초월했다. 159기가바이트의 파이썬 코드와 5,400만 개의 공개 깃허브 저장소에서 수집한 코드들이 코덱스의 학습 재료가 되었다.

초기 반응은 경이로움과 두려움이 뒤섞여 있었다. 한 개발자는 트위터에 "주석으로 '사용자 로그인 기능 만들기'라고만 적었는데 전체 함수를 만들어줬다. 이게 맞는 코드인지 확인하는 데 30분이 걸렸지만, 처음부터 작성했다면 2시간은 걸렸을 것"이라고 적었다. 반면 또 다른 개발자는 이제 주니어 개발자는 필요 없어질 것이라고 우려하기도 했다. 실제로 코파일럿은 파이썬, 자바스크립트, 타입스크립트, 루비, 고Go 등 인기 있는 프로그래밍 언어에서 놀라운 성능을 보여주었다. 단순한 함수뿐 아니라 복잡한 알고리즘, 심지어 정규표현식까지 자연어 설명만으로 생성해냈다.

기술 프리뷰 기간 동안 흥미로운 현상이 관찰되었다. 처음에는 개발자들이 코파일럿의 제안을 20% 정도만 받아들였다. 마치 낯선 동료의 조언을 의심하듯, 개발자들은 AI가 생성한 코드를 신중하게 검토했다. 하지만 시간이 지나면서 이 수치는 빠르게 상승했고, 2022년 6월 정식 출시 때는 35%까지 올라갔다.

2022년 6월, 1년간의 기술 프리부를 마치고 코파일럿은 정식 서비스로 전환되었다. 개인 사용자는 월 10달러, 기업 사용자는

코파일럿, 개발자의 AI 동료(출처: azure.microsoft.com)

월 19달러의 구독료가 책정되었다. 무료였던 서비스가 유료화되면서 반발이 있을 거라는 예상과 달리 반응은 폭발적이었다. 정식 출시 후 1개월 만에 유료 사용자가 40만 명을 돌파했고, 2023년 10월에는 100만 명을 넘어섰다. 기업 고객도 빠르게 늘어났다. 듀오링고Duolingo, 메르카도리브레Mercado Libre, 액센츄어 같은 대기업들이 앞다퉈 도입했다.

하지만 모든 것이 장밋빛은 아니었다. 2022년 말, 일부 개발자들이 코파일럿이 생성한 코드에서 심각한 문제를 발견하기 시작했다. 한 보안 연구원은 "코파일럿이 하드코딩된 비밀번호나 API 키를 포함한 코드를 생성하는 경우를 여러 번 목격했다"라고 보고했다. 코파일럿이 학습한 5,400만 개의 저장소 중 보안이 취약한 코드가 다수 포함되어 있었기 때문이었다. AI는 좋은 코드와 나쁜 코드를 구분하지 못하고 단지 가장 흔한 패턴을 학습했을 뿐이었다. 하드코딩이란 프로그램 안에 값이나 조건을 그대로 박아 넣는 것으로, 예를 들어 코드에 비밀번호를 직접 적어두는 행위와 같다. 이는 처음에는 단순하고 편리해 보이지만, 나중에 수정하기 어렵고 보안상 치명적인 약점이 된다. 결국 AI가 제안한 코드에 하드코딩된 비밀번호가 포함되었다는 것은 AI가 올바른 보안 습관을 이해하지 못한 채 빈번하게 등장하는 잘못된 사례를 그대로 재현했기 때문이다.

깃허브는 이 문제를 인정하고 빠르게 대응했다. 2023년 초, 코파일럿이 생성한 코드에서 보안 취약점을 자동으로 감지하는 기능을 추가했다. 또한 하드코딩된 비밀 정보나 알려진 취약한 코드 패턴을 필터링하는 시스템을 구축했다. 2023년 말, 코파일럿 사용자는 130만 명을 돌파했다.

2022~2024년: 도구에서 생태계로의 진화

깃허브의 야심은 코파일럿에서 멈추지 않았다. 2022년부터 2024년까지 깃허브는 개별 도구를 넘어 개발의 모든 과정을 아우르는 통합 플랫폼으로 진화했다. 이 변화의 핵심은 개발자가 겪는 모든 마찰을 제거하겠다는 전략이었다.

첫 번째 돌파구는 깃허브 코드스페이스였다. 2021년 8월, 조직을 대상으로 정식 출시General Availability가 이뤄졌고, 2022년 11월에는 무료 사용 시간을 제공하며 개인 개발자에게까지 전면 개방됐다. 이로써 '내 컴퓨터에서는 되는데' 문제('It works on my machine' problem: 개발자의 로컬 환경에서는 프로그램이 정상적으로 실행되지만 다른 환경에서는 오류가 발생하는 상황)를 구조적으로 줄였다.

코드스페이스의 위력은 단순했다. 브라우저에서 버튼 하나만 누르면 수 분 내에 완전한 개발 환경이 준비되었다. 복잡한 프로젝트도 마찬가지였다. 수백 개의 의존성을 가진 대규모 프로젝트조차 2분 안에 코딩을 시작할 수 있었다.

2023년 11월 깃허브 유니버스 컨퍼런스는 또 다른 전환점이었다. 이 행사에서 깃허브는 코파일럿 챗Copilot Chat을 공개했다. GPT-4를 기반으로 한 이 기능은 개발자가 자연어로 코드에 대해 질문하고 답을 얻을 수 있게 했다. "이 함수가 뭘 하는 거야?"라고 물으면 상세한 설명을 들을 수 있었고, "버그를 찾아줘"라고 명령하면 문제가 될 만한 부분을 지적해주었다. 하지만 진짜 혁신은 코파일럿 엔터프라이즈Copilot Enterprise였다. 기업 고객을 위한 이 버전은 회사의 코드 베이스를 학습해 맞춤형 제안을 제공했다. 예를 들어 한 금융 기업이 자체 개발한 거래 시스템의 코드 패턴을 코파일럿이 학습하면, 그 회사만의 코딩 스타일과 비즈니스 로직에 맞는 제안을 해줄 수 있었다.

2025년 들어 깃허브는 대화 중 모델 전환·선택 등 멀티모델 활용 경험을 전면에 내세우고 있다. 이 시점에서 경쟁사들의 대응도 주목할 만했다. 깃랩은 DevSecOps(개발-보안-운영) 통합에 집중하며 '보안을 개발 파이프라인에 내재화'하는 전략을 택했다. 하지만 AI 코딩 지원에서는 깃허브에 뒤처졌다. AWS의 코드위스퍼러CodeWhisperer는 아마존 생태계와의 긴밀한 통합을 강점으로 내세웠지만, 사용자 기반은 깃허브의 10분의 1에 불과했다. 구글의 듀엣 AIDuet AI는 구글 클라우드와의 연동에 강점이 있었으나 범용성에서 한계를 보였다.

결국 깃허브는 플랫폼 중립성과 AI 우선 전략의 조합으로 시장 지배력을 더욱 공고히 했다. 한 업계 분석가는 "깃허브가 단순 코드 저장소에서 AI 개발 플랫폼으로 진화한 반면, 경쟁사들은 여전히 특정 영역에 머물러 있다"라고 평가했다. 앤스로픽의 클로드 3.5 소네트, 구글의 제미나이 1.5 프로, 그리고 오픈AI의 새로운 o1

시리즈까지 선택지에 포함되었다. 이 결정의 배경에는 실용적인 이유가 있었다. 각 모델마다 강점이 달랐다. GPT-4는 일반적인 코딩에 강했고, 클로드는 복잡한 로직 설명에 뛰어났으며, 제미나이는 대규모 코드 베이스 분석에 유리했다. 개발자들은 작업에 따라 최적의 모델을 선택할 수 있게 되었다.

코파일럿 워크스페이스Copilot Workspace의 등장은 개발 방식 자체를 바꾸었다. 2024년 4월 공개된 이 기능은 깃허브 이슈에서 시작해 완성된 코드까지 전 과정을 AI가 도와주는 환경이었다. 개발자가 '사용자 프로필 페이지에 다크 모드 추가하기'라는 이슈를 만들면 워크스페이스는 필요한 파일들을 찾아내고, 수정 계획을 세우며, 실제 코드 변경까지 제안했다.

숫자가 이 변화의 규모를 말해주었다. 2024년 말 기준으로 코파일럿 유료 사용자는 180만 명을 넘어섰다. 더 인상적인 것은 기업 고객 수였다. 7만 7,000개 이상의 조직이 코파일럿을 사용했고, 포춘 100대 기업의 90%가 깃허브 플랫폼의 고객이 되었다. 하지만 가장 중요한 변화는 수치로 측정하기 어려운 것이었다. 개발 문화가 바뀌고 있었다. 한 스타트업 CTO(최고기술관리자)는 이렇게 말했다. "이제 우리는 '어떻게 구현할까'보다 '무엇을 만들까'에 더 많은 시간을 쓴다. 코파일럿과 워크스페이스가 구현의 상당 부분을 처리해주기 때문이다."

깃허브의 플랫폼 전략은 '저장소 → 생성AI → 환경 → 작업 관리 → 에이전트'로 이어진다. 저장하러 온 개발자는 생성 도구를 쓰고, 그 과정에서 환경과 워크플로까지 하나의 중력장으로 편입되는 것이다. 깃허브의 '플랫폼 중력'은 다음과 같이 작동한다.

- 1단계(2008년~) 코드 저장소: 개발자들이 코드를 올리기 시작
- 2단계(2021년~) 코파일럿: 저장된 코드로 AI를 학습시켜 코드 생성 도구 제공
- 3단계(2022년~) 코드스페이스: 클라우드에서 바로 개발할 수 있는 환경 제공
- 4단계(2024년~) 워크스페이스: 이슈부터 코드까지 전체 작업 흐름 관리
- 5단계(2024년~) 에이전트: 스스로 일하는 AI 동료

각 단계는 이전 단계를 기반으로 하며, 다음 단계로 자연스럽게 이어진다. 코드를 저장하러 왔다가 AI 도구를 쓰게 되고, 그러다 보니 개발 환경도 옮기게 되며, 결국 모든 작업을 깃허브에서 하게 된다. 한번 이 생태계에 들어오면, 마치 중력장에 갇힌 것처럼 빠져나가기 어렵다. 한 스타트업 CTO는 이를 '호텔 캘리포니아 효과'라고 불렀다. "체크아웃은 할 수 있지만 떠날 수는 없다. 모든 도구와 워크플로가 깃허브에 최적화되어 있어서 다른 플랫폼으로 옮기는 비용이 너무 크다."

2024년 말, 깃허브의 개발자 수는 1억 명을 돌파했다. 2018년 마이크로소프트 인수 당시 2,800만 명에서 4배 가까이 증가한 수치다. 하지만 깃허브는 여기서 멈추지 않았다. 그들의 다음 목표는 더욱 야심 찼다. 개발자뿐 아니라 10억 명의 사람들을 코딩의 세계로 끌어들이겠다는 것이었다.

2024~2025년: 동료가 된 기계

2024년 가을, 깃허브는 개발의 역사에서 가장 급진적인 발표를 했다. 더 이상 개발자를 '돕는' 도구가 아닌, 스스로 일하는 '동료'를 소개한 것이다. 깃허브 코파일럿 에이전트GitHub Copilot Agent의 등장이었다.

이 에이전트는 깃허브 이슈를 할당받으면 스스로 계획을 세우고, 코드를 작성하며, 테스트를 실행하고, 풀 리퀘스트Pull Request까지 만들어냈다. 인간 개발자가 잠든 사이에도 일을 계속했다. 2025년 5월 마이크로소프트 빌드 컨퍼런스에서 깃허브 코파일럿 코딩 에이전트가 정식 발표되었다.

실제 기업 사례는 액센츄어에서 나왔다. 깃허브와 협력해 진행한 연구에서 5만 명 이상의 조직에 코파일럿을 도입한 결과, 개발자들의 코딩 속도가 최대 55% 향상되었고 직무 만족도는 90% 증가했다는 것이 확인되었다. 특히 응답자의 67%가 주 5일 이상 코파일럿을 사용하고 있었으며, 70%가 익숙한 프로그래밍 언어로 코딩할 때 코파일럿에 의존하고 있었다. 이는 AI가 단순한 도구를 넘어 일상적인 개발 파트너로 자리 잡았음을 보여주는 증거다.

또 다른 혁신은 깃허브 스파크GitHub Spark였다. 스파크는 자연어로 앱 제작을 돕는 실험적 생성 도구로 포지셔닝되었다. 깃허브 에듀케이션GitHub Education 프로그램을 통해 교육 현장에서도 변화가 일어났다. 깃허브 클래스룸GitHub Classroom과 연계된 도구들을 통해 교사들은 가상 교실을 만들고, 과제를 자동으로 채점하며, 학생들의 실습을 관리할 수 있게 되었다. 특히 코파일럿 프로를 무료로 제공받은 교사들은 AI 지원 코드 제안과 과제 생성 기능을 활용해 수업 계획을 단순화하고 학생 참여를 높일 수 있었다. 이전에는

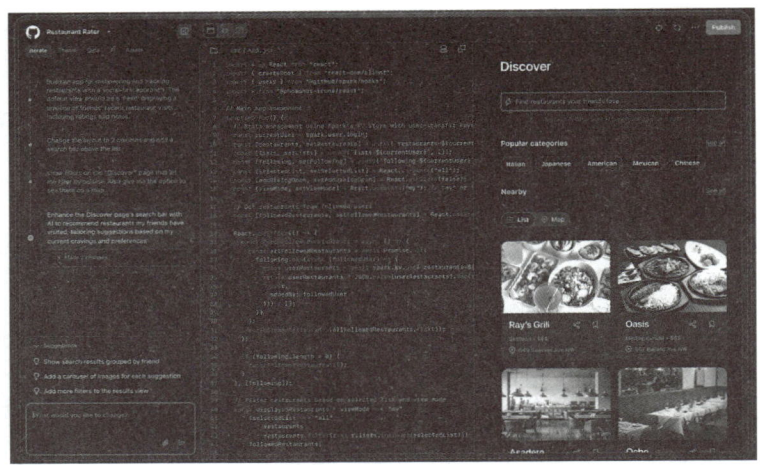

스파크를 이용한 레스토랑 순위 앱 개발 화면 (출처: www.marktechpost.com)

개발팀에 요청하고 몇 달을 기다려야 했던 교육 도구 개발을 이제는 교사들이 직접 할 수 있게 된 것이다.

2025년 7월, 깃허브는 또 다른 이정표를 세웠다. 전 세계 코파일럿 누적 사용자가 2,000만 명을 돌파한 것이다. 또한 학생, 교사, 오픈소스 메인테이너(운영자)에게는 무료로 제공되었다. 하지만 모든 것이 순조롭지만은 않았다. 2025년 초, 일부 대기업에서 우려의 목소리가 나오기 시작했다. 한 금융 기업의 CTO는 이렇게 토로하기도 했다. "우리 개발자들이 점점 코파일럿에 의존하게 되는 것이 걱정된다. 기본적인 알고리즘도 직접 구현하지 못하는 개발자가 늘어나고 있다."

2025년 스택오버플로 설문 결과는 '사용은 하지만, 완전히 믿지는 않는' 현실을 보여준다. 프로 개발자의 51%가 매일 AI를 사용하지만, 정확도를 "신뢰하지 않는다"라는 응답(46%)이 "신뢰한다(33%)"를 앞섰다. 가장 큰 불만은 "거의 맞지만 미묘하게 틀린 답

코파일럿 사용자 수 추이

시점	수치(명)	지표 성격
2022년 8월	400,000	구독자(초기 공지 기준)
2023년 10월	1,000,000+	유료 구독자
2024년 2월	1,300,000	유료 구독자
2024년 10월	77,000+	도입 조직 수
2025년 7월	20,000,000+	누적 사용자

(66%)"과 그로 인한 "디버깅 시간 증가(45%)"였다. 이런 우려에 대해 깃허브의 토마스 도미케 CEO는 '계산기' 비유로 AI가 반복 작업을 덜어주고 사람은 상위 문제에 집중한다는 취지를 여러 자리에서 강조해왔다. 즉, 도구 의존을 걱정하기보다 검증·설계 역량을 전제로 한 활용이 핵심이라는 관점이다.

깃허브 플랫폼의 영향력은 압도적이다. 2025년 현재, 깃허브는 1억 5,000명이 넘는 이용자, 4억 2,000개가 넘는 저장소를 보유 중에 있다. 매일 수백만 개의 풀 리퀘스트가 생성되고, 그중 상당수는 AI의 도움을 받아 작성된다. 그러나 이것은 여전히 시작에 불과했다. 깃허브의 진짜 야심은 10억 명을 개발자로 만드는 것이다. 스파크 같은 도구로 비개발자도 앱을 만들 수 있게 되면서 이 목표는 더 이상 불가능해 보이지 않는다. 하지만 동시에 새로운 질문이 떠올랐다. "모두가 개발자가 되는 세상에서, 진짜 개발자의 가치는 무엇일까?"

바이브 코딩과
전문성의 위기

2025년 3월, 〈테크크런치TechCrunch〉는 와이콤비네이터Y Combinator가 최근 선발한 스타트업의 약 4분의 1이 '거의 전부 AI가 생성한' 코드 베이스를 보유한다고 전했다. 이들 스타트업의 창업자 대부분은 전통적인 의미의 '개발자'가 아니었다. 이 현상에는 이름이 붙었다. '바이브 코딩Vibe Coding'이었다. 2025년 2월, 전 테슬라 AI 책임자였던 안드레이 카르파시Andrej Karpathy가 대중화한 이 용어는 빠르게 퍼져나갔다. 그는 바이브 코딩을 "코드를 작성하는 게 아니라 원하는 '분위기'를 AI에게 전달하는 것"이라고 설명했다.

바이브 코딩의 실체는 간단하다. 개발자가 "인스타그램 같은 데 책 리뷰 전용 앱 만들어줘"라고 설명하면 AI가 전체 애플리케이션을 생성하는 방식이다. 세부 구현은 AI에게 맡기고, 인간은 전체적인 방향과 느낌만 제시하는 것이다. 실제 사례는 빠르게 늘어났지만, 성공 사례 뒤에는 어두운 면도 있었다. 생성형 도구로 만든 코드에서 SQL 인젝션, 하드코딩된 비밀값, 평문 전송(데이터를 암호화하지 않고 그대로 전송하는 것)과 같은 기초 보안 실수가 되풀이될 수 있다는 우려가 보안 보고서와 컨퍼런스에서 꾸준히 제기되었다.

더 큰 문제는 아키텍처의 부재였다. 한 시니어 개발자는 블로그에 이런 글을 남겼다. "최근 인수한 스타트업의 코드를 검토했는데 충격적이었다. 전체 앱이 거대한 스파게티 코드였다. 일관성 있는 설계나 패턴이 전혀 없었다. AI가 그때그때 다른 스타일로 코드를 생성했기 때문이다."

전통적인 개발자들의 위기감은 실제 데이터로 나타났다. 최근

링크드인이 발표한 보고서(Jobs on the Rise 2025) 등에서 AI 연관 직무가 상위권을 차지하는 경향이 반복적으로 나타났다.

개발자 역할의 변화

영역	전통 코딩(2020년)	바이브 코딩(2025년)
접근 방식	구조적, 계획적, 논리 중심	직관적, 즉흥적, 플로우 기반
주요 업무	코드 작성(80%)	코드 검증·설계(70%)
핵심 역량	프로그래밍 언어 숙련도	AI 도구 활용 능력
채용 요건	Java 10년 경력	AI 협업 경험
교육 중점	알고리즘·자료 구조	프롬프트 엔지니어링
코드 생성	100% 수동 작성	70% AI 생성
업무 시간	구현 60%, 설계 40%	구현 20%, 설계 80%
작업 방식	공식 리뷰, 문서화, 티켓, 애자일 워크플로	캐주얼한 협업, 페어 코딩, 아이디어 실험
위험 요소	개발 속도의 제약	코드를 완전히 이해하지 못할 위험

바이브 코딩은 개발 교육에도 영향을 미쳤다. 여러 대학에서 LLM, 프롬프트, AI 협업 관련 과목, 세미나가 확대되는 흐름이 관측된다. 그와 동시에 HN 등 개발자 커뮤니티에서는 '시니어의 역할'과 'AI 의존'을 둘러싼 논의가 꾸준히 이어졌다. 예컨대 2021년 HN 스레드에서는 스스로를 시니어로 느끼지 못한다는 고민과 역할 재정의가 논의Ask HN: It seems that I'm not a senior software engineer됐다. 같은 해 "코파일럿이 40%의 확률로 취약한 코드를 만든다"라는 연구를 둘러싼 토론에서는 AI가 만든 코드를 이해 및 검증하는 능력의 중요성이 부각됐다. 바이브 코딩 시대로의 이행 속에서 전문성의 무게중심은 '코드를 쓰는 능력'에서 '설계·이해·검증 능력'으로 이동하고 있다. 문제는 그 새로운 전문성을 어떻게 정의하고 평가할 것인가였다.

보안의 역설: 40%의 취약점과 3배 빠른 수정

2021년, 뉴욕대학과 캘거리대학 소속 연구자들이 발표한 논문 제목은 도발적이었다. "키보드 앞에서 잠들었는가? 깃허브 코파일럿 코드 기여의 보안성 평가Asleep at the Keyboard? Assessing the Security of GitHub Copilot's Code Contributions"라는 제목의 논문에서 연구팀은 코파일럿이 생성한 1,689개의 프로그램을 분석했고, 충격적인 결론에 도달했다. 보안 취약점이 발생하도록 유도된 환경에서 약 40%의 코드에 보안 취약점이 발견된 것이다.

가장 흔한 문제는 코파일럿이 만든 코드 일부가 로그인·결제 데이터베이스에 해커가 몰래 명령을 넣을 수 있는 '구멍(SQL 인젝션)'을 포함했다. 이는 해커가 데이터베이스 전체를 탈취할 수 있는 치명적인 취약점이었다. 또한 코드 안에 비밀번호를 그대로 적어두는 '열린 자물쇠' 같은 실수가 발견됐다. 즉, API 키나 데이터베이스 비밀번호를 소스코드에 직접 넣어 코드를 생성하는 상황이었다. 비밀번호를 소스코드에 써놓는다는 것은 마치 금고 옆에 비밀번호를 적은 포스트잇을 붙여두는 것과 같다. 누구든 코드만 보면 바로 접근할 수 있는 것이다. 연구팀은 "코파일럿이 학습한 수백만 개의 깃허브 저장소에 이런 나쁜 관행이 널리 퍼져 있기 때문"이라고 분석했다.

깃허브는 2023년 11월에 코드의 보안 취약점을 자동으로 찾아 수정하는 기능인 코파일럿 오토픽스Copilot Autofix를 처음 발표했고, 2024년 3월에 퍼블릭 베타를 시작해 2024년 8월에 정식 출시했다. 아이러니하게도 AI가 만든 문제를 다시 AI가 해결하는 구조였다. 코파일럿 오토픽스의 작동 방식은 정교했다. 먼저 깃허브의 코드QL CodeQL 엔진이 코드를 스캔해 취약점을 찾아내면 LLM이 수정 제안을 생성해 개발자가 빠르게 반영하도록 돕는 방식이다.

2024년 깃허브가 발표한 데이터에 따르면, 오토픽스를 사용한 개발자들은 보안 취약점을 평균 3배 단축한 것으로 관찰됐다. 취약점 발견부터 수정까지 평균적으로 28분이 걸리는데, 이는 수동으로 할 때의 1.5시간보다 크게 단축된 것이었다. 대기업들은 이 기능을 적극 활용했다. 하지만 비판의 목소리도 있었다. 일부 보안 전문가들은 "병 주고 약 판다"라는 제목의 글을 올려 비판했다. "깃허브는 코파일럿으로 취약한 코드를 생성하게 한 다음, 그것을 고치는 도구를 또 판매한다. 이는 문제를 만들고 해결책을 파는 완벽한 비즈니스 모델이다."

2025년의 여러 연구는 AI 생성 코드가 초기 생산성을 높이지만 유지보수성 저하와 기술 부채 축적 위험이 존재함을 시사한다. 아직 장기 종단 연구가 부족해 일관된 합의는 없으나 복잡도, 코드 냄새code smell(겉보기에는 동작에 문제가 없지만 숨겨진 결함이나 유지보수의 어려움을 암시하는 코드의 특성), 보안 규율 관점의 지속적인 모니터링이 권고된다.

보안 커뮤니티에서는 '신뢰의 비용Trust Tax'이라는 새로운 개념이 등장했다. 이는 AI가 생성한 코드를 검증하고, 취약점을 찾고, 수정하는 데 드는 추가적인 시간과 비용을 의미한다. 한 보안 컨설턴트는 "과거에는 개발자를 신뢰하고, 코드를 신뢰했다. 이제는 모든 것을 의심하고 검증해야 한다. 이것이 AI 시대의 새로운 세금"이라고 말했다. 2025년 7월, 깃허브는 새로운 접근 방식을 발표했다. '보안 내재 설계Secure by Design' 이니셔티브로, 코파일럿이 처음부터 보안을 고려한 코드를 생성하도록 하는 것이 목표이다. 하지만 많은 전문가는 회의적이었다. 한 보안 연구원은 "AI가 나쁜 코드에서 배웠는데, 갑자기 좋은 코드를 만들 수 있을까?"라고 반문했다.

보안의 역설은 명확했다. AI는 개발 속도를 높였지만 동시에 보안 위험도 높였다. 그리고 그 위험을 해결하는 것도 또 다른 AI였다. 이 순환 구조 속에서 진짜 보안은 어디에 있는 것일까?

코더에서 큐레이터로: 새로운 전문가의 탄생

2025년 5월, 세콰이어캐피탈이 매년 개최하는 AI 컨퍼런스 AI Ascent 무대에서 구글의 제프 딘은 주니어 엔지니어 수준으로 작동하는 AI가 약 1년 내 가능하다고 전망했다. 그의 메시지 초점은 (전면 대체가 아니라) AI가 테스트 실행, 성능 이슈 디버깅, 문서 읽기 등 다양한 도구를 사용해 가상 환경에서 작업을 수행하는 것이었다.

2025년 링크드인의 보고서에 따르면, AI 엔지니어와 AI 컨설턴트가 가장 빠르게 성장하는 직업 1위와 2위를 차지했다. AI 리터러시 AI literacy가 링크드인 회원들이 프로필에 추가하는 주요 스킬로 부상했고, 프로세스 최적화와 LLM 개발 등이 상위 10개 스킬에 포함되었다. 2023년 12월과 비교해 2024년 9월까지 링크드인에서 AI 관련 대화가 전 세계적으로 빠르게 증가했고, 프롬프트 엔지니어링은 새로운 직종으로 완전히 자리 잡았다. 이들은 AI 도구를 훈련시켜 더 정확하고 관련성 있는 응답을 제공하도록 하며, 일부 직무는 연봉 33만 5,000달러에 달한다. 이 역할은 고급 코딩 스킬이나 컴퓨터 공학 학위가 반드시 필요하지 않다는 점이 특징이다.

AI 시대의 개발자들은 코드 작성자에서 설계자, 검증자, 시스템 사고자로 진화하고 있다. AI가 루틴한 코딩 작업을 자동화하면서 개발자들은 복잡한 문제 해결, 알고리즘 설계, 창의적인 사용자

인터페이스 디자인에 집중할 수 있게 되었다. 깃허브 CEO 토마스 돔케Thomas Dohmke는 개발자들이 "코드 작성에서 구현의 설계, 검증 및 오케스트레이션"으로 이동할 것을 제안했다. 업계 전문가들은 대량 해고보다는 개발자 역할의 진화가 일어날 것이며, AI가 기술 전문성이 없는 사람들에게도 소프트웨어 개발을 민주화할 잠재력이 있다는 메시지를 내고 있다.

AI 솔루션 아키텍트는 비즈니스 요구사항에 맞는 포괄적인 솔루션을 설계하고, 적절한 기술과 도구를 평가하고 선택하며, 이해관계자와 협력해 기술적 리더십을 제공하는 역할을 한다. 개발자의 역할은 사라지는 것이 아니라 진화하고 있다. AI를 수용하는 개발자들은 자동화만으로는 불가능한 방식으로 설계와 시스템 사고, 아키텍처, 사용자 경험을 최적화할 것이다. AI는 개발자를 대체하지 않을 것이며, 개발자가 된다는 것의 의미를 재정의할 것이다.

AI 아키텍트가 되기 위해서는 소프트웨어 설계 원칙, 패턴, 모범 사례에 대한 확실한 이해가 필요하다. 파이썬, NLP 도구, 생성형 AI 도구에 대한 숙련도가 요구되며, 챗GPT 프롬프트 엔지니어링, 생성형 AI 평가 및 디버깅과 같은 전문 과정이 권장된다. 2028년까지 기업 엔지니어의 75%가 AI 어시스턴트를 사용할 것으로 예측되며, 미래에는 AI 스택 전문가, 실시간 적응형 시스템, 인간 개발자가 지휘하는 다중 에이전트 AI 생태계가 등장할 것이다.

소프트웨어 개발자라는 직업은 2025년 근본적인 변화를 겪고 있다. 코드를 쓰는 시대에서 코드를 이해하고 검증하고 방향을 제시하는 시대로, 구현하는 사람에서 설계하는 사람으로, 그리고 혼자 일하는 사람에서 AI와 협업하는 사람으로. 이것이 현재 진행 중인 개발자 역할의 진화다.

코드의 민주화,
그 이후

2025년 현재, 우리는 갈림길에 서 있다. 깃허브가 꿈꾸던 10억 개발자 시대가 도래했지만, 그 풍경은 우리가 상상했던 것과는 달랐다. 더 많은 사람이 코드를 '생성'할 수 있게 되었지만, 코드를 '이해'하는 사람은 역설적으로 줄어들고 있다.

세 가지 긴급한 질문이 우리 앞에 놓여 있다. 첫째, 기술 종속의 역설이다. 이미 많은 개발자가 AI 도구에 깊이 의존하고 있다. "우리는 도구를 사용하는 것인가, 도구에 의존하는 것인가? 계산기가 암산 능력을 퇴화시켰듯, AI는 우리의 문제 해결 능력 자체를 잠식하고 있는 것은 아닐까?" 둘째, 교육 패러다임의 전환이다. 대학들이 전통적인 알고리즘과 자료 구조 대신 'AI 협업'과 '프롬프트 최적화'를 핵심 과목으로 가르치기 시작했다. 하지만 "AI가 작동하는 근본 원리를 이해하지 못한 채 사용법만 아는 세대가 다음 혁신을 만들어낼 수 있을까?" 셋째, 책임과 신뢰의 공백이다. AI가 생성한 코드의 오류로 인한 손실이 발생할 때, 법적 책임은 여전히 모호하다. "개발자? AI 제공 기업? 아니면 충분히 검증하지 않은 기업?" 이러한 불확실성 속에서 '신뢰의 비용'이라는 개념이 등장한 것은 우연이 아니다. AI 생성 코드를 검증하고 수정하는 데 드는 추가적인 시간과 비용이 새로운 세금처럼 작용하고 있다.

마이크로소프트의 75억 달러 투자는 단순한 기업 인수를 넘어 시대정신의 변곡점이 되었다. 깃허브는 코드를 '보관'하는 곳에서 코드를 '생산'하는 곳으로, 개발자의 '도구'에서 개발자의 '파트너'로 변모했다. 하지만 모든 혁명이 그렇듯, 이 변화도 양면성을 지닌다. 우리는 하루에 55% 더 많은 코드를 생산하지만, 그중 40%는 보안 취약점의 발생 위험도 함께 증가했다. 진입장벽이 낮아져 더 많은 사람이 개발에 참여하지만, 동시에 전문성의 가치가 희석되고 있다. AI가 버그를 만들고, AI가 그것을 고치는 순환 구조는 마치 뫼비우스의 띠처럼 시작과 끝을 알 수 없다.

구글의 제프 딘이 예측한 '1년 내 주니어 개발자 수준의 AI'는 곧 현실이 될 것이다. 그때 우리는 무엇을 하고 있을까? 어쩌면 답은 이미 나와 있는지도 모른다. 우리는 코드를 쓰는 사람에서 코드의 방향을 제시하는 사람으로, 설계자Architect, 비평가Critic, 조율자Orchestrator, 그리고 멘토Mentor가 되어야 한다.

"모두가 개발자가 되는 세상에서, 진짜 개발자란 무엇인가?" 이 질문에 대한 답은 아이러니하게도 인간성 그 자체에 있을지 모른다. 윤리적 판단, 창의적 문제 정의, 맥락의 이해, 그리고 책임감. AI가 아무리 발전해도 대체할 수 없는 것들이다. 우리가 이 글을 읽고 고민하는 순간에도 어딘가에서는 AI가 다음 줄의 코드를 생성하고 있다. 시간은 우리를 기다려주지 않는다. 하지만 서두를 필요는 없다. 역사가 증명하듯, 모든 도구의 혁명은 결국 그것을 사용하는 인간에 의해 방향이 결정되었다. 인쇄술이 지식을 민주화했지만 사상가를 없애지 못했듯, AI도 코딩을 민주화할지언정 진정한 개발자의 가치를 없애지는 못할 것이다.

중요한 것은 균형이다. AI의 효율성을 활용하되 의존하지 않고, 생산성을 높이되 이해를 포기하지 않으며, 문을 열되 기초를 지키는 것. 그것이 우리가 찾아야 할 새로운 균형점이다.

02
어도비
: 신뢰로 구축한 창작의 미래

2022년 가을, 생성형 AI의 등장은 디지털 창작 산업에 지진과 같은 충격을 가져왔다. 미드저니, 달리2DALL-E 2, 스테이블 디퓨전Stable Diffusion 같은 AI 도구들이 텍스트 몇 줄로 놀라운 이미지를 만들어 내기 시작하면서 수십 년간 기술을 갈고닦은 창작자들의 입지가 하루아침에 흔들렸다.

2024년 시앙 후이Xiang Hui와 오렌 레셰프Oren Reshef, 루펑 저우Luofeng Zhou 등이 진행한 연구에 따르면 챗GPT 출시 후 글쓰기 관련 프리랜서의 일자리는 2%, 수입은 5.2% 감소했다. 이 추세는 일시적 충격이 아니라 지속적으로 심화하는 경향을 보였다. 보스턴 대학의 연구는 더 암울한 현실을 보여주었다. 주요 프리랜서 플랫폼에서 챗GPT 출시 후 8개월 이내에 이미지 제작 관련 일자리는 17%, 글쓰기 및 코딩 관련 일자리는 21%나 급감했다.

창작자의 우기, 어도비의 기회

이런 상황에서 어도비는 중대한 선택의 기로에 섰다. 수십 년간 창작자들과 함께 성장해온 회사로서 그들의 고통을 외면할 수 없었다. 동시에 AI라는 거대한 기술 변화를 무시할 수도 없었다. 어도비가 내린 결정은 명확했다. AI를 창작자의 적이 아닌 동반자로 만들겠다는 것이었다. 샨타누 나라옌Shantanu Narayen CEO는 여러 공개 석상에서 일관된 메시지를 전했다. "AI는 인간의 독창성과 창의성을 대체하는 것이 아니라 증강할 것입니다. AI는 창작자들의 부조종사가 될 것입니다." 그의 핵심 메시지는 더욱 직접적이었다.

"AI는 창작자를 대체하지 않습니다. AI를 사용하는 창작자가 그렇지 않은 창작자를 대체할 뿐입니다."

어도비는 경쟁사들이 속도와 성능 경쟁에 매달릴 때, 전혀 다른 길을 선택했다. 그들은 '신뢰'라는 가치를 중심에 두었다. 이 선택은 이후 어도비의 모든 전략적 결정의 기초가 되었고, 창작 산업의 미래를 다시 쓰는 출발점이 되었다.

어도비 진화의 짧은 타임라인

어도비의 AI 이야기는 2003년으로 거슬러 올라간다. 그해 존 브란트Jon Brandt가 어도비리서치에 합류하면서 회사는 AI 연구에 본격적으로 발을 들였다. 당시만 해도 AI는 학계의 전유물처럼 여겨졌지만, 어도비는 이미 창작 도구의 미래가 데이터와 알고리즘에 있다는 것을 간파하고 있었다.

첫 번째 프로젝트는 소박했다. 포토샵에서 자동으로 적목 현상(어두운 곳에서 사진을 찍을 때 플래시 빛이 눈동자 안쪽의 모세혈관에 반사되어 눈동자가 빨갛게 보이는 현상)을 감지하고 수정하는 기능이었다. 지금 보면 단순한 기능이지만, 이는 어도비가 기계 학습을 통해 복잡한 창작 작업을 단순화하겠다는 의지를 보여준 첫걸음이었다.

이후 13년간 어도비는 조용히, 그러나 꾸준히 AI 역량을 축적했다. 2016년 11월, 어도비 맥스Adobe MAX 2016에서 마침내 그 결실이 공개되었다. 바로 어도비 센세이Adobe Sensei였다.

일본어로 '선생님'을 뜻하는 이 이름은 어도비가 AI를 바라보는 관점을 잘 보여준다. AI는 사용자를 가르치고 돕는 존재라는 것이다. 센세이는 단순한 기능이 아니라 어도비의 모든 제품군을 관통하는 통합 AI 프레임워크다. 디자인, 문서, 마케팅 분야에서 축적된 수십 년의 전문성과 수조 개에 달하는 콘텐츠 및 데이터 자산을 활용해 지능형 서비스를 제공하는 플랫폼이 탄생한 것이다.

2016년부터 2022년까지 센세이는 어도비 생태계 전반에 스며들었다. 크리에이티브 클라우드Creative Cloud에서는 포토샵의 객체 선택, 라이트룸의 이미지 자동 향상, 프리미어 프로의 자동 자막 생성 등 수백 가지 기능이 센세이를 통해 구현되었다. 익스피리언스 클라우드Experience Cloud에서는 고객 세분화, 캠페인 최적화, 예측 분석이 가능해졌다. 도큐먼트 클라우드Document Cloud에는 PDF

연례 컨퍼런스에서 샨타누 나라옌 어도비 CEO 겸 사장이 어도비 센세이를 발표하고 있다. (출처: 어도비 홈페이지)

구조를 이해하는 기능이 탑재되었는데, 이는 훗날 AI 어시스턴트의 기초가 되었다.

2023년 3월, 어도비는 20년간의 AI 여정을 집대성한 결과물을 세상에 내놓았다. 바로 어도비 파이어플라이Adobe Firefly였다. 경쟁사들과 달리 파이어플라이는 처음부터 '상업적으로 안전하게' 설계되었다. 어도비 스톡 이미지, 크리에이티브 커먼즈, 퍼블릭 도메인 콘텐츠만을 학습 데이터로 사용함으로써 저작권 문제를 원천적으로 차단한 것이다.

시장의 반응은 폭발적이었다. 어도비는 2023년 6월 베타 시작 후 불과 몇 달 만에 20억 건 이상의 생성 결과가 나왔다고 발표했다. 2023년 9월 정식 출시 시점까지는 누적 30억 건을 넘었고, 2025년 4월 투자자 행사에서는 누적 생성 자산이 220억 건 이상이

파이어플라이 메인 화면(위). 사용자들은 텍스트 입력만으로 새로운 콘텐츠와 이미지(아래)를 생성하고 있다. (출처: 어도비 홈페이지)

라고 밝혔다. 또한 어도비는 현재 매달 약 13억 건 이상 새로운 콘텐츠가 파이어플라이를 통해 생성되고 있다고 덧붙였다.

이 놀라운 성장의 비결은 무엇일까? 그것은 20년에 걸친 체계적인 준비와 투자, 그리고 창작자와의 신뢰 관계를 최우선으로 둔 어도비의 철학이었다. 센세이라는 견고한 기초 위에 콘텐츠 진위성 이니셔티브Content Authenticity Initiative, CAI와 콘텐츠 출처 및 진위 연합Coalition for Content Provenance and Authenticity, C2PA을 통한 투명성 인프라를 구축하고, 마침내 파이어플라이로 꽃을 피운 것이다. 이는 단순히 기술 개발의 역사가 아니라, 창작의 미래를 준비해온 한 기업의 일관된 비전이 실현되는 과정이었다.

상업적 안전성이라는 차별화 전략

2023년 초, 생성형 AI 시장은 이미 뜨거운 전쟁터가 되었다. 스테이블 디퓨전과 미드저니는 놀라운 품질의 이미지를 쏟아내며 창작자들과 기업들의 관심을 한 몸에 받고 있었다. 하지만 이들에게는 치명적인 약점이 있었다. 바로 학습 데이터의 출처였다. 이들이 사용한 라이온 5BLAION-5B의 데이터셋이 인터넷에서 무차별적으로 수집한 50억 개 이상의 이미지로 구성되어 있었고, 그 안에는 저작권자의 동의 없이 수집된 수많은 창작물이 포함되어 있었다.

2023년 1월, 예술가 사라 앤더슨Sarah Andersen을 비롯한 창작자들이 스태빌리티AIStability AI와 미드저니를 상대로 집단 소송을 제기했다. 소송의 핵심은 명확했다. 이들 기업이 수십억 개의 저작권 보호 이미지를 무단으로 사용해 AI 모델을 학습시켰다는 것이었다. 특히 "그렉 러트코프스키 스타일로"처럼 특정 작가의 이름을 프롬프트에 사용해 스타일을 복제하는 행위가 저작권 침해라고 주장했다. 이 소송은 단순한 법적 분쟁을 넘어 AI 시대의 창작 윤리에 대한 근본적인 질문을 던졌다.

더욱 충격적인 사실도 드러났다. 라이온의 데이터셋에 아동 성 착취물과 같은 불법적이고 유해한 콘텐츠가 포함되어 있다는 것이 밝혀진 것이다. 이는 해당 데이터셋으로 학습한 모든 AI 모델의 윤리적, 법적 토대를 근본적으로 위협하는 문제였다. 기업들에게는 악몽과 같은 상황이었다. 혁신적인 기술을 도입하려다가 예상치 못한 법적 리스크에 노출될 수 있다는 두려움이 퍼져나갔다.

어도비는 이런 혼란 속에서 완전히 다른 접근법을 택했다. 그들은 처음부터 상업적으로 안전한 AI를 만들겠다고 선언했다. 파이어플라이는 라이선스가 확보된 어도비 스톡 콘텐츠, 저작권이 만료된 공개 콘텐츠, 명시적으로 허용된 오픈 라이선스 콘텐츠만을 학습 데이터로 사용했다. 어도비 스톡 기여자들과의 계약에는 AI 학습 목적 사용에 대한 명확한 조항이 포함되어 있었고, 원하지 않는 기여자는 자신의 작품을 학습에서 제외할 수 있는 옵션도 제공했다.

어도비의 상업적 안전성 전략은 단순히 법적 리스크 회피에 그치지 않았다. 이들은 한 걸음 더 나아가 콘텐츠의 투명성을 확보하는 시스템을 구축했다. 바로 '콘텐츠 자격증명Content Credentials' 이었다. 이는 식품의 영양성분표처럼 디지털 콘텐츠가 언제, 어디서, 어떤 도구로 만들어졌는지를 보여주는 디지털 라벨이다.

이 시스템의 핵심은 콘텐츠 출처 및 진위 연합C2PA 표준에 기

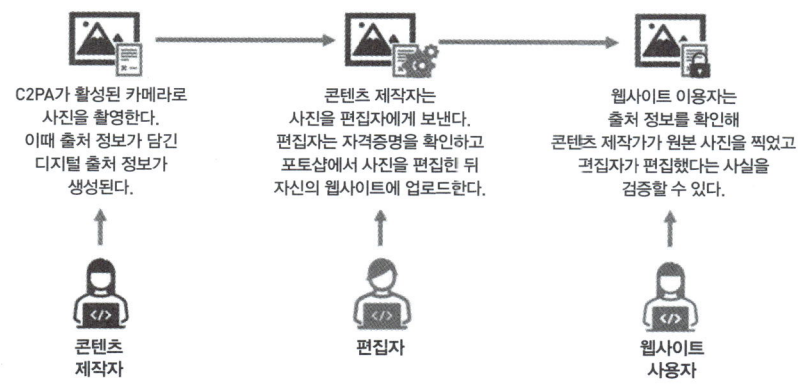

C2PA 콘텐츠 자격증명 흐름도(출처: Coalition for Content Provenance and Authenticity. (2025, April 22). C2PA and Content Credentials Explainer (Version 2.2). 본문 설명을 기반으로 재구성)

반한 암호화된 메타데이터였다. ARM, BBC, 인텔, 마이크로소프트, 트루픽Truepic 등이 참여하는 C2PA의 목표는 명확하다. 디지털 콘텐츠의 출처와 편집 이력을 기록하고 증명할 수 있는 개방형 기술 표준을 만드는 것이다. 이는 마치 국제 표준화 기구가 제품의 품질 기준을 정하듯 디지털 콘텐츠의 진위 확인 기준을 만드는 작업이었다. 예를 들어 어떤 이미지에 "어도비 파이어플라이로 생성됨", "이후 어도비 포토샵에서 밝기 조절됨" 같은 정보가 변조 불가능한 방식으로 기록되는 것이다. 2024년 말 기준으로 이미 4,000개 이상의 기업과 기관이 콘텐츠 진위 이니셔티브CAI에 참여하고 있다. 라이카Leica의 M11-P와 니콘Nikon의 Z6III(2025년 펌웨어 업데이트 지원) 같은 카메라는 콘텐츠 자격증명을 내장해 촬영 시점부터 적용되고, 마이크로소프트도 빙 이미지 크리에이터Bing Image Creator에 콘텐츠 자격증명을 적용하기 시작했으며, 2024년 이후 점진적으로 모든 결과물에 확대 적용하고 있다.

(위)라이카 M11-P 촬영 시점에서 부착된 콘텐츠 자격증명. 세계 최초로 카메라에서 촬영과 동시에 콘텐츠 자격증명이 붙은 사례로 사진 오른쪽 상단에 '디지털 영양성분표' 같은 라벨이 표시되어 촬영자, 장비, 편집 여부 등을 즉시 검증할 수 있다.

(아래)포토샵 내 콘텐츠 자격증명 패널 화면. 사진을 포토샵으로 불러오면 편집 과정과 사용된 도구가 자동으로 기록된다. 이는 촬영에서 편집까지 신뢰의 족적을 남기는 C2PA 체계를 보여준다.

이런 투명성 전략은 다가오는 규제 환경과도 완벽하게 맞아떨어졌다. EU의 AI 법AI Act은 AI가 생성하거나 조작한 콘텐츠에 대해 명확한 라벨을 붙일 것을 요구했는데, 어도비의 콘텐츠 자격증명은 이미 이런 요구사항을 충족하고 있었다. 규제를 부담이 아닌 기회로 전환한 것이다.

어도비의 차별화 전략을 더 명확히 이해하기 위해 주요 경쟁사들의 접근법을 비교해보자. 미드저니는 디스코드 기반의 커뮤니티 중심 플랫폼으로, 라이온 5B를 포함한 방대한 웹 데이터로 학습했다. 뛰어난 예술적 품질을 자랑하지만 기업 사용 시 저작권 리스크가 상존한다. 스테이블 디퓨전은 오픈소스 모델로 역시 라이온 5B 데이터셋을 사용했다. 무료로 사용 가능하지만 앤더슨이 제기한 소송에서 보듯 법적 문제에 직면해 있으며, 이미 여러 집단소송의 대상이 되었다. 오픈AI의 달리DALL-E는 독자적인 데이터셋을 구축했다고 주장하지만 구체적인 출처를 공개하지 않아 투명성이 부족하다. 마이크로소프트와의 파트너십으로 기업 시장을 공략하며, 일정 조건하에서 IP 면책을 제공한다.

물론 이런 접근법에는 대가가 있었다. 미드저니와 비교했을 때, 파이어플라이는 때때로 덜 사실적이고 덜 인상적인 결과물을 만들어냈다. 특히 복잡한 풍경이나 극사실적인 인물 사진에서 그 차이가 두드러졌다. 이는 윤리성은 확보되었지만 상대적으로 제한적인 데이터셋으로 학습한 결과였다. 하지만 어도비는 이를 약점이 아닌 차별화 요소로 포지셔닝했다. 그들은 '예측 가능성'과 '안전성'을 판매하고 있었고, 이는 기업 고객들에게는 '창의적 마력'보다 훨씬 중요한 가치였다.

상업적 안정성 전략의 진정한 가치는 기업 고객들에게서 빛을 발했다. 딜로이트, 펩시, 파라마운트플러스 같은 대기업들은 창의적인 AI 도구를 원했지만, 동시에 법적 리스크는 절대 감수할 수 없었다. 어도비는 이들에게 결정적인 제안을 했다. 바로 IP 면책IP Indemnification이었다. 파이어플라이로 생성한 콘텐츠로 저작권 소송을 당할 경우, 어도비가 법적 비용을 부담하겠다는 파격적인 약속이었다. 이는 데이터셋 법적 문제에 시달리는 경쟁사들은 절대 제공할 수 없는 것이었다.

결국 어도비의 상업적 안전성 전략은 단순한 마케팅 구호가 아니었다. 이는 AI 시대의 창작 생태계에서 '신뢰'라는 새로운 경쟁 우위를 구축하는 정교한 비즈니스 전략이었다. 그리고 어도비는 여기서 멈추지 않고, 콘텐츠의 투명성을 확보하는 더 큰 그림을 그리고 있었다.

투명성의 기술화

어도비가 상업적 안전성으로 법적 리스크를 해결했다면, 다음 과제는 AI 시대의 가장 큰 고민인 진짜와 가짜를 구분하는 문제였다. 특히 생성형 AI가 만들어내는 콘텐츠가 날로 정교해지면서 무엇이 인간이 만든 것이고, 무엇이 AI가 생성한 것인지 구별하는 것은 매우 어려워졌다. 어도비는 이 문제를 단순히 기술적으로 해결하려 하지 않았다. 그들은 업계 전체가 함께 참여하는 투명성 생태계를 만들어야 한다고 믿었다.

다행히 업계의 반응은 폭발적이었고, 대형 기술 기업들의 참여도 이어졌다. 마이크로소프트는 빙 이미지 크리에이터로 생성되는 모든 이미지에 콘텐츠 자격증명을 부착하기 시작했다. 틱톡TikTok

같은 소셜미디어 플랫폼도 CAI에 참여하며 가짜 콘텐츠와의 전쟁에 동참했다. 퀄컴Qualcomm은 한 걸음 더 나아가 스마트폰 칩셋 수준에서 이 기술을 지원하겠다고 발표했다.

하지만 이 기술에도 한계는 있었다. C2PA 기술 사양서는 한계를 솔직하게 인정했다. 스크린샷을 찍거나 파일을 변환하면 콘텐츠 자격증명이 제거될 수 있다는 것이다. 어도비와 C2PA는 이 치명적인 한계를 다른 방식으로 해결하려 했다. 기술적 완벽함을 추구하는 대신, 사회적 인식을 바꾸는 것이다.

목표는 콘텐츠 자격증명이 없는 콘텐츠를 자동으로 가짜로 간주하는 것이 아니었다. 대신 자격증명이 있는 콘텐츠는 '검증된' 것으로, 없는 콘텐츠는 '검증되지 않은' 것으로 인식되도록 하는 것이었다. 이는 유기농 인증과 비슷했다. 유기농 인증이 없다고 해서 그 농산물이 나쁜 것은 아니지만, 인증이 있으면 소비자가 더 신뢰할 수 있는 것처럼 말이다.

이런 접근은 다가오는 규제 환경과도 완벽하게 들어맞았다. 2024년 8월 발효된 EU AI 법은 딥페이크 및 AI 생성·조작 콘텐츠에 대한 투명성 의무를 규정하며, "AI 시스템이 생성한 콘텐츠는 기계가 읽을 수 있는 형식으로 표시되어야 하며, 인간이 인식할 수 있는 방식으로도 라벨링되어야 한다"라고 명시했다. 위반 시 전 세계 연간 매출의 최대 7% 또는 3,500만 유로 중 높은 금액의 과징금이 부과된다. 미국에서도 비슷한 논의가 진행되고 있고, 한국의 방송통신위원회도 AI 콘텐츠 표시 가이드라인을 준비하고 있다. 그리고 어도비의 콘텐츠 자격증명은 이미 이런 규제 요구사항을 충족한다. 규제가 본격화되기 전에 이미 해결책을 갖고 있는 것이다.

어도비에게 콘텐츠 자격증명은 단순한 기술이 아니었다. 이는

AI 시대에 창작자와 소비자, 기업과 규제 기관 모두가 신뢰할 수 있는 생태계를 만드는 비전의 구현이었다. 그리고 이 투명성의 기술은 어도비가 구축한 '신뢰'의 방어벽을 더욱 깊고 넓게 만드는 핵심 요소가 되었다. 4,000개 이상의 파트너가 참여하는 이 생태계는 이제 어도비만의 것이 아니라 업계 전체의 자산이 되었고, 이는 쉽게 복제하거나 따라잡을 수 없는 강력한 경쟁 우위가 되었다.

창작 도구의 재정의

어도비의 AI 전략에서 가장 흥미로운 부분은 기존 도구를 완전히 대체하는 것이 아니라, 창작자들이 이미 사용하던 도구 안에 AI를 자연스럽게 녹여낸 점이다. 이는 '비파괴적 워크플로non-destructive workflow'라는 개념으로 구현되었다. 포토샵의 제너러티브 필Generative Fill 기능을 예로 들면, AI가 만든 이미지는 별도의 레이어로 생성된다. 창작자는 언제든지 이 레이어를 수정하거나 삭제할 수 있으며, 원본 이미지는 항상 그대로 보존된다. 이는 AI가 창작을 지배하는 것이 아니라 보조한다는 어도비의 철학을 기술적으로 구현한 것이다.

2024년 2월, 어도비는 창작 도구를 넘어 비즈니스 문서 영역으로 AI를 확장했다. 애크로뱃Acrobat과 리더Reader에 AI 어시스턴트AI Assistant를 베타 버전으로 출시한 것이다. 전 세계에 약 3조 개의 PDF 문서가 존재한다는 점을 고려하면, 이는 엄청난 잠재력을 가진 시장이었다. AI 어시스턴트는 긴 문서를 요약하고, 대화형으로 질문에 답하며, 여러 문서를 동시에 분석할 수 있다. 특히 인용 출처를 명확히 표시하는 기능은 학술 연구나 법률 업무에서 큰 호응을 얻었다.

파이어플라이의 진화는 단순히 정지 이미지 생성에 머물지 않았다. 2024년에는 비디오 모델이 베타 버전으로 공개되었고, 현재는 최대 5초 길이의 1,080p 해상도 영상을 생성할 수 있다. 프리미어 프로Premiere Pro의 제너러티브 익스텐드Generative Extend 기능은 기존 영상 클립의 앞뒤를 자연스럽게 연장해 편집자들의 작업 시간을 크게 단축했다. 프로젝트 패스트 필Project Fast Fil은 제너러티브 필 기능을 비디오로 확장한 것으로, 영상에서 원하지 않는 객체를 제거하거나 배경을 변경할 때 모든 프레임에 자동으로 적용된다.

3D 분야에서의 혁신도 주목할 만하다. 2024년 3월, 어도비는 서브스턴스 3DSubstance 3D 제품군에 파이어플라이를 통합했다. 텍스트 투 텍스처Text to Texture 기능은 "이끼가 낀 오래된 벽돌" 같은 간단한 설명만으로 고품질의 3D 텍스처를 생성할 수 있게 했다. 서브스턴스 스테이저Substance Stager의 제너러티브 백그라운드Generative Background 기능은 3D 모델을 배치할 환경을 텍스트로 생성하고, AI가 자동으로 조명과 원근을 맞춰준다. 예를 들어 "햇살이 비치는 현대적인 거실"이라고 입력하면, AI가 그런 배경을 만들고 조명과 원근감까지 자동으로 맞춰준다. 이는 제품 디자이너나 3D 아티스트들의 작업 방식을 근본적으로 바꾸고 있다.

벡터 그래픽 분야도 AI의 혜택을 받고 있다. 일러스트레이터에 탑재된 파이어플라이 벡터 모델은 텍스트 설명으로 완전히 편집 가능한 벡터 그래픽을 생성한다. 이는 일반 사진 이미지와 달리 크기를 자유롭게 조절해도 품질이 손상되지 않는다는 점에서 로고나 아이콘 디자인 작업에 특히 유용하다. 텍스트 투 벡터 그래픽Text to Vector Graphic 기능과 제너러티브 셰이프 필Generative Shape Fill 같은 도구들은 디자이너들이 아이디어를 빠르게 시각화하는 데 큰 도움을 주고 있다.

어도비의 실험적 프로젝트인 프로젝트 뮤직 GenAI 컨트롤Project Music GenAI Control은 오디오 영역으로의 확장을 보여준다. 사용자는 텍스트로 음악을 생성한 후, 직관적인 인터페이스를 통해 템포, 강도, 구조 등을 세밀하게 조정할 수 있다. 특히 생성된 오디오에는 AI 워터마킹이 포함되어 투명성을 확보한다는 점이 인상적이다.

2025년 4월에 출시된 파이어플라이 이미지 모델4Firefly Image Model 4와 모델4 울트라Ultra는 또 다른 도약을 보여준다. 2K 해상도 출력, 향상된 사실성, 더 정교한 창의적 제어 기능을 제공하면서도 상업적으로 안전한 데이터로만 학습되었다. 이는 기술적 발전과 윤리적 기준이 양립할 수 있음을 증명하는 사례다.

이러한 다중 모드 전략은 단순한 기능 추가를 넘어서는 의미가 있다. 현실의 창작 작업은 단일 매체에 국한되지 않는다. 마케팅 캠페인 하나를 만들더라도 정지 이미지, 영상, 3D 렌더링, 음악이 모두 필요할 수 있다. 어도비는 이 모든 작업을 하나의 생태계 안에서 일관된 품질과 상업적 안전성을 유지하며 처리할 수 있게 했다. 사용자는 각기 다른 AI 도구를 찾아다닐 필요 없이 익숙한 어도비 인터페이스 안에서 모든 작업을 완료할 수 있다.

이런 통합적 접근의 효과는 앰플리파이파트너스Amplify Partners의 2024년 AI 엔지니어링 보고서에서도 확인된다. 놀랍게도 어도비는 많은 AI 전문 기업보다 높은 사용자 채택률을 보였다. 새로운 도구를 배우는 것이 아니라 기존에 사용하던 도구가 더 똑똑해지는 경험을 제공했기 때문이다. 창작자들에게 AI는 더 이상 위협적인 경쟁자가 아니라, 자신의 창의성을 증폭시키는 강력한 도구가 되었다. 어도비는 창작 도구의 정의를 다시 썼고, 그 중심에는 언제나 인간 창작자가 있었다.

시장의 양극화된 반응

어도비의 AI 전략이 본격화되면서 시장의 반응은 극명하게 갈렸다. 한쪽에서는 환호가, 다른 쪽에서는 우려와 비판이 쏟아졌다. 이런 양극화된 반응은 AI가 창작 산업에 미치는 영향의 복잡성을 그대로 보여준다.

수많은 프리랜서 창작자가 실제로 일거리를 잃고 있다. 할리우드의 애니메이션조합이 발표한 보고서는 더욱 암울한 그림을 보여주었다. 생성형 AI를 도입한 엔터테인먼트 기업의 75%가 해당 기술이 기존 일자리의 제거, 감축, 또는 통합에 기여했다고 응답했다. 특히 프리랜서와 같은 비정규직 노동자들이 계약 단절에 더 취약하다는 점이 지적되었다.

온라인 커뮤니티에서는 'AI 전쟁AI Wars'이라고 불릴 정도로 격렬한 논쟁이 벌어졌다. 레딧의 아티스트라운지ArtistLounge나 게임데브gamedev 같은 포럼에서는 매일 AI를 둘러싼 찬반 논쟁이 이어졌다. 한쪽에서는 "AI는 진짜 예술이 아니다", "도덕적으로 비난받아 마땅하다"라는 주장이 나왔다. 이들은 AI 모델이 창작자들의 동의나 보상 없이 작품을 학습 데이터로 사용한 것을 '도둑질'로 규정했다. 반대편에서는 AI를 새로운 창작 도구로 받아들여야 한다는 목소리가 나왔다. 이들은 과거 사진 기술이나 포토샵이 등장했을 때도 비슷한 반발이 있었다며, AI에 대한 거부감은 기술 변화에 대한 과도한 공포라고 주장했다. 한 프로페셔널 아티스트는 레딧에 이렇게 썼다. "나는 30년 경력의 일러스트레이터다. AI는 내 일을 빼앗지 않았다. 오히려 더 많은 가능성을 열어주었다. 이제 나는 하루에 한 장 그리던 것을 10장의 콘셉트로 확장할 수 있다."

기업 시장에서의 반응은 훨씬 더 명확했다. 딜로이트는 파이어플라이를 활용해 고객 제안서 제작 시간을 40% 단축했다고 발표했다(2024년 3분기 기준). 특히 IP 면책 조항 덕분에 법무팀의 검토 시간이 90% 감소했다. 펩시는 2024년 슈퍼볼 캠페인에서 파이어플라이로 생성한 비주얼을 대대적으로 활용했다. 마케팅 부문 부사장 토드 카플란은 "전통 방식 대비 제작 비용을 60% 절감하면서도 더 다양한 버전을 테스트할 수 있었다"라고 밝혔다. 파라마운트 플러스는 섬네일과 프로모션 이미지 제작에 파이어플라이를 도입해 월간 2,000개 이상의 에셋을 생성하고 있다. 크리에이티브 디렉터 사라 첸은 "콘텐츠 자격증명 덕분에 모든 이미지의 출처를 명확히 관리할 수 있어 컴플라이언스팀이 매우 만족한다"라고 전했다.

이들에게 중요한 것은 창의적 품질뿐만 아니라 법적 안전성이었다. 한 포춘 500 기업의 마케팅 임원은 이렇게 말했다. "우리는 미드저니의 이미지 품질에 감탄했지만, 법무팀이 저작권 리스크를 지적했다. 어도비의 IP 면책 조항은 우리에게 결정적이었다."

2024년 12월, 어도비는 박스Box와의 파트너십을 발표했다. 이를 통해 기업 사용자들은 박스의 콘텐츠 관리 시스템 안에서 직접 어도비 익스프레스와 파이어플라이를 사용할 수 있게 되었다. 이는 기업들이 얼마나 안전하고 통합된 AI 솔루션을 원하는지를 보여주는 사례이다.

교육 현장에서도 변화가 일어났다. 많은 예술대학이 AI 사용에 대한 정책을 수립하기 시작했다. 스쿨오브비주얼아트School of Visual Arts는 2024년 "생성형 AI: 위기인가 기회인가"라는 심포지엄을 개최했다. 일부 학과는 AI 사용을 아이디어 구상 단계로 제한했지만, 다른 학과들은 AI를 활용한 하이브리드 창작 기법을 정규 과목으로 개설했다. 한 교수는 이렇게 말했다. "우리는 학생들이 AI가 증강하는 예술 환경에서 성공할 수 있도록 준비시켜야 한다. 이를 무시하는 것은 그들의 미래를 막는 것과 같다."

흥미롭게도 가장 성공적인 사례들은 극단적인 입장이 아닌 중도적 접근에서 나왔다. AI를 완전히 거부하지도, 전적으로 의존하지도 않는 '하이브리드' 창작자들이 두각을 나타냈다. 이들은 전통적인 기술과 AI를 창의적으로 결합했다. 예를 들어, 손으로 그린 스케치를 AI로 렌더링한 후 다시 수동으로 세부 조정하는 방식이다. 한 연구에 따르면, AI 도입으로 가장 큰 혜택을 본 아티스트는 "새로운 아이디어를 성공적으로 탐색하고 모델의 결과물을 일관성 있게 필터링할 수 있는" 이들이었다.

시장의 이런 양극화된 반응은 AI 시대의 창작이 단순한 기술 문제가 아님을 보여준다. 이는 생계, 정체성, 창의성의 본질에 대한 근본적인 질문을 포함하고 있다. 어도비의 전략은 이런 복잡한 상황에서 하나의 해답을 제시했지만, 그것이 유일한 답은 아니다. 창작의 미래는 여전히 쓰이고 있는 중이며, 그 과정에서 승자와 패자, 기회와 위협이 공존하고 있다.

성공의 그림자

어도비의 AI 전략은 큰 성공을 거두었지만 동시에 예상치 못한 문제들이 드러나기 시작했다. 그중에서도 가장 큰 논란은 지나치게 엄격한 콘텐츠 필터링과 복잡한 크레딧 시스템이었다. 이는 어도비가 추구하는 '안전성'과 '신뢰'라는 가치가 때로는 창작의 자유와 충돌할 수 있음을 보여준다.

어도비 커뮤니티 포럼과 레딧 같은 온라인 공간에는 불만의 목소리가 끊이지 않았다. 특히 어도비의 엄격한 콘텐츠 필터링은 큰 논란이 되었다. 어도비 커뮤니티 포럼에는 지나치게 검열한다는 비판이 끊이지 않았다. 필터링 문제는 다양한 형태로 나타났다. 의료 교육 콘텐츠 제작자는 "해부학 교재용 일러스트레이션을 만들려 했지만 '신체 부위' 관련 용어가 모두 차단됐다"라고 불평했다. 한 사용자는 유방암 인식 개선 캠페인을 위한 이미지를 만들려다가 '가슴breast'이라는 단어 때문에 차단당했다고 불평하기도 했다.

가장 아이러니한 사례는 어도비 마케팅팀에서 나왔다. "파이어플라이의 '불꽃fire' 테마 광고를 만들려 했는데, '화재', '불' 관련 단어가 위험 콘텐츠로 분류돼 자사 제품 홍보도 제대로 못 했다"라는 내부 고백이 있었다. "수영복을 입은 모델의 사진을 편집하려 했더니 부적절한 콘텐츠라는 경고가 떴다. 이건 상업적 수영복 광고였는데 말이다"라는 불평도 접수되었다. "티셔츠의 로고를 지우려고 했을 뿐인데 저작권 위반 가능성이 있다며 작업이 중단됐다"라고 토로한 창작자도 있다.

이런 과도한 필터링은 어도비가 법적 리스크를 최소화하려는 노력의 결과였다. IP 면책을 제공하기 위해서는 모든 프롬프트와 생성 결과물을 여러 단계의 필터링 시스템으로 검토해야 했고, 이 과정에서 보수적인 기준이 적용될 수밖에 없었다. 하지만 사용자들에게는 AI가 창의적인 '부조종사'가 아니라 자의적인 기준으로 작업을 방해하는 '검열관'처럼 느껴졌다. 이는 어도비가 내세우는 창의성 증강이라는 핵심 가치와 정면으로 충돌하는 문제였다.

2023년 9월 도입 후 2024년 1월부터 본격적으로 시행된 제너러티브 크레딧Generative Credits 시스템은 더 큰 논란을 불러일으켰다. 어도비는 AI 기능 사용에 월별 한도를 설정하고, 이를 초과하면 추가 요금을 부과하거나 기능을 제한하는 방식을 도입했다. 문제는 이 시스템의 투명성이 부족했다는 점이다. 사용자들은 각 작업에 얼마나 많은 크레딧이 소모되는지 사전에 명확히 알 수 없었고, 5초짜리 비디오 생성에 100크레딧이 소모되는 등의 상황에 당황했다.

더욱 문제가 된 것은 AI가 사용할 수 없는 수준으로 왜곡되거나 무의미한 결과물을 생성하더라도 크레딧이 그대로 차감된다는 점이었다. 한 사용자는 어도비 커뮤니티에 이렇게 썼다. "AI가 실패해도 우리가 비용을 지불해야 한다는 게 말이 되나요? 이건 불량품을 만들어놓고 소비자에게 돈을 받는 것과 같습니다." 또 다른 사용자는 "10분 동안 몇 가지 실험을 했더니 한 달 치 크레딧이 순식간에 사라졌다"라고 불평했다.

2024년 1월, 어도비는 크레딧 정책 집행을 시작하며 사용자 반발을 샀다. 크레딧 소진 시 생성 속도가 느려지거나 일부 플랜에서는 생성이 제한되었다. 많은 유료 구독자가 이를 미끼 상품 전략이라고 비난했다. 특히 연간 구독료를 지불한 사용자들은 추가 비용 없이 AI 기능을 무제한 사용할 수 있을 것으로 기대했다가 크게 실망했다.

2024년 6월에는 더 큰 논란이 일어났다. 어도비가 서비스 약관을 업데이트하면서 "자동화된 방법과 수동적인 방법을 통해 사용자 콘텐츠에 접근할 수 있다"라는 조항을 추가한 것이다. 이 조항이 알려지자 창작자들 사이에서는 어도비가 자신들의 작품을 AI 학습에 무단으로 사용할 것이라는 우려가 폭발했다. 관련 트윗은 500만 회 이상 조회되고 5만 개의 좋아요를 받으며 바이럴되었다.

어도비는 즉각 해명에 나섰다. 블로그 포스트를 통해 "어도비는 파이어플라이 생성형 AI 모델을 고객 콘텐츠로 학습시키지 않는다"라고 명확히 했다. 회사는 해당 조항이 아동 포르노그래피, 스팸, 피싱 같은 불법 콘텐츠를 탐지하기 위한 것이라고 설명했다. 어도비의 최고제품책임자 스콧 벨스키Scott Belsky는 X에서 "신뢰와 투명성이 그 어느 때보다 중요한 시대다. 우리는 서비스 약관을 요약할 때 더 명확해야 한다"라고 인정했다.

결국 어도비는 6월 24일 약관을 다시 업데이트했다. 새로운 약관은 사용자가 자신의 콘텐츠를 소유한다는 점을 명확히 하고, 어도비 스톡 마켓플레이스에 제출된 콘텐츠를 제외하고는 생성형 AI 학습에 사용하지 않겠다고 약속했다. 또한 로컬에 저장된 콘텐츠는 검토하지 않으며, 클라우드에 저장된 콘텐츠만 불법 자료 탐지를 위해 자동 스캔할 수 있다고 구분했다.

이러한 문제들은 어도비의 핵심 전략에 내재한 근본적인 긴장 관계를 드러냈다. '상업적 안전성'을 보장하기 위해서는 엄격한 필터링이 필요했고, 이는 막대한 컴퓨팅 자원을 소모했다. 비용을 충당하기 위해 크레딧 시스템을 도입했지만, 사용자 경험을 해치는 결과를 낳았다. 어도비는 기업 고객에게 제공하는 핵심 가치인 안전성을 훼손하지 않으면서도 개인 창작자들의 불안을 해소해야 하는 딜레마에 직면했다.

미드저니와의 품질 비교에서도 어도비의 한계가 드러났다. 많은 비교 분석에서 미드저니 V6가 파이어플라이보다 더 사실적이고 세밀하며 예술적으로 인상적인 이미지를 생성한다는 평가를 받았다. 특히 복잡한 풍경이나 극사실적인 인물 사진에서 그 차이가 두드러졌다. 이는 어도비가 윤리적으로 확보되었지만 상대적으로 제한적인 데이터셋으로 학습한 결과였다. 어도비가 '예측 가능성'과 '안전성'을 판매한다고 말했지만, 창작자들은 때때로 '창의적 마력'을 더 원했다.

이런 성공의 그림자는 어도비가 앞으로 해결해야 할 과제를 명확히 보여준다. 신뢰와 안전성이라는 핵심 가치를 유지하면서도 창작자들의 자유와 창의성을 존중하는 균형점을 찾아야 한다. 투명하고 공정한 가격 정책을 수립하고, 사용자와의 소통을 개선해야 한다. 무엇보다 기술적 우수성과 윤리적 기준이 상호 배타적이지 않다는 것을 증명해야 한다.

창작의 미래를 다시 쓰다

어도비의 AI 여정은 단순한 기술 개발 이야기가 아니다. 이는 창작의 본질과 인간의 역할에 대한 근본적인 질문을 던지며, 동시에 그에 대한 하나의 답을 제시하는 과정이다. 어도비가 제시한 미래는 인간과 AI가 대립하는 것이 아니라 협력하는 세계다.

어도비는 2025년 5월 투자자 컨퍼런스에서 이런 변화를 주도할 구체적인 AI 로드맵을 발표했다. 2025년 하반기 계획으로는 파이어플라이 비디오 모델을 현재 5초에서 30초까지 확장하고, 실시간 협업 기능을 추가한다. 크리에이티브 클라우드 전체에 AI 어시스턴트 기능을 통합해 프로젝트 관리부터 에셋 검색, 작업 자동화까지 지원한다. 특히 포토샵과 일러스트레이터에서 음성 명령으로 작업할 수 있는 기능을 베타테스트할 예정이다.

전체 크리에이티브 프로젝트를 AI가 관리하고 조율하는 통합 플랫폼인 파이어플라이 스튜디오는 2026년 정식 출시를 목표로 한다. 파이어플라이 스튜디오는 가이드라인을 입력하면 모든 에셋이 자동으로 일관성을 유지하도록 돕는다. 3D와 AR/VR 콘텐츠 생성 기능도 대폭 강화해 메타버스 시대의 창작 수요에 대응한다. 2027년 비전으로 발표한 파이어플라이 프로 엔터프라이즈 버전은 기업별 맞춤형 AI 모델 학습을 지원한다. 각 기업 고유의 브랜드 가이드라인, 디자인 언어, 톤앤매너를 학습한 전용 모델은 자사만의 창작 AI를 보유할 수 있게 한다. 이는 어도비의 상업적 안전성 철학을 극대화한 것으로, 기업의 지적 재산을 완벽히 보호하면서도 AI의 효율성을 누릴 수 있게 한다.

나라엔 CEO는 이 로드맵을 발표하며 "우리의 목표는 모든 사람이 머릿속 아이디어를 즉시 현실로 만들 수 있는 세상을 만드는 것"이라면서 "그 과정에서 창작자의 권리와 가치는 반드시 보호되어야 한다"라고 재차 강조했다. 그는 특히 "AI가 더 강력해질수록 인간 창작자의 비전과 판단력은 더욱 중요해진다"라며 어도비의 증강 철학을 재확인했다.

어도비의 전략적 시사점은 창의 산업을 넘어 모든 분야의 리더들에게 중요한 교훈을 제공한다. 첫째, 기술 혁신과 윤리적 기준은 양립할 수 있다. 어도비는 경쟁사들보다 느렸지만, 신뢰라는 더 견고한 기반을 구축했다. 220억 개 이상의 생성 에셋과 수많은 기업 고객의 신뢰가 이를 증명한다. 둘째, 기존 강점을 버리지 않고 새로운 기술과 결합하는 것이 더 강력한 전략일 수 있다. 어도비는 수십 년간 쌓아온 창작 도구 생태계와 커뮤니티를 AI 시대에 맞게 진화시켰다. 셋째, 투명성과 협력이 경쟁 우위가 될 수 있다. 4,000개 이상의 파트너가 참여하는 CAI 생태계는 어도비만의 자산이 아니라 업계 전체의 표준이 되었다.

물론 해결해야 할 과제도 많다. 과도한 콘텐츠 필터링, 복잡한 크레딧 시스템, 경쟁사 대비 부족한 이미지 품질 등은 어도비가 계속해서 개선해야 할 영역이다. 기업 고객의 요구와 개인 창작자의 필요 사이에서 균형을 찾는 것도 쉽지 않은 도전이다. 하지만 이런 긴장과 갈등 자체가 창작의 미래가 단순하지 않음을 보여준다.

어도비가 그리는 창작의 미래는 명확하다. AI는 창작자를 대체하는 위협이 아니라, 창작자의 상상력을 해방하는 도구다. 반복적이고 기술적인 작업은 AI가 처리하고, 인간은 더 높은 차원의 창의적 가치를 만드는 데 집중한다. 이 과정에서 창작자의 역할은 실행자에서 감독자로, 기술자에서 비전 제시자로 진화한다.

하지만 이는 어도비가 제시하는 하나의 비전일 뿐이다. 창작의 미래는 여전히 쓰이고 있는 중이며, 그 과정에는 수많은 가능성과 선택지가 존재한다. 중요한 것은 이 변화의 시대에 창작자들이 수동적인 관찰자가 아니라 능동적인 참여자가 되는 것이다. AI를 두려워하거나 맹목적으로 수용하는 것이 아니라, 자신만의 방식으로 이 도구를 활용하고 새로운 창작의 가능성을 탐구하는 것이다.

어도비의 사례는 하나의 영감이자 출발점이다. 이들이 보여준 것은 기술 기업이 창작자 커뮤니티와 함께 성장할 수 있다는 가능성이다. 신뢰를 기반으로 한 혁신이 단기적 이익보다 더 큰 가치를 창출할 수 있다는 증명이다. 그리고 무엇보다 인간의 창의성이 여전히 가장 중요한 자산이라는 믿음이다.

미래의 창작은 인간과 기계의 대결이 아니라 협력이 될 것이다. 그리고 그것은 이미 시작되었다.

03
세일즈포스
: 자동화에서 증강으로의 여정

2014년, 세일즈포스의 CEO 마크 베니오프Marc Benioff는 전체 직원 회의에서 중요한 선언을 했다.

"세일즈포스는 AI 우선 기업AI-first company이 될 것입니다."

당시만 해도 AI는 대중에게 낯선 개념이었고, 기업들은 여전히 클라우드 컴퓨팅이 무엇인지 이해하려 애쓰던 시절이었다. 구글이 딥마인드DeepMind를 인수한 것이 바로 그해였고, 알파고AlphaGo가 이세돌을 이기는 것은 2년 후 미래의 일이었다.

AI-First 선언:
2014년의 비전

베니오프의 선언은 단순한 기술 도입 이상의 의미를 담고 있었다. 그는 고객관계관리CRM 시스템의 근본적인 변화를 예견했다. 기존의 CRM은 고객 정보를 저장하고 검색하는 '기록' 시스템에 불과했다. 영업사원이 고객과 만난 날짜, 구매 이력, 연락처 같은 정보를 입력하고 필요할 때 찾아보는 디지털 파일 캐비닛이었다. 종이 명함첩을 컴퓨터로 옮겨놓은 것과 다름없었다.

하지만 베니오프가 그린 미래는 달랐다. AI가 탑재된 CRM은 단순히 과거를 기록하는 것이 아니라 미래를 예측하고 조언을 제공하는 '지능형' 시스템이었다. 어떤 고객이 떠날 가능성이 높은지, 어떤 거래가 성사될 확률이 높은지, 언제 고객에게 연락하는 것이 가장 효과적인지를 시스템이 알려주는 것이다. 그는 영업사원이 아침에 출근하면 AI가 "오늘은 이 세 고객에게 먼저 연락하세요. 계약 성사 가능성이 가장 높습니다"라고 조언하는 세상을 상상했다.

이 비전을 실현하기 위한 첫걸음은 2015년에 시작되었다. 세일즈포스는 '기회 점수 모델Opportunity Scoring Model'이라는 내부 프로젝트를 만들었다. 수십 년간 영업팀이 고민해온 문제, 즉 "어떤 기회에 집중해야 하는가?"에 대한 답을 AI가 제공하기 시작한 것이다.

이 모델은 거래 금액, 진행 기간, 경쟁사 활동 같은 다양한 변수를 분석해 각 영업 기회의 성공 가능성을 계산했다. 예를 들어 한 영업사원이 동시에 10개의 잠재 거래를 관리하고 있다면, AI는 각 거래의 성공 확률을 1부터 100까지의 점수로 표시했다. 3개월째 진행 중인 100만 달러 거래보다 2주 전에 시작된 50만 달러 거래가 더 높은 점수를 받을 수도 있었다. AI가 수천 개의 과거 거래 데이터를 학습해 인간이 놓치기 쉬운 패턴을 발견했기 때문이다.

영업사원은 단 한 번의 클릭으로 어떤 고객에게 시간을 투자해야 할지 알 수 있게 되었다. 이는 작은 시작이었지만, CRM이 수동적인 도구에서 능동적인 조언자로 변화하는 첫 신호였다. 베니오프는 이 작은 성공을 보며 확신했다. AI는 단순히 효율성을 높이는 도구가 아니라, 비즈니스의 본질을 바꿀 수 있는 혁명적 기술이라는 것이다.

세일즈포스 혁신의 짧은 타임라인

세일즈포스가 AI 기업으로 변신하기 위해서는 기술만으로는 부족했다. 베니오프는 AI의 성공이 데이터의 질과 양, 그리고 이를 처리할 수 있는 인프라에 달려 있다는 것을 잘 알고 있었다. 그래서 세일즈포스는 7년간 총 500억 달러가 넘는 자금을 투입해 전략적 인수에 나섰다. 이는 단순한 기업 쇼핑이 아니라, AI 퍼즐의 핵심 조각들을 모으는 정교한 전략이었다.

2014~2021년: 기반 구축기

2016년 9월, 아인슈타인Einstein이 드림포스에서 화려하게 데뷔했다. 세계 최초로 CRM에 완전히 통합된 AI 플랫폼이었다. 상대성 이론으로 물리학의 패러다임을 바꾼 알베르트 아인슈타인의 이름을 딴 이 플랫폼은 CRM 업계에 혁명을 가져올 야심 찬 프로젝트였다.

아인슈타인은 출시와 동시에 놀라운 성과를 보여주기 시작했다. 세일즈포스를 사용하는 모든 기업이 CRM에 직접 내장된 AI 플랫폼으로 별도의 설치나 복잡한 설정 없이 즉시 AI의 혜택을 누릴 수 있었다. 판매 예측, 고객 이탈 방지, 마케팅 최적화 등 다양한 기능이 클릭 몇 번으로 활성화되었다. 이는 마치 스마트폰에 기본 탑재된 음성 비서처럼 AI를 일상적인 업무 도구로 만드는 첫걸음이었다.

초기 아인슈타인에는 한계가 있었다. AI가 분석할 수 있는 데이터는 세일즈포스 내부에 저장된 것으로 제한되어 있었다. 기업들은 실제로 수십, 수백 개의 다른 시스템을 사용하고 있었고, 진정한 고객 이해를 위해서는 이 모든 데이터를 연결해야 했다.

이 문제를 해결하기 위해 세일즈포스는 2018년 3월, 65억 달러라는 거금을 들여 뮬소프트MuleSoft를 인수했다. 뮬소프트는 서로 다른 시스템을 연결하는 통합 플랫폼의 선두주자였다. 이는 마치 서로 다른 언어를 사용하는 시스템들 사이에 통역사를 배치하는 것과 같았다. 기업의 재무 시스템, 물류 시스템, 마케팅 도구들이 모두 세일즈포스와 대화할 수 있게 된 것이다.

뮬소프트 인수 직후, 한 대형 소매 기업은 이 통합의 위력을 실감했다. 그들은 온라인 쇼핑 데이터, 오프라인 매장 구매 기록, 고객 서비스 상담 내역을 모두 연결했다. 그 결과, AI는 고객이 온라인에서 본 상품을 오프라인 매장에서 구매할 확률까지 예측할 수 있게 되면서 매출이 15% 증가했고, 고객 만족도는 23% 상승했다.

하지만 데이터만으로는 충분하지 않았다. 이 방대한 정보를 인간이 이해할 수 있는 형태로 보여줄 방법이 필요했다. 2019년 6월,

세일즈포스는 역사상 최대 규모인 157억 달러를 투자해 태블로Tableau를 인수했다. 태블로는 복잡한 데이터를 아름답고 직관적인 그래프와 차트로 변환하는 마법 같은 도구였다.

태블로의 합류로 아인슈타인의 예측은 단순한 숫자에서 시각적 스토리로 진화했다. 영업 관리자는 대시보드를 통해 팀 전체의 성과를 한눈에 파악할 수 있었고, 어떤 지역에서 어떤 제품이 잘 팔리는지를 실시간으로 확인할 수 있었다. AI의 복잡한 분석 결과가 누구나 이해할 수 있는 비주얼로 변환된 것이다.

2021년 7월, 세일즈포스는 또다시 277억 달러라는 천문학적 금액을 투자해 슬랙Slack을 인수했다. 많은 사람이 의아해했다. 메시징 앱이 CRM과 무슨 관계가 있을까? 하지만 이는 베니오프의 선견지명이 빛나는 순간이었다.

슬랙은 단순한 채팅 도구가 아니라 '일하는 방식의 미래'였다. 사람들이 이메일 대신 슬랙에서 대화하고, 문서를 공유하고, 의사 결정을 내리고 있었다. 이 모든 대화와 상호작용은 귀중한 데이터였다. 어떤 프로젝트가 잘 진행되고 있는지, 팀의 사기가 어떤지, 고객 문제가 얼마나 빨리 해결되는지를 AI가 실시간으로 파악할 수 있게 된 것이다.

더 중요한 것은 슬랙이 AI와 인간이 자연스럽게 대화하는 인터페이스가 되었다는 점이다. 영업사원이 "이번 분기 가장 유망한 거래 3개를 알려줘"라고 슬랙에 입력하면, 아인슈타인이 즉시 답변을 제공했다. 복잡한 대시보드를 열 필요도, 보고서를 생성할 필요도 없었다. AI가 동료처럼 대화에 참여하게 된 것이다.

이 기간 동안 아인슈타인의 성능도 비약적으로 향상되었다.

2021년에는 하루에 2,000억 개가 넘는 예측을 생성했고, 정확도도 지속적으로 개선되었다. 한 금융 서비스 기업은 아인슈타인을 도입한 후 고객 이탈률을 27% 감소시켰고, 제조업체는 영업 파이프라인 예측 정확도를 89%까지 끌어올렸다.

세일즈포스 AI 혁신 타임라인(2014~2024년)

연도	내용	목적
2014년	AI-First 선언	
2014년 7월	RelateIQ 인수	
2015년	Opportunity Scoring Model 개발	
2016년 4월	MetaMind 인수	
2016년	Einstein 출시(세계 최초 CRM 내장 AI)	
2018년	MuleSoft 인수($6.5B)	데이터 통합
2019년	Tableau 인수($15.7B)	시각화
2021년	Slack 인수($27.7B)	대화형 인터페이스
2022년 9월	Data Cloud(당시 'Genie') 발표	
2023년 3월	Einstein GPT 출시	생성형 AI
2023년	AI Cloud 출시, $250M AI 펀드 조성	
2024년 9월	Agentforce 발표	자율 에이전트
2024년 12월	Agentforce 2.0	완전한 디지털 노동 플랫폼

2023년: 생성형 AI 혁명

2022년 11월, 오픈AI가 챗GPT를 공개하자 세상이 들썩였다. 불과 5일 만에 100만 명이 사용했고, 두 달 만에 1억 명을 돌파했다. 이는 인터넷 역사상 가장 빠른 성장이었다. 사람들은 AI와 자연스럽게 대화하며 글을 쓰고, 코드를 만들고, 아이디어를 얻는 새로운 경험에 열광했다.

세일즈포스는 이 변화를 예의주시했다. 기존의 아인슈타인이 예측과 분석에 강했다면, 생성형 AI는 콘텐츠를 만들어내는 능력이 있었다. 이메일을 작성하고, 보고서를 요약하고, 마케팅 문구를 만들 수 있었다. 베니오프와 그의 팀은 이 두 가지 AI를 결합하면 CRM의 새로운 장을 열 수 있다는 것을 깨달았다.

2023년 3월 7일, 세일즈포스는 아인슈타인GPT Einstein GPT를 발표했다. 이는 세계 최초로 CRM을 위해 특별히 설계된 생성형 AI였다. 챗GPT와 달리, 아인슈타인GPT는 기업의 CRM 데이터를 직접 활용할 수 있었다. 고객의 구매 이력, 서비스 요청 기록, 이전 대화 내용을 모두 이해한 상태에서 응답을 생성하는 것이다.

영업팀의 일상이 극적으로 바뀌기 시작했다. 영업 담당자가 중요한 고객에게 제안서를 보내야 한다고 가정해보자. 예전에는 템플릿을 찾고, 고객 정보를 확인하고, 문구를 다듬는 데 1시간이 걸렸다. 이제는 "A 회사의 김 부장님께 우리의 새로운 마케팅 자동화 솔루션을 제안하는 이메일을 작성해줘"라고 입력하면 끝이다. AI는 김 부장이 작년에 어떤 제품을 구매했는지, 최근에 어떤 문의를 했는지를 모두 파악하고 있었기에 완벽하게 개인화된 이메일을 30초 만에 만들어냈다.

서비스팀의 변화도 인상적이다. 고객 상담 후 상담 내용을 요약하고 지식 문서를 만드는 것은 상담원들이 가장 싫어하는 업무 중 하나다. 하지만 아인슈타인GPT는 통화 녹음을 분석해 자동으로 요약을 생성하고, 다른 팀원들이 참고할 수 있는 해결 방법 문서까지 만들어냈다. 한 통신사는 이 기능을 도입한 후 상담원들의 사후 처리 시간을 65% 단축했다.

하지만 생성형 AI의 도입은 새로운 우려도 낳았다. AI가 잘못된 정보를 만들어내는 환각Hallucination 현상이 대표적이다. 기업 환경에서 AI가 존재하지 않는 제품 기능을 설명하거나 잘못된 가격을 제시한다면 심각한 문제가 될 수 있었다. 또한 고객의 민감한 정보가 AI 학습에 사용될 수 있다는 보안 우려도 있었다. 세일즈포스는 이러한 우려를 해결하기 위해 아인슈타인 트러스트 레이어Einstein Trust Layer라는 독특한 보안 체계를 만들었다. 이는 AI의 두뇌와 기업 데이터 사이에 놓인 일종의 보호막이었다. 이 혁신적인 아키텍처는 기업이 생성형 AI의 강력한 기능을 활용하면서도 데이터 주권과 보안을 완벽하게 통제할 수 있도록 설계되었다.

데이터 보안·응답 신뢰성·활동 투명성을 한꺼번에 담보하는 세일즈포스 AI 신뢰 아키텍처의 핵심 장치인 트러스트 레이어는 세 가지 핵심 원칙에 따라 작동한다.

- 격리Isolation: 기업 데이터가 절대 외부로 유출되지 않도록 완전한 데이터 격리를 유지한다.
- 검증Validation: AI가 생성한 모든 응답을 실제 기업 데이터와 대조해 정확성을 검증한다.
- 추적Traceability: 데이터 접근과 AI 활동의 모든 과정을 기록해 투명하게 추적할 수 있도록 보장한다.

다음 그림에서 보듯이, 트러스트 레이어는 단순한 보안 게이트웨이가 아니라 지능적인 중개 시스템이다. 사용자의 요청이 들어오면 기업 데이터를 안전하게 검색하고, AI가 생성한 응답이 실제 데이터와 일치하는지 검증하며, 민감한 정보는 자동으로 마스킹 처

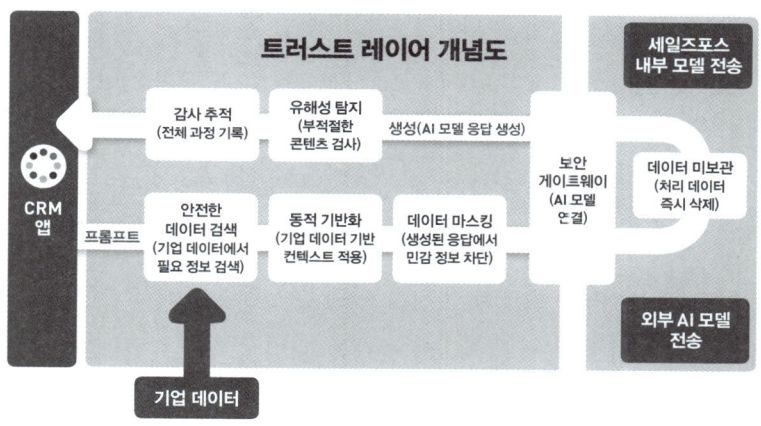

아인슈타인GPT 트러스트 레이어의 핵심 작동 원리(출처: 세일즈포스 홈페이지)

리한다. 이 모든 과정은 실시간으로 진행되며 완벽하게 추적할 수 있다.

　이러한 신뢰를 가능하게 하는 핵심 기술은 세 가지다. 첫째, '동적 그라운딩Dynamic Grounding'을 통해 AI가 생성하는 모든 답변이 반드시 기업의 실제 데이터에 기반하도록 했다. 예를 들어 AI가 가격을 언급할 때는 기업의 가격 데이터베이스를 확인하고, 제품 기능을 설명할 때는 공식 문서를 참조하도록 강제한다. 둘째, '데이터 미보관' 정책을 도입해 기업이 아인슈타인GPT를 사용할 때 입력한 데이터가 모델 학습에 전혀 사용되지 않으며, 작업이 끝나면 즉시 삭제되도록 했다. 이를 통해 경쟁사의 정보가 실수로 다른 기업에 노출될 가능성을 원천 차단한다. 셋째, 모든 AI 활동은 감사 추적Audit Trail이 가능하도록 기록된다. 누가 언제 어떤 질문을 했고, AI가 어떤 데이터를 참조해 답변을 생성했는지까지 모두 로그로 남는다.

　이와 함께 세일즈포스는 AI 클라우드AI Cloud라는 포괄적인 플랫폼을 출시했다. 이는 세일즈포스의 AI만 사용하는 것이 아니라 오픈AI, 앤스로픽, 코히어Cohere 등 다양한 AI 모델을 기업의 필요에 따라 선택해서 사용할 수 있게 했다. 마치 스마트폰에서 다양한 앱을 선택해 사용하듯, 기업도 상황에 맞는 최적의 AI를 고를 수 있게 된 것이다. 동시에 2억 5,000만 달러 규모의 생성형 AI 펀드를 조성했는데, 이는 단순한 투자가 아니라 생태계 구축 전략이었다. AI 스타트업들이 세일즈포스 플랫폼 위에서 혁신적인 솔루션을 만들도록 지원함으로써 고객들에게 더 많은 선택지를 제공하고자 했다.

2023년 말, 데이터 클라우드Data Cloud는 분기당 2쿼드릴리언(약 2,000조) 레코드를 처리할 수 있는 규모로 성장했다. 연간 반복 매출ARR은 약 10억 달러에 근접했고, 유료 고객 수는 전년 대비 130% 증가했다. 230개 이상의 데이터 소스를 연결할 수 있게 되면서 기업들은 흩어져 있던 모든 고객 정보를 하나로 통합해 AI에게 제공할 수 있게 되었다. 하지만 이 모든 것은 더 큰 혁명의 서막에 불과했다. 아인슈타인GPT가 인간의 지시에 따라 콘텐츠를 생성하는 동안, 세일즈포스의 엔지니어들은 더 대담한 질문을 던지고 있었다.

"AI가 스스로 판단하고 행동할 수 있다면 어떨까? 24시간 일하는 디지털 직원이 있다면?"

2024년 여름, 내부 테스트에서 놀라운 결과가 나왔다. AI 에이전트가 인간의 개입 없이 고객의 문의 89%를 완벽하게 처리한 것이다. 베니오프는 이제 AI의 진정한 잠재력을 세상에 보여줄 때가 왔다고 확신했다.

2024년: 자율 에이전트의 등장

2024년 9월, 샌프란시스코에서 열린 드림포스 컨퍼런스에는 4만 5,000명이 넘는 참가자들이 모스코니센터Moscone Center를 가득 메웠다. 베니오프가 무대에 올라 선언했다. "오늘 우리는 AI 제3의 물결을 시작합니다. 에이전트포스Agentforce를 소개합니다."

에이전트포스는 트러스트 레이어와 데이터 클라우드 위에서 커스토머360Customer 360 전반을 아우르며, 영업·마케팅·서비스 등 도메인별 에이전트를 '플랫폼 방식'으로 확장한다. 세일즈포스는 '플랫폼 – 트러스트 – 데이터 – 앱 – 에이전트'의 순서로 계층을 설계했다. 이 구조 덕분에 에이전트는 개별 기능이 아니라 전사 프로세스를 관통하는 운영 단위로 작동한다.

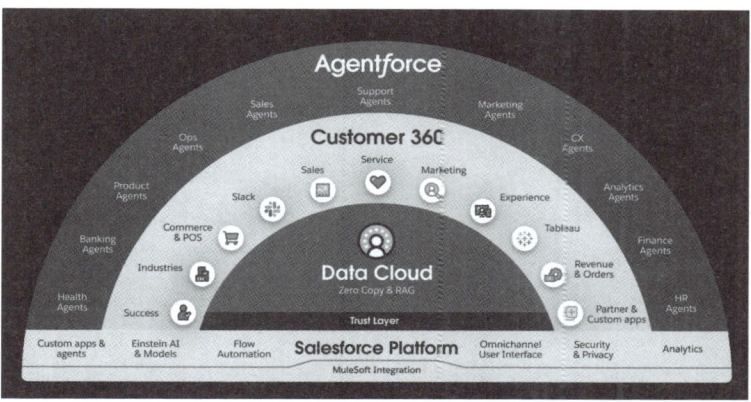

에이전트포스–커스토머360–데이터 클라우드–트러스트 레이어의 통합 아키텍처. 플랫폼(뮬소프트) 위에 보안·프라이버시(트러스트 레이어), 제로카피·RAG 기반의 데이터 클라우드, 업무 앱(커스토머360), 그리고 도메인별 에이전트(세일즈/서포트/마케팅 등)가 반원 구조로 결합된다.(출처: 세일즈포스 홈페이지)

에이전트포스는 근본적으로 다른 접근이었다. 기존의 AI가 '조수Assistant'나 '부조종사Copilot'였다면, 에이전트포스는 '자율적인 디지털 직원'이었다. 인간의 지시를 기다리지 않고 스스로 판단하고 행동하는 AI, 이는 마치 신입사원이 경험을 쌓아 독립적으로 업무를 처리하는 베테랑 직원이 되는 것과 같았다.

핵심 기술은 아틀라스 추론 엔진Atlas Reasoning Engine이다. 이 엔진은 복잡한 업무를 작은 단계로 나누고, 각 단계에서 필요한 정보를 찾고, 결정을 내리고, 실행하는 능력을 가지고 있다. 예를 들어 고객이 "주문한 제품이 아직 도착하지 않았어요"라고 문의하면, 에이전트는 스스로 주문 내역을 확인하고, 배송 추적을 하고, 문제가 있다면 대체 상품을 제안하거나 환불 처리까지 완료한다.

드림포스 참가자들은 직접 에이전트를 만들어볼 수 있었다. 놀랍게도 복잡한 코딩 없이 자연어로 지시하는 것만으로 에이전트를 구축할 수 있었다. "고객의 결제가 실패하면 24시간 내 다시 시도하고, 그래도 실패하면 영업팀에 알려줘"라고 입력하면 에이전트가 이 업무 흐름을 이해하고 자동으로 수행했다. 컨퍼런스가 끝날 때까지 참가자들은 수많은 에이전트를 자유롭게 만들었다.

10월 29일, 에이전트포스가 정식 출시되었다. 초기 고객들의 반응은 기대 이상이었다. 교육 출판사인 와일리Wiley는 가장 인상적인 사례 중 하나였다. 매년 9월 신학기가 시작되면 교재 주문이 폭증해 고객서비스팀이 마비 상태가 되곤 했다. 학생들의 문의 전화가 평소의 5배로 증가했고, 대기 시간은 30분을 넘었다. 와일리는 에이전트포스 서비스 에이전트를 도입했다. AI 에이전트는 주문 확인, 배송 추적, 교재 추천 같은 일상적인 문의를 독립적으로 처리했고,

결과는 놀라웠다. 성수기임에도 불구하고 고객 문의 해결률이 40% 증가했다. 더 중요한 것은 인간 상담원들이 복잡한 문제 해결에 집중할 수 있게 되었다는 점이다. 한 상담원은 "예전에는 '제 교재 언제 도착하나요?' 같은 단순 질문에 하루 종일 답했는데, 이제는 정말로 도움이 필요한 학생들을 도울 수 있게 되었다"라고 말했다.

레스토랑 예약 플랫폼인 오픈테이블OpenTable도 에이전트포스를 활용해 혁신을 이뤘다. 그들은 레스토랑 파트너들을 위한 마케팅 에이전트를 구축했다. 이 에이전트는 예약 데이터를 분석해 "금요일 저녁 예약이 평소보다 30% 적습니다. 할인 프로모션을 시작하시겠습니까?" 같은 제안을 자동으로 생성했다. 레스토랑 주인이 승인하면, 에이전트가 직접 프로모션 이메일을 작성하고 발송까지 완료했다. 명품 백화점 체인인 삭스Saks는 개인화된 쇼핑 경험을 제공하는 에이전트를 구축했다. 고객의 과거 구매 이력과 선호도를 분석해 맞춤형 추천을 제공하고, 실시간 재고 확인을 통해 보다 효율적인 쇼핑 경험을 제공했다.

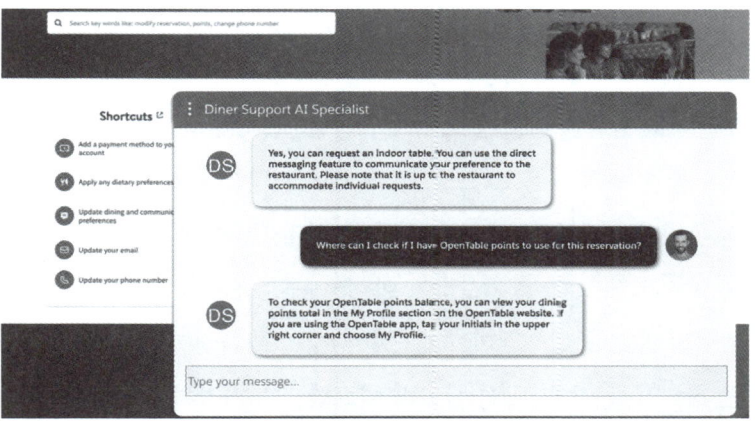

에이전트포스가 적용된 오픈테이블 예약 화면

12월 17일, 세일즈포스는 에이전트포스 2.0을 발표했다. 불과 두 달 만의 메이저 업데이트였다. 새 버전은 '프리빌트 스킬 라이브러리Pre-built Skills Library'를 포함했다. 이는 자주 사용되는 업무 패턴을 미리 만들어둔 것으로, 레고 블록을 조립하듯 에이전트를 구성할 수 있게 했다.

더 중요한 개선은 슬랙과의 완벽한 통합이었다. 이제 에이전트는 슬랙 채널에 팀원처럼 참여할 수 있었다. 영업팀 채널에 세일즈 에이전트를 초대하면 이 디지털 팀원은 실시간으로 거래 현황을 업데이트하고, 위험 신호를 알리고, 다음 단계를 제안했다. 한 영업 관리자는 "마치 24시간 일하는 슈퍼 인턴을 고용한 것 같다"라고 표현했다. 금융 상품을 판매하는 새먼스파이낸셜그룹Sammons Financial Group은 "에이전트포스로 고객 문의의 20%를 자율 처리하는 목표를 세우고, 반복 문의의 단가를 약 50% 절감할 수 있을 것으로 추정한다"라고 전했다.

세일즈포스는 이러한 성공 사례들을 바탕으로 대담한 비전을 제시했다. "2025년 말까지 10억 개의 에이전트가 활동하게 될 것"이라는 예측이었다. 이는 단순한 숫자 게임이 아니었다. 각 에이전트가 하루 8시간 일한다고 가정하면, 이는 전 세계 노동력의 상당 부분에 해당하는 디지털 노동력이 탄생하는 것을 의미했다.

물론 우려의 목소리도 있었다. "AI가 인간의 일자리를 빼앗는 것 아닌가?" 세일즈포스는 끊임없이 쏟아지는 이 질문에 "에이전트포스는 인간을 대체하는 것이 아니라 증강하는 도구"라는 입장을 명확히 밝혔다. 반복적이고 단순한 업무는 AI가 처리함으로써 인간은 창의성, 공감, 전략적 사고가 필요한 고부가가치 업무에 집중할 수 있다는 논리였다.

실제로 에이전트포스를 도입한 기업들에서 대량 해고는 일어나지 않았다. 오히려 직원들의 업무 만족도가 높아졌다는 보고가 많았다. 와일리의 한 관리자는 "우리 팀이 드디어 '서비스'가 아닌 '케어'를 제공할 수 있게 되었다"라고 말했다.

에이전트포스의 성공은 기술적 우수성만으로는 설명할 수 없다. 그 이면에는 세일즈포스가 10년간 일관되게 추구해온 "AI는 인간을 대체하는 것이 아니라 증강한다"라는 특별한 철학이 있었다.

증강의 철학과 전략

베니오프는 2024년 드림포스에서 "인간과 에이전트가 함께 고객의 성공을 이끄는" 새로운 시대를 선언했다. 그는 AI를 인간과 협업하는 동등한 파트너로 정의하고, "고객들이 '이것이 바로 AI가 추구해야 할 모습이다'라고 말할 수 있는 지점에 도달하도록 돕겠다"라고 강조했다. 이는 세일즈포스가 지난 10년간 일관되게 추구해온 철학을 보여준다.

세일즈포스는 이 철학을 '증강'이라는 개념으로 구체화했다. '자동화automation'가 인간의 일을 기계가 대신하는 것이라면, 증강은 인간의 능력을 기계가 확장해주는 것이다. 이는 안경이 시력을 보완하고, 자동차가 이동 능력을 확장하는 것과 같은 원리다.

증강 철학은 세일즈포스의 기업 문화인 '오하나Ohana'와 깊이 연결되어 있다. 하와이어로 '가족'을 의미하는 오하나는 직원, 고객, 파트너, 지역사회를 모두 확장된 하나의 가족으로 보는 세계관이다. AI도 이 가족의 일원이 되어야 한다는 것이 베니오프의 비전이다. 세일즈포스는 이를 "AI의 뇌, 인간의 심장AI Brain, Human Heart" 모델로 설명한다. AI는 데이터를 분석하고, 패턴을 찾고, 예측을 생성하는 두뇌 역할을 한다. 반면 인간은 공감하고, 관계를 구축하고, 창의적인 해결책을 찾는 심장 역할을 담당한다. 이러한 변화를 정리한 다음 표는 AI 도입 전후의 업무 방식이 어떻게 달라졌는지, 그리고 궁극적으로 추구하는 방향이 무엇인지를 명확히 보여준다.

AI 도입 이전과 이후의 업무 방식 비교

직업	전통적 역할 (AI 이전)	주요 업무 (AI 이전)	증강된 역할 (AI 이후)	주요 업무 (AI 이후)
영업	어카운트 이그제큐티브	콜드콜, 관계 관리, 계약 체결	고객 성공 전략가	AI 이탈 위험 데이터 해석, 전략적 계정 계획, 복잡한 협상, 깊은 파트너십 구축
그래픽 디자인	그래픽 디자이너	레이아웃 제작, 일러스트레이션, 사진 편집	AI 아트 디렉터/ 비주얼 큐레이터	프롬프트 엔지니어링, AI 생성 콘셉트 큐레이션, 하이브리드 편집, 브랜드 일관성 확보, 최종 예술적 완성
마케팅	캠페인 매니저	A/B 테스트, 수동 고객 세분화	초개인화 아키텍트	AI 기반 고객 여정 설계, 자동화된 콘텐츠 생성 감독, 성과 데이터 분석을 통한 전략 수정

이 모델이 실제로 작동하는 모습은 인상적이다. 한 글로벌 제약 회사의 영업팀 사례를 보자. AI는 의사들의 처방 패턴, 학회 참석 기록, 논문 발표 이력을 분석해 어떤 의사가 신약에 관심을 가질 가능성이 높은지 예측한다. 하지만 실제로 의사를 만나 신뢰를 구축하고, 복잡한 임상 데이터를 설명하고, 우려 사항을 해소하는 것은 인간 영업사원의 몫이다. AI가 '누구를', '언제' 만날지 알려주면,

인간이 '어떻게', '왜' 만날지를 결정하는 것이다.

또 다른 예로, 한 금융 서비스 기업은 AI가 고객의 거래 패턴을 분석해 이상 징후를 감지하면, 인간 상담원이 고객에게 직접 연락해 상황을 설명하고 해결책을 제시했고, AI의 정확한 분석과 인간의 공감적 소통이 결합하며 고객 신뢰도가 향상되었다.

이러한 협업의 결과는 숫자로 증명되었다. 세일즈포스의 연구에 따르면, AI를 매일 사용하는 직원들은 그렇지 않은 동료들보다 64% 더 생산적이고 81% 더 높은 직무 만족도를 보였다. 또한 마케터의 71%는 AI가 반복적인 업무를 줄여 더 전략적인 일에 집중할 수 있게 해줄 것으로 기대했다.

이 모델의 핵심은 AI와 인간이 서르의 강점을 보완하는 것이다. AI는 방대한 데이터 처리와 패턴 인식에서 탁월하지만, 인간만이 가진 직관, 창의성, 윤리적 판단은 대체할 수 없다. 세일즈포스는 이 두 가지를 조화롭게 결합함으로써 1-1이 2 이상이 되는 시너지를 창출했다.

세일즈포스는 이 성과를 전통적인 KPI 대신 새로운 측정 기준이 도입된 구체적인 지표로 관리했다. 첫 번째 지표는 '인간 시간 확보율Human Time Liberation Rate'로, AI가 처리한 업무량을 시간으로 환산해 직원들에게 돌려준 시간을 측정한다. 자사 내부에서 아인슈타인 AI를 슬랙에 통합한 결과, 1분기 만에 5만 시간을 절약했다. 또한 자동화를 사용하는 직원들은 주당 평균 3.6시간, 즉 연간 약 한 달의 업무 시간을 되찾았다고 보고했다. 두 번째로 '가치 업무 집중도Value Work Concentration' 지표는 직원들이 단순 반복 업무가 아닌 전략적, 창의적 업무에 얼마나 시간을 쓰는지 측정한다.

한 금융 서비스 기업의 경우 AI 도입 후 직원들의 가치 업무 시간이 35%에서 78%로 증가했다고 보고했다. 세 번째, '고객 관계 깊이Customer Relationship Depth' 지표는 단순히 고객 접촉 횟수가 아니라, 얼마나 의미 있는 상호작용을 했는지를 측정한다. AI가 일상적인 문의를 처리하면서 인간은 고객과 더 깊은 대화를 나눌 수 있게 되었다. 한 B2B 소프트웨어 기업은 평균 고객 미팅 시간이 23분에서 52분으로 늘어났고, 고객 만족도는 34% 상승했다.

세일즈포스의 증강 전략은 제품 개발에도 반영되었다. 모든 AI 기능은 '인간 우선Human-First' 원칙에 따라 설계되었다. 예를 들어, 아인슈타인GPT가 이메일을 작성할 때는 항상 초안을 제시한 후 인간의 검토와 수정을 기다린다. 기술적으로 완전 자동화가 가능하더라도 인간의 통제권과 최종 결정권을 보장하는 것이다.

이러한 접근은 변화에 대한 직원들의 저항을 크게 줄였다. 한 대형 보험사의 IT 책임자는 "처음에는 직원들이 AI를 두려워했지만, 지금은 AI 없이 일하는 것을 상상할 수 없다고 말한다"라고 전했다. AI가 경쟁자가 아닌 파트너라는 인식이 자리 잡은 것이다. 특히 인상적인 것은 세일즈포스가 자사 직원들에게 먼저 이 철학을 적용했다는 점이다. 세일즈포스는 내부적으로 9,000개 이상의 AI 및 자동화 프로세스를 운영하고 있으며, 이를 통해 직원당 생산성이 33% 향상되었다. 절감된 시간은 혁신 프로젝트와 직원 교육에 재투자되었다.

세일즈포스의 증강 철학은 단순한 마케팅 메시지가 아니라 실제 제품 설계와 기업 문화에 깊이 뿌리내린 원칙이다. 이는 AI 시대의 리더십이 기술 그 자체가 아닌, 기술과 인간의 조화로운 공존을 설계하는 것임을 보여준다.

경쟁 우위와 차별화

세일즈포스의 AI 전략이 다른 기업들과 근본적으로 다른 점은 무엇일까? 마이크로소프트는 코파일럿을, 구글은 듀엣 AI를, 오라클은 AI 앱스를 출시했다. 모두가 AI 경쟁에 뛰어든 상황에서 세일즈포스만의 차별점은 명확했다.

첫째, 통합 플랫폼 대 포인트 솔루션의 차이다. 경쟁사들이 개별 AI 도구를 제공하는 동안, 세일즈포스는 CRM 전체에 AI를 녹여냈다. 고객 데이터, 영업 프로세스, 서비스 워크플로, 마케팅 캠페인이 모두 하나의 AI 엔진으로 연결되었다.

한 글로벌 소비재 기업의 사례가 이를 잘 보여준다. 이 기업은 처음에 여러 벤더의 AI 도구를 사용했다. 마케팅팀은 A사의 콘텐츠 생성 AI를, 영업팀은 B사의 예측 분석 도구를, 서비스팀은 C사의 챗봇을 도입했다. 결과는 혼란이었다. 각 도구가 서로 다른 데이터를 보고 있어 상충하는 인사이트를 제공했고, 고객 경험은 분절되었다. 세일즈포스로 전환한 후 상황은 극적으로 개선되었다. 모든 팀이 동일한 고객 360도 뷰를 공유하게 되었고, AI의 인사이트가 일관성을 갖게 되었다. 마케팅 AI가 특정 고객의 관심사를 파악하면 영업 AI가 이를 활용해 제안서를 작성하고, 서비스 AI가 관련 지원을 준비했다. 세일즈포스로 전환 후 6개월 만에 고객 만족도가 28% 상승했고, 영업 효율성은 35% 개선되었다.

둘째, 엔터프라이즈 신뢰성의 차이다. 세일즈포스는 처음부터 대기업의 엄격한 요구사항을 염두에 두고 AI를 설계했다. 트러스트 레이어는 이를 위한 핵심 장치였다. 특히 JP모건 같은 금융 대기업의 경우, 이 보안 체계의 규제 준수가 없었다면 AI 도입 자체가 불가능했을 것이다. 금융 데이터는 극도로 민감하며, 규제 요구사항도 까다롭다. 세일즈포스는 SOC 2, ISO 27001 같은 국제 보안 인증은 물론, 금융 산업 특화 규제인 FINRA, PCI-DSS 요구사항까지 충족시켰다.

더 중요한 것은 '설명 가능한 AI Explainable AI'였다. 규제 당국이 "왜 이 고객의 대출을 거절했는가?"라고 물으면, AI의 의사결정 과정을 명확히 설명할 수 있어야 했다. 세일즈포스는 모든 AI 결정에 대한 상세한 감사 추적을 제공했고, 어떤 데이터가 어떤 가중치로 결정에 영향을 미쳤는지 시각화했다.

셋째, 산업별 맞춤화의 깊이다. 세일즈포스는 15개 주요 산업에 대한 특화 솔루션을 제공했다. 각 산업의 고유한 프로세스, 규제, 용어를 AI가 이해하도록 사전 학습시켰다.

의료 기기 제조사인 메드트로닉Medtronic의 경우를 보자. 의료 영업은 일반 B2B 영업과 완전히 다르다. 의사, 병원 구매 담당자, 보험사를 모두 설득해야 하고, FDA 규제도 준수해야 한다. 세일즈포스의 헬스케어 클라우드Healthcare Cloud에 탑재된 AI는 이 복잡한 관계를 이해하고 있었다. AI는 의사의 전문 분야, 수술 건수, 학회 활동을 분석해 어떤 의사가 신제품에 관심을 가질지 예측했다. 동시에 병원의 예산 주기, 구매 위원회 일정을 고려해 최적의 제안 시기를 추천했다. 메드트로닉은 이를 통해 영업 주기를 평균 45일 단축했다.

게다가 세일즈포스 자체의 성과가 이를 증명했다. AI 기능이 강화되면서 데이터 클라우드의 연간 반복 매출은 9억 달러를 돌파했고, 전체 회사 매출은 분기당 98억 3,000만 달러를 기록했다. AI 관련 제품의 성장률은 130%에 달했다. 무엇보다 세일즈포스는 CRM 시장에서 10년 넘게 지속적으로 1위를 유지하고 있으며, 시장점유율 20% 이상을 기록(2024년 기준)했다. 이는 고객들이 세일즈포스의 AI 전략을 실제로 신뢰하고 선택했다는 가장 확실한 증거였다. 한 리테일업계 임원은 이렇게 평가했다. "다른 회사들은 AI를 팔려고 하지만, 세일즈포스는 AI로 비즈니스 성과를 팔고 있다. 그것이 가장 큰 차이다."

AI 시대 리더십의 교훈

세일즈포스의 10년 여정은 리더십과 조직 운영을 근본적으로 다시 쓰는 실험이었다. 이 여정에서 드러난 교훈은 철학적이면서도 실천적인 차원에서 다른 기업 리더들에게 귀중한 길잡이가 된다.

첫 번째 교훈은 '전략적 기다림의 미학'이다. 2014년 베니오프의 AI 우선 선언은 당장 성과를 내기 어려운 결단이었다. 하지만 세일즈포스는 조급해하지 않았다. 마치 농부가 씨앗을 뿌리고 기다리듯, 단계마다 충분한 시간을 들여 뮬소프트, 태블로, 슬랙의 인수와 투자를 이어갔다. 500억 달러가 넘는 천문학적 자금은 10년 후의 퍼즐을 맞추기 위한 포석이었다. 이는 리더십이 단기 성과가 아닌 장기 그림을 얼마나 지켜낼 수 있는지의 문제임을 잘 보여준다.

두 번째 교훈은 '신뢰의 복리 효과'다. 많은 기술 기업이 "먼저 출시하고 나중에 고친다"라는 접근을 택하는 동안, 세일즈포스는 아인슈타인 트러스트 레이어를 설계 원리로 삼았다. 이는 초기에는 혁신 속도를 늦추는 듯 보였지만, 대기업 고객에게는 결정적 차별화 요소였다. 신뢰는 한번 무너지면 회복이 어렵지만, 꾸준히 쌓이면 복리처럼 기하급수적 효과를 낸다. 결국 신뢰를 먼저 심어야 성장의 루프가 작동한다는 교훈이다.

세 번째 교훈은 '의도적 비효율의 지혜'다. 에이전트포스의 대화당 2달러라는 가격 정책은 완전 자동화를 내세우는 경쟁사와 비교해 비싸 보인다. 그러나 이는 전략적 설계였다. 기업이 AI를 '인간 대체'가 아닌 '인간 증강'의 도구로 사용하도록 유도하기 위해서다. 싸구려 대체재가 아니라 프리미엄 협업 도구로 포지셔닝하며 AI와 인간의 건강한 공존 모델을 제시했다. 이는 자동화의 기준은 대체가 아니라 증강이라는 리더십 철학을 수익 모델에 녹여낸 사례다.

네 번째는 성과 지표의 재정의다. 세일즈포스가 제시한 '인간 시간 확보율'과 '가치 업무 집중도' 같은 지표는 단순한 용어로 혁신이 아니라 성공의 정의 자체를 바꾸는 패러다임 전환이었다. 효율과 비용 절감에서 벗어나 인간의 창의성과 만족도를 핵심 지표로 삼은 것이다. 한 제조업체가 이를 벤치마킹해 '문제 해결 창의성 지수'를 만들었고, 그 결과 특허 출원이 32% 늘어난 사례는 올바른 측정이 올바른 행동을 이끈다는 고전적 경영 원칙을 재확인시킨다.

다섯 번째는 조직 심리의 관리다. "AI가 당신을 대체하는 것이 아니라, AI를 사용하지 않는 사람을 대체할 것이다"라는 메시지는 두려움을 동력으로 전환한 대표적 사례다. 불안을 억누르지 않고 학습과 성장을 촉진하는 자극으로 만든 것이다. 이는 리더가 변화의 서사를 어떤 언어로 풀어내는지가 조직의 저항과 수용을 가르는 분수령임을 보여준다.

여섯 번째는 생태계 정원사로서의 역할이다. 세일즈포스는

2억 5,000만 달러 규모의 AI 펀드를 조성해 경쟁자가 될 수 있는 스타트업들까지 키워냈다. 이는 제로섬 게임이 아닌 포지티브섬 게임으로 시장을 재정의하는 전략이었다. 리더십이란 단순히 자사 이익을 극대화하는 것이 아니라, 장기적 생태계를 키우는 힘이라는 점을 분명히 했다.

마지막으로 베니오프가 CEO로서 AI 전략을 기술이나 재무적 성과에 국한하지 않고 "어떤 인간적 가치를 강화할 것인가?"라는 관점으로 접근했다는 점이다. 그는 AI를 반복 업무의 자동화가 아닌 창의적·전략적 활동을 지원하는 수단으로 정의했고, 이는 세일즈포스가 10년간 흔들리지 않고 같은 철학을 유지할 수 있었던 이유다.

세일즈포스의 10년은 하나의 원리를 증명한다. AI 시대의 성공은 최신 기술을 얼마나 빨리 도입했느냐가 아니라, 기술을 통해 인간의 가치를 얼마나 증폭시켰는지에 달려 있다. 장기 비전을 흔들림 없이 지키고, 신뢰를 설계 원리로 삼으며, 증강의 철학을 비즈니스 모델과 조직 심리에 녹여내는 것. 그리고 기술의 성과판을 인간의 시간과 창의성으로 다시 그리는 것. 세일즈포스는 이 단순하면서도 심오한 진리를 실천으로 증명한 살아 있는 교과서다.

결론
3개의 원칙, 하나의 미래

2025년, 기술 플랫폼들의 AI 실험이 도달한 지점은 명확하다. 각 기업은 각자의 방식으로 "무엇을 기계에 맡기고, 무엇을 인간에게 남길 것인가?"라는 질문에 답했다. 그들이 발견한 원칙은 놀라울 정도로 일관되면서도 각자의 영역에서 독특했다.

속도 vs 설계

속도는 도구가 만든다. 차별은 설계가 만든다. 깃허브가 증명한 것은 단순한 진리다. 환경을 표준화하고 협업의 마찰을 줄이면 속도는 품질을 갉아먹지 않는다. 코파일럿 워크스페이스는 브라우저만 있으면 누구나 개발할 수 있는 세상을 열었다. 하지만 진짜 혁명은 다른 곳에 있었다. 이제 개발자의 가치는 "얼마나 빨리 타이핑하느냐"가 아니라 "얼마나 명확하게 설계하느냐"에서 나온다.

창작 vs 신뢰

신뢰는 감정이 아니라 데이터 구조다. 어도비가 보여준 것은 '보이는' 신뢰다. '콘텐츠 자격증명'을 통해 이제 AI가 만든 이미지, 인간이 찍은 사진 모두 자신의 출생증명서를 달고 다닌다. 창작의 문턱은 낮아졌지만, 진품의 가치는 오히려 높아졌다.

기능 vs 운영

자동화는 도입이 아니라 운영 설계의 문제다. 세일즈포스는 AI를 '기능'이 아니라 '운영 단위(에이전트)'로 배치했다. 아인슈타인은 분석 도구가 아니라 팀원이다. 스스로 일하고, 판단하고, 다른 에이전트와 협업한다. 이는 AI 도입이 기술 구매가 아니라 조직 재설계임을 못 박는다.

이 세 가지 원칙이 만들어낸 변화의 본질은 더 깊다. 첫째, 전문성의 피라미드가 역전되었다. 과거에는 도구 숙련도가 전문성의 토대였지만, AI가 그 토대를 대체하면서 피라미드가 뒤집혔다. 정상에 있던 '왜'와 '무엇을'이 토대가 되고, 바닥에 있던 '어떻게'는 AI가 담당한다. 전문가의 가치는 실행이 아닌 판단에서 나온다. 둘째, 경계가 사라지면서 새로운 역할이 탄생했다. AI가 기술적 장벽을 제거하자 개발자가 디자이너가 되고, 마케터가 데이터 분석가가 된다. 이는 전문성의 희석이 아니라 확장이다. 각자의 핵심 전문성을 중심으로 인접 영역을 흡수하며 더 큰 가치를 창출한다.

결국 세 기업이 우리에게 보여준 것은 하나다. AI 시대의 승자는 가장 빠른 도구를 가진 자가 아니라, 도구와 인간의 경계를 가장 현명하게 설계한 자라는 것이다. 속도는 기본이 되었고, 경쟁은 설계에서 일어난다. 품질은 표준이 되었고, 차별화는 신뢰에서 나온다. 기능은 상품화되었고, 가치는 운영에서 창출된다. 자유는 주어졌다. 그리고 성공은 거버넌스가 결정한다.

도구의 시대가 끝나고 플랫폼의 시대가 열렸다. 그 플랫폼 위에서 증강된 전문가들이 새로운 미래를 쓰고 있다.

5장
제조·자동차
: 물리적 세계와 AI의 만남

폭풍우가 몰아치는 밤, 대서양 상공 3만 5,000피트에서 보잉 787의 엔진이 미세한 진동을 일으킨다. 조종사는 알아차리지 못한다. 승객들은 평온히 잠들어 있다. 하지만 수천 마일 떨어진 신시내티의 GE 에어로스페이스 운영센터에서는 경고음이 울린다. AI가 72시간 내 베어링 교체가 필요하다고 예측한 것이다. 30년 전이라면 이 진동은 대서양 한가운데서 엔진 정지로 이어졌을 테지만, 2025년 현재에는 단지 예정된 정비 일정에 추가될 항목일 뿐이다.

제조업과 자동차 산업은 AI 혁명의 가장 극적인 전환점에 서 있다. 이들 산업에서 AI는 단순히 화면 속 알고리즘이 아니다. AI는 톤 단위의 철강을 다루고, 시속 수백 킬로미터로 달리며, 수만 피트 상공을 나는 물리적 실체와 결합한다. 실수의 대가는 즉각적이고 치명적일 수 있다. 그래서 이 영역에서의 AI 도입은 다른 어떤 산업보다 신중하고, 복잡하며, 혁명적이다.

이 장에서 우리가 만나게 될 세 기업(테슬라, 존디어, GE)은 각자의 방식으로 '원자와 비트의 결혼'을 성사시키고 있다. 테슬라는 수백만 대의 차량을 굴리는 거대한 신경망으로 도로를 실험실로 만들었고, 존디어는 흙 묻은 트랙터를 데이터 수집 장치로 변모시켜 농부를 CEO로 만들고 있다. GE는 40억 달러의 실패에서 배워 130년 기업을 3개로 쪼개는 과감한 결단을 내렸다.

하지만 이들의 이야기는 단순한 기술 성공담이 아니다. 그것은 인간의 역할, 책임, 그리고 가치에 대한 근본적인 재정의의 서사다. 기계가 볼 수 있고, 예측할 수 있고, 심지어 행동할 수 있게 된 세상에서 인간은 무엇을 해야 하는가? 30년 경력의 정비사가 AI의 예측 앞에서 느끼는 존재론적 불안과 트랙터 운전사에서 데이터 과학자로 변모해야 하는 농부의 정체성 혼란, 그리고 베타 테스터가 된 줄도 모르고 도로 위를 달리는 수백만 명의 딜레마가 여기에 있다.

물리적 세계에 AI를 심는다는 것은 단순히 센서를 달고 알고리즘을 돌리는 일이 아니다. 그것은 수천 년간 이어져온 인간과 도구의 관계를 재정의하고, 노동의 의미를 다시 쓰며, 궁극적으로는 우리가 만든 기계와 어떻게 함께 살아갈 것인가라는 문명사적 질문에 답하는 일이다.

01
테슬라
: 자율성, 책임 그리고 인간 신뢰의 최전선

2018년 3월 23일 오전 9시 27분, 캘리포니아 마운틴뷰의 101번 고속도로. 애플 엔지니어 월터 황Walter Huang이 운전하는 모델X가 시속 114킬로미터로 주행하고 있었다. 오토파일럿이 활성화된 상태였다. 85번 고속도로와의 분기점에 접근하면서 차량은 갑자기 왼쪽으로 방향을 틀었고, 도로의 안전지대를 향해 직진하기 시작했다.

국가교통안전위원회NTSB 보고서에 따르면 충돌 약 6초 전부터 차량이 좌측으로 조향되어 안전지대로 진입했지만, 이 6초 동안 운전자의 조향 토크가 감지되지 않았다. 차량은 그 속도 그대로 고속도로 분기점의 콘크리트 분리대에 충돌했다. 마지막 6초 동안 시스템은 운전자의 손이 스티어링휠에 없음을 감지했지만, 충돌 직전에 운전자 조향 입력 후 오토스티어Autosteer가 해제되었다. 콘크리트 분리대와 충돌한 모델X는 두 동강이 났다. 배터리 팩이 손상되어 화재가 발생했고, 황은 병원으로 이송되었지만 결국 사망했다.

철학적 충돌: 인간과 기계의 경계에서

이 비극적인 사고는 단순한 기술적 실패를 넘어 자율주행 시대가 직면한 근본적인 질문을 함축적으로 보여준다. 테슬라는 2025년 2분기에도 생산과 인도를 이어가며 누적 생산 대수를 꾸준히 늘렸다. 전 세계에서 운행 중인 테슬라 차량은 수백만 대에 달한다. 테슬라는 오토파일럿Autopilot에 수십 개의 멀티태스크 신경망을 사용한다고 공개했다. 이 모든 기술적 성취에도 불구하고, 우리는 여전히 같은 질문 앞에 서 있다.

　NTSB의 최종 보고서는 이 사고의 원인을 명확히 지적했다. '오토파일럿 시스템의 한계'와 '운전자의 주의 분산 및 시스템에 대한 과도한 의존'의 치명적인 조합이었다. 하지만 이는 표면적인 분석일 뿐이다. 더 깊은 곳에는 '자동화 편향Automation Bias'과 '자동화 안일함Automation Complacency'이라는 인간 심리의 함정이 도사리고 있었다.

캘리포니아 마운틴뷰 101번 고속도로에서 발생한 모델X 충돌 사고 현장(출처: ntsb.gov)

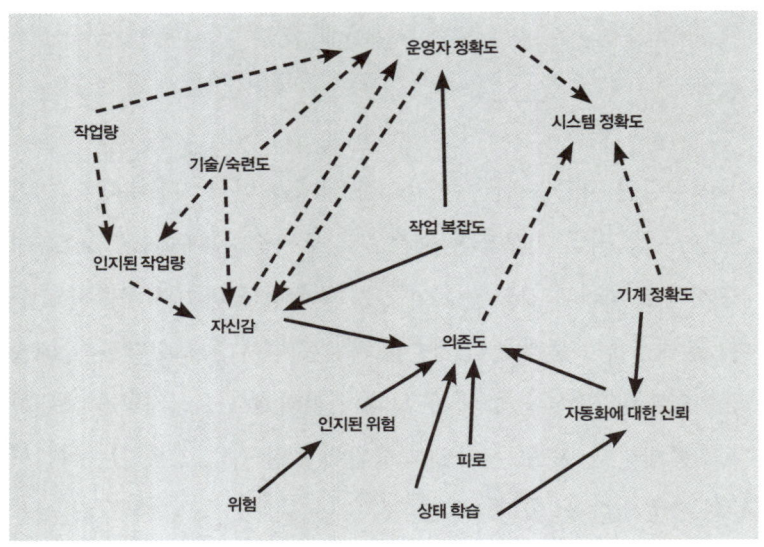

자동화 의존에 영향을 주는 요인들: 각 요인은 테슬라 오토파일럿 사고에서 드러난 자동화 의존과 안일함을 설명하는 핵심 틀이다. 인간의 자동화 의존은 시스템 정확도, 신뢰, 작업량, 자신감, 피로와 같은 요인들에 의해 결정된다.

테슬라는 2014년 오토파일럿을 처음 도입했으나, 진정한 독자 노선은 2016년 모빌아이와의 파트너십 종료 후 시작되었다. 당시 업계 표준이었던 모빌아이의 컴퓨터 비전 시스템에 만족하지 못한 일론 머스크는 과감한 결정을 내렸다. "우리가 직접 만들겠다."

2016년, AMD에서 전설적인 칩 설계자 짐 켈러Jim Keller를 영입하면서 본격적인 여정이 시작되었다. 목표는 명확했다. 인간의 시각 시스템을 모방한 카메라만으로 작동하는 완전한 자율주행 시스템을 만드는 것이었다. 라이다LiDAR나 고정밀 지도에 의존하는 웨이모Waymo나 크루즈Cruise와는 정반대의 길이었다.

하지만 이 '비전 온리Vision-Only' 접근법은 양날의 검이었다. 한

편으로는 대량 생산이 가능한 저비용 시스템을 만들어 수백만 대의 테슬라 차량을 굴리는 거대한 데이터 수집 네트워크로 변모시킨다. 다른 한편으로는 시스템의 능력과 사용자의 기대 사이에 위험한 간극을 만들어낸다. 하지만 '오토파일럿'이라는 이름부터가 문제였다. 항공기의 오토파일럿을 연상시키는 이 명칭은 많은 운전자에게 차량이 스스로 모든 것을 처리할 수 있다는 착각을 불러일으켰다. 더 나아가 '완전자율주행Full Self-Driving, FSD'이라는 옵션명은 이러한 오해를 극대화했다.

2025년 현재까지 진행 중인 캘리포니아 차량관리국DMV의 소송은 이 문제의 핵심을 찌른다. DMV는 테슬라가 이러한 용어들을 통해 소비자를 의도적으로 오도했다고 주장한다. "운전석에 앉은 사람의 조작 없이도 단거리 및 장거리 주행을 수행할 수 있도록 설계되었다"라는 테슬라의 광고 문구가 직접적인 증거로 제시되었다.

마운틴뷰 사고가 있었던 2018년, 테슬라의 자율주행 AI는 아직 초보 단계였다. 하지만 그 뒤 7년 동안 시스템은 눈부시게 발전했다.

2021년에 등장한 '하이드라넷HydraNet'은 히드라라는 이름처럼 하나의 몸통(공통 뇌)을 가진 신경망이 여러 개의 머리(다양한 작업)를 동시에 처리하는 구조다. 예를 들어 8개 카메라가 찍은 영상이 하나의 '공용 두뇌ResNet(이미지 인식·분류 같은 컴퓨터 비전 작업에 널리 쓰이는 딥러닝 모델 구도)'로 들어가면, 이 두뇌는 여러 갈래로 생각을 뻗어 차량·보행자·자전거·신호등을 찾아내고, 실선·점선·임시 차선까지 구분하며, 도로·인도·건물·하늘을 색칠하듯 나누고, 화면 속 각 픽셀로 거리(깊이)도 추정한다. 마치 사람의 뇌가 한 장면을 보면서 동시에 '저건 자동차, 저건 건물, 저기까지는 몇 미터'라고 파악하는 것과 같다.

하지만 2022년에 도입된 '점유 네트워크Occupancy Networks'는 더 큰 도약을 가능하게 했다. 기존 방식이 카메라 영상에 네모 박스(2D 바운딩 박스)를 그려 사물의 위치를 표시하는 수준이었다면, 테슬라는 주변 공간 전체를 작은 '레고 블록(복셀voxel)'으로 쪼개어 각 블록이 비어 있는지, 물체가 있는지의 확률을 계산하는 방법으로 바꿨다. 쉽게 말해, 차 주변 공간을 3차원 격자무늬의 투명 상자로 가득 채워놓고, 그 안에 무엇이 얼마나 차 있는지 일일이 체크하는 방식이다.

이런 변화 덕분에 테슬라의 자율주행 AI는 (사람이 눈으로 보고 머릿속에서 동시에 여러 가지를 판단하는 것처럼) 단일 시스템이 방대한 정보를 실시간으로 처리할 수 있게 되었다.

이는 혁명적인 변화였다. 예를 들어, 트럭 뒤에 가려진 보행자가 있다고 가정해보자. 기존 시스템은 보이는 것만 인식할 수 있었다. 하지만 점유 네트워크는 트럭의 움직임, 주변 차량의 흐름, 도로 구조 등을 종합해 보이지 않는 공간에도 무언가가 있을 확률을 추정한다. 차량 내에서 실시간으로 처리되는 이 시스템은 인간의 직관에 한 발 더 다가선 것처럼 보였다.

하지만 아무리 정교한 신경망도 데이터 없이는 무용지물이다. 테슬라의 진짜 무기는 '그림자 모드Shadow Mode'라고 불리는 교묘한 시스템이었다. 작동 방식은 단순하면서도 천재적이다. 당신이 테슬라를 운전하는 동안, AI는 백그라운드에서 조용히 작동한다. 실제로 차를 제어하지는 않지만, '만약 내가 운전한다면'이라는 가정하에 지속적으로 예측을 수행한다. 그리고 AI의 예측과 인간 운전자의 실제 행동이 다를 때마다 그 순간이 포착되어 테슬라의 데이터센터로 전송된다. 브레이크를 밟은 타이밍이 AI의 예측보다 0.5초 빨랐다면? 그것은 AI가 놓친 무언가가 있다는 신호다. 차선 변경을 AI가 예측하지 못했다면? 그 상황의 비디오 클립이 업로드되어 다음 훈련의 재료가 된다.

테슬라는 FSD의 누적 주행 거리가 수십억 마일에 달한다고 밝혔다. 경쟁사 대비 훨씬 더 많은 실제 주행 데이터를 축적하고 있는 것이다. 더 중요한 것은 이 데이터의 다양성이다. 완벽하게 정비된 캘리포니아의 도로뿐만 아니라, 눈 덮인 노르웨이의 산길, 모래바람이 부는 두바이의 고속도로, 좁고 복잡한 도쿄의 골목길 등 전 세계의 모든 도로 상황이 테슬라의 AI 훈련장이 된다. 하지만 이 시스템의 이면에는 불편한 진실이 숨어 있다 수백만 명의 테슬라 소유자들은 자신도 모르는 사이에 무급 AI 트레이너가 된 것이다. FSD 기능에 추가 비용을 지불한 소유자들은 실제로는 미완성된 기술의 베타테스터 역할을 하고 있다.

더 심각한 문제는, 이 과정에서 발생하는 위험이 운전자뿐 아니라 아무 관계 없는 보행자와 다른 차량들에게도 전가된다는 점이다. 테슬라는 이를 '공개 베타테스트'라고 부르지만, 비평가들은 '개발 리스크의 사회적 외부화'라고 비판한다. 웨이모나 크루즈가 훈련된 안전요원과 함께 제한된 구역에서 테스트하는 동안, 테슬라는 일반 도로를 거대한 실험실로 만든 것이다.

미국 고속도로교통안전국NHTSA의 데이터는 이러한 우려가 단순한 기우가 아님을 보여준다. 워싱턴포스트는 오토파일럿 도입(2014년) 이후 '700건이 넘는' 충돌과 '최소 19건'의 사망 사고를 집계했다. NHTSA는 2024년 4월 자료에서 오토파일럿 작동 중 발생한 정면 충돌frontal plane로 인한 사망사고 13건(14명 사망)을 확인했다.

데이터 제국의 명과 암

2023년 8월 26일, 일론 머스크는 X 라이브로 FSD v12를 팔로알토 일대에서 약 45분간 시연했다. 머스크는 같은 달 1일 X 게시글에서 "차량 제어가 테슬라 FSD AI 퍼즐의 마지막 조각이다. 이는 30만 줄이 넘는 C++ 제어 코드를 제거하고 신경망으로 대체할 것이다"라고 밝혔고, 라이브에서는 엔드투엔드 신경망 전환을 강조했다. 이것은 단순한 기술적 개선을 넘어선 패러다임의 전환이었다. 기존의 자율주행 시스템은 인간이 정의한 규칙을 따랐다. "빨간 신호를 감지하면 정지하라", "앞차와의 거리가 ○미터 이하면 감속하라", "차선을 변경할 때는 깜빡이를 켜라" 등 수십만 개의 조건-결과if-then 규칙이 복잡하게 얽혀 있었다. 엔지니어들은 매일 새로운 예외적·극단적 사례를 발견하고, 그에 대응하는 규칙을 추가했다. 하지만 현실 세계의 복잡성은 규칙으로 포착하기에는 너무나 방대했다.

FSD v12의 접근은 근본적으로 달랐다. "아이에게 운전을 가르치듯이 AI를 훈련한다." 수십 개의 신경망으로 구성된 이 시스템은 수백만 시간의 인간 운전 영상을 보고 스스로 패턴을 학습한다. AI는 빨간 신호에서 멈추라고 명시적으로 프로그래밍하지 않아도 수만 개의 사례를 통해 스스로 그 행동을 학습한다. 엔지니어들은 이를 "자동차를 위한 챗GPT"라고 부른다. 챗GPT가 인터넷의 텍스트를 학습해 언어를 이해하듯이, FSD v12는 인간의 운전을 학습해 주행을 이해한다. 입력은 8개 카메라의 영상, 출력은 스티어링 각도와 페달 압력. 그 사이의 모든 것은 신경망의 블랙박스다.

이 혁명적인 시스템의 심장부에는 '데이터 엔진Data Engine'이 있다. 7단계로 구성된 이 정교한 파이프라인은 테슬라가 경쟁사를 압도하는 핵심 무기로 작동한다.

첫 번째 단계는 트리거 설정으로 시작된다. 엔지니어들은 마치 사냥꾼이 먹이를 추적하듯 특정 주행 시나리오를 세심하게 정의한다. '야간' 우회전처럼 시야가 제한된 상황, '공사 구간' 통과와 같은 예외적 도로 환경, 그리고 '비보호 좌회전'처럼 복잡한 판단이 요구되는 순간들이 그 대상이다. 이렇게 정의된 트리거는 전 세계 수백만 대의 테슬라 차량으로 즉시 전파되어 거대한 데이터 수집 네트워크를 가동시킨다. 차량들은 해당 상황을 감지하는 순간 전후 1분간의 영상을 빠짐없이 기록하는데, 이는 마치 수백만 명의 카메라맨이 24시간 대기하며 특정 장면만을 포착하는 것과 같다.

차량이 주차 후 Wi-Fi에 연결되면 세 번째 단계가 시작된다. 수집된 영상 클립들이 조용히, 그러나 대량으로 테슬라 서버로 흘러 들어간다. 방대한 양의 주행 데이터가 매일 수집된다. 이 어마어마한 데이터의 홍수는 일반적인 IT 기업이라면 감당하기 어려운 규모지만, 테슬라에게는 일상이다. 네 번째 단계에서는 테슬라가 자체 개발한 AI 도구가 이 방대한 영상들을 일차적으로 분석한다. 마치 숙련된 편집자가 원고를 훑어보듯, 시스템은 차선의 형태와 위치, 신호등의 색깔과 변화, 보행자의 움직임, 주변 차량의 궤적을 자동으로 식별하고 태그를 붙인다.

하지만 기계의 눈만으로는 충분하지 않다. 다섯 번째 단계에서 대규모 데이터레이블링팀이 자동 레이블링을 검증하고 수정한다. 이들은 AI가 놓친 미묘한 디테일을 잡아내고, 잘못 해석한 부분을 바로잡는다. 특히 여러 요소가 복잡하게 얽힌 시나리오는 경험 많은 전문가들이 직접 한 프레임씩 분석하며, 이 과정은 마치 다이아몬드를 연마하는 장인의 손길처럼 정교하다.

여섯 번째 단계는 진정한 마법이 일어나는 순간이다. 슈퍼컴퓨터 도조Dojo가 깨어나 새로운 신경망 모델을 훈련시킨다. (테슬라는 신경망 훈련에 대규모 GPU 자원이 투입된다고 밝혔다.) 이 과정은 인간이라면 수만 년이 걸릴 학습을 단 며칠 만에 완성한다. 마지막으로, 이렇게 탄생한 새 모델은 곧바로 실전에 투입되지 않는다. 그림자 모드라는 일종의 '가상 운전' 단계를 거치며, 실제 운전자들의 판단과 AI의 판단을 끊임없이 비교한다. 이 과정에서 발견된 차이점들은 다음 버전을 위한 귀중한 개선 포인트가 된다.

테슬라는 빠른 반복 학습 사이클을 통해 지속적으로 시스템을 개선한다. 경쟁사들이 수개월에 걸쳐 한 번의 업데이트를 준비하는 동안, 테슬라는 이미 여러 세대를 진화한다. 다른 종들이 진화에 수천 년이 걸리는 동안, 테슬라의 AI는 빠른 속도로 세대를 거듭하며 똑똑해지는 것이다.

테슬라가 2021년 공개한 도조는 업계를 놀라게 했다. 비디오 처리에 최적화된 커스텀 D1 칩, 엑사 스케일급 성능, 그리고 무엇보다 수직 통합의 극치를 보여주는 프로젝트는 이제 자동차뿐만 아니라 AI 훈련 인프라까지 직접 만들겠다는 테슬라의 선언이었다.

여러 매체가 도조 팀의 재편성과 프로젝트 우선순위 조정을 보도했다. 테슬라는 훈련보다 추론 칩 개발에 더 집중하겠다는 전

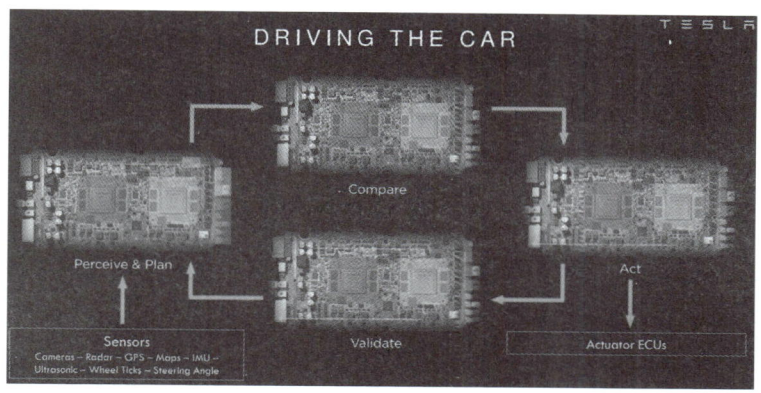

테슬라 하드웨어3(FSD 컴퓨터) 구조. 테슬라가 2019년에 공개한 자율주행 전용 칩의 아키텍처. 듀얼 칩 구조로 센서 데이터를 인식하고 계획하며, 검증을 거쳐 실제 차량 제어로 이어지는 과정을 보여준다.(출처: Hot Chips 31(2019) 테슬라 프레젠테이션 중)

략적 방향을 시사했다. "훈련과 추론에 리소스를 분산시키는 것은 의미가 없습니다."

머스크의 설명은 간단했지만, 그 의미는 심오했다. 이는 테슬라 AI 전략의 성숙을 보여주는 신호였다. 끝없는 모델 개선이 아니라, 검증된 모델의 효율적 배포에 집중하겠다는 것이다. 차세대 추론 칩 개발은 이러한 전략의 핵심이다. 이 칩들은 차량 내에서 실시간으로 FSD를 구동할 뿐만 아니라, 극단적 상황에서의 지속적 학습도 가능하게 한다.

하지만 이 모든 기술적 성취 뒤에는 불편한 질문이 남는다. "과연 이것이 정당한가?"

가장 근본적인 문제는 데이터 소유권과 '동의'의 성격이다. 테슬라의 구매 및 이용 약관에는 차량의 주행·센서 데이터가 차량 성능 개선과 안전 향상을 위해 회사에 의해 수집·활용될 수 있다고 명시되어 있다. FSD 기능을 사용하는 운전자들은 사실상 자율주행 알고리즘의 실시간 학습 과정에 참여하는 '베타테스터' 역할을 수행하지만, 그 데이터로 창출된 가치에 대한 보상이나 권리 귀속은 명시되어 있지 않다. 더 심각한 것은 도로 위의 다른 사용자들이다. 그들은 자신도 모르게 테슬라의 AI 실험에 참여하게 된 것이다.

이러한 윤리적 문제들에 대해 EU는 이미 행동에 나섰고, 각국의 규제 당국들이 움직이기 시작했다. 2024년 발효된 AI 법은 차량 안전에 관련된 AI 시스템을 고위험으로 분류하며, 적합성 평가, 로그 기록, 사후 모니터링, 감독 당국에 대한 보고 의무를 규정하고 있다. 중국은 자율주행 관련 과장 광고를 제한하고, 공공도로에서의 베타 소프트웨어 배포에 대해 엄격한 허가 체계를 운영하고 있다.

테슬라 AI 전략의 또 다른 축은 차량 내 컴퓨팅 파워의 지속적인 강화다. 2019년 출시된 하드웨어3는 게임체인저였다. 테슬라 발표 기준으로 144 TOPS Tera Operations Per Second(초당 1조 번의 연산 성능)의 연산 능력을 72와트로 구현한 이 칩은 당시 업계 최고 수준이었다. 하지만 더 중요한 것은 이것이 '자동차'용 칩이 아니라 'AI 추론'용 칩이었다는 점이다. 테슬라는 자동차 회사가 아니라 AI 회사임을 하드웨어 레벨에서 선언한 것이다.

차세대 차량용 추론 칩(공식 명칭, 세부 사양 미공개)은 한 단계 더 나아간다. 추론 성능을 높이고, 차량 내 사전 처리와 경량 학습까지 염두에 둔 설계가 논의된다. 각 차량을 작은 데이터센터로 만들고, 낮에 수집한 데이터를 밤에 차량 내에서 일차로 처리해 정말 중요한 데이터만 중앙으로 전송하는 것이다. 이는 데이터 전송 비용을 절감할 뿐만 아니라 개인정보 보호 측면에서도 진일보한 접근이다. 하지만 이는 새로운 보안 위협도 만든다. 각 차량이 AI 모델을 가지고 있다면, 각각의 차량이 해킹의 대상이 될 수 있다. 악의적으로 조작된 모델이 주입된다면? 수백만 대가 동시에 오작동한다면? 이런 시나리오는 더 이상 공상과학이 아니다.

혁신의 대가: 규제와의 줄다리기

테슬라는 FSD의 누적 주행 데이터가 지속적으로 증가하고 있다고 밝혔다. 2025년 들어서도 이러한 성장세는 계속되고 있으며, 방대한 실제 도로 주행 데이터를 축적하고 있다. 이런 기하급수적 성장은 경쟁사들을 무색하게 만들었다. 웨이모, 크루즈는 지정 구역 중심의 안전요원 미탑승 상용 서비스에 주력하고, 테슬라는 대규모 플릿 데이터Fleet Data(기업이나 조직이 운영·관리하는 전체 차량이나 장비Fleet에서 수집한 모든 데이터)를 통한 접근으로 대비된다. NHTSA의 시선은 냉정했다. 테슬라의 FSD가 햇빛 반사나 안개처럼 시야가 흐린 상황에서도 안전하게 작동하는가? 한 조사 보고서에는 오토파일럿 작동 중 발생한 수백 건의 사고가 기록되어 있었고, 그중에는 보행자의 생명을 앗아간 사례도 있었다.

테슬라와 규제 당국의 대립은 단순한 기술적 논쟁을 넘어 근본적으로 다른 두 철학의 충돌이었다. 테슬라는 실용주의적 관점에서 접근했다. "불완전한 시스템이라도 인간 운전자보다 통계적으로 안전하다면, 그것은 곧 생명을 구하는 일이다. 완벽한 기술을 기다리는 동안 우리는 매일 도로에서 죽어가는 수천 명의 사람들을 외면해도 되는가?" 일론 머스크의 이런 논리는 나름의 설득력을 가졌다. 반면 규제 당국은 전혀 다른 프레임으로 문제를 바라봤다. "기계의 실수는 본질적으로 인간의 실수와 다르다. 인간의 실수가 무작위적이고 예측 불가능한 반면, 시스템의 오류는 체계적이고 반복적이며, 따라서 예방 가능해야 한다. 더구나 완성되지 않은 베타 소프트웨어로 공공도로에서 실험하는 것은 다른 도로 이용자들에 대한 명백한 위험 부담 전가다." 이들의 주장도 공공안전이라는 관점에서 타당성을 지녔다.

NHTSA 조사에서 가장 논란이 된 부분은 '충돌 직전 시스템 비활성화' 패턴이었다. 데이터는 충격적이었다. NHTSA는 일부 사고에서 충돌 직전 시스템 비활성화 패턴을 확인했으며, 이는 경고와 감독 시스템의 미흡함과 관련 있다고 지적했다. 테슬라의 설명은 기술적으로 타당했다. "시스템이 처리할 수 없는 상황을 감지하면 운전자에게 제어권을 넘긴다. 이는 SAE 레벨2(부분 자동화) 시스템의 정상적인 작동으로, 상시 운전자 감독이 전제되는 수준이다." (참고로 SAE(국제자동차기술자협회)는 자율주행을 6단계로 분류해 레벨0(수동운전)부터 레벨5(완전자율주행)까지 명확히 구분하고 있다.)

하지만 비평가들은 이를 '책임의 방패'라고 불렀다. 시스템이 위험한 상황을 만들어놓고 마지막 순간에 인간에게 떠넘긴다는 것이다. 인간이 상황을 파악하고 대응하기까지 필요한 2~3초의 시간은 없었다. 2023년 12월 운전자 감독 강화를 위한 대규모 소프트웨어 업데이트 리콜이 있었고, 2024년 4월 규제 당국이 그 효과를 다시 점검하여 모니터링 시스템을 강화하라고 했다. 테슬라는 OTA Over-the-air(무선 소프트웨어 업데이트)로 대응했지만, 이는 근본적인 해결책이 아니었다.

2024년 2분기만 해도 29개의 AI 특허를 출원한 테슬라는 지적재산권 전략에서 매우 공격적인 행보를 보였다. 이들이 집중한 핵심 특허 분야를 살펴보면 테슬라의 기술 전략이 선명하게 드러난다. 먼저 강화학습 기반 자율주행 기술은 시뮬레이션 환경과 실제 도로 주행 사이에 존재하는 간극을 획기적으로 줄이는 데 초점을 맞췄다. 또한 하드웨어3의 효율을 극대화하는 신경망 가속화 컴파일러 기술로 처리 속도를 혁신적으로 개선했다. 그림자 모드의 핵심이 되는 플릿 학습 시스템은 수백만 대의 차량이 하나의 거대한 학습 네트워크로 작동하게 만들었으며, 희귀하지단 치명적일 수 있는 위험 상황을 자동으로 포착하는 엣지 케이스 검출 기술은 안전성 향상의 핵심이 되었다.

이 특허들은 단순한 방어 목적이 아니었다. 테슬라는 이미 몇몇 경쟁사와 라이선스 협상을 시작했다. FSD의 핵심 기술을 다른 제조사에 판매하겠다는 것이다. "안드로이드 모델"이라고 불리는 이 전략은 테슬라를 자동차 회사에서 AI 플랫폼 기업으로 전환하는 핵심이었다.

서두에서 언급한 DMV와 테슬라 간의 소송은 2025년 현재도 팽팽한 긴장 속에 진행되고 있다. 표면적으로 쟁점은 단순해 보인다. "오토파일럿과 FSD라는 이름이 과연 소비자를 기만하는 것인가?" 하지만 이 질문 뒤에는 기술 혁신과 소비자 보호 사이의 근본적인 갈등이 도사리고 있다.

DMV는 법정에 제출한 증거 자료를 통해 테슬라의 마케팅이 얼마나 공격적이었는지를 생생하게 드러냈다. 첫 번째 증거는 테슬라 웹사이트에 버젓이 게시된 자율주행 능력을 과장하는 마케팅 문구들이었다. 짧은 마케팅 문장으로 마치 차량이 완전한 자율주행이 가능한 것처럼 소비자를 오도했다는 것이 DMV의 주장이었다. 더욱 치명적인 것은 일론 머스크의 반복적인 트위터 발언들이었다. "올해 안에 FSD를 실현하겠다"라는 그의 약속은 2016년부터 매년 반복되었지만, 2025년이 된 지금도 여전히 '베타' 딱지를 떼지 못하고 있다. DMV는 이러한 발언들이 투자자뿐만 아니라 일반 소비자들에게도 비현실적인 기대를 심어주었다고 지적했다. 설상가상으로 DMV는 테슬라 판매 직원들이 고객에게 FSD의 능력을 과장해서 설명하는 녹음 파일까지 확보했다. 일부 직원들은 "곧 차가 스스로 모든 것을 할 수 있을 것"이라며 마치 공상과학 영화의 한 장면을 연상시키는 설명을 서슴지 않았다.

그러나 테슬라의 법률팀도 준비가 철저했다. 그들은 모든 고객이 차량을 구매할 때 서명하는 계약서를 제시했다. 그 안에는 명확한 경고 문구와 면책 조항이 빼곡히 적혀 있었다. "오토파일럿과 FSD는 운전자의 지속적인 감독이 필요한 운전 보조 기능입니다"라는 문장이 굵은 글씨로 표시되어 있었고, 고객은 이를 읽고 동의했다는 서명까지 남겼다. 더 나아가 테슬라는 소프트웨어 이름 자체에 '베타'라는 표시를 붙여 아직 완성되지 않은 개발 중인 제품임을 명백히 했다고 주장했다. (참고로 IT업계에서는 미완성 제품의 이름에 '베타'를 넣는 것이 관습이다.)

테슬라의 가장 강력한 방어 논리는 실제 데이터였다. 그들이 제출한 통계에 따르면, 오토파일럿이 작동 중일 때의 사고율은 일반적인 인간 운전자의 평균 사고율보다 현저히 낮았다. "우리는 완벽을 약속한 것이 아니라 더 나은 안전을 제공하고 있으며, 실제로 그것을 달성하고 있습니다." 이것은 테슬라 측의 핵심 주장이다.

하지만 이 소송의 진짜 쟁점은 법정에서 오가는 증거들보다 훨씬 더 깊은 곳에 있었다. 그것은 바로 혁신을 장려하면서도 공공 안전을 보장해야 하는 현대 사회의 근본적인 딜레마였다. 너무 엄격한 규제는 혁신을 질식시킬 수 있지만, 너무 느슨한 규제는 무고한 시민들을 위험에 빠뜨릴 수 있다. 이 미묘한 균형점을 어디에 설정할 것인가? 만약 DMV가 승소한다면, 테슬라는 캘리포니아에서 FSD 기능의 판매 중지라는 치명적인 타격을 입을 수 있다. 실리콘밸리의 심장부이자, 테슬라의 최대 시장 중 하나인 캘리포니아에서의 판매 금지는 단순한 매출 손실을 넘어 기업 이미지에 회복하기 어려운 상처를 남길 것이다.

그러나 이 판결의 파장은 테슬라라는 한 기업의 운명을 넘어선다. 전 세계 규제 당국들이 이 재판을 주시하고 있다. EU의 엄격한 AI 규제 당국, 중국의 신중한 정책 입안자들, 그리고 다른 미국 주 정부들까지 모두가 캘리포니아 법원의 판결을 자신들의 정책 방향을 설정하는 나침반으로 삼을 준비를 하고 있었다. 이 한 건의 소송이 향후 수십 년간 자율주행 기술의 발전 속도와 방향을 결정할 수도 있는 것이다.

"AI-First"로의 대전환

2025년 6월, 텍사스 오스틴에서 테슬라는 모델Y 차량에 안전요원을 탑승시킨 형태의 파일럿을 시작했다. 비록 제한적인 형태였지만, 이 순간이 갖는 상징적 의미는 결코 작지 않았다. 2018년부터 매년 "내년에는 반드시"를 외쳐온 머스크의 약속이 7년 만에 현실의 문턱을 넘어선 것이다.

로보택시Robotaxi는 그동안 테슬라가 쌓아올린 모든 AI 기술의 정수를 하나로 응축한 결정체였다. 가장 핵심이 되는 '점유 네트워크'는 차량 주변 360도 공간을 실시간으로 인식하고 해석했다. 단순히 물체를 감지하는 수준을 넘어, 보이지 않는 사각지대까지 추론하며 잠재적 위험을 예측하는 이 기술은 인간 운전자의 직관을 디지털로 구현한 것이다. 여기에 FSD v12의 엔드투엔드 신경망이 더해져 카메라가 포착한 원시 영상 데이터로부터 스티어링 각도와 페달 압력까지 직접 결정할 수 있게 되었다.

더욱 놀라운 것은 실시간 플릿 학습 시스템이었다. 오스틴의 한 로보택시가 공사 현장의 임시 우회로를 성공적으로 통과하면, 그 경험은 후속 소프트웨어 업데이트 등을 통해 플릿 전반에 반영되어 다른 모든 차량이 같은 상황에 더 잘 대처할 수 있게 된다. 마치 벌이 꽃의 위치를 동료들과 공유하듯, 각 차량의 개별 경험이 집단지성으로 승화되는 것이다. 여기에 교통 패턴을 AI로 예측하는 라우팅 시스템까지 더해져 로보택시는 단순히 목적지까지 가는 것이 아니라 가장 효율적인 경로를 실시간으로 계산하며 주행했다.

머스크는 2025년 말까지 미국 인구의 절반을 로보택시 서비스 지역으로 커버하겠다는 목표를 제시했으나, 규제와 기술 변수로 인해 불확실성이 크다. 하지만 진정한 혁명은 기술이 아닌 비즈니스 모델에 있었다. 테슬라는 일반 소유자들도 자신의 차량을 로보택시 네트워크에 등록할 수 있도록 하는 계획을 재확인했다. 출근 후 회사 주차장에 세워둔 차량이, 퇴근 후 집 차고에 주차된 차량이 주인이 사용하지 않는 시간 동안 스스로 승객을 태우고 돈을 벌어오는 구상이다. 다만 현재는 오스틴에서 테슬라 보유 차량을 중심으로

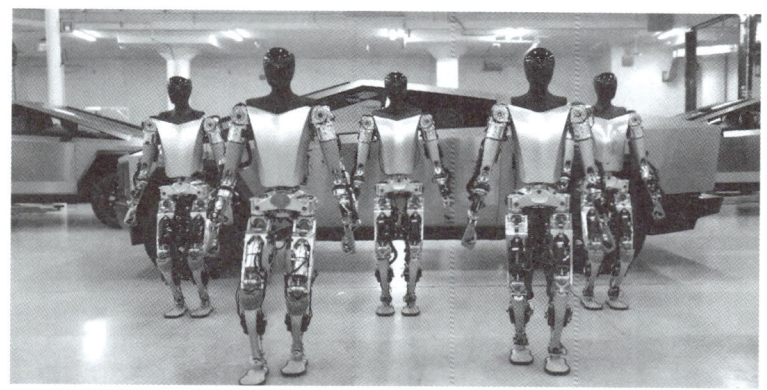

테슬라가 개발 중인 휴머노이드 로봇 옵티머스. FSD에서 축적한 AI 기술을 로봇 형태로 확장해 공장과 노동 영역에 적용하려는 테슬라의 비전을 구현한다. (출처: 테슬라 홈페이지)

안전요원이 탑승하는 제한적 파일럿 단계이며, 수익배분 비율은 공개되지 않았다.

테슬라는 옵티머스Optimus 로봇의 공장 내 파일럿 테스트를 진행 중이라고 발표했다. 옵티머스의 가장 놀라운 점은 그 두뇌가 FSD와 본질적으로 동일하다는 사실이었다. 하지만 겉모습은 완전히 달랐다. 자동차를 둘러싼 8개의 카메라는 휴머노이드 머리에 장착된 단 2대의 카메라로 축소되었고, 도로를 구르던 네 바퀴는 공장 바닥을 걷는 두 다리로 대체되었다. 그러나 이러한 외형적 차이는 표면적일 뿐이었다. 그 안에서 작동하는 핵심 AI는 놀라울 정도로 동일한 원리를 따르고 있었다.

먼저 공간 인식 능력을 보자. 자동차에서 주변 360도를 실시간으로 파악하던 점유 네트워크는 로봇에서도 똑같이 작동했다. 단지 고속도로에서 차량과 차선을 인식하던 것이 공장에서 작업대와 부품, 동료 작업자를 인식하는 것으로 바뀌었을 뿐이다. 이 시스템은 보이는 것뿐만 아니라 가려진 공간에 무엇이 있을지까지 추론하며, 로봇이 복잡한 산업 환경에서 안전하게 움직일 수 있게 했다.

더욱 인상적인 것은 제어 시스템의 전환이었다. FSD에서 카메라 입력을 받아 스티어링휠을 얼마나 돌릴지, 액셀이나 브레이크를 얼마나 밟을지 결정하던 알고리즘이 옵티머스에서는 팔을 어느 각도로 움직일지, 손가락으로 물체를 얼마나 세게 잡을지를 결정하는 시스템으로 매끄럽게 변환되었다. 본질적으로 같은 수학적 문제(3차원 공간에서의 최적 경로 계산과 정밀 제어)를 다른 하드웨어에 적용한 것이다.

균형 제어 시스템의 적응은 특히 흥미로웠다. 자동차가 커브를 돌 때 차체의 기울기를 제어하고 미끄러운 노면에서 안정성을 유지하던 기술이 두 다리로 걷는 로봇의 무게중심을 실시간으로 조절하는 시스템으로 진화했다. 네 바퀴의 접지력을 계산하던 물리 엔진이 이제는 두 발의 압력 분포를 계산하며, 로봇이 무거운 배터리를 들고도 넘어지지 않게 했다.

"우리는 이미 현실 세계를 이해하는 AI를 만들었습니다. 이제 그것을 다른 형태의 몸에 넣을 뿐입니다." 테슬라 AI팀이 추구하는 이러한 비전은 단순하지만 심오한 통찰을 담고 있었다. 그것은 테슬라가 단순히 자동차 회사나 로봇 회사가 아니라, '물리적 세계를 이해하고 그 안에서 행동하는 AI'를 만드는 회사라는 정체성을 명확히 드러낸 것이다. 자동차든 로봇이든, 그것은 이 근본적인 AI가 거주하는 서로 다른 '몸'에 불과했다.

초기 성과는 제한적이었다. 옵티머스는 단순 반복 작업만 수행할 수 있었고, 속도도 인간의 50% 수준이었다. 하지만 24시간 작

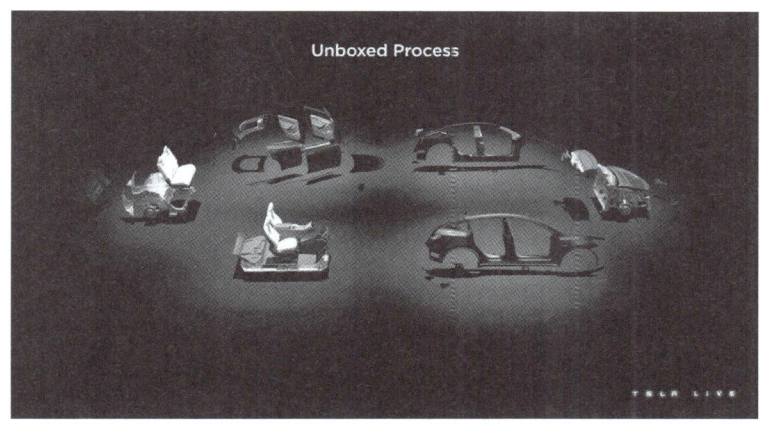

테슬라의 언박스드 프로세스: 모듈형 자동차 제조의 혁신(출처: electrek.co)

업이 가능하고, 실수가 거의 없었으며, 무엇보다 지속적으로 학습했다. 머스크는 대량 생산과 저가 목표를 언급했지만, 공식 가격과 생산 물량은 확정되지 않았다. "아이폰의 10배 규모 시장"이라는 머스크의 호언장담이 현실이 될 수 있을까?

테슬라의 AI 혁신은 제품에만 국한되지 않았다. '언박스드 프로세스Unboxed Process'라는 새로운 제조 방식은 AI가 설계한 공장의 미래를 보여주었다. 전통적인 자동차 조립 라인은 헨리 포드 시대부터 변하지 않은 일직선의 미학을 따른다. 텅 빈 차체가 컨베이어 벨트를 따라 천천히 이동하면, 각 스테이션의 작업자들이 정해진 부품을 정해진 순서대로 장착한다. 엔진, 변속기, 도어, 시트, 대시보드… 마치 거대한 도미노가 쓰러지듯 순차적으로 진행되는 이 과정은 100년 넘게 자동차 생산의 황금률로 여겨졌다.

하지만 테슬라는 이 오래된 정답에 의문을 제기했다. 그들이 개발한 프로세스는 자동차를 하나의 통합체가 아닌 6개의 독립적인 모듈로 바라보는 혁명적 발상에서 출발한다. 전면부, 후면부, 좌우 측면, 바닥, 그리고 배터리 팩이 각각 별도의 공간에서 동시다발적으로 조립되는 것이다. 6명의 요리사가 함께 하나의 요리를 만드는 대신, 각자 다른 요리를 만들어 마지막에 하나의 코스로 완성하는 것과 같다. 이 병렬 처리 방식은 전체 조립 시간을 극적으로 단축시켰을 뿐만 아니라, 한 모듈에 문제가 생겨도 다른 모듈의 작업은 계속 진행될 수 있다는 유연성을 제공했다.

더욱 놀라운 것은 이 복잡한 오케스트라를 지휘하는 AI 시스템이었다. 수백 명의 작업자와 수십 대의 로봇이 동시에 움직이는 공장 내부는 그야말로 카오스에 가깝다. 하지만 AI는 각 작업자의 위치, 진행 속도, 심지어 피로도까지 실시간으로 모니터링하며 최적의 동선을 계산했다. 한 작업자가 예상보다 빨리 작업을 마치면 AI는 즉시 다음 작업을 할당하거나 다른 구역으로 이동을 지시했다. 로봇의 경로가 인간 작업자와 겹칠 것으로 예측되면 미리 우회 경로를 설정해 충돌을 방지했다. 이는 마치 수천 개의 변수를 동시에 계산하는 거대한 체스 게임과 같았고, AI는 이 게임의 그랜드마스터였다.

품질 관리 영역에서도 AI는 기존의 패러다임을 뒤집었다. 전통적인 방식에서는 완성된 제품을 검사해 불량을 찾아냈지만, 테슬라의 AI는 불량이 발생하기 전에 그 징조를 포착했다. 특정 로봇의 토크가 평소보다 0.5% 높아지면, 이는 나사 불량으로 이어질 수 있다는 신호였다. 작업장의 온도와 습도가 특정 조합을 이루면 페인트 도포에 문제가 생길 확률이 높아진다는 패턴도 학습했다. 심지어 한 작업자가 연속으로 같은 작업을 수행한 시간과 불량률 사이의 상관관계까지 파악해 적절한 시점에 작업 순환을 제안했다. 이렇게 AI는 단순한 품질 검사자가 아니라 예언자의 역할을 수행하며 문제가 발생하기 전에 미리 개입해 불량률을 획기적으로 낮췄다.

테슬라는 언박스드 프로세스 특허와 공개자료에서 공장 면적 및 제조비 절감을 목표로 한 모듈형 병렬 조립을 제시했다. 하지만 더 중요한 것은 유연성이었다. 새로운 모델 도입 시 필요한 시간을 18개월에서 6개월로 단축하는 것을 목표로 했고, 이를 가능하게 한 것이 '디지털 트윈' 기술이었다. 실제 공장의 완벽한 가상 복제본에서 AI는 무수한 시뮬레이션을 통해 최적화를 추구한다. 최적의 레이아웃, 작업 순서, 자재 흐름을 찾아내는 것이다. "공장 자체가 거대한 AI 시스템입니다." 생산 담당 부사장의 말처럼 테슬라는 자동차 회사에서 AI 제조 플랫폼으로 진화하고 있었다.

미래의 모습: 새로운 사회적 계약을 향해

자율주행 책임 문제를 설명하기 위해 가상의 시나리오를 살펴보자. 만약 승객 없는 로보택시가 우박을 피하려다 사고를 낸다면, 누가 책임을 져야 할까? 운전자는 존재하지 않고, 차량 소유자는 멀리 있으며, 제조사는 AI가 최선의 판단을 했다고 주장할 수 있다. 현재 법적 프레임워크만으로는 이런 상황의 책임 배분을 명확히 하기 어렵다. 이러한 가상 시나리오는 '공유 책임 생태계'라는 혁신적인 개념의 필요성을 극명하게 드러낸다. 단일 주체에게 모든 책임을 전가하는 기존 방식으로는 자율주행 시대의 복잡한 현실을 담아낼 수 없다.

테슬라가 제안한 새로운 모델은 마치 양파처럼 여러 층의 책임을 체계적으로 구분했다. 가장 안쪽 층인 기술적 책임에서 테슬라는 운영 설계 범위Operational Design Domain, ODD 내에서 시스템이 안정적으로 작동하도록 보장한다. 이는 마치 항공기 제조사가 특정 기상 조건과 고도에서 안전을 보증하는 것과 유사했다. 중간층인 운영적 책임은 24시간 실시간 관제를 담당한다. 테슬라의 로보택시 운영센터는 모든 차량을 실시간으로 모니터링하며, 필요시 원격으로 개입할 수 있는 능력을 유지한다. 마치 항공 관제탑이 하늘의 모든 비행기를 지켜보듯, 그들은 도로 위의 모든 로보택시를 감시했다. 가장 바깥층인 사회적 책임은 투명성과 지속적 개선을 핵심으로 했다. 모든 사고 데이터를 상세히 공개하고, 각 사건에서 얻은 교훈을 다음 소프트웨어 업데이트에 반영하는 것이다.

특히 혁신적이었던 것은 '무과실 보상 기금' 제안이었다. 이는 백신 피해 보상 제도에서 영감을 받은 것으로, 복잡한 책임 소재 다툼 없이 피해자에게 신속한 보상을 제공한다. 동시에 혁신 기업들이 소송의 두려움 없이 기술 개발에 전념할 수 있게 하는 절묘한 균형점이었다. 사고 피해자는 과실을 증명할 필요 없이 기금에서 즉시 보상받고, 기금은 참여 기업들의 분담금과 로보택시 운행 수수료의 일부로 조성되는 구조였다.

한편, 테슬라의 '세이프티 스코어 베타Safety Score Beta'는 보험의 계산법을 다시 쓰고 있었다. 전통적인 보험이 나이, 성별, 과거 사고 이력 같은 정적인 요소로 보험료를 책정했다면, 테슬라는 실시간 주행 데이터를 활용한 완전히 새로운 패러다임을 제시했다. 이 시스템의 작동 방식은 놀라울 정도로 정교했다. '예측 충돌 빈도Predicted Collision Frequency'라는 핵심 지표는 운전자의 모든 행동

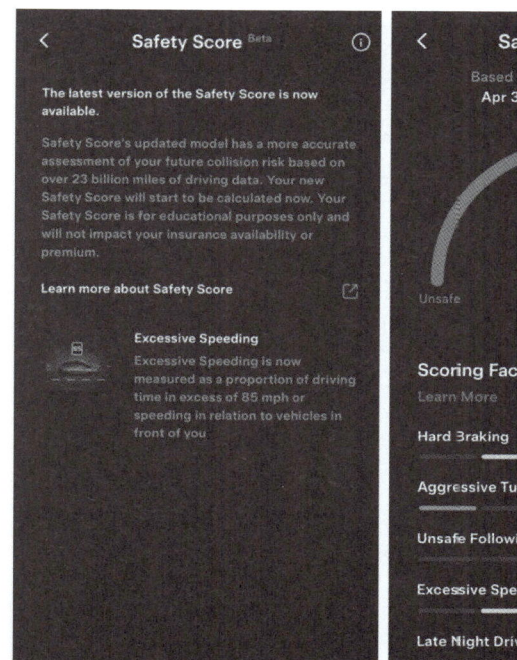

테슬라 세이프티 스코어 인터페이스: 운전 습관을 점수로 평가하는 AI 시스템. 운전자의 급제동, 급회전, 차간거리, 과속, 야간 운전 등 5가지 요소를 실시간으로 분석해 0~100점으로 점수화한다. 이 점수는 테슬라 보험료와 직접 연동되어 안전하게 운전할수록 보험료를 할인받을 수 있다. 화면은 2025년 4월 기준 88점을 받은 운전자의 실제 세이프티 스코어 화면으로 각 평가 항목별 세부 점수를 확인할 수 있다. (출처: notateslaapp.com)

을 종합적으로 평가했다. 급제동을 얼마나 자주 하는지, 급회전은 어느 정도 강도로 하는지, 앞차와의 거리는 적절히 유지하는지 등 수십 가지 요소가 실시간으로 계산되었다. 이는 단순한 점수가 아니라 사고 가능성에 대한 과학적 예측이었다.

더욱 혁신적인 것은 실시간 피드백 시스템이었다. 매일 아침 운전자들은 전날의 운전 점수와 함께 구체적인 개선 제안을 받았다. "어제 오후 3시 15분 고속도로에서 차간거리가 너무 가까웠습니다. 2초 규칙을 지키면 점수가 5점 올라갑니다"와 같은 맞춤형 조언이 제공되었다. 그리고 이런 개선이 실제로 이루어지면, 다음 달 보험료에서 즉각 할인받을 수 있었다. 좋은 운전 습관이 곧바로 경제적 이익으로 연결되는 이 즉각적 인센티브 시스템은 운전자들의 행동을 빠르게 변화시켰다.

"우리는 사고를 보상하는 것이 아니라 예방합니다." 이러한 테슬라 보험의 철학은 150년 보험업 역사의 패러다임 전환을 함축했다. 전통적인 보험이 (사고가 난 후에야 그 가치를 알게 되는) '불운의 복권' 같은 것이었다면 테슬라는 보험을 '안전의 코치'로 재정의했다. 리스크를 사후에 분산시키는 것에서 사전에 감소시키는 것으로, 수동적 보상에서 능동적 예방으로의 진화였다.

테슬라는 세이프티 스코어 도입이 운전 행동 개선에 기여했다고 밝혔지만 구체적인 성과 수치는 독립적으로 검증되지 않았다. 또한 한때 테슬라가 심각하게 검토했다던 '도덕 설정' 메뉴는 결국 어둠 속으로 사라졌다. 이 야심 찬 아이디어는 사용자가 피할 수 없는 사고 상황에서 AI가 내릴 선택을 미리 설정해두는 것이었다. 실제로 테슬라는 "5명의 보행자를 구하기 위해 1명의 탑승자를 희생할 것인가?" 같은 철학적 질문을 설정 메뉴로 만들려 했다.

하지만 비평가들은 이를 "도덕적 책임의 크럼플 존crumple zone"이라며 신랄하게 비판했다. 자동차의 크럼플 존이 충돌 시 일부러 구겨지며 충격을 흡수해 탑승자를 보호하듯, 도덕 설정 메뉴가 AI 기업이 사고나 피해가 발생했을 때 개발자와 회사가 져야 할 책임을 사용자 쪽으로 흘려보내는 완충 장치처럼 작동한다는 것이다. 즉, "우리는 도구를 만들었을 뿐, 사용 책임은 전적으로 개인에게 있다"라는 논리로 개발자가 져야 할 도덕적·법적 책임을 교묘히 흡수·회피한다는 비판이다.

문화적 차이와 윤리적 복잡성 앞에서 테슬라는 결국 '최소 피해 원칙'이라는 단순하지만 보편적인 접근법을 선택했다. 복잡한 도덕적 판단 대신, 물리적 피해를 최소화하는 것을 유일한 목표로 삼은 것이다. 하지만 이 역시 완벽한 해답은 아니었다. '최소 피해'를 어떻게 정의할 것인가? 물리적 부상만을 고려할 것인가, 아니면 심리적 트라우마도 포함할 것인가? 이 질문들은 여전히 미완의 과제로 남아 있다.

완성되지 않은 실험

2025년 8월 현재, 테슬라의 AI 여정은 숫자만 놓고 보면 눈부신 성공 스토리다. 옵티머스는 아직 개발 단계에 있고 가격과 생산 물량이 확정되지 않았지만, FSD는 대량의 주행 데이터를 축적했고, 로보택시는 미국 주요 도시로 빠르게 확산되고 있다. 이 화려한 성과 뒤에 도사린 진짜 도전들은 이제 그 모습을 드러내기 시작했다.

기술적으로 보면, 엣지 케이스라는 괴물은 여전히 정복되지 않았다. 수십억 마일이라는 거대한 숫자도 현실 세계의 무한한 복잡성 앞에서는 빙산의 일각에 불과하다. 뉴욕의 폭설, 뭄바이의 몬순, 카이로의 모래폭풍… 각각의 환경은 AI가 한 번도 상상해보지 못한 새로운 도전을 던진다. 윤리적 차원에서는 더 큰 폭풍이 고조되고 있다. 전 세계 수백만 명의 테슬라 소유자들이 자신도 모르게 무급 AI 트레이너가 된 현실, 공공도로가 거대한 실험실로 변모한 것에 대한 정당성 논란은 시간이 갈수록 거세지고 있다. "우리는 언제

동의했는가?"라는 근본적 질문에 테슬라는 여전히 명확한 답을 내놓지 못하고 있다.

규제의 그물망은 점점 더 촘촘해지고 있다. EU는 세계에서 가장 엄격한 AI 규제를 시행하고 있고, 중국은 자율주행 데이터의 자국 내 보관을 의무화했다. 미국에서 진행 중인 DMV의 허위광고 소송 또한 테슬라의 잠재적 리스크다. 한편, 경쟁은 사방에서 치열하다. BYD는 가격으로, 웨이모는 기술로 테슬라의 독주를 압박하고 있다.

월터 황의 비극적 사고로부터 7년이 지난 지금, 우리는 과연 얼마나 더 안전해졌을까? 통계는 분명한 개선을 보여준다. 사고율은 감소했고, 더 많은 생명이 구해졌다. 하지만 마음 한구석의 불안은 여전히 사라지지 않는다. 기계를 완전히 신뢰할 수 있는 그날은 과연 올 것인가?

진정한 척도는 우리가 기계와 맺게 될 새로운 신뢰의 깊이다. 그리고 그 신뢰라는 다리는 지금도, 한 장 한 장 조심스럽게 건설 중이다.

02
존디어
: 농민을 트랙터 운전사에서 농장 CEO로

미네소타주 블루어스Blue Earth의 4세대 농부 더그 님즈Doug Nimz는 존디어의 자율주행 8R 트랙터를 초기부터 테스트했다. CES 2022 발표 영상에서 그는 "자율주행은 내게 삶을 바꾸는 기술life changer" 이라고 말했다. "내 커리어에서 자율 트랙터를 보게 될 줄 몰랐다" 라는 그의 인터뷰는 미국기계공학회ASME에 소개되었다.

님즈의 선택 뒤에는 미국 농업이 직면한 구조적 위기가 있었다. 2019년부터 미국 농업의 인력 부족이 심각해졌으며, 특정 품목군에서는 농장의 41%가 인력난을 보고했다. 미국 농업 생산자(농장 운영자)의 평균 연령은 2022년 기준 58.1세로 2017년 57.5세에서 더 높아졌고, 젊은 세대는 더 나은 기회를 찾아 도시로 떠났다. 동시에 생산성 압박은 가중되었다. 2050년까지 세계 인구는 97억 명에 도달할 것으로 예상되며, 식량 생산을 50% 증가시켜야 한다는 UN의 전망이 농업 산업 전체를 압박하고 있었다.

존디어의 자율주행 8R 트랙터가 경작 작업을 수행하는 모습. 트랙터 전면부에 장착된 6쌍의 스테레오 카메라가 360도 전방위 장애물을 감지하며, 운전자 없이도 안전하게 밭을 갈 수 있다. 농부는 스마트폰 앱을 통해 원격으로 작업을 모니터링하고, 문제 발생 시 즉시 알림을 받는다. 2022년 CES에서 공개된 이 기술은 농업의 자동화 시대를 열고 있다.

변혁의 시작: 땅에서 데이터로

2017년, 존디어는 실리콘밸리 스타트업 블루리버테크놀로지Blue River Technology를 3억 500만 달러에 인수했다. 이는 단순한 기술 인수가 아닌, 회사의 정체성을 재정의하는 전략적 결정이었다. "우리 회사에는 이제 소프트웨어 엔지니어가 기계 엔지니어보다 많습니다." 자미 힌드먼Jahmy Hindman CTO의 발언은 존디어의 변화를 단적으로 보여준다.

180년 역사의 농기계 회사가 기술 기업으로 변모하고 있다. 블루리버의 창업자 호르헤 헤라우드Jorge Heraud는 스탠퍼드 출신의 로봇공학자다. 그가 개발한 '인식 후 살포See & Spray' 기술은 컴퓨터 비전과 머신러닝을 활용해 개별 식물을 식별할 수 있었다. 초당 20개의 이미지를 처리하며, 시속 12마일로 주행하면서도 작물과 잡초를 구별해 정확히 잡초에만 제초제를 뿌렸다.

존디어의 디지털 전환은 사실 훨씬 이전부터 시작되었다. 1998년, 회사는 세계 최초로 스타파이어StarFire라는 GPS 시스템을 농기계에 도입했다. 당시에는 회의적인 반응이 많았지만, 이는 정밀 농업의 시작이었다.

2012년 출시된 오퍼레이션센터Operations Center는 더 큰 도약이었다. 이 클라우드 기반 플랫폼은 농장의 모든 데이터를 한곳에 모았다. 토양 상태, 날씨, 작물 성장, 기계 작동 등 모든 것이 디지털화되어 농부의 손바닥 안으로 들어왔다.

존디어는 〈2024 비즈니스 임팩트 리포트2024 Business Impact Report〉에서 연결된 77만 5,000대의 기계가 전 세계 4억 5,500만 에이커(약 184만 제곱킬로미터)의 참여 농지Engaged Acres에서 작동하고 있다고 발표했다. 이는 인도 면적의 약 56%에 해당하는 규모다. 존디어는 2026년까지 연결 기계 150만 대, 참여 농지 5억 에이커를 목표로 하고 있다.

존디어 기술 혁명의
짧은 타임라인

존디어의 AI 혁명은 40년 전 제조 현장에서 시작되었다. 1981년, 회사는 당시로서는 천문학적인 액수인 15억 달러를 투자해 컴퓨터와 로봇이 주도하는 제조 공장을 건설했다. 이 공장은 여러 제품을

(위)트랙터 캐빈에 설치된 JD링크JDLink 원격 관리 시스템. 운전자가 터치스크린을 통해 실시간으로 작업 현황과 필드 데이터를 확인할 수 있다.

(아래)2012년 출시된 오퍼레이션센터 시연 모습. 오퍼레이션센터는 스마트폰과 노트북에서 동시에 접속해 농장 전체를 관리할 수 있는 클라우드 기반 플랫폼이다.

이 두 시스템은 연동되어 현장의 데이터를 실시간으로 수집하고 분석하며, 농부들이 언제 어디서든 데이터 기반의 의사결정을 내릴 수 있도록 지원한다. (출처: 존디어 홈페이지)

동시에 생산할 수 있는 유연성을 갖추었고, 이는 훗날 AI 시대의 기반이 되었다.

1981~1998년: 보이지 않는 혁명

진정한 도약은 1998년 스타파이어 네트워크의 출시였다. 스타파이어는 GPS 위성 신호를 보정하는 시스템으로, 농기계에 데시미터 수준의 정확도를 제공했다. 1999년에는 GPS 스타트업 나브콤테크놀로지NavCom Technology를 인수하며 위치 기반 정밀 농업의 선구자로 자리매김했다.

2012년: 디지털 농장의 탄생

2012년 출시된 오퍼레이션센터는 농업 데이터 관리의 전환점이 되었다. 이 클라우드 플랫폼은 농장의 모든 데이터를 통합하는 중앙 신경계 역할을 했다. 농부가 사무실에서 파종 계획을 세우면, 현장의 트랙터가 이를 자동으로 실행했다. 2016년 오퍼레이션센터 모바일 앱(당시 마이 오퍼레이션MyOperations)이 출시되면서 농부들은 어디서든 농장을 관리할 수 있게 되었다.

2017~2023년: AI 기술의 통합

2017년 3억 500만 달러에 인수한 블루리버는 존디어에게 혁신적인 기술을 제공했다. 인식 후 살포 기술의 핵심은 100만 개가 넘는 식물 이미지로 훈련된 딥러닝 모델이었다. 시속 12마일로 달리면서 초당 20개의 이미지를 처리하고, 개별 식물 수준에서 잡초를 식별할 수 있었다.

2021년 2억 5,000만 달러에 인수한 베어플래그로보틱스Bear

Flag Robotics는 기존 트랙터를 자율주행 차량으로 개조하는 기술을 보유하고 있었다. 6개의 카메라, 라이다, 레이더를 조합해 360도 시야를 확보하고, 농부가 스마트폰으로 감독하는 동안 트랙터가 스스로 작업할 수 있었다.

2022년 1월 CES에서 존디어는 완전 자율주행 8R 트랙터를 공개했다. 8R 시리즈(230~410마력급)를 기반으로 한 이 트랙터는 6쌍의 스테레오 카메라를 통해 360도 장애물 감지가 가능하며, 운전자 없이 밭을 갈 수 있었다.

인식 후 살포 기술은 2021년부터 단계적으로 진화해왔다. 초기 모델인 셀렉트Select는 '그린 온 브라운Green-on-Brown' 기술을 통해 갈색 토양에서 녹색 잡초를 식별했다. 업계 자료와 딜러 보고에 따르면 평균 약 77%의 제초제 절감이 가능하다. 2022년에 출시된 얼티밋Ultimate은 더욱 발전된 '그린 온 그린Green-on-Green' 기능으로 옥수수, 콩, 면화 같은 작물 사이에서도 잡초를 정확히 구별할 수 있게 되었다. 2023년에는 2018년 이후 모델에 장착 가능한 프리미엄 개조 키트가 출시되어 기존 장비의 업그레이드가 가능해졌다. 존디어에 따르면 인식 후 살포 기술로 비잔류성 제초제 사용을 평균 66% 이상 줄일 수 있으며, 2024년 아이오와주립대학 현장 실험에서는 평균 76%의 절감 효과가 확인되었다.

2024년 1월, 존디어는 스페이스X와 전략적 파트너십을 발표했다. 스타링크 위성 인터넷을 통해 농촌 지역의 연결성 문제를 해결하고, 2024년 하반기부터 미국과 브라질에서 제한적으로 서비스를 시작했다. 이 서비스는 딜러를 통해 설치되며, 존디어의 원격 관

존디어 기술 진화 타임라인

연도	혁신	의미
1981	로봇 기반 제조공장	AI 전환의 선행 학습
1998	StarFire GPS	정밀 농업 시작
2012	Operations Center	농업 데이터 중앙 신경계
2017	Blue River 인수	AI 기반 잡초 식별·정밀 살포
2021	Bear Flag 인수	트랙터 자율주행 개조
2022	완전 자율8R 트랙터 공개	농기계 → 플랫폼 전환
2024	SpaceX와 파트너십	농기계 상시 연결 → 완전 자율화 기반
2030	완전 자율 농장 비전	농업 인텔리전스 기업 선언

리 시스템인 JD링크와 연계된다. 이로써 농기계의 항시 연결 상태가 현실화되며 자율주행, 원격 진단, 머신-투-머신 동기화가 인프라 제약을 덜 받게 될 전망이다.

이렇게 축적된 방대한 데이터를 AI가 실시간으로 분석해 날씨, 토양 상태, 작물 성장 패턴을 종합적으로 고려한 최적의 농업 결정을 내린다. 회사는 2030년까지 고객 탄소 배출량 15% 감소, 질소 사용 효율성 20% 향상, 작물 보호제 사용 효율성 20% 개선을 목표로 설정하고 이에 '리프 앰비션Leap Ambitions'이라는 이름을 붙였다.

존 메이 CEO는 2030년까지 옥수수와 콩 생산의 전 과정을 자율화한다는 비전을 제시해왔다. 이는 트랙터가 단순한 농기계에서 데이터를 수집하고 AI의 결정을 실행하는 플랫폼으로 진화함을 의미한다. 경작, 파종, 살포, 수확 등 모든 작업을 사람 없이 수행하는 완전 자율 농장의 실현이다.

농부의 역할 재정의: 경작자에서 분석가로

농업의 디지털화는 농부들의 일상을 근본적으로 바꾸고 있다. 존디어의 오퍼레이션센터는 2012년 출시 이후 농장 관리의 중심 도구가 되었다. 과거 농부들이 하루 대부분을 트랙터에서 보냈다면, 이제는 데이터 분석으로 하루를 시작한다. 오퍼레이션센터가 보여주는 수확량 예측, 시장 가격 동향, 날씨 패턴을 종합해 작업 계획을 세우고, 실제 현장 작업은 자율 시스템이 수행한다. 이러한 변화는 수천 년간 이어져온 농부의 정체성에 근본적인 질문을 던진다. 땅과의 직접적인 접촉, 자연과의 교감, 육체노동의 가치에 기반했던 전통적 농부상이 데이터와 알고리즘의 세계로 이동하고 있다.

이제 존디어의 최신 AI 기술은 농부들이 평생 축적한 경험보다 더 정확하게 잡초를 식별한다. "우리는 농부를 대체하려는 것이 아니라, 농부가 더 현명한 결정을 내릴 수 있도록 돕는 것입니다." 존 메이 CEO는 이를 '증강augmentation'이라고 부른다.

그러나 현실은 더 복잡하다. 파종 시기, 비료량, 수확 시점 등 핵심 의사결정 전반에서 AI의 권고가 제시되면서 농부들은 독립적 경영자에서 데이터 네트워크의 일부로 변화하고 있다. 보험사는 전자 작업 기록과 권고 이행 여부 같은 디지털 증빙을 참고해 요율과 보상 판단에 반영할 수 있다. 전통적 농부의 자율성은 알고리즘의 효율성 앞에서 새로운 도전에 직면했다.

역설적으로, 이러한 변화가 젊은 세대를 농촌으로 끌어들이고 있다. 미국 농무부USDA 데이터에 따르면, 2022년 기준 35세 미만 농업인은 29만 6,480명으로 전체의 9%를 차지한다. 이들은 '공격적인 기술 수용자'로 분류되며, 디지털 네이티브인 이들에게 AI 농업은 자연스럽다. 젊은 농부들은 농업을 데이터 과학의 관점으로 접근한다. 수확량 최적화, 자원 효율성, 지속 가능성 지표를 분석하며, 농장을 하나의 거대한 시스템으로 인식한다.

세대 간 기술 수용의 차이는 농촌 사회에 새로운 갈등을 만들고 있다. 젊은 세대는 AI를 자연스럽게 받아들이는 반면, 기성세대는 전통적 농법의 가치를 강조한다.

존디어는 이런 갈등을 완화하기 위해 멘토링 프로그램을 운영한다. 젊은 농부가 기술을, 노련한 농부가 경험과 직관을 서로 가르치는 방식이다. AI는 평균적인 상황에서 최적의 답을 제시하지만, 농업의 예외적 순간에는 여전히 인간의 경험이 필요하다는 인식에서 출발했다.

농부의 역할 변화는 농촌 공동체 전반으로 파급되고 있다. 전통적 농기계 수리점은 점차 IT·진단 서비스센터로 변모하며, 과거 엔진을 고치던 곳이 이제는 소프트웨어 업데이트와 시스템 진단을 제공한다. 농협 등 지역 협동조합의 역할도 진화한다. 유통을 넘어 데이터 분석 지원, AI 교육, 디지털 금융으로 사업을 확장하며 농부들이 데이터 기반 의사결정을 내릴 수 있도록 돕는 것이 새로운 핵심 역할이 되고 있다.

이 모든 변화 속에서도 변하지 않는 것이 있다. 바로 농부의 사명감이다. 방법은 바뀌었지만 '세상을 먹여 살리는 것'이라는 목적은 같다. 이제는 더 효율적으로, 더 지속 가능하게 할 수 있게 된 것이다.

새로운 갈등: 데이터 주권과 디지털 종속

수리권 문제는 디지털 농업 시대의 핵심 갈등으로 떠오르고 있다. 미국 공공이익연구그룹PIRG이 2023년에 발표한 보고서에 따르면, 제조사들의 수리 제한으로 인해 미국 농가가 입는 연간 손실은 약 42억 달러에 달한다.

현대 농기계는 정교한 소프트웨어로 제어되기 때문에 고장이 나면 존디어의 독점 진단 소프트웨어 없이는 문제를 해결할 수 없다. 이 때문에 가장 가까운 공식 딜러가 수백 마일 떨어져 있거나, 수확기 같은 중요한 시기에 수리를 받기 위해 일주일 이상 기다려야 하는 일이 빈번하게 발생한다. 단순한 센서 오류조차 농부가 직접 고칠 수 없는 현실은 일각에서 "디지털 봉건제"라는 비판을 부르고 있다.

이런 수리 제한은 단순히 기술적 문제가 아니다. 존디어가 2030년까지 전체 매출의 10%를 소프트웨어와 구독 서비스 등 반복 매출에서 올리겠다는 전략과 맞물려 있다. 하드웨어 판매 중심에서 소프트웨어 구독 모델로 수익 구조를 전환하려는 과정에서 수리 독점은 핵심적인 수단이 되는 셈이다.

이에 대한 반발로 2023년 4월 25일, 콜로라도주는 농기계 수리권 법안(HB23-1011)을 통과시켰으며 2024년 1월 1일부터 시행됐다. 이 법은 제조업체가 농부와 독립 수리업체에 부품, 소프트웨어, 진단 도구를 공정하고 합리적인 조건으로 제공하도록 의무화했다.

이처럼 농기계 수리권을 둘러싼 갈등은 기술·경제·정책이 교차하는 구조적 문제로, 장비 수리의 편의성을 넘어 농업 생태계의 주도권을 둘러싼 싸움으로 확대되고 있다. 존디어는 2023년 1월 미국농업인연맹AFBF과 양해각서를 체결했으나, 1년 후 AFBF는 제공된 도구가 불충분하고 핵심 소프트웨어 접근은 여전히 차단되어 있다고 이를 비판했다. 2025년 1월 15일, 연방거래위원회FTC는 일리노이와 미네소타주 법무장관과 함께 존디어를 반독점법 위반으로 제소했다. 이후 애리조나, 미시간, 위스콘신주가 소송에 합류했다. 2025년 6월 10일, 일리노이주 북부지방법원은 존디어의 소송 기각 신청을 거부하고 본안 심리를 진행하기로 판결했다.

수리권 너머에는 더 큰 문제가 있다. 바로 데이터 주권이다. 존디어의 익명화된 집적 데이터가 AI 모델 훈련에 사용되면서 개별 농장의 노하우가 알고리즘을 통해 공유되는 것에 대한 우려가 커지고 있다.

존디어의 개인정보 보호정책은 고객이 데이터 접근을 통제할 수 있다고 명시하면서도 서비스 제공, 장비 진단, 소프트웨어 업데이트를 위해 광범위한 데이터 사용 권한을 요구한다. 사실상 현대적 농업을 하려면 데이터를 넘겨야 하는 구조다. 일부 농부들은 팜OSFarmOS, 오픈팀OpenTEAM 같은 오픈소스 플랫폼을 사용해 데이터 통제권을 유지하려 노력하고 있다. 이들 플랫폼은 존디어 시스템보다 기능이 제한적이지만, 농부가 자신의 데이터를 완전히 통제하고 필요시 직접 수리할 수 있다는 장점이 있다.

2022년 세계 최대 해커 컨퍼런스 DEF CON 30에서 보안 연구원 'Sick Codes'는 존디어 트랙터의 헤드유닛 탈옥 방법을 시연했다. 이는 구형 디스플레이와 인포테인먼트 시스템의 잠재적 취약점을 보여준 것으로, 실제 농기계의 실시간 원격 조종을 입증한 것은 아니었다. 그러나 농기계 보안 강화 필요성이 제기되었다. 미국 농지의 상당 부분이 하나의 플랫폼으로 연결되어 있다는 점에서 이는 국가 식량 안보에 대한 새로운 위협이 되고 있다.

이런 기술 발전은 디지털 농업 격차를 심화시키고 있다. 대규모 기업농은 자체 IT팀과 백업 시스템을 갖출 수 있지만, 중소 농가는 기술 도입 비용과 복잡성에 압도된다. 기술이 평등을 가져올 것이라는 약속과 달리, 부익부 빈익빈이 가속화되고 있는 것이다.

존디어는 FTC 소송에 대해 "혁신을 처벌하고 농부들에게 해를 끼친다"라는 입장을 표명했다. 이 갈등의 핵심은 명확하다. 기술 혁신과 농부의 자율성 사이의 균형을 어떻게 찾을 것인가? 농부가 자신의 농장에서, 자신의 장비로, 자신의 데이터를 가지고 농사지을 권리를 어떻게 보장할 것인가?

글로벌 기술 패권과 농업의 지정학

존디어의 디지털 전환은 단일 기업의 혁신을 넘어 글로벌 농업 기술 패권 경쟁의 중심에 있다. 농업용 드론 시장의 선도 기업인 중국 DJI의 농업 전용 드론인 아그라스AGRAS T40은 조건 충족 시 시간당 최대 21.33헥타르의 면적에 농약을 살포할 수 있다. 이는 축구장 약 30개 면적을 1시간 만에 처리할 수 있는 속도다. 중국 정부의 저고도 경제 육성 정책과 보조금 지원 속에 DJI 농업 백서에 따르면 2024년 중국 내 농업 드론의 연간 작업 면적이 약 1억 7,300만 헥타르에 달했으며, 태국 등 동남아시아 시장으로도 빠르게 확산되고 있다.

일본의 농기계 기업 쿠보타Kubota는 이스라엘 스타트업 테벨

에어로보틱스Tevel Aerobotics Technologies와 전략적 제휴와 투자를 통해 과일 수확 자동화에 뛰어들었다. 네덜란드의 하이테크 온실은 헥타르당 500~700톤의 토마토를 생산하며 세계 최고 수준의 생산성을 보인다. 이는 미국 캘리포니아의 2023년 평균 약 126톤(가공 토마토), 중국 전체 평균 약 60톤과 비교해 수 배 높은 수준이다. (단, 이는 하이테크 온실과 노지 재배의 시스템 차이를 고려해야 한다.)

그러나 존디어의 진정한 경쟁력은 개별 기술이 아닌 네트워크 효과network effect에 있다. 네트워크 효과란 사용자가 늘어날수록 서비스의 가치가 기하급수적으로 증가하는 현상이다. 연결된 기계 77만 5,000대와 오퍼레이션센터의 4억 5,500만 에이커 데이터가 더 정밀한 AI 모델을 만들고, 이것이 다시 더 많은 사용자를 끌어들이는 선순환 구조를 구축했다. 마치 구글의 검색 데이터가 더 나은 검색 결과를 만드는 것처럼 존디어의 농업 데이터는 사용할수록 가치가 증가한다.

이러한 데이터 집중은 새로운 지정학적 긴장을 낳고 있다. 중국은 2024년 '전국 스마트 농업 행동계획(2024~2028)'을 통해 2028년까지 국가 농업·농촌 빅데이터 플랫폼을 기본 구축하겠다고 밝혔다. 2023년에는 쌀 산업 전용 빅데이터 플랫폼이 출범했다. 미국이 농업 AI 기술을 통해 글로벌 식량 시스템에 대한 영향력을 확대한다면, 이는 21세기 새로운 형태의 '식량 무기화'가 될 수 있다는 우려가 제기된다.

EU는 이미 움직이기 시작했다. EU는 2023년 9월부터 적용된 데이터 거버넌스 법DGA과 2025년 9월 12일부터 적용되고 있는 데이터 법Data Act을 통해 데이터 공유를 촉진하면서도 역외 정부의 비합법적 데이터 접근 방지 장치를 마련했다. 프랑스와 독일이 주도하는 가이아-X GAIA-X는 유럽의 독자적인 데이터 인프라 구축 프로젝트다. 이 프로젝트는 아그데이터허브 Agdatahub와 아그리-가이아 Agri-Gaia가 핵심 축이다. 아그데이허브는 프랑스의 농업 데이터 공유 플랫폼이고, 아그리-가이아는 독일이 주도하는 농업 AI 프로젝트로 두 나라는 각자의 농업 데이터를 안전하게 관리하면서도 상호 협력할 수 있는 시스템을 함께 구축하고 있다. 쉽게 말해, 미국의 존디어나 중국 플랫폼에 의존하지 않고 유럽만의 농업 데이터 생태계를 만들려는 시도다.

더 근본적인 문제는 '농업 데이터 주권 agricultural data sovereignty'이다. 데이터 주권이란 국가나 개인이 자신의 데이터를 통제할 권리를 말한다. 아프리카와 남미의 개발도상국들은 선진국 기업의 농업 플랫폼을 사용하면서 자국의 토양, 기후, 작물 데이터가 해외로 유출되는 것을 우려한다. 이 데이터가 선진국 기업의 AI 모델 훈련에 사용되고, 결국 그들이 만든 기술을 비싸게 다시 사야 하는 '데이터 식민주의 data colonialism'의 덫에 빠질 수 있다는 것이다.

존디어는 '농가가 자신의 비즈니스 데이터와 공유 대상을 통제한다 You control 'your business data', 'who sees your data''라는 원칙을 명시한다. 하지만 비식별·집계 활용과 법률상 요구 등의 예외가 존재하며, 현실은 더 복잡하다. 개별 농부의 데이터는 가치가 제한적이지만, 수백만 농부의 데이터가 집적되면 막대한 가치를 창출한다. 이 집적 가치의 배분을 둘러싼 논쟁은 계속되고 있다.

결국 존디어의 기술 혁명은 단순한 효율성 향상을 넘어, 21세기 글로벌 농업 질서의 재편을 의미한다. 농업 AI의 표준을 장악하는 국가와 기업이 미래 식량 안보의 주도권을 쥐게 될 것이다. 이는 단지 비즈니스 경쟁이 아니라, 인류의 생존과 직결된 새로운 형태의 권력 게임이다.

2030 비전과 미래:
트랙터 운전사에서 농장 CEO로

"우리는 2030년까지 옥수수와 콩 농사의 모든 과정을 자율화할 것입니다." 존 메이 CEO의 선언은 농업이라는 인류 최고最古의 산업을 완전히 재정의하겠다는 의지의 표명이다.

이러한 비전의 실현을 위해 회사는 단계적 접근을 택했다. 2026년까지 파종과 경작, 2028년까지 살포와 관리, 최종적으로 2030년까지 수확을 포함한 전 과정의 자율화를 목표로, 사람의 직접적인 개입 없이도 농사가 가능한 시스템을 구축한다는 야심 찬 목표를 세웠다. "트랙터는 단지 데이터를 수집하고 AI의 결정을 실행하는 플랫폼일 뿐입니다." 그의 말은 농기계 제조업체에서 농업 인텔리전스 회사로의 정체성 전환을 명확히 보여준다.

이러한 자동화가 농부의 소멸을 의미하는 것은 아니다. 오히려 농부의 역할이 단순 노동자에서 전략적 의사결정자로 고도화되고 있다. 물리적 노동에서 해방된 농부는 이제 AI가 제공하는 정보를 해석하고 전략을 수립하는 데이터 분석가가 되고, 복잡한 자동화 시스템을 운영하고 최적화하는 시스템 관리자가 된다. 또한 시장 동향과 가격 변동을 모니터링하고 투자 결정을 내리는 비즈니스 전략가이자 환경 영향과 장기적인 토양 건강을 고려하는 지속 가능성 관리자의 역할도 수행하게 된다.

물론 완전 자율화까지 남은 기술적 허들은 여전히 존재한다. 예상치 못한 기상 변화, 복잡한 지형, 새로운 병해충 등 표준화되지 않은 상황들에 대한 AI의 대응 능력도 관건이다. 다양한 작물과 지역별 특성을 모두 아우르는 통합 시스템 구축 또한 과제로 남아 있다. 업계 전망에 따르면 완전 자율 농업은 농업 생산성을 20~25% 향상할 것으로 전망하고 있지만, 이는 동시에 농업 구조의 대규모 재편을 의미하기도 한다. 기술 투자 능력이 부족한 소규모 농가는 경쟁에서 밀려날 위험이 있으며, 농업의 대규모 기업화가 가속화될 가능성이 크다.

농촌 지역의 고용 구조도 근본적으로 바뀔 전망이다. 전통적인 농업 노동자 일자리는 감소하지만, 데이터 분석가, 시스템 엔지니어, 드론 조종사 같은 새로운 직종이 창출될 것이다. 농업 교육 시스템도 전면적 개편이 불가피하다.

존디어의 2030 비전이 실현되면 글로벌 식량 안보에 미치는 영향은 막대할 것이다. UN이 예측한 2050년 97억 인구를 위한 50% 식량 증산 목표 달성에 핵심적인 역할을 할 것으로 기대된다. 특히 기후변화 대응 측면에서 정밀 농업을 통해 비료와 농약 사용량을 30~40% 감소시키고, 재생 농업 기술로 탄소를 격리하고 토양 건강을 개선하며, 자원 효율성을 높여 물 사용량을 25~30% 절약할 수 있을 것이다. 이러한 '물리적 노동의 자동화와 인간의 전략적 역할 강화'라는 존디어의 모델은 건설업에서는 중장비 자동화와 현장 관리자 역할 변화로, 물류업에서는 창고 자동화와 공급망 전략가 역할 확대로, 제조업에서는 스마트 팩토리와 생산 최적화 관리자 역할로 확산될 것이다.

리더십의 교훈

존 메이 CEO가 보여준 리더십은 AI 시대 전환 전략의 모범 사례다. 첫째, 농기계 제조업체에서 농업 기술 기업으로의 정체성 재정의는 180년 역사의 회사가 데이터와 AI 중심으로 변신하는 용기와 비전을 보여줬다. 둘째, GPS 도입(1998년)부터 오퍼레이션센터 출시(2012년), AI 기업 인수(2017~2021년), 완전 자율화 목표(2030년)까지 30년에 걸친 점진적 전환 전략으로 조직과 고객에게 충분한 적응 시간을 제공했다. 셋째, "농부를 대체하는 것이 아니라 증강시킨다"라는 메시지로 농업 커뮤니티의 전통과 가치를 존중하면서도 혁신을 추진했다.

AI 시대 농업 변화의 핵심 대비

속성	전통적 농부 (땅을 읽는 자)	농업 데이터 과학자 (데이터를 읽는 자)
주요 기술	육체 노동, 기계 조작, 경험 기반 직관	데이터 분석, 시스템 관리, 재무 모델링
핵심 정체성 가치	자율성(독립 경영자)	효율성(데이터 기반 전략가)
장비와의 관계	기계 도구의 소유자/운전자	하드웨어/소프트웨어 시스템의 사용자/구독자
지식의 원천	세대 간 전수, 개인적 경험, 지역 커뮤니티	실시간 데이터 스트림, AI 추천, 플랫폼 분석
핵심 성공 지표	에이커당 생산량, 물리적 수확량	에이커당 수익, 기술 투자수익률(ROI), 지속 가능성 지표

"기술은 우리를 더 자유롭게 하는가, 아니면 새로운 방식으로 종속시키는가?" 존디어의 180년 여정은 한 가지 근본적 질문으로 귀결된다. 표면적으로 답은 명확해 보인다. 자율 트랙터는 농부를 육체노동에서 해방시켰고, AI는 더 정확한 의사결정을 가능하게 했다. 연결된 기계가 만들어내는 데이터 네트워크는 인류 역사상 가

장 효율적인 농업 시스템을 구축했다.

그러나 효율성의 이면에는 불편한 진실이 있다. 42억 달러의 수리비 손실, 데이터 주권의 상실, 그리고 갈수록 벌어지는 디지털 격차로 농부들은 자신의 땅에서 일하면서도 진정한 주인이 아니다. 트랙터를 소유하지만 고칠 수 없고, 데이터를 생산하지만 통제할 수 없다. 이는 단지 농업만의 이야기가 아니다. 존디어의 변화는 모든 산업이 맞이할 미래의 축소판이다. 제조업의 스마트 팩토리, 물류업의 자동화 창고, 건설업의 무인 중장비 등 모든 영역에서 '운전사'가 'CEO'로 전환되는 동일한 패턴이 반복될 것이다.

핵심은 이 전환의 과실을 누가 가져가느냐다. 기술이 소수의 독점물이 된다면, 우리는 디지털 봉건제로 퇴행할 것이다. 반대로 기술이 모두에게 열린 도구가 된다면, 인류는 새로운 도약을 할 수 있다. 더그 닙즈가 말한 "삶을 바꾸는 기술"은 양날의 검이다. 그것은 농부를 해방시킬 수도, 새로운 방식으로 구속할 수도 있다. 선택은 우리의 몫이다.

2030년은 단순히 완전 자율 농장이 실현되는 해가 아니라 우리가 기술과 인간의 관계를 재정의해야 하는 시한이다. 존디어의 실험이 성공하려면, 기술의 혜택이 대농뿐 아니라 소농에게도, 선진국뿐 아니라 개발도상국에도 돌아가야 한다.

농업이라는 가장 오래된 산업에서 시작된 이 혁명은 결국 세상을 먹여 살리는 것이라는 가장 근본적인 가치로 돌아온다. 이제는 그 책임이 트랙터를 모는 개인이 아닌, 기술을 설계하고 통제하는 우리 모두에게 있다.

03
GE
: 산업용 AI와 작업자 역할의 전략적 재정의

"2020년까지 세계 10대 소프트웨어 기업이 되겠다." 제프 이멜트 CEO가 여러 차례 공언했던 말이다. 에디슨이 창립한 124년 역사의 제조업체가 디지털 기업으로 탈바꿈하겠다는 야심의 중심에는 프레딕스Predix라는 산업용 사물인터넷IIoT 플랫폼이 있었다.

프레딕스는 단순한 소프트웨어가 아니었다. 그것은 GE가 영향력을 가진 모든 산업 분야(항공, 에너지, 헬스케어, 운송)를 하나로 통합하는 범용 플랫폼이었다. 산업 인터넷의 '운영 체제'를 표방한 GE는 2011년부터 2017년까지 디지털 전환에 40억 달러 이상을 투입했다. 출발점은 2011~2012년 캘리포니아 샌라몬 소프트웨어센터와 프레딕스 구축에 대한 약 10억 달러의 초기 투자였다. 2017년 무렵에는 '디지털 트윈'을 수십만 개 규모(약 75만 개)로 운영하기 시작했다.

이멜트의 확신에는 그럴 만한 이유가 있었다. "소프트웨어가 세상을 집어삼키고 있다Software is eating the world"라는 마크 안드리센의 명제가 현실이 되고 있었다. 아마존, 구글, 마이크로소프트 같은 기술 기업들이 전통 산업 영역까지 침범하고 있었고, GE 같은 제조업체들은 "디지털화하거나 죽거나"의 기로에 서 있었다. 프레딕스 플랫폼은 풍력발전 등 특정 분야에서 에너지 생산과 수익성을 최대 20% 향상할 수 있다고 약속했고, 초기 반응은 고무적이었다.

40억 달러 실패에서 배운 플랫폼의 함정

하지만 현실은 비전만큼 단순하지 않았다. 프레딕스가 직면한 첫 번째 함정은 '만능 솔루션의 역설'이었다. 항공기 엔진과 의료 장비, 발전 터빈은 각각 완전히 다른 기술적 요구사항과 규제 환경을 가지고 있었다. 항공 분야는 미국 연방항공청FAA의 까다로운 안전 인증이 필요했고, 의료 분야는 FDA 승인과 환자 프라이버시 보호가 우선이었으며, 에너지 분야는 전력망 안정성과 환경 규제가 핵심이었다.

두 번째 함정은 클라우드 거인과의 정면승부였다. GE는 자체 데이터센터를 구축하며 AWS, 마이크로소프트 애저, 구글 클라우드와 직접 경쟁하려 했다. 하지만 이는 GE의 핵심 역량을 벗어난 영역이었다. 클라우드 인프라 운영에는 전 세계 규모의 데이터센터 네트워크, 24시간 보안 운영, 개발자 친화적인 도구 생태계가 필요했다. 130년간 터빈과 엔진을 만들어온 회사가 하루아침에 아마존과 마이크로소프트를 따라잡는 것은 현실적으로 불가능했다.

세 번째 함정은 조직 문화의 충돌이었다. GE는 에릭 리스Eric Ries의 '린 스타트업Lean Startup' 방법론을 기반으로 한 패스트웍스FastWorks를 도입했다. 실리콘밸리의 '빠르게 움직이고 부수기Move Fast and Break Things' 문화를 100년 넘게 6시그마에 기반한 중후장대 기업 문화에 이식하려는 시도였다. 결과는 엄청난 마찰이었다. 엔지니어들은 '완벽한' 설계에 익숙했는데, 갑자기 '최소 실행 가능 제품MVP'을 만들어 시장에 내놓고 피드백을 받으라고 했다. 대규모 교육 프로그램에도 불구하고 이런 문화 변화는 완전히 뿌리내리지 못했다.

2017년 8월, 이멜트의 후임으로 존 플래너리John Flannery가 CEO에 취임했지만 상황은 더욱 악화되었다. 프레딕스 플랫폼은 시장에서 외면받고 있었고, 개발 비용은 눈덩이처럼 불어났다. 플래너리는 손실을 막기 위해 GE 디지털 부문의 예산을 25% 삭감했지만 이미 늦었다. 1년 만에 그 역시 해임되었다.

2018년 10월 1일, GE 역사상 최초의 외부 출신 CEO 래리 컬프Larry Culp가 취임했다. 산업재 기업 다나허Danaher에서 14년간 CEO로 재직하며 매출과 시가총액을 5배 성장시킨 그는 프레딕스의 실패를 냉정하게 분석했고, GE가 핵심 역량에 집중해야 한다고 강조했다.

컬프의 진단은 명확했다. GE의 진짜 강점은 복잡한 산업 기계를 만들고 서비스하는 것이지, 글로벌 규모의 개발자 친화적인 클라우드 플랫폼을 운영하는 것이 아니었다. 40억 달러의 투자금은 GE가 가장 잘하는 것, 즉 기존 클라우드 인프라 위에서 작동하는 물리 기반 모델과 애플리케이션을 구축하는 데 사용될 수 있었다.

이런 깨달음에서 새로운 전략이 나왔다. "인프라 계층은 파트너십을 맺고, 애플리케이션 계층에 집중한다"라는 원칙이었다. GE는 더 이상 아마존이나 마이크로소프트와 클라우드 인프라를 놓고 경쟁하지 않기로 했다. 대신 이들의 클라우드 서비스를 활용해 GE만이 할 수 있는 일, 즉 산업 자산의 디지털 트윈을 만들고 예측 분석 서비스를 제공하는 것에 집중하기로 한 것이다.

컬프의 선택은 동시대 글로벌 경쟁사들과는 정반대 방향이었다. 독일 지멘스는 같은 시기 엑셀러레이터Xcelerator 플랫폼에 수십억 유로를 투자하며 디지털 팩토리 통합을 추진하고 있었고, 영국 롤스로이스는 인텔리전스엔진IntelligentEngine 프로그램으로 항공 엔진의 완전 자율 관리를 목표로 했다. 하지만 GE는 정반대로 중앙 집중식 디지털 조직을 해체하고 각 사업부로 분산시키는 길을 택했다. 항공 부문에는 항공기 엔진을 아는 AI 전문가가, 에너지 부문에는 발전 시설을 이해하는 데이터 과학자가 배치되었다. 범용 플랫폼이라는 거대한 꿈 대신 산업별 특화 솔루션에 집중하는 전략으로 전환한 것이다.

이 과정에서 중요한 교훈이 도출되었다. '플랫폼 함정Platform Trap'이라고 불리는 현상이었다. 전통적인 산업 기업이 자사의 제품 지배력을 디지털 생태계 소유권과 동일시할 때 빠지기 쉬운 오류였다. GE는 터빈과 엔진에서 압도적인 시장점유율을 가지고 있었기 때문에 디지털 플랫폼에서도 같은 지배력을 행사할 수 있다고 착각했다. 하지만 물리적 제품의 우위가 반드시 소프트웨어 플랫폼의 성공을 보장하지는 않았다.

프레딕스의 실패는 단순한 '실행' 착오가 아니라 '전제' 자체의 오류였다. "엔드-투-엔드 가치 사슬을 소유하겠다"라는 열망으로 자체 클라우드를 구축한 것은 (힘의 과시가 아니라) 상호 운용성과 전문화된 서비스 활용이 가치를 창출하는 현대 기술 스택에 대한 치명적인 오해였다.

    40억 달러라는 천문학적 비용을 지불하고서야 GE는 중요한 진실을 깨달았다. 기술 기업이 아니라, 기술을 활용하는 최고의 산업 기업이 되어야 한다는 것이다. 이 교훈은 곧 GE의 새로운 AI 전략의 토대가 되었다. 디지털 트윈과 예측 정비라는 구체적이고 측정 가능한 가치에 집중하는 전략, 그리고 그 변화를 이끌 래리 컬프의 린 경영 혁명이 시작되려 하고 있었다.

래리 컬프의 린 혁명: 문화가 기술을 이긴다

2018년 10월 1일, 래리 컬프가 GE CEO 취임식에서 첫 연설을 할 때, 청중석의 분위기는 냉랭했다. 40억 달러를 투자한 프레딕스 플랫폼은 시장에서 외면받고 있었고, 주가는 2년간 60% 폭락한 상태였다. 토머스 에디슨이 창립한 이 전설적인 기업이 디지털 전환의 늪에 빠져 허우적거리고 있었다.

    컬프는 연단에 서서 차분하게 말했다. "우리는 근본으로 돌아가야 합니다. 고객이 원하는 것은 화려한 플랫폼이 아니라 실제로 작동하는 솔루션입니다." 그의 배경은 GE와는 완전히 달랐다. 산업재 기업 다나허에서 14년간 CEO로 재직하며 (일본의 토요타 생산 시스템에서 영감을 받은) '다나허 비즈니스 시스템Danaher Business System, DBS'이라는 독자적 경영 철학을 보유하고 있었다.

    DBS의 핵심은 카이젠Kaizen이었다. 이 개념은 CEO부터 현장 작업자까지 모든 구성원이 매일 작지만 점진적인 개선을 추구한다는 철학이었다. 이는 GE가 그동안 추구해왔던 '빅뱅'식 혁신, 즉 수십억 달러를 투자해 한 번에 모든 것을 바꾸려는 접근과는 정반대였다. 프레딕스가 바로 그런 빅뱅 혁신의 전형적인 사례였고, 그 결과는 참담한 실패였다.

컬프가 GE에 도입한 첫 번째 변화는 '겜바 워크現場 Work'였다. 일본어로 '현장'을 뜻하는 겜바에서 파생된 이 개념은 리더가 회의실을 벗어나 실제 가치가 창출되는 현장으로 가서 직접 관찰하고 듣는 활동이었다. 과거 GE의 임원들이 파워포인트 프레젠테이션으로 의사결정을 내렸다면, 이제는 공장 바닥에서 작업자들과 직접 대화하며 문제를 파악해야 했다.

"안전, 품질, 납기, 비용. 이 순서대로입니다Safety, quality, delivery, and cost, IN THAT ORDER." 컬프가 강조한 우선순위는 단순해 보였지만 혁명적이었다. 과거 GE는 분기별 실적과 주주 가치 극대화에 집착했다면, 이제는 현장의 기본기부터 다시 쌓아올리기 시작했다. 이는 단순한 슬로건이 아니라 조직 전체의 우선순위를 프로세스 혁신에 맞추도록 재정의하는 만트라였다.

가장 극적인 변화는 매사추세츠주 린Lynn 공장에서 일어났다. 이곳에서 생산하는 T408 헬리콥터 엔진은 조립에 75시간이 걸리는 복잡한 제품이었다. 전통적인 접근법이라면 대규모 자동화 설비를 도입하거나 외부 컨설턴트를 불러들였을 것이다. 하지만 컬프는 현장 작업자들이 직접 문제를 찾아 해결하도록 했다. 작업자들은 매일 아침 15분간 카이젠 미팅을 가졌다. 어제의 문제점을 공유하고, 오늘 시도해볼 개선 아이디어를 논의했다. 처음에는 "오븐 대신 히트건을 써보자" 같은 작은 제안들이었다. 하지만 이런 작은 변화들이 축적되면서 놀라운 결과가 나타났다. 린 카이젠 활동 일주일 만에 조립 시간이 75시간에서 11시간으로 85% 이상의 시간 단축을 이뤄낸 것이다.

이 과정에서 흥미로운 점은 디지털 기술의 역할이었다. 과거 프레딕스 시대에는 'AI가 모든 것을 최적화해줄 것'이라는 기대가 있었다. 하지만 린 접근법에서 디지털 도구는 작업자들의 개선 활동을 지원하는 보조 역할에 머물렀다. 센서 데이터는 작업자들이 문제를 더 빨리 발견하도록 도와주고, 디지털 트윈은 개선 아이디어의 효과를 미리 시뮬레이션해볼 수 있었다. 기술이 사람을 이끄는 것이 아니라, 사람이 기술을 활용하는 구조였다.

컬프의 린 전환은 GE 전체 조직에 파급 효과를 일으켰다. 중앙집중식 의사결정 구조는 각 사업부가 자율적으로 운영되는 분권형 구조로 바뀌었고, 프레딕스 플랫폼 개발을 담당했던 GE 디지털 부문은 완전히 해체되었다. AI 개발자들은 각 사업부로 분산 배치되었다. 이런 변화 속에서 GE의 AI 전략도 '산업별 특화 솔루션'으로 근본적으로 달라졌다.

2020년 코로나19 팬데믹은 린 문화의 진가가 드러난 순간이었다. 항공 산업이 거의 마비된 상황에서 GE 항공 부문은 빠르게 적응했다. 현장 중심의 의사결정 구조 덕분에 불필요한 비용을 신속하게 줄이고, 핵심 인력과 기술 개발은 보호할 수 있었다. 현장 팀들은 위기 속에서 혁신의 기회를 발견했다. 팬데믹 기간을 활용해 원격 정비 시스템을 개발했고, AI가 포착한 이상 신호를 세계 어디서든 분석해 현장 정비사에게 실시간으로 가이드를 제공하는 시스템을 구축했다.

하지만 컬프의 가장 과감한 결정은 2021년에 나왔다. GE를 3개의 독립된 회사로 분할하는 계획이었다. 이는 단순한 구조조정이 아니라 린 철학의 완성이었다. 각 사업이 고유한 고객과 시장에 더 집중할 수 있도록 하는 궁극적인 카이젠이었다. 항공, 헬스케어, 에너지 각 부문을 상장하겠다는 계획은 130년 GE 역사상 가장 급진적인 변화였다.

컬프는 복잡성을 줄이고 각 사업의 전문성을 강화하는 것이 핵심이라고 강조했다. 하나의 거대한 GE보다는 각각 전문화된 3개의 회사가 더 민첩하고 효율적으로 고객에게 가치를 제공할 수 있다는 판단이었다.

린 경영의 핵심 원칙 중 하나는 '낭비 제거Waste Elimination'다. 컬프는 프레딕스라는 거대한 낭비를 제거하고, 대신 각 사업부가 정말 필요로 하는 디지털 도구에만 투자하도록 했다. 항공 부문은 예측 정비에, 헬스케어 부문은 의료 영상 AI에, 에너지 부문은 그리드 최적화에 집중했다. 이는 제품 아웃Product Out 사고에서 마켓 인Market In 사고로의 전환이었다. 기술이 할 수 있는 것을 파는 대신, 고객이 정말 필요로 하는 것을 만드는 접근법이었다.

린 문화가 디지털 전환에 미친 가장 큰 영향은 실패에 대한 태도 변화였다. 과거 GE에서 실패는 커리어의 종료를 의미했지만, 이제는 실패가 학습과 개선의 출발점이 되었다. 작은 실패를 빠르게 경험하고, 그것에서 배워서 개선하는 것이 조직 전체의 역량을 높인다. 이런 문화 변화 없이는 AI 같은 새로운 기술을 성공적으로 도입할 수 없었다.

컬프의 린 혁명이 보여준 것은 단순히 경영 기법의 변화가 아니다. 그것은 130년 된 거대 기업이 디지털 시대에 어떻게 적응하고 생존할 수 있는지를 보여준 문화적 전환이었다. 화려한 기술보다 현장의 기본기가, 거대한 비전보다 작은 개선이, 중앙의 계획보다 현장의 지혜가 더 중요하다는 것을 증명한 여정이었다. 그리고 이 문화적 토대 위에서 GE의 진짜 디지털 전환이 시작되려 하고 있었다.

3분할 전략: 집중을 위한 분리의 역설

2021년 11월 9일 오전 9시, 뉴욕증권거래소의 거래가 시작되기 직전이었다. 래리 컬프는 GE 본사 보스턴 사무실에서 역사적인 발표를 준비하고 있었다. 130년 역사의 GE를 3개의 독립된 회사로 분할하겠다는 결정이었다. GE가 항공(GE에어로스페이스), 헬스케어(GE헬스케어), 에너지(GE버노바) 부문을 각각 분할해 별도 상장하겠다고 발표하자 월스트리트가 즉시 반응했다.

"우리는 더 집중되고, 더 단순하며, 더 강력한 하이테크 산업 리더를 만들겠습니다." 컬프의 선언이 이어지자 GE 주가는 곧바로 2.7% 급등했다. 투자자들은 복잡하고 거대한 단일 대기업보다 각 분야에 특화된 전문 기업을 선호했다. 이 같은 시장의 즉각적 반응은 GE가 과거 프레딕스 경험에서 얻은 교훈("하나로는 버틸 수 없다")과도 맞아떨어진다.

이번 분할은 단순한 구조조정이 아니다. 각 사업이 서로 다른 규제, 고객, 기술 스택에 맞춰 전력 집중할 수 있도록 설계된 전략적 해법이다.

분할의 첫 번째 주자는 GE헬스케어였다. 2023년 1월 3일, 나스닥에서 'GEHC'라는 티커로 거래를 시작한 이 회사는 의료 AI 분야에서 독보적인 위치에 있었다. 헬스케어 분야에서 GE의 AI 전략

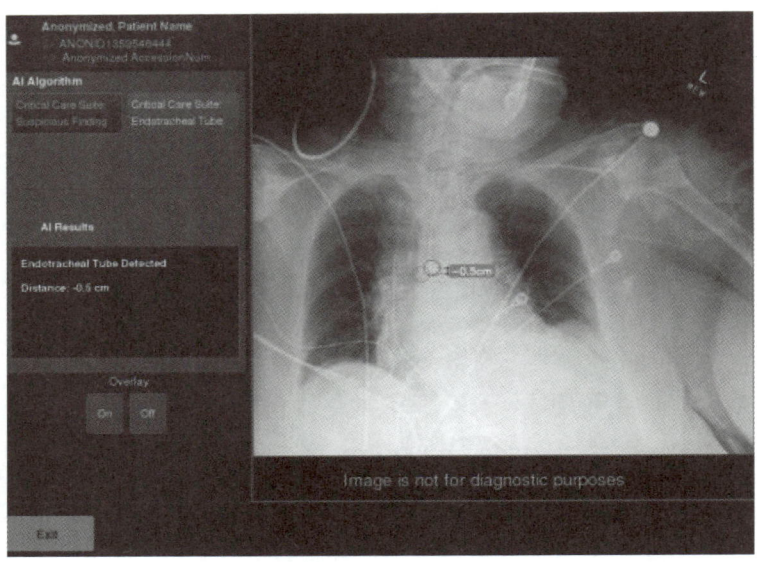

GE헬스케어 AI 기반 의료 영상 진단 시스템. 흉부 엑스레이 영상에서 AI 알고리즘이 기흉 같은 이상 소견을 자동으로 감지하고 분석한다. 실시간 진단 보조로 의료진의 신속한 의사결정을 지원하며, 진단 정확도와 효율성을 높인다. (출처: GE Healthcare. (2021, November). Critical Care Suite 2.0: On-device artificial intelligence - Helping you when every minute counts.)

은 에디슨 플랫폼Edison Digital Health Platform을 중심으로 전개되었다. 이는 프레딕스와는 완전히 다른 접근이었다. 범용 플랫폼이 아니라 의료진의 실제 워크플로에 통합되는 전문 도구들의 집합이었다. 방사선과 의사가 MRI 스캔을 판독할 때 AI가 의심스러운 부위를 먼저 표시해주고, 응급실에서 CT 촬영 시 뇌출혈 가능성을 즉시 알려주는 식이었다. AI 오케스트레이션AI orchestration 플랫폼을 통해 여러 제3자 AI 애플리케이션을 하나의 통합 워크플로로 관리할 수 있게 했다.

독립 후 GE헬스케어는 AWS와 전략적 파트너십을 체결해 헬스케어 전용 생성형 AI 모델을 개발하기 시작했고, 의료진의 행정 업무를 줄이고 임상 생산성을 향상시키는 생성형 AI 이니셔티브에 집중했다. 이는 단순히 진단 정확도를 높이는 것을 넘어 의료진의 번아웃을 줄이고 환자와 더 많은 시간을 보낼 수 있게 하는 포괄적 접근이었다.

두 번째 분할은 2024년 4월 2일에 완료된 GE버노바GE Vernova였다. 'GEV'라는 티커로 뉴욕증권거래소에서 거래를 시작한 이 에너지 전문 회사는 예상치 못한 AI 붐의 최대 수혜자가 되었다. '지구의 전력화와 탈탄소화'를 사명으로 하는 이 회사가 챗GPT 출시 이후 폭발적으로 늘어난 AI 데이터센터들의 전력 공급에 핵심 역할을 하게 된 것이다.

2024년 한 해 동안 GE버노바는 데이터센터 관련 전력 장비 수주가 크게 증가했으며, CEO는 2025년 상반기에만 2024년 전체 수주액에 근접하는 성과를 거뒀다고 밝혔다. 대표적으로 크루소Crusoe와 AI 데이터센터용 가스 터빈 29기 공급 계약을 체결하는 등 구체적인 성과를 거두고 있다. 아이러니하게도 AI가 만든 거대한 전력 수요를 GE의 전통적인 발전 기술로 해결하는 상황이 펼쳐진 것이다. 버노바의 그리드OSGridOS 소프트웨어 플랫폼은 재생 에너지와 전통적인 발전원을 지능적으로 조합해 데이터센터의 안정적인 전력 공급을 보장했다. AI 기반 플릿 오케스트리에이션Fleet Orchestration 소프트웨어를 통해 재생 에너지 통합을 최적화하고, 자율 튜닝Autonomous Tuning 기술로 배출가스를 줄이는 성과를 거뒀다.

마지막으로 분할된 것은 GE에어로스페이스였다. 컬프가 직접 CEO를 맡은 이 회사는 기존 GE의 주식 시세를 계승하며 가장 오래된 사업부의 전통을 이어받았다. 에어로스페이스의 AI 혁신은 예측 정비를 넘어섰다. CFM LEAP 엔진에서는 예측 분석으로 신뢰성

그리드OS 전력망 통합 관제센터. 최신 전력망 관리 시스템을 통해 실시간으로 전압, 주파수, 시스템 안정성을 모니터링하고 제어한다. 다중 화면 환경에서 전문가들이 광역 전력망의 이상 징후를 즉시 감지하고, 자동화된 대응 시스템으로 정전 위험을 최소화한다. (출처: gevernova.com)

과 가동시간 지표를 개선했다. 2024년에는 마이크로소프트, 액센츄어와 공동 개발한 젠AI 어시스턴트GenAI Assistant를 출시했다. 이는 정비 기록을 생성형 AI로 분석하는 시스템으로, 수십 년간 축적된 방대한 정비 기록을 자연어로 검색하고 유사한 고장 사례와 해결 방법을 즉시 찾아주는 도구였다.

더 나아가 AI 기반 블레이드 검사 도구AI-enabled Blade Inspection Tool, BIT를 확대 배치해 여러 엔진 플랫폼에 적용했다. 이 도구는 검사 시간을 50% 단축하면서 정확도와 일관성을 크게 향상하는 성과를 거뒀다. 예측 정비 시스템 덕분에 항공사들의 정비 비용이 크게 줄어들었고, 안전성도 동시에 향상되었다.

130년 기업의 진화하는 정체성

세 회사의 분할이 완료된 2024년, 예상치 못한 시너지 효과가 나타났다. 각각 독립된 회사였지만, AI 혁명을 중심으로 강력한 생태계를 형성하고 있었다. GE버노바가 데이터센터에 전력을 공급하면, 그 데이터센터에서 실행되는 AI 모델들이 GE에어로스페이스의 디지털 트윈과 예측 정비 서비스를 더욱 정교하게 만들었다. GE헬스케어의 의료 AI는 같은 클라우드 인프라를 활용해 더 빠르고 정확한 진단을 제공했다.

이런 선순환 구조는 투자자들의 눈에도 띄었다. 2025년 초 3사 합산 시가총액은 2,000억 달러 이상 구간에서 형성되며 분할 후 기업가치 재평가가 진행 중이다. 각 회사가 전문 분야에 집중하면서 오히려 전체 가치가 증가한 것이다.

분할 전략의 성공 요인은 명확했다. 첫째, 각 회사가 고유한 규제 환경과 고객 니즈에 더 빠르게 대응할 수 있게 되었다. 항공 분야의 FAA 인증 과정과 의료 분야의 FDA 승인 과정, 에너지 분야의 환경 규제는 각각 완전히 다른 전문성을 요구했다. 둘째, AI 투자가 더 효율적으로 이뤄졌다. 범용 플랫폼에 분산 투자하는 대신 분야별 특화 기술에 집중할 수 있었다. 셋째, 인재 채용과 유지가 쉬워졌다. 항공 엔지니어는 항공 전문 회사에서, 의료 AI 연구자는 헬스케어 전문 회사에서 일하는 것을 선호했다.

래리 컬프는 2024년 연말 투자자 미팅에서 이런 성과를 설명했다.

"복잡성은 가치의 적입니다. 우리는 하나의 거대한 기업 대신 3개의 집중된 리더를 만들었습니다. 각 회사가 고유한 고객과 시장의 요구에 더 빠르게 대응할 수 있게 되었고, AI 투자도 더 효율적으로 이루어지고 있습니다."

디지털 트윈과 인력 재정의: 대체 없는 전환의 실행

2019년 3월, 래리 컬프가 CEO가 된 지 몇 개월 후, 그는 전 직원 대상 타운홀 미팅에서 대체가 아니라 전환과 재교육을 우선한다는 원칙을 강조했다. 청중석에서는 의구심 어린 표정들이 보였다. 모든 사람이 프레딕스 실패 이후 대규모 구조조정이 불가피하다고 생각했기 때문이다. 하지만 컬프의 '대체 없는 전환Displacement-Free Transformation' 철학은 GE가 100년 넘게 축적한 인적 자산의 가치를 인정하는 전혀 다른 접근이었다.

"기계가 사람을 대체하는 것이 아니라, 사람이 더 가치 있는 일을 할 수 있도록 만드는 것입니다." 컬프의 말은 당시 AI에 대한 일반적인 공포와 정반대였다. 대부분의 기업이 자동화를 통한 비용 절감에만 집중할 때, GE는 기존 인력의 역할 전환에 투자하기로 결정한 것이다. 이는 단순한 인도주의적 접근이 아니라 전략적 판단이었다. 수십 년간 축적된 도메인 지식과 현장 경험을 가진 인력을 잃는 것보다 그들을 AI 시대에 맞는 새로운 역할로 전환하는 것이 더 경제적이라는 계산이었다.

이를 위해 GE는 구체적인 재교육 프로그램을 설계했다. 가장 대표적인 것이 인더스트리4.0 개발 프로그램Industry 4.0 Development Program이었다. 2년 과정의 순환 근무 프로그램으로 신입 및 중견 엔지니어를 대상으로 산업 제어, 로보틱스, 테스트, 데이터 시각화 등 스마트 팩토리 운영에 필요한 고급 자격증 취득을 지원했다. 단순히 새로운 기술을 가르치는 것이 아니라 기존 엔지니어들이 디지털 도구를 활용해 더 높은 가치의 업무를 수행할 수 있도록 역량을 확장하는 프로그램이었다.

더 혁신적인 것은 '테이크2플라이트Take2Flight' 프로그램이었다. 육아 등의 이유로 경력이 단절된 인력, 주로 여성들이 기술직으로 성공적으로 복귀할 수 있도록 돕는 12주간의 맞춤형 프로그램이었다. AI 시대는 오히려 이들에게 기회가 되었다. 과거보다 코딩이 쉬워지고 복잡한 기술 시스템을 이해하는 데 직관적인 인터페이스가 제공되면서 경력 공백이 큰 장애물이 되지 않게 된 것이다.

GE의 접근법에서 가장 중요한 것은 베테랑 엔지니어와 AI 시스템을 짝지어 암묵지를 성문화하는 '디지털 마스터-견습생' 모델이었다. 30년 경력의 정비 전문가가 '이 진동은 뭔가 잘못되었다'라고 느끼는 순간, 데이터 과학자는 그 감각을 정량적 데이터로 변환했다. 특정 주파수와 진폭의 진동 패턴을 AI 모델에 입력하고, 베테랑의 진단 결과와 연결했다. 시간이 지나면서 베테랑의 '감'은 더 이상 그의 머릿속에만 존재하는 것이 아니라, 해당 자산군의 '디지털 스레드Digital Thread' 안에 견고한 알고리즘으로 내재화되었다.

이 과정의 핵심은 디지털 트윈 기술이었다. 물리적 객체, 시스템 또는 프로세스의 가상 복제품으로, 실시간 데이터로 지속적으로 업데이트되는 살아 있는 모델이었다. GE버노바는 현재 GE 장비뿐만 아니라 타사 OEM 장비에도 적용 가능한 350개 이상의 디지털 트윈 '블루프린트' 카탈로그를 보유하고 있어 신속한 가치 창출을 지원했다.

　디지털 트윈이 조직의 집단적 지혜를 보존하고 확장하는 시스템이라는 점이 중요했다. 베테랑 엔지니어들의 암묵지가 디지털 트윈 시스템 안에서 성문화되면서 그들의 경험이 다음 세대에게 전수될 뿐만 아니라, 지속적으로 개선되고 발전했다. AI가 새로운 패턴을 발견하면 베테랑의 지식과 결합해 더욱 정교한 예측 모델이 만들어졌다. 이는 개별 하드웨어보다 훨씬 더 강력하고 지속 가능한 경쟁 우위였다.

　하지만 이런 변화가 항상 순조롭지는 않았다. 특히 베테랑 직원들 사이에서는 새로운 기술에 대한 부담감이 컸다. GE는 이들을 위해 세대 간 멘토링 프로그램을 운영했다. 40년 경력의 베테랑이 젊은 직원에게 현장 경험을 전수하고, 젊은 직원이 디지털 도구 사용법을 가르치는 상호 학습 구조였다. 이는 단순한 기술 교육을 넘어 세대 간 지식 전수의 새로운 모델을 만들었다.

　조직 차원의 변화도 필수적이었다. 2025년 7월, GE는 국제전기노조IUE-CWA와 새로운 4년 계약을 비준했다. 이 계약에는 16.9%의 복리 임금 인상, 물가연동제COLA 복원, 연금 보호, 그리고 향후 구조조정 시 고용을 보장하는 승계 조항이 포함되었다. 이는 단순한 임금 협상이 아니라 AI 시대의 새로운 노사 관계를 정의하는 사회적 계약이었다.

　노조 지부장은 이 계약의 의미를 설명했다. "과거에는 자동화가 곧 일자리 감소를 의미했습니다. 하지만 GE는 기술 변화를 노동자와 함께 헤쳐 나가겠다고 약속했어요. 임금 인상과 고용 보장, 그리고 재교육 프로그램까지. 이런 계약은 처음입니다." 이는 전환기 동안 '노동 평화'와 '운영 안정'을 확보하기 위해 GE가 기꺼이 인력에 투자하겠다는 실용적인 접근을 보여주었다.

실제 현장에서 일어난 변화는 더욱 극적이었다. AI 시스템이 계기판 모니터링 같은 단조로운 업무를 대신하면서 오히려 직원들의 직무 만족도가 높아졌다. 매일 8시간씩 화면만 쳐다보던 관제실 직원들이 이제는 AI가 포착한 이상 신호를 분석하고 해결책을 찾는 창의적인 일에 집중할 수 있게 되었다. 예측 정비 덕분에 공장 소음이 줄어든 것도 실질적인 근무 환경 개선 효과였다.

베테랑 정비 전문가들의 역할은 근본적으로 바뀌었다. 과거에는 고장이 나면 그것을 고치는 '반응형' 업무였다면, 이제는 AI 시스템이 포착한 미세한 신호를 해석하고 고장이 일어나기 전에 예방하는 '예측형' 업무가 되었다. 한 번에 2~3대의 장비만 관리하던 것이 이제는 전 세계 수십, 수백 대의 장비 상태를 동시에 모니터링하고 관리하는 시스템 오케스트레이터 역할로 확장되었다.

이런 역할 변화는 분할된 회사별로 더욱 전문화되었다. GE에어로스페이스에서는 항공 AI 전문가, GE헬스케어에서는 의료 AI 개발자, GE버노바에서는 에너지 AI 엔지니어 양성에 특화한 프로그램을 운영했다. 같은 AI 기술이라도 각 분야에 특화된 전문성이 필요했기 때문이다.

GE의 대체 없는 전환이 성공할 수 있었던 핵심 요인은 기술 도입보다 문화 변화에 있었다. 린 원칙에 따라 직원들은 새로운 기술을 개선의 기회로 받아들였다. AI가 0.3도의 미세한 온도 상승을 감지했을 때, 전통적인 문화라면 이를 '나쁜 소식'으로 치부하고 숨기려 했을 것이다. 하지만 카이젠 문화에서는 이를 새로운 학습과 개선의 기회로 삼았다.

결국 GE가 보여준 것은 AI 시대에도 인간의 가치가 사라지지 않는다는 점이었다. 오히려 기계가 데이터 처리와 패턴 인식을 담당하면서 인간은 더 창의적이고 전략적인 역할에 집중할 수 있게 되었다. 디지털 트윈은 조직의 집단적 지혜를 영구히 보존하고 다음 세대에게 전수하는 살아 있는 아카이브가 되었다. 이것이 바로 GE가 발견한 AI 시대의 인간 가치였다.

예측 정비의 산업화: 사후 대응에서 사전 예방으로

2024년 이후 산업 컨퍼런스에서 GE는 예측 정비 시스템의 성과를 공개했다. 이 행사는 산업 현장에서 일어나고 있는 근본적인 패러다임 전환, 즉 사후 대응에서 사전 예방으로, 반응형 정비에서 예측형 정비로의 전환을 선언하는 자리였다.

컨퍼런스의 핵심은 에어로스페이스가 구축한 예측 정비 시스템의 성과였다. 에어로스페이스의 예측 정비 시스템은 예상치 못한 엔진 고장을 크게 줄이고 항공기 운항 중단 시간을 대폭 단축했다. 더 중요한 것은 이런 성과가 단순한 기술적 개선이 아니라 산업 현장에서 일하는 사람들의 역할과 업무 방식을 근본적으로 바꾼 결과라는 점이었다. 항공 분야의 디지털 트윈은 엔진의 상태를 정확히 시뮬레이션하고 미래 성능을 예측했고, 센서 데이터와 환경 데이터(날씨, 공기 질 등)가 물리 기반 모델과 통합되어 자산의 상태와 성능을 극도로 정밀하게 모델링했다. 에어로스페이스의 예측 정비 시스템은 현재 전 세계 4만 5,000대의 상용 항공기 엔진을 지원하고 있다. 이는 산업용 AI 배치 규모에서 가장 큰 사례 중 하나다.

젠AI 어시스턴트는 이런 역할 변화를 더욱 가속했다. "737 MAX 엔진에서 간헐적 진동이 발생하는데?"라고 평범한 말로 질문하면 AI가 관련된 모든 사례와 해결책을 몇 초 만에 제시했다. 이는 과거 두꺼운 매뉴얼을 뒤져야 했던 복잡한 작업을 혁신적으로 단순화했다. AI 기반 블레이드 검사 도구의 확대 배치도 정비 현장의 변화를 보여주는 사례다. 정비사들은 더 이상 육안으로 미세한 결함을 찾느라 눈을 혹사하지 않아도 되었다. 대신 AI가 1차 스크리닝을 담당하고, 인간은 AI가 의심스럽다고 표시한 부분만 정밀 검토하는 역할 분담이 이루어졌다.

GE의 서비스 비즈니스 모델도 이런 기술 변화와 함께 진화했다. 트루초이스 플라이트 아워TrueChoice Flight Hour 프로그램은 전통적인 제품 판매에서 성과 기반 서비스로의 전환을 보여주는 사례였다. GE는 단순히 엔진을 판매하는 대신, 항공사가 비행 시간당 일정 금액을 지불하면 엔진의 유지보수, 수리, 성능에 대한 모든 책임을 지는 '시간당 출력Power by the Hour' 서비스를 제공했다.

이런 비즈니스 모델은 고도로 정교화된 디지털 트윈 없이는 불가능했다. 디지털 트윈의 예측 능력이 GE로 하여금 서비스 계약에 내재된 리스크를 효과적으로 관리할 수 있게 해주는 기술적 담보 역할을 했다. GE는 고장을 예측해 유지보수 일정을 최적화하고, 가동 중단 시간을 최소화하며, 리스크를 정확하게 가격에 반영할 수 있었다.

더 나아가 이 모델은 강력한 경쟁 우위이자 데이터 확보 엔진으로 기능했다. 계약된 엔진이 많아질수록 더 많은 데이터를 수집하고, 데이터가 많아질수록 디지털 트윈의 정확도는 높아졌다. 트윈이 정확해질수록 서비스 효율은 향상되고 계약 가격 경쟁력은 더욱 강해졌다. 이러한 데이터 우위는 GE와 동일한 수준의 광범위한 실시간 데이터를 확보하기 어려운 서드파티 유지 보수 업체MRO의 시장 진입을 극도로 어렵게 만들었다.

GE헬스케어와 GE버노바에서도 비슷한 변화가 일어나고 있었다. GE헬스케어의 에디슨 플랫폼은 의료진의 워크플로를 혁신했고, GE버노바의 자율 튜닝 시스템은 발전소 운영자들의 역할을 바꿨다. 2025년 현재, GE의 예측 정비 혁명은 새로운 산업 표준을 만들어가고 있다. 롤스로이스의 인텔리전트엔진이나 프랫앤휘트니의 엔진와이즈 인텔리전스EngineWise Intelligence가 GE의 접근법을 따라 하고 있지만 4만 5,000대에 달하는 데이터 규모와 '인간 증강' 철학에서는 차별화를 보였다.

흥미롭게도 유럽의 '완전 자동화' 지향과 달리, GE는 '인간-AI 협업'을 택했다. 이는 지멘스가 범용 플랫폼 생태계를 추구하는 것과 대비되는 접근이다. 범용 플랫폼보다 전문화된 인간-기계 파트너십이 더 효과적임을 증명했다.

새로운 도전은 '설명 가능한 AIExplainable AI, XAI'다. AI 모델이 복잡해질수록 의사결정 과정이 불투명해지는 '블랙박스 문제'가 나타났다. 항공과 같이 안전이 최우선인 분야에서 엔지니어는 AI가 왜 특정 결정을 내렸는지 이해하지 못하면 그 추천을 맹목적으로 신뢰할 수 없었다. GE는 XAI 시스템을 통해 "72시간 내 베어링 교체"라고 단순히 추천하는 대신, "온도 상승과 특정 주파수 진동의 증가가 가장 큰 기여 요인이며, 이는 과거 유사 사례와 98% 일치한다"라는 구체적인 근거를 제시하는 시스템을 개발하고 있다.

GE의 예측 정비 혁명이 주는 가장 중요한 교훈은 명확하다. AI 시대의 성공은 최신 기술을 도입하는 것이 아니라, 그 기술을 통해 인간의 역할을 더 가치 있는 방향으로 진화시키는 데 있다는 점이었다. 무엇이 일어났는지 센서와 알고리즘이 걸러내면, 사람은 왜 일어났는지와 무엇을 바꿀지를 결정한다. 30년 경험의 베테랑과 AI 시스템이 만날 때, 둘 다 혼자서는 할 수 없는 새로운 가치가 창출되었다. 사후 대응에서 사전 예방으로의 전환은 단순한 기술적 변화가 아니라, 산업 현장에서 일하는 모든 사람의 역할과 정체성을 재정의하는 문화적 혁명이었다.

AI 시대 제조업의 미래: GE가 그리는 새로운 청사진

2025년 현재, GE의 3분할이 완료되면서 제조업계는 새로운 질문에 직면했다. 130년 된 거대 기업이 스스로를 해체하고 재구성한 이 전례 없는 실험이 과연 미래 제조업의 표준이 될 것인가? 래리 컬프는 최근 투자자 미팅에서 의미심장한 발언을 했다. GE가 경험한 변화는 단지 시작에 불과하며, 진짜 혁명은 이제부터라는 것이다.

GE의 여정이 증명한 것은 제조업이 구시대의 유물이 아니라 AI 시대에 물리적 세계에 대한 깊은 이해와 축적된 경험이 가장 강력한 경쟁 우위가 될 수 있음을 보여주었다. 실리콘밸리의 기술 기업들이 가상 세계에서 혁신을 추구하는 동안, GE는 원자와 비트의 경계가 사라지는 새로운 산업 패러다임을 만들어가고 있었다.

가장 주목할 변화는 제조업 인력의 본질적 전환이다. 2030년까지 산업 현장의 대다수 인력이 물리와 디지털을 동시에 다루는 하이브리드 전문가로 진화할 것으로 예측된다. 용접 기술자가 AI 모델을 튜닝하고, 정비 엔지니어가 예측 알고리즘을 개선하는 것이 일상이 되는 시대다. 이는 단순히 새로운 기술을 배우는 것이 아니라, 두 세계를 자유롭게 넘나들며 가치를 창출하는 완전히 새로운 직업적 정체성의 탄생을 의미한다.

디지털 트윈 기술도 단순한 복제를 넘어 예측적 미래 공간으로 진화하고 있다. 엔지니어들은 가상현실 환경에서 10년 후, 20년 후의 설비 상태를 미리 경험하고, 그 통찰을 현재의 설계와 운영에 반영한다. 과거의 경험을 디지털화하는 것을 넘어 아직 일어나지 않은 미래를 시뮬레이션하고 최적화하는 것이다. 이는 제조업이 반응적 산업에서 예측적 산업으로, 더 나아가 미래 창조 산업으로 전환되고 있음을 보여준다.

카이젠 철학과 AI의 결합은 자기학습 공장이라는 새로운 개념을 만들어냈다. 매일 스스로를 개선하는 시스템, 작업자의 모든 움직임에서 학습하고 최적화하는 생산 라인, 문제가 발생하기 전에 스스로 해결책을 찾는 설비. 이는 단순한 자동화를 넘어선 지능화이며, 기계가 인간처럼 학습하는 것이 아니라 인간과 함께 학습하는 공진화 시스템이다.

2030년의 제조업은 지금과는 완전히 다른 모습일 것이다. 제품을 파는 것이 아니라 성과를 판매하고, 공장을 운영하는 것이 아니라 지능을 관리하며, 노동자를 고용하는 것이 아니라 창조자와 협업하는 산업. GE가 보여준 것은 이런 미래로 가는 하나의 경로

다. 40억 달러의 실패에서 시작해 2,000억 달러의 가치를 창출한 이 여정은 실패가 어떻게 더 큰 성공의 씨앗이 될 수 있는지를 보여준다.

래리 컬프의 통찰은 여전히 유효하다. 미래는 기술을 소유한 기업이 아니라, 기술로 사람을 성장시키는 기업의 것이다. GE의 3분할과 재탄생은 이 철학의 구현이었고, 이제 전 세계 제조업이 같은 질문 앞에 서 있다. 우리는 "기술의 주인이 될 것인가, 아니면 기술의 노예가 될 것인가?" GE가 제시한 답은 명확하다. 인간과 기술이 함께 진화할 때, 우리는 모두 더 나은 미래를 만들 수 있다.

결론
원자와 비트가 춤추는 새벽

2025년 새벽 4시, 아이오와의 광활한 옥수수밭 위로 첫 햇살이 비친다. 무인 트랙터가 조용히 밭을 가로지른다. GPS가 안내하고, AI가 토양 상태를 분석하며, 정확히 필요한 만큼의 비료를 뿌린다. 농부는 집에서 커피를 마시며 태블릿으로 작업 진행 상황을 확인한다. 그의 할아버지가 이 광경을 본다면 뭐라고 했을까? 아마도 "이게 정말 농사인가?"라고 물었을 것이다.

캘리포니아의 101번 고속도로에서는 수만 대의 테슬라가 조용히 데이터를 수집한다. 운전자들은 자신들이 인류 역사상 가장 거대한 AI 훈련 실험의 참여자라는 사실을 의식하지 못한 채 출근길을 달린다. 어떤 이는 이를 착취라 부르고, 어떤 이는 진보라 부른다. 진실은 아마 그 사이 어딘가에 있을 것이다.

이 장에서 우리가 목격한 것은 물리적 세계가 지능을 갖게 되면서 일어나는 존재론적 지각변동이다. 트랙터가 생각하고, 자동차가 배우는 세상. SF 작가들이 상상했던 미래가 옥수수밭과 공장 그리고 고속도로에서 조용히, 그러나 돌이킬 수 없는 현실이 되고 있다.

하지만 가장 놀라운 변화는 기계가 아니라 인간에게서 일어났다. GE의 베테랑 엔지니어는 자신의 30년 경험을 디지털 트윈에 가르치며 불멸의 지식을 만들어냈고, 존디어의 농부들은 데이터 과학자가 되어 하늘과 땅과 시장을 동시에 읽는 법을 배웠다. 이들의 이야기가 우리에게 던지는 메시지는 명확하다. AI 시대의 진정한 혁명은 기계가 인간을 대체하는 것이 아니라, 인간이 기계와 함께 진화하는 것이다. 원자의 무게와 비트의 속도가 만날 때, 그 교차점에서 피어나는 것은 효율성만이 아니다. 그것은 인간 잠재력의 새로운 지평이다.

물론 이 길에는 그림자도 드리워져 있다. 테슬라가 보여준 것처럼 혁신의 속도와 안전의 요구 사이에서 균형을 찾는 일은 쉽지 않다. 존디어의 데이터 독점이 제기하는 디지털 봉건제의 위험, GE가 겪은 40억 달러의 실패가 주는 교훈 모두 우리가 숙고해야 할 과제다.

그러나 새벽은 이미 밝았다. 물리적 세계와 디지털 지능의 융합은 대세가 되었다. 문제는 이것을 어떻게 인간 중심적으로 이끌어갈 것인가다. 답은 이 장의 주인공들이 이미 보여주었다. 기술을 두려워하지 말되 맹신하지도 말라. 변화를 수용하되 가치를 지켜라. 그리고 무엇보다 기계가 아무리 똑똑해져도 인간만이 할 수 있는 일, 의미를 부여하고, 방향을 설정하고, 책임을 지는 것을 포기하지 말라.

원자와 비트가 춤추는 이 새로운 세상에서 우리는 관객이 아니라 안무가다. 그 춤이 파괴의 탱고가 될지 창조의 왈츠가 될지는 우리의 선택에 달려 있다. 그리고 지금 이 순간, 음악은 이미 시작되었다.

6장
금융·보험
: 신뢰와 알고리즘 사이에서

금융 산업은 조용한 혁명을 겪고 있다. 트레이딩 플로어의 함성은 서버실의 윙윙거림으로 바뀌었고, 두꺼운 서류 뭉치는 알고리즘 코드로 대체됐다. 보험 심사관의 경험은 머신러닝 모델에 흡수됐고, 신용카드 승인은 인간의 눈 깜빡임보다 빠르게 이뤄진다.

매일 수조 달러가 인간의 손을 거치지 않고 움직인다. 당신이 커피를 주문하는 찰나에 당신의 신용도가 재평가되고, 운전대를 잡는 순간 보험료가 실시간으로 조정된다. 거대한 금융 기업들의 전자두뇌가 당신의 과거를 분석하고 미래를 예측하며 현재를 재단한다.

하지만 이상한 일이 벌어지고 있다.

기술이 발전할수록, 금융 CEO들은 '인간'을 더 많이 말한다. 데이터가 많아질수록 '신뢰'가 더 중요해진다. 예측이 정확해질수록 '공정성'이 더 문제가 된다. 왜일까?

어떤 기업은 인간과 기계를 결합해 새로운 일하는 방식을 만든다. 트레이더가 알고리즘을 지휘하고, 알고리즘이 트레이더를 가르친다. 완벽한 공생일까, 위험한 의존일까?

어떤 기업은 1,000분의 1초 만에 전 세계를 연결한다. 당신이 런던에서 카드를 긁는 순간, 런던의 데이터센터가 서울의 전산센터와 연결되어 거래를 검증한다. 완벽한 연결일까, 취약한 거미줄일까?

어떤 기업은 모든 것을 알 수 있는데도 알지 않기를 선택한다. 고객의 모든 거래를 추적할 수 있지만, 허락받은 것만 본다. 진정한 존중일까, 정교한 마케팅일까?

어떤 기업은 미래를 예측해 현재를 바꾼다. 사고가 일어나기 전에 막고, 손실이 발생하기 전에 방지한다. 유토피아의 시작일까, 디스토피아의 전조일까?

금융의 본질은 무엇인가? 숫자인가, 신뢰인가? 보험의 목적은 무엇인가? 보상인가, 예방인가? AI의 역할은 무엇인가? 도구인가, 파트너인가? 이 질문들에 대한 네 가지 서로 다른 답이 있다. 각각은 수조 달러 규모의 실험이고, 수백만 명의 삶에 영향을 미치는 선택이다.

지금부터 그 실험실 문을 열어보자. 알고리즘과 인간이 만나는 곳에서 무슨 일이 일어나고 있는가?

01
JP모건
: AI 기반 금융 지배 구조의 해부

JP모건의 AI 혁명은 종종 인간과 기계의 극적인 대결 구도로 묘사되곤 한다. 그러나 이러한 표면적 이야기 이면에는 월스트리트의 운영 방식을 근본적으로 재편하는 기술적, 전략적 혁명이 숨어 있다. 이 혁명의 중심에는 단순한 거래'봇'을 넘어선, 고도로 전문화된 거래 실행 도구인 '저지연 실행 엔진Low-Latency Execution Machine, LOXM'이 자리 잡고 있다.

LOXM이 이룬 기술적 도약은 기존의 규칙 기반 알고리즘 트레이딩에서 적응형 자가 학습 패러다임으로의 전환으로 요약될 수 있다. 과거의 시스템이 인간이 명시적으로 프로그래밍한 논리에 따라 작동했다면, LOXM은 훨씬 더 정교한 수준에서 운영된다.

LOXM은 머신러닝 기술을 활용해 수십억 건의 거래 데이터에서 복잡한 시장 패턴을 학습한다. LOXM은 시장 충격 최소화, 가격 및 속도 균형 등 다목적 실행 품질을 학습 기반으로 최적화한다. AI 에이전트는 이 보상을 극대화하기 위해 자신의 행동을 지속적으로 미세 조정한다. 정적인 알고리즘과 달리, LOXM은 변화하는 시장 상황에 동적으로 적응할 수 있다. 더 나아가 동의, 정책 범위 내에서 고객 목표-제약-선호를 반영한 실행 전략 최적화가 가능하다. 이는 정적인 도구에서 역동적으로 진화하는 시스템으로의 전환을 의미한다.

알고리즘 패권의 기원: LOXM과 트레이딩의 재정의

대중적인 서사에서 종종 간과되는 중요한 사실은 LOXM의 정확한 역할이다. 이 시스템은 은행의 고유자산 계정을 위해 무엇을 사고팔지 결정하는 트레이딩봇이 아니다. LOXM은 기관 고객의 대규모 주문을 최적으로 실행하는 머신러닝 기반 알고리즘이다.

LOXM의 유일한 기능은 고객이 이미 결정한 대규모 주문을 어떻게 실행할 것인가라는 복잡한 문제를 해결하는 것이다. 이 시스템의 목표는 불리한 시장 변동을 유발하지 않으면서 대규모 주식을 최적의 가격에 매도하거나 매수해 '최선 집행best execution'을 달성하는 것으로, 기관 고객의 가장 중요한 요구사항 중 하나를 직접적으로 해결하는 서비스다.

LOXM을 순수한 실행 서비스로 설계한 것은 JP모건의 탁월한 전략적 결정이었다. 이를 통해 JP모건은 기관 고객들의 고유한 알파(초과 수익) 창출 전략과 직접적으로 경쟁하는 것을 피할 수 있었다. JP모건은 시장에서 잠재적인 경쟁자가 되는 대신, 고객의 성과를 향상하는 우월한 기술 도구를 제공하는 필수불가결한 파트너가 되었다. 이는 엄청난 신뢰를 구축하고 고객 이탈을 방지하는 고착 효과를 만들어낸다.

LOXM은 2017년 유럽 주식시장에서 고객 주문 실행에 적용돼 벤치마크 대비 우수한 실행 품질을 입증했고, 이후 글로벌로 확대되었다. 고객들은 시장 충격 최소화와 거래 비용 절감이라는 실질적 혜택을 경험했다.

기관 고객에게 핵심적인 가치 제안은 단발적인 고수익 거래가 아니라, 실행 품질의 일관되고 측정 가능한 개선이다. 수십억 달러 규모의 포트폴리오를 리밸런싱하는 연기금의 경우, 우수한 실행을 통해 단 몇 베이시스포인트만 절감해도 수백만 달러를 아낄 수 있다. 이는 '고성능'의 정의를 화려하고 위험이 큰 고유자산 트레이딩의 세계에서 보다 중요하고 공공재와 유사한 운영 효율성의 영역으로 이동시킨다.

LOXM의 진정한 혁신은 일회성의 막대한 이익을 창출하는 능력이 아니라 고객의 마찰 비용을 체계적으로 줄이는 능력에 있다. 이는 반복 가능하고 확장 가능한 가치다. JP모건은 확장 가능한 신뢰성과 비용 효율성을 판매하고 있으며, 이는 훨씬 더 안정적이고 방어적인 비즈니스 모델이다.

이러한 머신러닝 기반 실행 알고리즘으로의 전환은 JP모건이 시장과 상호작용하는 방식에 대한 근본적인 철학적 변화를 시사한다. 전통적인 알고리즘은 인간이 전략을 명시적으로 프로그래밍하는 방식이었다. 반면 LOXM은 인간 프로그래머가 명시적으로 고안하지 않은 패턴을 식별하고 활용한다. 시장의 정적인 지도를 그리는 것에서 벗어나, 자율적인 탐험가를 시장에 파견하는 단계로 나아간 것이다.

켄타우로스 모델: 인간과 AI의 전략적 융합

JP모건의 AI 도입이 가져온 가장 근본적인 변화는 인간 트레이더의 역할 재정의다. AI가 거래 실행을 담당하면서 인간의 초점은 '어떻게'에서 '왜'와 '만약에what if'로 이동했다. 이는 단순한 업무 분담을 넘어 인간과 기계가 각자의 강점을 발휘하며 협력하는 켄타우로스Centaur 모델의 탄생을 의미한다.

JP모건의 연구에 따르면 AI와 자동화는 직원의 업무량을 10%에서 25%까지 줄여줄 수 있으며, 이를 통해 직원들은 의사결정 및 기타 전략적, 고객 관련 활동에 더 많은 시간을 할애할 수 있게 되었다. LLM 운영 플랫폼 패키지를 활용하는 투자 은행가들은 연구 업무의 상당 부분을 자동화할 수 있게 되었고, 많은 사용자가 문서 요약이나 자료 초안 작성 같은 반복적인 업무에서 주당 수 시간을 절약하고 있다.

현대의 트레이더는 인간과 기계가 결합한 켄타우로스로 진화하며 새로운 핵심 역량을 요구받게 되었다. 첫째는 알고리즘 감독자Algorithm Supervisor의 역할이다. 이들은 다양한 AI 도구의 특성과 장단점을 이해하고, 주어진 시장 상황이나 전략에 가장 적합한 도구를 선택하고 감독하는 능력을 갖춰야 한다. 둘째는 전략적 리스크 관리자Strategic Risk Manager로서 과거 데이터가 신뢰할 수 없는 지침이 될 수 있는 '블랙스완'과 같은 극단적 사건에 집중하며, 인간의 깊은 맥락적 판단을 통해 리스크를 관리한다. 셋째는 고객 관계 전문가Client Relationship Expert의 역할로, AI가 복제할 수 없는 미묘한 고객의 니즈를 파악하고 복잡한 커뮤니케이션과 신뢰 기반의 관계를 구축하는 능력이 핵심이다.

일상적인 작업의 자동화는 필연적으로 전사적인 역량 강화를 촉진한다. 트레이더들은 실행 중심의 역할에서 벗어나 더욱 분석적이고, 전략적이며, 고객 중심적인 전문가로 진화해야 한다. 이는 JP모건에게 강력한 인적 자본 해자를 구축해준다. 경쟁사는 단순히 AI 플랫폼을 구매하는 것만으로는 JP모건의 성공을 복제할 수 없다. 그들은 AI에 의해 증강된 새로운 유형의 인재를 육성해야 하며, 이는 수년간의 훈련과 문화적 변화에 대한 투자를 요구하는 과정이다.

AI와 함께 일하면서 인간 트레이더의 직관이 오히려 더 날카로워지는 현상은 매우 흥미로운 지점이다. 이는 신비로운 현상이 아니라, 데이터에 기반한 강력한 피드백 루프의 결과다. JPM AI리서치의 〈이미지 분류를 통한 트레이딩Trading via Image Classification〉 보고서에서 시계열의 시각적 표현을 활용한 패턴 학습이 제시되었는데, 이를 통해 트레이더는 자신의 직감을 즉시 검증하거나 의문을 제기할 수 있다. 이 과정이 반복되면서 시간이 지남에 따라 판단의 정확도가 정교해지는 강력한 학습 사이클이 만들어진다.

이는 JP모건 전략의 가장 심오한 함의 중 하나를 드러낸다. 직관은 오랫동안 스타 트레이더들의 마법처럼 여겨져왔다. 즉, 매우 가치 있지만 확장 불가능하고 암묵적인 기술이었다. JP모건은 트레이더들이 사용하는 것과 동일한 시각적 데이터를 AI로 분석함으로써 최고 성과자들의 인지 과정을 사실상 리버스 엔지니어링하고 성문화하고 있다. 이를 통해 인간 직관의 기저에 있는 규칙을 객관적으로 테스트하고 정교화하며, 이 성문화된 직관을 소수의 스타뿐만 아니라 전체 트레이딩 플로어의 성과를 증강하는 도구로 배포할 수 있게 되었다.

리스크 관리에서 AI의 중요성을 강조하기 위해 새로운 켄타우로스 모델을 JP모건 역사상 가장 중대한 인간 판단 실패 사례 중 하나와 대조해볼 필요가 있다. 2012년, JP모건의 트레이더 "런던 고래" 브루노 익실Bruno Iksil은 고위 경영진으로부터 받은 상충되는 지시에 제대로 파악되지 않은 파생상품 포지션을 막대하게 구축했고, 이는 궁극적으로 약 62억 달러의 손실로 이어졌다. 이 실패는 단지 한 트레이더의 실수가 아니라 리스크 가시성과 거버넌스의 시스템적 붕괴였다. 당시 경영진은 실제로 감수하고 있는 리스크의 규모를 명확하게 실시간으로 파악할 수 없었다.

현대의 AI 리스크 관리 시스템은 바로 이러한 유형의 실패를 방지하도록 설계되었다. 전사적으로 데이터를 실시간으로 집계하고 분석함으로써 AI 시스템은 리스크 노출에 대한 투명하고 통합된 시각을 제공한다. "런던 고래" 규모의 비정상적인 포지션은 즉시 포착되어 경고가 발생했을 것이며, 그림자 속에서 리스크가 눈덩이처럼 불어나는 것을 불가능하게 만들었을 것이다.

JP모건의 AI 기반 리스크 및 거버넌스 시스템에 대한 막대한 투자는 단순히 새로운 수익을 추구하기 위한 공격적인 움직임이 아니다. 이는 과거의 고통스러운 교훈을 통해 깊이 내재한 방어적 전략이다. 런던 고래 사건은 인간만의 거버넌스가 가진 규모의 취약성을 드러냈고, 이후 JP모건이 데이터 기반의 투명한 AI 감독 시스템을 개발한 것은 기관의 '흉터 조직' 형성 과정으로 볼 수 있다. 즉, 과거의 상처에 대한 직접적이고 기술적인 대응으로 조직 전체를 미래의 유사한 실패에 대해 더 탄력적이고 면역력 있게 만들기 위한 조치인 것이다.

실제로 AI 기반 리스크 관리의 효과는 구체적인 수치로 나타난다. JP모건의 AI 시스템은 자금세탁방지AML 감시 효율성을 크게 향상해 오탐지를 대폭 감소시켰다. 그리고 사기 공격이 연 12% 복합 성장률로 증가하는 환경에서도 사기 비용을 안정적으로 유지함으로써 수억 달러의 비용 회피를 달성하고 있다.

이러한 켄타우로스 모델의 성공은 인간과 AI가 각자의 강점을 발휘할 때 가능해진다. AI는 방대한 데이터를 처리하고 패턴을 인식하며 반복적인 작업을 수행한다. 인간은 맥락을 이해하고 윤리적 판단을 내리며 예외 상황을 처리한다. 이 둘은 단순한 결합 이상의 시너지를 창출하며, 금융 서비스의 새로운 패러다임을 제시하고 있다.

다이먼 독트린:
180억 달러 투자와 거버넌스 철학

제이미 다이먼 CEO의 리더십 철학은 JP모건의 AI 전략 전반에 깊숙이 스며들어 있다. JP모건은 연간 180억 달러라는 업계 최대 규모의 기술 투자를 진행하며, AI를 핵심 투자 영역으로 삼고 있다.

다이먼 CEO는 AI를 "인쇄기, 전기, 인터넷과 비견할 만한 변혁적 기술"로 정의하며, 궁극적으로 주당 3.5일 근무가 가능해질 것이라고 예측했다. 이는 AI가 특정 업무의 60~70%를 자동화할 수 있다는 전망에 기반한다. 그러나 이러한 대담한 비전은 철저한 신중함과 균형을 이룬다.

다이먼의 리더십은 두 가지 핵심 명령으로 특징지어진다. 하나는 혁신을 공격적으로 추구하는 것이고, 다른 하나는 회사의 '요새fortress' 재무상태표와 고객의 신뢰를 광적으로 보호하는 것이다. 그는 연례 주주 서한에서 AI와 같은 기술이 변혁적 힘을 가지고 있음을 인정하면서도, 회사는 고객의 돈으로 검증되지 않은 실험을 하지 않는다고 일관되게 강조한다.

JP모건의 거대한 규모는 이러한 균형 잡힌 접근을 가능하게 한다. 하루 결제액 10조 달러, 수탁자산AUC 35조 달러를 관리하는 이 거대 금융기관은 안전한 위치에서 기술에 대한 거대하고 장기적인 투자를 할 수 있는 자원을 보유하고 있다. 클라우드 인프라와 JADE JPMorgan Advanced Data Ecosystem(AI 이니셔티브의 기반이 되는 데이터 플랫폼으로 밀리초 단위의 데이터 검색을 지원해 인간을 데이터 정제 작업에서 해방시키는 시스템)를 포함한 견고한 데이터 기반 구축을 위해 JP모건은 매년 약 170억~180억 달러의 기술 예산을 투입하고 있다.

이러한 투자 철학은 '목적이 있는 AI AI with Purpose'라는 접근법으로 구체화한다. 기술을 위한 기술이 아닌, 구체적이고 측정 가능한 비즈니스 성과를 목표로 하는 AI 이니셔티브만을 추진한다. 모든 AI 프로젝트는 고객 경험 향상, 운영 간소화, 리스크 관리 및 규정 준수 강화라는 핵심 비즈니스 니즈를 직접적으로 해결해야 한다.

다이먼 독트린의 핵심 원칙 중 하나는 설명하거나 이해할 수 없는 기술을 사용하지 않겠다는 것이다. 이는 JP모건이 설명 가능한 AI XAI에 대해 기관 차원에서 헌신하는 것으로 직접 이어진다.

JP모건은 2023년 테레사 하이첸레서 Teresa Heitsenrether를 초대 CDAO Chief Data & Analytics Officer(최고 데이터 및 분석책임자)로 임명,

운영위원회 직속으로 배치했다. 특히 "우리는 AI/데이터 기능을 기술 부서에서 분리했다. 너무 중요하기 때문(다이먼)"이라며, CEO와 사장에게 직접 보고하는 구조로 격상했다. 이는 단순히 이론적인 활동이 아니라 AI 기반 의사결정이 투명하고, 감사 가능하며, 규정을 준수하도록 보장하는 임무를 맡은 운영 조직이다.

XAI에 투자함으로써 JP모건은 고객 및 규제 당국과의 신뢰를 구축하고, 공정성 규정을 준수하며, 모델이 왜 특정 결정을 내리는지 이해함으로써 모델 성능을 최적화하는 것을 목표로 한다. JP모건은 AI 공급업체들에게도 책임 있는 AI 개발과 운영에 대한 문서화를 요구하는 정책을 시행하고 있는데, 이는 훈련 데이터, 모델 개발 프로세스, 공정성 평가, 지속적인 모니터링 절차에 대한 상세한 정보를 포함한다. 이러한 노력이 인정받아 JP모건은 에비던트Evident가 2024년에 발표한 〈AI 은행업 지수AI Banking Index〉에서 3년 연속 1위를 기록했다. (이는 성숙도 지표(거버넌스/인재/리더십/투명성)이며 재무성과 지표와는 별개다.)

다이먼 독트린은 자동화 여부와 관계없이 모든 결정에 대한 최종 책임은 반드시 인간에게 있어야 한다고 주장한다. 이 원칙은 회사의 리스크 관리 프레임워크에 깊숙이 내장되어 있다. 예를 들어 LOXM 시스템은 처음부터 회사의 기존 전자 거래 리스크 프레임워크 내에서 작동하도록 설계되었으며, 이 프레임워크는 내부 통제 그룹의 감독을 받고 금융 당국의 검증을 받는다. 목표는 감독 없이 작동하는 완전 자율 에이전트를 만드는 것이 아니다. 명확한 책임 소재를 유지하면서 인간의 역량을 증폭시키기 위해 AI를 사용하는 것이다.

제러미 바넘Jeremy Barnum CFO는 관리자들에게 "가능한 한 인원 증가를 억제하고 효율성에 집중하라"고 지시했다. 또 다이먼은 "이탈attrition이 당신의 친구"라고 표현하며 AI를 통한 자연 감소를 활용한 비용 구조 재편을 추진한다. 이러한 접근법은 JP모건이 추구하는 미래상을 명확히 보여준다. AI가 인간을 대체하는 것이 아니라 인간이 더 전략적이고 창의적인 업무에 집중할 수 있도록 돕는 도구가 되는 것이다. 다이먼 독트린의 영향력은 JP모건의 독자적인 LLM 스위트LLM Suite 플랫폼의 성공으로 구체화했다. 20만 명의 직원이 이 플랫폼을 통해 AI의 혜택을 받으면서도 인간의 최종 책임이라는 원칙은 견고히 유지되고 있다.

다이먼 독트린의 영향력은 조직 전체로 확산되고 있다. LLM 스위트가 2025년 아메리칸 뱅커American Banker 올해의 혁신상 대상Innovation Awards을 수상한 것은 20만 명 이상의 직원이 외부 LLM에 접근할 수 있도록 하면서도 엄격한 보안 및 규정 준수 표준을 유지할 수 있었기 때문이다. 이는 혁신과 통제의 균형을 추구하는 다이먼 독트린의 정수를 보여주는 사례다.

180억 달러라는 막대한 투자는 단순한 기술 구매가 아니라, 금융의 미래에 대한 전략적 베팅이다. 그리고 이 베팅의 중심에는 기술이 아닌 인간과 신뢰가 있다. 다이먼은 기술이 금융업의 운영 방식을 바꿀 수 있지만, 그 본질인 신뢰는 결코 타협할 수 없다는 원칙을 고수한다. 이러한 철학이 JP모건을 단순한 AI 도입 기업이 아닌, AI 시대의 금융 리더십을 정의하는 기업으로 만들고 있다.

JP모건 AI 이니셔티브 요약(2025년 기준)

이니셔티브	기반 기술	주요 기능	문서화된 성과/핵심 가치
LOXM	머신러닝 (강화학습 포함 가능)	기관 고객 대규모 주문 최선집행(알고리즘 실행 엔진 OMS 연동), 시장 충격 최소화·가격/속도 균형, (동의·정책 범위 내) 고객 목표·제약 반영	유럽 도입 시 벤치마크 대비 우수한 실행 품질 보고, 거래비용·시장 충격 감소, 은행 자체 포지션 결정 아님(고객 실행 전용)
OmniAI	AI/ML 통합 플랫폼	레거시 시스템 위에 표준화된 보안·통제 환경에서 AI/ML 모델 구동 및 MLOps 제공	전사 AI 애플리케이션 배포 가속화, 개발자 생산성 향상
LLM Suite	LLM + 사내 지식·보안 연동	전사 지식 검색·요약·초안정책Q&A, 개발·분석 보조	20만+ 임직원 사용, 반복 업무 주당 수 시간 절감, 연간 약 15억 달러 이상 규모 가치 창출로 경영진 언급(확대 중)
IndexGPT	생성형 AI (GPT-4)	고객 대면 테마형 지수 구성 지원 (키워드 → 종목식별·설계 보조)	상표 출원(2023), 초기/시범 단계로 공개; 내부 검증을 거쳐 활용 범위 확대 검토
Coach AI	생성형 AI, NLP	자문가 리서치 요약 개인화 추천, 고객 커뮤니케이션 보조	변동성 구간 응답 속도 개선, 2023 → 2024 자산관리 매출 +20%에 기여(경영진 발언)
J.P. Morgan Virtual Assistant	AI 기반 대화형 어시스턴트	기업 고객 셀프서비스 (실시간 거래 조회, 국제 송금 추적)	J.P. Morgan Access 내 실시간 질의응답, 수동 문의 필요성 감소
사기/리스크AI	머신러닝, NLP, 스트리밍 이상 탐지	실시간 사기 탐지, 거래 모니터링, AML 경보 품질 개선, KYC 자동화 보조	사기 공격 증가 환경에서도 사기 비용 평탄 유지, AML 오탐 감소 등 유의미한 개선, KYC 단위비용 절감 (공개 발표 기준)
XAI CoE	N/A (연구·거버넌스 조직)	설명 가능성·공정성 평가, 모델 문서화/모니터링, 서드파티 AI 보증 문서 요구	감사·규정 준수 용이성 강화, 고위험 판단의 블랙박스 의존 최소화, 에비던트 AI 은행업 지수 3년 연속 1위

전사적 AI 플랫폼: 20만 명이 사용하는 LLM 스위트

JP모건의 AI 전략은 트레이딩 플로어의 특정 부서에 국한되지 않는다. LLM 스위트의 출시는 AI의 가치를 조직 전체로 확장하는 전략적 도약을 의미한다. 2024년 중반 5만 명으로 시작한 LLM 스위트 사용자는 2025년 현재 20만 명을 돌파했고, 이는 전 세계 금융 업계에서 가장 포괄적인 생성형 AI 배포 사례다. 다니엘 핀토 사장은 LLM 스위트를 포함한 AI 이니셔티브가 연간 15억~20억 달러의 비즈니스 가치를 창출하고 있다고 밝혔으며, 향후 더 증가할 것으로 전망했다.

이러한 가치는 여러 차원에서 실현된다. 첫째, 생산성 향상이다. LLM 스위트의 실질적 가치는 측정 가능하다. 사용자들은 반복적 업무에서 주당 평균 3~5시간을 절약하고 있으며, 특히 투자 은행가들은 연구 업무의 40%를 자동화했다. 이는 연간 10억~15억 달러의 가치로 환산된다. 둘째, 혁신의 가속화다. AI 코딩 어시스턴트 도입으로 2년간 코드 배포가 70% 증가했으며, 다수의 생성형 AI 도구가 개발 파이프라인에 있다. LLM 스위트는 추가적인 내부 데이터 소스와의 통합을 통해 지속적으로 기능을 확장하고 있으며, 미래에는 복잡한 목표를 자율적으로 완수할 수 있는 AI 에이전트로 진화할 예정이다.

LLM 스위트의 진정한 힘은 거대하고 사일로화한 조직 전반에 걸쳐 정보와 통찰력의 속도를 극적으로 높이는 능력에 있다. 회사의 방대한 지식 저장소에 대한 단일 지능형 인터페이스를 제공함으로써 이 플랫폼은 부서 간의 장벽을 허물고 한 부서의 직원이 다른 부서의 정보를 즉시 접근하고 이해할 수 있게 한다. 이는 엄청난 운영 레버리지를 창출하고, 중복 업무를 줄이며, 모든 수준에서 더 빠르고 정보에 입각한 의사결정을 가능하게 한다.

COIN Contract Intelligence 플랫폼은 JP모건 AI 혁신의 또 다른 정점을 보여준다. 이전에 연간 36만 시간의 인력이 필요했던 법무 문서 분석 작업을 자동화한 이 시스템은 AI가 어떻게 불가능을 가능으로 만드는지 보여주는 사례다. COIN은 연간 1만 2,000개 이상의 상업 신용 계약을 몇 초 만에 처리하며, 오류와 누락을 크게 줄이고 일관성을 향상시켰다. 머신러닝 알고리즘과 이미지 인식 기술을 사용해 계약 조항을 약 150개의 서로 다른 속성으로 분류하는 COIN은 법적 뉘앙스와 함의를 이해하는 수준의 분석을 수행한다.

COIN의 성공은 여러 측면에서 혁명적이다. 첫째, 비용 절감이다. 36만 시간의 변호사 작업 시간을 절약한다는 것은 연간 수천만 달러의 인건비 절감을 의미한다. 둘째, 속도다. 과거 몇 주가 걸리던 계약 검토가 이제는 실시간으로 이루어진다. 셋째, 일관성이다. 인간의 피로나 주관성에 영향받지 않고 일관된 기준으로 모든 계약을 분석한다.

더 중요한 것은 COIN이 법무팀의 역할을 재정의했다는 점이다. 변호사들은 이제 단순한 계약 검토에서 벗어나 더 복잡한 법적 전략과 고객 자문에 집중할 수 있게 되었다. 이는 AI가 전문직의 가치를 없애는 것이 아니라, 오히려 더 높은 수준으로 끌어올릴 수 있음을 보여준다.

JP모건은 AI 역량을 내부에만 가둬두지 않고, 고객을 위한 상품으로 적극적으로 전환하고 있다. 이는 강력한 전략적 선순환 구조를 만들어낸다. 인덱스GPT IndexGPT는 2023년 상표 출원 후 2024년 초기 공개 소식이 전해진 테마형 지수 구성 도구다. 이 도구는 AI를 사용해 특정 테마와 관련된 키워드를 체계적으로 생성하고, 이를 통해 관련 주식을 식별함으로써 과거의 복잡하고 수동적인 프로세스를 간소화한다. 예를 들어 '클라우드 컴퓨팅' 테마를 입력하면, AI는 관련 기업들을 자동으로 식별하고 포트폴리오를 구성한다.

코치 AI Coach AI와 같은 자문가 지원 도구의 도입은 2023년에서 2024년 사이 자산 관리 부문 매출 20% 증가에 기여했다고 경영진이 밝혔다. 자문가들이 더 빠르고 정확하게 고객에게 대응할 수 있게 됨으로써 고객 만족도와 자산 유입이 동시에 증가한 것이다.

JP모건은 고객 경험 개선에도 AI를 적극 활용하고 있다. EVEE Intelligent Q&A는 콜센터 상담원들에게 정책 문서와 거래 이력을 통합한 맥락 기반 답변을 실시간으로 제공해 고객 문의 해결 시간을 단축했다. 기업 고객을 위한 버추얼 어시스턴트 Virtual Assistant는 JP모건 엑세스 J.P. Morgan Access 플랫폼에서 "어제 처리된 송금은?" 같은 실시간 질의에 답하고 국제 송금을 추적할 수 있어 고객이 직접 은행에 문의할 필요를 줄였다. 이를 통해 상담원은 더 복잡한 고부가가치 업무에 집중할 수 있게 되었다.

이러한 고객 대면 AI 도구들은 응답 속도 향상과 셀프서비스 비중 증가라는 이중 효과를 창출하며 사용 증가 → 데이터 축적 → 모델 개선으로 이어지는 데이터 플라이휠을 더욱 강화하고 있다.

고객 대면 상품의 성공은 JP모건의 전략적 사고를 보여준다. 첫째, 내부 사용을 위해 최첨단 AI 도구를 개발한다. 둘째, 까다로운 내부 환경에서 이 도구들을 대규모로 완벽하게 다듬는다. 셋째, 이 검증된 기술을 고객을 위한 새로운 고수익 상품으로 포장하여 상용화한다. 이러한 고객 대면 상품에서 발생하는 수익과 피드백은 다시 차세대 내부 R&D에 자금을 지원하며, 혁신과 시장 리더십의 자기 강화 사이클을 창출한다.

JP모건의 AI 여정은 현재의 성과에 안주하지 않는다. 제이미 다이먼 CEO가 제시한 주당 3.5일 근무제 비전은 단순한 구호가 아니라, AI가 현재 업무의 60~70%를 자동화할 때 가능해질 구체적인 미래상이다. 이를 실현하기 위한 로드맵의 중심에는 자율 AI 에이전트가 있다.

JP모건은 AI 진화를 세 단계로 명확히 구분한다. 첫 번째 단계는 현재 진행 중인 '보조 AI Assistive AI'로 LLM 스위트와 같은 도구들이 인간의 업무를 돕는 단계다. 두 번째 단계는 '증강 AI Augmented AI'로 AI가 인간과 협력하여 복잡한 의사결정을 내리는 단계다. 그리고 세 번째 단계가 바로 '자율 AI Autonomous AI'다. 자율 AI 에이전트는 인간의 개입 없이 복잡한 다단계 작업을 실행할 수 있는 능력을 갖춘다. 이는 쿼리 기반 지원에서 사전 예방적 작업 완료로의 근본적인 전환을 의미한다. 예를 들어 현재의 AI가 "이번 분기 실적 보고서 초안을 작성해줘"라는 요청에 응답한다면, 미래의 자율 에이전트는 스스로 실적 발표일을 인지하고, 관련 데이터를 수집하며, 초안을 작성하고, 관련 부서에 검토를 요청하는 전체 프로세스를 자동으로 수행할 것이다.

JP모건은 이미 미래를 향한 구체적인 준비를 진행하고 있다. 약 100개의 생성형 AI 도구가 개발 파이프라인에 있으며, 이들은 서로 연결되어 작동할 수 있는 에이전트로 설계되고 있다. 미래의 AI 에이전트들은 워크플로를 결합해 포괄적인 목표를 자율적으로 완수할 수 있을 것이다.

이러한 비전을 실현하기 위해서는 기술만큼이나 인재가 중요하다. JP모건은 현재 2,000명 이상의 AI/머신러닝 전문가를 보유하고 있으며 5,000명으로 확대하는 목표를 설정했다. 이는 체계적인 육성 프로그램을 통한 내부 역량 강화 전략이다. AI 관련 교육 시간을 500% 증가시켰다는 것은 기존 직원들의 재교육에 대한 JP모건의 의지를 보여준다. 모든 직원에게 프롬프트 엔지니어링 기술을 필수로 교육하고 있으며, 이는 AI가 특정 전문가의 도구가 아닌 모든 직원의 일상적인 업무 도구가 될 것임을 시사한다.

더 나아가 JP모건은 AI 전문가들이 비즈니스와 기술을 연결하는 가교 역할을 수행할 것으로 기대한다. 이들은 AI의 기술적 가능성을 이해하는 동시에 금융 서비스의 복잡한 규제 환경과 비즈니스 요구사항을 파악해 실질적인 가치를 창출하는 솔루션을 설계할 수 있어야 한다.

이러한 초 유기체적 접근의 핵심은 '증폭Amplification'이다. AI는 인간의 능력을 대체하는 것이 아니라 증폭한다. 트레이더의 직관은 AI의 패턴 인식 능력과 결합하여 더욱 정교해진다. 리스크 매니저의 판단은 AI의 실시간 분석과 결합하여 더욱 포괄적이 된다. 고객 담당자의 서비스는 AI의 개인화 능력과 결합하여 더욱 맞춤화된다.

JP모건의 미래 비전은 명확하다. AI가 점점 더 많은 일상적 업무를 자동화함에 따라, 인간은 더 창의적이고 전략적인 업무에 집중할 수 있게 된다. 주당 3.5일 근무는 단순히 노동 시간의 단축이 아니라, 인간이 진정으로 가치 있는 일에 집중할 수 있는 새로운 업무 패러다임의 시작이다.

이 비전의 실현을 위해 JP모건은 지속적으로 투자하고 있다.

연간 180억 달러의 기술 예산 중 20억 달러가 AI에 직접 투입되고 있으며, 이는 업계 최대 규모다. 더 중요한 것은 이러한 투자가 단기적 수익이 아닌 장기적 변혁을 목표로 한다는 점이다. JP모건은 AI를 통해 금융의 미래를 만들어가고 있으며, 그 미래에서 인간과 AI는 서로를 증폭시키며 공진화하는 파트너가 될 것이다.

시스템적 과제: AI 단일 문화의 위험

JP모건의 AI 전략은 눈에 띄는 성과를 거두었지만, 역설적으로 금융 시스템 전체에 새로운 형태의 리스크를 불러왔다. 개별 기관이 AI로 효율성을 극대화할수록 시스템 전체의 안정성과 충돌할 수 있다는 우려가 규제 당국을 중심으로 제기되고 있는 것이다.

이 전략의 성격은 주요 경쟁사들과의 비교를 통해 더욱 뚜렷해진다. 각 금융기관이 서로 다른 철학과 방식으로 AI 시대를 준비하는 가운데 JP모건은 전사적 규모와 통합에 초점을 맞춘다. 20만 명이 넘는 모든 직원이 접근할 수 있는 LLM 스위트 LLM Suite를 구축하고, 내부 혁신과 외부 상용화를 선순환 구조로 연결하는 것이 핵심이다. 이를 뒷받침하기 위해 JP모건은 매년 약 180억 달러의 기술 예산을 투입하고, 600개 이상의 AI 활용 사례를 운영하고 있다.

이러한 포괄적·집중적 전략이 JP모건을 업계 선도자로 만들었지만, 동시에 단일 기업의 기술 집중이 금융 생태계 전체에 시스템 리스크를 전이할 수 있다는 점에서 규제와 감시가 더욱 중요해지고 있다.

골드만삭스는 기관 고객을 위한 첨단 기술과 전문화된 솔루션에 더 초점을 맞춘다. 특히 에이전틱 AI Agentic AI 분야를 개척하며 자율적인 AI 소프트웨어 엔지니어를 시험하고 있다. 특정 트레이딩 전략에서 기록적인 샤프 비율 Sharpe ratio 을 달성하기 위해 AI를 사용하는 등 고부가가치 틈새시장에서 날카로운 최첨단 우위를 창출하는 데 주력한다.

모건스탠리의 전략은 거대한 자산 관리 부문의 인간 금융 자문가 증강에 크게 집중되어 있다. 오픈AI와의 파트너십을 통해 자문가(팀)의 98%가 사용한다는 보도가 나왔다. AI를 사용해 고객 관계를 심화하고 인간 자문가의 생산성과 효과를 높이는 데 주력하고 있다.

그러나 이러한 AI 경쟁이 가져올 수 있는 가장 심각한 위험은 '단일 문화 monoculture'의 출현이다. 게리 겐슬러 Gary Gensler SEC 위원장을 포함한 규제 당국은 이에 대해 상당한 우려를 표명했다.

주요 우려는 기업들이 소수의 지배적인 데이터 제공업체와 소수의 최고 수준 AI 모델로 수렴함에 따라 그들의 트레이딩 시스템을 비슷하게 생각하기 시작할 수 있다는 점이다. 동일한 시장 신호에 노출되었을 때 이 시스템들은 모두 동시에 유사한 전략을 실행할 수 있다.

스트레스 상황에서 이러한 동조화된 행동은 불안정한 피드백 루프를 만들 수 있다. 일례로, 작은 시장 하락이 수천 개의 AI 에이전트에 의한 동시적 대규모 리스크 회피를 촉발해 갑작스러운 유동성 증발을 일으키고, 결국 작은 충격이 대규모 사건으로 확대될 수 있다. 2010년 고빈도 알고리즘 거래가 연쇄적 매도 주문을 일으

글로벌 투자은행의 경쟁적 AI 전략 비교 프레임워크(2025년 기준)

구분	JP모건체이스	골드만삭스	모건스탠리
개요	전사 운영 레버리지와 통합 중심의 플랫폼 전략	특화 영역 최고 성능(퀀트·트레이딩/엔지니어링) 지향	대규모 인간 자문가 증강 중심(자산 관리)
핵심 철학	목적 있는 AI, 요새 재무상태표, 설명 가능성(XAI), 인간 최종책임	에이전틱 AI/프론티어 기술로 알파 극대화, 엔지니어링 우위	"사람+AI(켄타우로스)"로 고객 관계·생산성 심화
대표 이니셔티브 (내부)	LLM Suite (20만+임직원 사용), COIN (계약 분석 자동화), 사기/AML 모델, JADE(데이터 생태계)	에이전트형 코딩/엔지 보조 실험, 리스크·리서치 NLP, 데이터 플랫폼(예: Legend 등)	AI @ Morgan Stanley Assistant (OpenAI 기반 지식 Q&A/요약), 규정 준수·문서 보조 코파일럿
대표 이니셔티브 (고객/프론트)	LOXM (기관 고객 주문 실행 알고리즘·최선집행), IndexGPT(테마 지수 도구·초기/파일럿), Coach AI (자문가 지원)	Marquee 등 전자거래·리서치/리스크 분석 도구, 특화 퀀트 전략 지원	Next Best Action (개인화 제안), 자문가용 대화형 리서치/콘텐츠 생성
주 초점	스케일→효율/신뢰/리스크 동시 개선 (운영비 절감, 규정 준수 강화)	고부가가치 틈새 (트레이딩·마켓메이킹·구조화) 성능 최적화	FA 생산성·고객 커뮤니케이션·관계 심화
차별화 포인트	XAI CoE, 서드 파티 AI 보증 문서 요구, Evident AI Banking Index 3년 연속 1위 (2024)	퀀트 문화·엔지니어링 역량 축적, 에이전틱 AI 선도 실험	자산 관리 채널의 광범위 채택과 현장 적용성
주요 리스크/과제	'AI 단일 문화' 시스템 리스크, 초대형 스케일의 복잡성·거버넌스 비용	특화 전략의 확장성·변동성 관리, 규제 복잡성	프라이버시/컴플라이언스·환각 관리, 인간 판단 품질 유지

커 다우지수가 단 몇 분 만에 약 1,000포인트 급락한 '플래시 크래시Flash Crash', 2007년 다수의 퀀트 펀드가 비슷한 알고리즘을 사용해 동시에 포지션을 청산하며 글로벌 주식시장을 흔든 '퀀트 퀘이크Quant Quake'는 이러한 위험을 잘 보여주는 대표적 사례다.

이는 금융 AI의 궁극적인 역설을 보여준다. LOXM과 같은 도구는 단일 행위자에게는 초효율적으로 설계되었다. 그러나 모든 주요 금융기관이 유사하게 초효율적인 도구를 배포한다면, 종합적인 효과는 매우 취약하고 불안정한 글로벌 시스템일 수 있다. 개별 에이전트에게는 합리적이고 최적인 행동이 모두 함께 취해졌을 때 전체 시스템에는 비합리적이고 차선책이 되는 것이다.

마지막으로 해결되지 않은 과제는 기술이 그것을 통제하는 데 필요한 법적, 윤리적 프레임워크보다 더 빨리 발전하고 있다는 점이다. AI가 치명적인 오류를 일으켰을 때 책임 소재는 복잡하다. 코드를 작성한 프로그래머의 책임일까? 훈련 데이터를 제공한 회사의 책임일까? 아니면 시스템 배포를 승인한 관리자의 책임일까? 이 복잡한 책임의 사슬은 여전히 법적 회색지대로 남아 있다.

또한, AI 모델은 과거 데이터로 훈련되기 때문에 사회적 편견을 내포하고 영속화할 수 있다. 과거 대출 데이터로 훈련된 AI는 의도치 않게 특정 인구 집단에 대해 차별적인 결정을 내리는 법을 학습할 수 있으며, 이는 심각한 윤리적, 규제 준수 문제를 야기한다. JP모건의 XAI CoE가 이 문제를 해결하기 위해 노력하고 있지만, 이는 업계 전반에 걸쳐 지속되는 문제다.

JP모건이 모든 공급업체에게 AI 보증 문서를 요구하는 새로운 표준을 설정한 것은 이러한 책임 문제에 대한 선제적 대응이다. 그러나 이것만으로는 충분하지 않다. AI의 의사결정 고정이 복잡해질

수록 그 결정에 대한 설명과 책임 소재를 명확히 하는 것은 더욱 어려워진다.

더 근본적인 문제는 AI가 만드는 새로운 형태의 불평등이다. AI 역량을 갖춘 대형 금융기관과 그렇지 못한 중소형 기관 간의 격차는 갈수록 벌어지고 있다. JP모건이 연간 180억 달러를 기술에 투자할 수 있는 반면, 대부분의 금융기관은 이러한 규모의 투자를 감당할 수 없다. 이는 시장의 집중도를 높이고 경쟁을 제한할 위험이 있다.

JP모건의 실험이 드러낸 것은 AI 시대 금융의 근본적 모순이다. 그들이 구축한 켄타우로스 모델은 역설적으로 인간 트레이더의 존재 이유를 더욱 날카롭게 만들었다. LOXM이 밀리초 단위로 완벽한 실행을 보장할수록 인간은 "왜 이 거래를 해야 하는가?"라는 더 어려운 질문과 마주한다.

더 충격적인 발견은 AI가 만든 유리 천장이다. 런던 고래 사건 이후 구축된 AI 거버넌스는 62억 달러의 손실을 방지할 수 있을지 모른다. 그러나 동시에 차세대 제이미 다이먼이 탄생할 가능성도 차단한다. 완벽한 리스크 관리 시스템은 천재적 직관과 계산된 모험을 구분하지 못한다. JP모건은 의도치 않게 '안전한 평범함'의 제국을 건설하고 있는지도 모른다.

가장 불편한 진실은 JP모건의 성공이 만든 시스템적 취약성이다. 20만 명이 사용하는 LLM 스위트, 600개의 AI 사용 사례, 그리고 매일 10조 달러의 거래 데이터. 이 압도적 규모는 '대마불사 too big to fail'를 넘어 '너무 똑똑해서 실패할 수 없는 too smart to fail' 영역으로 진입했다. 모든 금융기관이 유사한 AI 시스템을 채택할 때, 우리는 2008년보다 더 교묘하고 예측 불가능한 시스템 리스크와 마주할 수 있다. 트레이더가 COIN으로 35만 시간을 절약할 때, 그들은 계약서를 직접 읽으며 쌓았던 시장에 대한 직관적 이해를 잃는다. 실수를 통한 학습의 기회가 사라진다. 효율성의 극대화가 새로운 형태의 비효율을 낳는 역설이다.

 JP모건의 AI 여정은 우리에게 불편한 선택을 강요한다. 효율적이지만 취약한 시스템을 받아들일 것인가, 아니면 반영성 높은 인간적 혼돈을 유지할 것인가? 우리는 어느 쪽의 리스크를 감당할 것인가? 이 선택이 JP모건의 다음 10년을 결정할 뿐 아니라, 글로벌 금융 시스템의 운명을 좌우할 것이다.

02
마스터카드
: AI 시대의 신뢰 구축 전략

결제 산업에서 AI 시스템이 정상적인 거래를 사기로 오인해 차단하는 오탐False Positive은 막대한 경제적 손실을 초래하는 치명적인 문제다. 연구들에 따르면 가맹점들은 실제 사기로 인한 손실보다 오탐으로 인한 매출 손실이 최대 70~75배로 추정되며, 한 번의 부당한 거래 거절을 경험한 고객 중 40% 안팎이 해당 가맹점에서 다시는 구매하지 않겠다고 응답했다. 고객 유지율이 5%만 증가해도 수익이 25%에서 95%까지 증가할 수 있다는 점을 고려할 때 오탐 최소화는 비즈니스의 사활이 걸린 문제다.

마스터카드의 디시전 인텔리전스Decision Intelligence, DI는 연간 1,430억 건의 거래를 점수화해 위험을 평가한다. 고액 거래나 특별한 날의 구매처럼 고객에게 중요한 순간에 발생하는 오탐은 브랜드 신뢰도에 장기적이고 회복 불가능한 손상을 입힌다.

AI 시스템의 근본적 한계는 통계적 확률에 의존해 인간적 맥락을 이해하지 못한다는 데 있다. 머신러닝 알고리즘은 과거 데이터의 패턴을 학습하여 미래를 예측하지만, 인간의 삶은 종종 예측 불가능한 특별한 순간들로 구성된다. 예를 들어, 평소 소액 결제만 하던 고객의 갑작스러운 고액 거래는 AI에게 '이상치outlier'로 분류된다. 그러나 이는 결혼 준비, 가족 행사, 특별한 기념일 선물 등 인생의 중요한 순간일 가능성이 높다. AI는 이러한 거래의 통계적 이상함은 감지하지만, 그 뒤에 숨겨진 인간적 의미는 파악하지 못한다.

위기의 순간:
AI가 신뢰를 파괴할 때

마스터카드의 DI 시스템 역시 초기에는 이러한 한계에 직면했다. 시계열 기반 머신러닝 모델을 활용한 초기 시스템은 고객의 거래 이력을 시계열 데이터로 분석하여 수천 개의 데이터 포인트를 처리했지만, 여전히 맥락을 이해하는 데는 한계가 있었다.

이러한 문제 인식은 마스터카드 내부에서 근본적인 질문을 제기했다. "우리는 보안을 위해 AI를 사용하는가, 아니면 고객을 위해 AI를 사용하는가?" 이 질문은 보안의 목적 자체를 재정의하는 계기가 되었다.

마이클 미바흐Michael Miebach CEO는 "디지털 경제는 그 자체로 투명성을 구축하는 최고의 해답"이라고 강조하며, 기술을 신뢰 구축을 위한 도구로 재정의했다. 그는 "우리는 기술 회사가 아니라 신뢰를 파는 회사"라고 선언하며, AI의 역할은 이 신뢰를 강화하는 것이지 신뢰를 훼손하는 위험 요소가 되어서는 안 된다고 명확히 했다.

이러한 철학적 전환은 구체적인 기술 혁신으로 이어졌다. 마스터카드는 2024년 DI 프로를 발표했는데, 이는 순환 신경망RNN 기반에 트랜스포머 모델의 생성형 AI 기술을 통합한 고도화를 의미한다. 이 시스템은 기존의 시계열 기반 ML 접근을 넘어 분석의 관점을 '개별 거래'에서 '네트워크 관계'로 전환했다.

마스터카드의 사례는 AI 시대 금융 보안의 새로운 방향을 제시한다. 기술적 정확성만을 추구하는 것이 아니라, 인간적 맥락을 이해하고 고객 경험을 최우선으로 하는 '신뢰 우선Trust-First' 접근법이 진정한 경쟁력의 원천이 될 수 있음을 보여준다. 이는 AI가 인간을 대체하는 것이 아니라, 인간의 삶을 더 안전하고 편리하게 만드는 도구가 되어야 한다는 원칙의 구현이다.

기술 아키텍처:
DI에서 에이전트 페이까지

초기 DI는 시계열 기반 머신러닝 모델을 활용해 구축되었다. 이 시스템은 고객의 거래 이력을 순차적으로 처리하며 패턴을 학습했다. 시스템은 가맹점, 카드 소유자, 사용 기기 간의 관계를 학습하고, 고객의 평소 소비 패턴, 위치, 시간대 등 수천 개의 데이터 포인트를 분석하여 거래의 정상성을 판단했다. 이를 통해 기존 시스템 대비 사기 탐지율을 평균 20% 개선하고, 오탐률은 85% 이상 감소했다.

2024년에 도입된 DI 프로는 생성형 AI의 핵심 기술인 트랜스포머 모델로의 전환을 의미한다. 이 새로운 아키텍처는 분석의 관점을 근본적으로 변화시켰다. 기존 DI가 개별 고객의 거래 내역이라는 선형적 데이터를 분석했다면, DI 프로는 특정 거래가 마스터카드의 전체 가맹점 네트워크 내에서 얼마나 개연성 있는 '경로'에 위치하는지를 평가한다. 예를 들어 한 고객이 평소 방문하지 않던 도시의 가맹점에서 결제를 시도할 경우, DI 프로는 해당 가맹점이 고객의 다른 거래 가맹점들과 어떤 관계에 있는지를 분석한다. 거리, 카테고리, 가격대 등을 종합적으로 고려해 "있을 법한 여정"인지, "의심스러운 단절"인지를 판단하는 것이다. 이 새로운 접근법으로 DI 프로는 획기적인 성능 향상을 달성했다.

DI 프로의 또 다른 핵심 기술은 GNN이다. GNN은 개별 데이터 포인트가 아닌 데이터 간의 '관계'를 학습해 수십억 개의 카드와 수백만 개의 가맹점을 노드로 하는 거대한 금융 네트워크 그래프를 구축했다. 이를 통해 개별적으로는 정상적으로 보이는 여러 거래가 실제로는 하나의 사기 조직에 의해 통제되는 '뮬 계좌mule account(대포통장)' 네트워크의 일부임을 식별할 수 있게 되었다.

마스터카드는 2017년 누데이터시큐리티NuData Security를 인수(거래 조건 비공개)하며 행동 생체인식 기술을 본격적으로 도입했다. 누데이터의 이 기술은 타이핑 리듬, 마우스 움직임 등 수백 개의 사용자 행동 패턴을 분석해 각 사용자의 고유한 '디지털 지문'을 생성한다.

이 시스템의 혁신성은 '보이지 않는' 보안 계층을 추가한다는 점에 있다. 사기범이 사용자의 아이디와 비밀번호를 탈취하더라도, 이러한 고유한 행동 패턴까지 모방하기는 극히 어렵다. 고객은 추가적인 인증 절차 없이도 자연스럽게 보호받으며, 이는 편의성을 전혀 해치지 않으면서도 보안 수준을 획기적으로 높인다.

마스터카드는 생성형 AI를 활용해 유출된 카드 정보 탐지 속도를 2배로 향상했다. 시스템은 불법 웹사이트에서 발견된 부분적인 카드 정보로부터 완전한 16자리 번호 후보를 생성 및 검증해 빠르게 식별할 수 있으며, 이를 통해 은행들이 사기 거래가 발생하기 전에 선제적으로 카드를 차단할 수 있게 되었다.

마스터카드는 2025년 4월 에이전트 페이Agent Pay를 발표하며 '에이전틱 커머스agentic commerce' 시대를 열었다. 이는 AI 에이전트가 사용자를 대신해 자율적으로 구매를 완료할 수 있는 패러다임 전환을 의미한다. 마이크로소프트, IBM과의 파트너십을 통해 구현된 이 시스템은 대화형 AI 경험에 결제 기능을 원활하게 통합한다. 이는 마스터카드만의 시도가 아니다. 비슷한 시기에 페이팔PayPal과 비자Visa 역시 에이전틱 커머스 전략을 공개했다. 그러나 각자의 접근은 뚜렷한 차이를 드러낸다.

에이전트 페이의 핵심은 마스터카드 에이전틱 토큰Mastercard Agentic Tokens이다. 이는 AI 에이전트가 실제 카드 정보를 노출하지 않고도 안전하게 결제할 수 있도록 하는 특수한 토큰화된 자격증명이다. 이 토큰은 가맹점별로 고유하게 생성되고 엄격하게 범위가 제한되어 최대한의 보안을 보장한다.

시스템의 주요 특징은 검증된 AI 에이전트만 결제를 시작할 수 있으며, 사용자가 AI 에이전트가 구매할 수 있는 항목에 대한 세부적인 권한을 설정할 수 있다는 점이다. 기기 기반 생체 인증과 통합되어 있으며, AI가 시작한 결제는 명확하게 식별되고, 마스터카드의 모든 사기 탐지 시스템과 완전히 통합되어 있다.

에이전틱 커머스 전략

구분	페이팔	마스터카드	비자
서비스명	Agent Toolkit	Agent Pay	Intelligent Commerce
발표일	2025.4.14~29	2025.4.29	2025.4.30
핵심 전략	결제 후 처리 자동화	신뢰 기반 자율 결제	AI 쇼핑 경험 개인화
주요 기능	송장 결제/정산, 실시간 배송 추적, 구독 관리	생일 쇼핑 도우미, 기업 가상카드, 신뢰 에이전트 검증	여행·호텔 예약, 식료품 자동 주문, 사기 방지 엔진
기술 특징	기존 API 활용	Agentic Token 신규 개발	AI 카드+ 지출 규칙
차별점	결제 후 업무 최적화	신뢰 기반 인증 (Trusted Agent 등록 + 생체 인증)	세밀한 지출 한도·통제
주요 파트너	AWS, Google Cloud, Anthropic 등	Microsoft, IBM watsonx, Braintree 등	OpenAI, Microsoft, Stripe 등
상용화 단계	API live, 공개 데모	2025.4 파트너 통합, 차기 대규모 롤아웃 예정	2025 제한적 파일럿, 2026 글로벌 롤아웃 목표

(출처: https://pkriaris.substack.com/p/1-agentic-ai-paypal-vs-mastercard)

마이크로소프트와의 협력은 애저 오픈AI 서비스와 마이크로소프트 코파일럿 스튜디오를 마스터카드의 결제 인프라와 통합하는 데 중점을 두고 있다. IBM의 플랫폼watsonx Orchestrate과의 파트너십은 B2B 사용 사례를 가속해 기업들이 AI 에이전트를 통해 복잡한 조달 및 결제 프로세스를 자동화할 수 있도록 한다.

결제 보안 시장에서 마스터카드, 비자, 아메리칸익스프레스는 각자 고유한 AI 전략으로 경쟁하고 있다. 아메리칸 익스프레스의 강화된 승인Enhanced Authorization은 카드 발급사와 매입사의 역할을 동시에 수행하는 폐쇄 루프closed-loop 네트워크의 강점을 활용한다. 거래의 양쪽 데이터를 모두 확보할 수 있으며, 가맹점으로부터

주요 기술 및 조치 타임라인

연도	주요 기술/조치	특징/성과
2017	NuData 인수	행동 생체인식 도입 (타이핑·마우스 등 수백 개 신호)
2024.2	Decision Intelligence Pro 발표	트랜스포머·GNN+트랜스포머 기술 적용, 1조 데이터포인트·50ms 이내 판정
2024.6	2030년까지 유럽 e-commerce 100% 토큰화 목표 발표	승인율 향상, 보안성 강화
2025.4	Agent Pay/Agentic Tokens 발표	AI 에이전트 자율 결제, 안전한 토큰 기반 구조

직접 이메일, IP 주소, 배송 정보 등을 추가로 제공받아 머신러닝 모델의 정확도를 극대화한다. 이를 통해 참여 가맹점의 사기율을 상당히 감소시켰다. 마스터카드의 차별점은 네트워크 수준의 관계 분석에 있다. GNN을 활용한 네트워크 분석은 개별 거래를 넘어 전체 금융 생태계의 패턴을 파악할 수 있게 하며, 생성형 AI를 통한 유출 카드 예측 생성은 선제적 보안을 가능하게 한다. 특히 에이전트 페이를 통한 에이전틱 커머스로의 진화는 단순한 보안을 넘어 미래 상거래의 새로운 패러다임을 제시하고 있다.

미바흐 독트린: '신뢰 우선' 철학

마이클 미바흐Michael Miebach CEO의 리더십 아래 마스터카드는 명확한 철학적 전환을 이뤘다. 미바흐의 '신뢰 우선' 철학에 따라 AI의 역할을 신뢰 구축의 도구로 재정의했다. 이는 단순한 마케팅 메시지가 아니라 전사적 전략과 운영 원칙에 깊이 내재된 철학이다.

미바흐는 다보스 세계경제포럼에서 "디지털 경제는 그 자체로 투명성을 구축하는 최고의 해답"이라고 강조하며, 인간 중심 AI와 투명성의 중요성을 지속적으로 역설했다. 그의 비전에 따르면 AI는 신뢰를 강화하는 것이지, 신뢰를 훼손하는 위험 요소가 되어서는 안 된다. 마스터카드는 이러한 원칙을 "우리는 신뢰할 수 있는 당사자가 되어야 한다"라는 명제로 구체화했다.

이 철학은 구체적인 조직 구조와 거버넌스로 구현되었다. 마스터카드는 생성형 AI가 화두가 되기 5년 전부터 이미 AI 거버넌스 위원회를 설립했다. 이 위원회는 CPO(최고개인정보보호책임자), CDO(최고데이터책임자), CSO(최고보안책임자), 그리고 AI 담당 수석 부사장EVP 등 C레벨 임원들로 구성되어 있으며, 사안에 따라 인사, 법무 등 다른 부서의 책임자들도 참여한다.

위원회의 핵심 임무는 모든 AI 프로젝트가 회사의 가치 및 데이터 책임 원칙과 일치하는지 감독하는 것이다. 특히 주목할 점은 이 위원회가 윤리적 기준에 부합하지 않는 프로젝트나 인수합병을 거부할 수 있는 강력한 권한을 보유하고 있다는 것이다. 이는 단순한 자문 기구를 넘어 실질적인 통제 장치로 기능함을 의미한다.

결제 처리 기술이 점차 상향 평준화되고 핀테크 스타트업들이 시장에 진입하면서 기술적 우위만으로는 장기적인 경쟁력을 유지하기 어려워졌다. 이러한 환경에서 미바흐의 '신뢰 우선' 전략은 강력한 경쟁적 해자 역할을 한다.

마스터카드는 2018년 이후 전 세계 보안·인프라 투자에 107억 달러 이상을 집행했다. 핀테크 기업이 더 나은 사용자 인터페이스나 낮은 수수료를 제공할 수는 있지만, 수십 년간 축적된 마스터카드의 제도적 신뢰와 이러한 대규모 투자로 구축한 인프라를 단기간에 복제하기는 불가능하다.

신뢰의 경제적 가치는 구체적인 수치로 나타난다. 마스터카드의 부가가치 서비스와 솔루션은 2024년 기준 전체 순매출의 거의 40%를 차지하며, 이는 사이버 보안과 인증 솔루션에 대한 신뢰가 직접적인 수익으로 연결됨을 보여준다. 신뢰는 더 높은 거래 승인율로 직결되며, 오탐으로 인한 고객 이탈을 감소시킨다. 아메리칸 에어라인American Airlines과 같은 주요 파트너사들이 마스터카드와 독점적 파트너십을 맺는 이유는 마스터카드의 신뢰도가 자사 브랜드의 신뢰도와 직결되기 때문이다.

마스터카드의 CTO 에드 맥라클린은 하버드대학교 책임감 있는 AI 사용을 위한 위원회Harvard Council for the Responsible Use of AI의 창립 멤버로 참여했으며, 마스터카드는 금융 서비스 분야의 책임감 있는 AI 배포를 위한 업계 표준을 수립하는 데 앞장서고 있다. 이는 단순한 자기 규제를 넘어 업계 전체의 신뢰 기준을 높이는 리더십을 보여준다.

마스터카드의 신뢰 우선 원칙은 선제적인 규제 대응 전략으로도 나타난다. 전 세계적으로 금융 당국이 AI 사용에 대한 규제를 강화하는 추세에서 마스터카드는 자발적으로 높은 수준의 자기 규제 기준을 제시하고 있다. 회사는 설계 기반 프라이버시Privacy by Design 원칙을 모든 AI 시스템에 적용한다. 이는 개인정보 보호와 보안을 제품 개발 마지막 단계에 추가하는 것이 아니라 기획 단계부터 시스템 아키텍처의 핵심 요소로 내장하는 방법론이다. 이 원칙은 '선제적 예방', '프라이버시를 기본값으로 설정', '엔드투엔드 보안' 등 일곱 가지 기본 원칙을 포함한다.

마스터카드는 AI 시스템의 투명성 원칙과 거버넌스 자료를 적극적으로 공개하고 있다. 이 보고서는 AI 시스템의 작동 방식, 사용 데이터의 종류, 편향성 완화 조치 등을 상세히 공개해 AI를 블랙박스에서 이해 가능한 대상으로 만들려는 노력의 일환이다. 특히 AI 편향성 문제에 대해서는 퀘벡 AI 연구소 밀라Mila와의 협력을 통해 편향성 테스트 및 완화 기술을 고도화하고 있다. 이는 GDPR이나 EU AI 법안과 같이 자동화된 의사결정의 공정성을 강조하는 규제 환경에 선제적으로 대응하는 전략이다.

마스터카드는 또한 고객AI위원회Customer AI Council를 운영하며 고객이 직접 AI 시스템 개발 및 개선 과정에 참여하도록 하고 있다. 이는 기술 중심이 아닌 사용자 중심의 AI를 구현하려는 신뢰 우선 철학을 제도적으로 뒷받침하는 장치다.

미바흐 독트린의 영향력은 조직 문화에도 깊이 스며들어 있다. 마스터카드는 '프라이버시, AI 및 데이터 책임 담당 수석 변호사' 같은 직책을 신설했으며, AI 거버넌스위원회를 다양한 부서의 책임자들로 구성했다. 이는 기술 혁신팀 구성 자체가 윤리적 추론이나 리스크 커뮤니케이션과 같은 소프트 스킬을 기술적 역량만큼 중요하게 여기는 방향으로 진화하고 있음을 보여준다.

미바흐의 신뢰 우선 철학은 단기적인 기술 경쟁력보다 장기적인 브랜드 가치와 고객 충성도를 우선시하는 전략적 선택이다. 이는 AI 시대에도 금융 서비스의 본질이 '신뢰'에 있음을 재확인하며, 기술은 이 신뢰를 강화하는 수단일 뿐임을 명확히 한다. 마스터카드의 사례는 AI 도입이 단순한 기술 혁신을 넘어 조직의 정체성과 가치관의 재정의를 요구한다는 점을 시사한다.

실전 구현:
삼중 딜레마 해결

모든 결제 네트워크는 근본적인 삼중 딜레마Trilemma에 직면한다. 보안성(사기 방지), 편의성(고객 마찰 감소), 승인율(정상 거래의 성공적 처리)이라는 세 가지 목표 사이의 상충 관계다. 전통적으로 이 세 가지는 제로섬 게임으로 인식되었다. 보안을 강화하면 편의성이 떨어지고, 정상 거래가 거절되는 오탐이 증가하여 승인율이 낮아진다. 마스터카드는 결제 과정에서 삼중 딜레마 극복을 위해, 즉 보안성·편의성·승인율을 동시에 높이기 위해 '통합 스택Integrated Stack' 기술을 적용하고 있다.

개별 기술이 아닌 여러 기술을 유기적으로 결합한 다층적 통합 스택 전략의 핵심은 보안을 고객 경험의 일부로 만들고, 가능한 한 보이지 않게 만드는 것이다. 마스터카드의 통합 스택 접근법은 보안의 인지적 부담을 소비자에게서 네트워크로 이전한다. 과거의 보안 모델은 소비자가 비밀번호를 기억하고, 2단계 인증 코드를 입력하는 등 적극적인 행동을 요구했다. 그러나 마스터카드의 새로운 모델에서는 모든 보안 기술이 사용자가 인지하지 못하는 사이 백그라운드에서 작동한다.

첫 번째 계층은 토큰화다. 이 기술은 고객의 실제 16자리 카드 번호PAN를 거래마다 고유하게 생성되는 암호화된 '토큰'으로 대체한다. 데이터 유출 사고가 발생하더라도 해커가 얻는 것은 쓸모없는 토큰일 뿐, 실제 카드 정보는 안전하게 보호된다. 토큰화된 거래는 일반 거래보다 평균적으로 2~5%포인트 더 높은 승인율을 보인다. 마스터카드는 유럽에서 2030년까지 모든 이커머스 거래를 100% 토큰화하겠다는 목표를 발표했다.

두 번째 계층은 신원 확인Mastercard Identity Check: EMV 3-D Secure 2.0이다. 이 솔루션은 백그라운드에서 수십, 수백 개의 데이터 포인트를 가맹점과 카드 발급사 간에 자동으로 교환해 리스크를 평가한다. 과거의 3DS 1.0이 불편한 팝업창을 띄워 비밀번호 입력을 요구했던 것과 달리 3DS 2.0은 대부분의 저위험 거래를 고객의 추가적인 행동을 요구하지 않고 '마찰 없이frictionless' 승인한다. 고위험 거래에 대해서만 생체 인증과 같은 현대적인 방식으로 추가 인증을 요구함으로써 결제 이탈률을 최대 75%까지 줄일 수 있다.

세 번째 계층은 앞서 설명한 행동 생체인식이다. 뉴데이터의 기술을 통해 구현된 이 시스템은 사용자가 기기와 상호작용하는 방식을 분석해 보이지 않는 보안 계층을 추가한다. 이 세 가지 기술은 독립적으로 작동하는 것이 아니라 상호 보완적으로 작동해 종합적인 보안 체계를 구성한다.

이러한 통합 스택의 효과는 가맹점과 발급사 간의 풍부하고 실시간적인 데이터 공유에 달려 있다. 특히 신원 확인과 DI의 정확도는 공유되는 데이터의 질과 양에 정비례한다. 더 많은 데이터는 더 나은 AI 결정을 끌어내고, 이는 더 높은 승인율과 더 낮은 사기율로 이어진다. 그리고 이러한 긍정적인 결과는 더 많은 가맹점이 데이터 공유에 참여하도록 유도하는 선순환 구조를 형성한다.

마스터카드의 실전 사례는 AI 시대의 보안이 '차단'이 아닌 '활성화'를 목표로 해야 함을 보여준다. 기술적 복잡성을 백엔드에서 처리하고, 고객에게는 단순하고 매끄러운 경험을 제공하는 것이야말로 진정한 혁신이다. 이는 마스터카드가 전체 상거래 환경을 위한 신뢰 인프라로 진화하고 있음을 의미한다.

파트너십 생태계와 글로벌 확장

마스터카드는 생체인증 전문 기업 M2SYS와의 협력을 핵심 동력으로 2030년까지 비밀번호와 수동 카드 입력을 완전히 없애겠다는 목표를 추진하고 있다. 이 협력은 FIDO 표준 기반의 페이먼트 패스키Payment Passkeys를 통해 온라인 거래에 지문·얼굴 인식 등 기기 내장 생체 인증을 적용하고, 비접촉식 생체 인증 카드Contactless Biometric Cards 개발로 별도의 PIN 입력 없이도 안전한 결제를 가능하게 한다. 또한 신원 속성 검증Identity Attribute Verification 서비스를 통해 결제 카드 데이터만으로 연령, 주소 등 프라이버시를 보호하며 확인할 수 있다. 예컨대 주류 구매 시 사용자가 법적 음주 연령 이상이라는 것만 인증되고 실제 생년월일은 공개되지 않는다. 마스터카드는 2024년 10월 생체 인증과 페이먼트 패스키의 중요성을 강조하는 백서를 발표했고, 여러 시장에서 파일럿 프로그램을 진행하며 이 비전을 구체화하고 있다.

마스터카드는 또한 2030년까지 165억 달러 규모로 성장할 것으로 예측되는 아프리카 AI 시장에 집중하고 있다. 마스터카드는 아프리카의 소비자 지출 패턴에 대한 거의 실시간 인사이트를 제공하는 스펜딩펄스SpendingPulse와 자사 인텔리전스센터를 통해 현지 시장의 실시간 분석을 제공하며, 전통적 은행 서비스 접근이 어려운 인구를 위한 AI 기반 결제 솔루션을 개발하고 있다. 이는 수백만 개의 가맹점에서 익명화된 거래 데이터를 기반으로 하며, 기업들이 시장 트렌드를 파악하고 전략적 결정을 내리는 데 중요한 정보를 제공한다.

마스터카드의 파트너십 생태계와 글로벌 확장 전략은 AI가 단순한 기술 도구를 넘어 전 세계적인 금융 포용성과 경제 발전의 동력이 될 수 있음을 보여준다. 선진국 시장에서의 기술 혁신과 개발도상국에서의 포용적 성장을 동시에 추구하는 이러한 접근법은 마스터카드가 진정한 글로벌 AI 리더로 자리매김하는 데 핵심적인 역할을 하고 있다.

미래의 도전과 기회

마스터카드의 에이전트 페이는 AI가 인간을 대신해 자율적으로 구매 결정을 내리는 새로운 시대를 열지만, 이러한 자율성은 새로운 윤리적·법적 질문을 제기한다. AI가 잘못된 구매를 했을 때 책임은 누구에게 있는가? 사용자, AI 개발사, 아니면 결제 네트워크인가? 마스터카드는 이러한 문제에 대응하기 위해 명확한 권한 설정과 거래 추적 시스템을 구축했다. 모든 AI 시작 거래는 명확하게 식별되며, 사용자는 세부적인 권한 설정을 통해 AI의 구매 범위를 제한할 수 있다.

AI 에이전트 간의 상거래도 현실이 되고 있다. 기업의 조달 AI가 공급업체의 판매 AI와 직접 협상하여 최적의 거래 조건을 도출하는 시나리오를 테스트하고 있다. 이는 B2B 상거래의 효율성을 극대화할 수 있지만, 동시에 인간의 판단과 관계 구축이라는 전통적인 비즈니스 가치에 대한 재평가를 요구한다.

양자 컴퓨팅의 발전은 현재 금융 시스템의 보안 기반을 근본적으로 위협한다. 양자 컴퓨터가 실용화되면 현재의 공개키 암호화PKC 체계가 무력화될 수 있으며, 이는 모든 디지털 거래의 안전성을 위협한다. 마스터카드는 이러한 '양자 위협Quantum Threat'에 선제적으로 대응하기 위해 국립표준기술연구소NIST가 주도하는 포스트 퀀텀 암호화Post-Quantum Cryptography, PQC 표준에 따라 준비하고 있다. 양자 컴퓨터의 공격에도 안전한 새로운 암호화 알고리즘을 개발하고 테스트하고, 기존 시스템과의 호환성을 유지하면서 점진적으로 전환할 수 있는 로드맵을 구축하고 있다.

마스터카드는 양자 컴퓨팅을 위협으로만 보지 않고 기회로도 활용하려 한다. 양자 컴퓨팅의 막대한 연산 능력은 복잡한 최적화 문제를 해결하는 데 활용될 수 있다. 예를 들어, 글로벌 결제 네트워크의 라우팅 최적화나 대규모 사기 패턴 분석에 양자 알고리즘을 적용하는 연구가 진행 중이다.

마스터카드의 AI 보안 시스템이 고도화되면서 공격자들 역시 AI를 무기화하고 있다. 사기꾼들은 생성형 AI를 이용해 매우 정교한 합성 신원Synthetic Identities을 만들어내고, AI 챗봇으로 설득력 있는 피싱 메시지를 대량 생산한다.

더 위협적인 것은 적대적 AIAdversarial AI 공격이다. 이는 마스터카드의 AI 모델 자체를 표적으로 삼아 훈련 데이터를 오염시키거나Data Poisoning, 예측을 교란하는 입력을 생성해 시스템을 혼란시킨다. 마스터카드는 이에 대응해 적대적 AI 연구에 막대한 투자를 하고 있으며, AI 모델의 견고성을 높이는 방어 기술을 개발하고 있다.

이러한 AI 대 AI 전쟁은 개별 기업의 노력만으로는 대응하기 어렵다. 마스터카드는 경쟁사인 비자, 아메리칸익스프레스뿐만 아니라 금융정보공유분석센터FS-ISAC 같은 기관과 위협 정보를 공유하며 공동 대응 체계를 구축하고 있다. 특정 기업의 보안 실패가 전체 결제 네트워크의 신뢰도를 훼손할 수 있기 때문에 생태계 전체의 회복탄력성을 높이는 협력이 필수적이다.

마스터카드가 직면한 미래의 도전은 기술적인 것만이 아니다. AI가 주도하는 금융의 미래에서 인간의 역할은 무엇인가? 완벽한 보안과 완전한 프라이버시는 양립할 수 있는가? AI의 자율성과 인간의 통제권 사이의 균형은 어디에서 찾을 것인가? 이러한 근본적인 질문들에 대한 답을 찾아가는 과정에서 마스터카드의 미래가 결정될 것이다.

신뢰를 인도하는 인간 알고리즘

마스터카드의 '신뢰 우선' 전략이 폭로한 것은 AI 시대 보안의 잔혹한 아이러니다. DI 프로가 오탐률을 35% 줄이고 사기 탐지율을 300% 높였다는 성과 뒤에는 더 큰 딜레마가 숨어 있다. 완벽에 가까운 보안 시스템은 역설적으로 더 정교한 공격을 부른다. 1조 개의 데이터 포인트를 분석하는 시스템을 속이기 위해 해커들은 1조 1개의 데이터를 생성한다. 마이클 미바흐가 강조한 '투명성'은 의도와 달리 새로운 불투명성을 만들었다. AI 거버넌스위원회가 모든 프로젝트를 검토한다지만, 트랜스포머 모델의 50밀리초 결정 과정을 진정으로 이해하는 사람이 몇이나 될까? 설명 가능한 AI를 추구하지만, 그 설명 자체가 또 다른 블랙박스가 되는 무한회귀에 빠진다. 에이전트 페이가 여는 미래는 더욱 충격적이다. AI가 자율적으로 구매를 결정할 때, 우리는 단순히 결제 수단을 잃는 것이 아니다. 소비라는 인간의 가장 기본적인 선택권을 알고리즘에 양도하는 것이다. 이는 인간 주체성의 점진적 해체 과정일 수도 있다.

가장 날카로운 통찰은 '제로 마찰' 비전의 함정이다. 2030년까지 비밀번호를 완전히 제거하겠다는 목표는 보안의 궁극적 승리처럼 보인다. 그러나 마찰이 사라진 세계에서 인간은 무엇을 잃는가? 결제 전 잠시 멈춰 생각할 기회? 충동구매를 막아주던 작은 장벽? 이 잔혹한 아이러니가 무한회귀를 거쳐 인간 주체성의 해체로 이어지고, 결국 제로 마찰의 함정에 도달한다. 70억 달러를 투자한 보안 인프라는 신뢰를 구축하는 동시에 신뢰를 불필요하게 만든다. 행동 생체인식이 나를 '나'로 인증할 때, 정체성은 알고리즘의 함수가 된다.

결국, 마스터카드의 여정은 우리를 근원적 질문으로 인도한다. "완벽한 보안이 달성되는 순간, 우리는 무엇으로부터 보호받고 있는가?" 그리고 그 대가로 "우리는 무엇을 잃고 있는가?"

우리는 이 균형을 직시하고 선택할 용기를 가질 수 있는가? 이 물음에 대한 답이 마스터카드뿐 아니라 AI 시대를 살아가는 모든 인간의 운명을 결정할 것이다.

03
아메리칸익스프레스
: 신뢰의 역설과 AI 시대의 프라이버시 재정의

아메리칸익스프레스(이하 AXP)의 AI 혁신 스토리는 구조적 우위가 어떻게 양날의 검이 될 수 있는지를 보여주는 완벽한 사례다. 비자나 마스터카드와 달리 AXP는 카드 발급사issuer이자 동시에 가맹점 매입사acquirer 역할을 수행하는 폐쇄형 루프closed-loop 시스템을 운영한다. 이 독특한 구조는 2024년 기준 연간 약 1조 5,500억 달러의 카드 회원 지출을 처리하며 완전한 가시성을 제공한다. 단순히 거래가 발생했다는 사실을 넘어 '누가who', '어디서where', '얼마나how much'를 아는 것은 물론, 특정 상황(특히 B2B나 구매 카드 사용 시)에서는 개별 상품 단위 수준의 상세 데이터까지 확보할 수 있는 전례 없는 데이터 해자를 구축했다.

개방형 루프open-loop 네트워크를 운영하는 비자와 마스터카드는 고객의 은행과 가맹점의 은행 사이에서 결제를 처리하는 역할에 그친다. 그들은 거래의 단편적인 정보만을 볼 수 있을 뿐, 고객의 전체적인 소비 패턴이나 라이프스타일을 파악하기 어렵다. 반면

AXP는 거래의 시작과 끝을 모두 직접 관리하기 때문에 고객의 소비 습관, 브랜드 선호도, 여행 패턴, 다이닝 취향까지 전방위적으로 이해할 수 있다. 특히 부유층 고객의 여행과 엔터테인먼트 카테고리 지출 데이터는 그 자체로 독보적인 가치를 지닌다.

이러한 데이터 우위(SEC 10-K 보고서에서도 폐쇄형 루프 데이터 접근을 핵심 경쟁우위로 명시)를 극대화하기 위해 아메리칸익스프레스는 수년간의 개발을 거쳐 2020년에 오케스트라Orchestra라는 실시간 개인화 엔진을 전면 도입했다. 오케스트라는 앱, 웹사이트, 이메일 등 모든 채널에 걸쳐 마케팅과 서비스의 상호작용 결정을 통합하며, "고객이 방금 무엇을 했는가?"와 같은 실시간 신호를 분석해 고객의 의도와 메시지의 관련성을 예측한다. 예를 들어 고객의 거래 데이터가 새로운 도시에 막 도착했음을 나타낼 때, 관련 다이닝 혜택을 즉시 제시하는 방식이다. 이는 단순히 과거 데이터를 분석하는 것을 넘어 반응적이면서도 예측적인 시스템으로 설계되었다.

초기 성과는 기술적·마케팅적 관점에서 매우 인상적이었다. 2021년 〈아메리칸뱅커American Banker〉 보도에 따르면, 오케스트라를 통해 발송된 콘텐츠는 무작위로 발송된 콘텐츠에 비해 이메일 개봉률과 클릭률이 5%에서 25%까지 증가했다. 아멕스 오퍼Amex Offers 생태계는 론칭 후 초기(2014년 4월 기준) 7,500만 달러 이상의 절감을 보고했으며, 최근(2023년)에는 카드 회원 1인당 연평균 150달러의 잠재 절감 효과를 안내하고 있다. 이는 가맹점들에게도 가치 있는 분석과 타깃 고객 접근을 제공한다. 이러한 성공은 폐쇄형 루프 네트워크가 제공하는 데이터의 깊이와 품질이 얼마나 강력한 경쟁우위가 될 수 있는지를 입증하는 듯했다.

폐쇄형 루프의 역설

그러나 바로 이 성공이 예상치 못한 위기를 초래했다. 개인화가 지나치면 오히려 역효과를 낳는다는 것은 타깃의 임신 예측 사례에서 극명히 드러났다. 2012년 〈뉴욕타임스〉가 보도한 이 사건에서 타깃은 구매 패턴 분석을 통해 한 10대 소녀의 임신을 예측하고 쿠폰을 발송했다. 소녀의 아버지가 항의했다가 나중에 사실임을 알게 된 이 사건은 (일부 세부 사항에는 논쟁의 여지가 있으나) 데이터 분석의 정확성이 오히려 프라이버시 침해로 인식되는 '개인화의 불쾌한 골짜기personalization uncanny valley'를 보여주는 대표 사례가 되었다.

AXP도 유사한 딜레마에 직면했다. 오케스트라 엔진이 고객의 거래 패턴에서 개인적 기념일이나 라이프스타일 변화를 추론해 맞춤형 제안을 보낼 때, 일부 고가치 고객들은 "감시당하는 느낌"을 호소했다. 특히 프라이버시를 중시하는 센추리온 카드 고객층에서 이런 반응이 두드러졌다.

개인화 정확도가 특정 임계점을 넘으면 오히려 고객이 불편함을 느끼는 '불쾌한 골짜기'가 나타난다. AXP의 AI가 고객의 거래 패턴에서 개인적 정보를 '추론'해낼 수 있게 된 순간, 기술적 성취는 신뢰의 위협으로 전환될 위험을 안게 되었다. 이 사례가 던지는 근본적인 질문은 다음과 같다.

"우리의 '최고의 기술'이 '최고의 고객'을 떠나게 만든다면, 우리 전략의 무엇이 근본적으로 잘못된 것인가?"

가장 가치 있는 고객을 겨냥한 가장 강력한 개인화 기술이 오

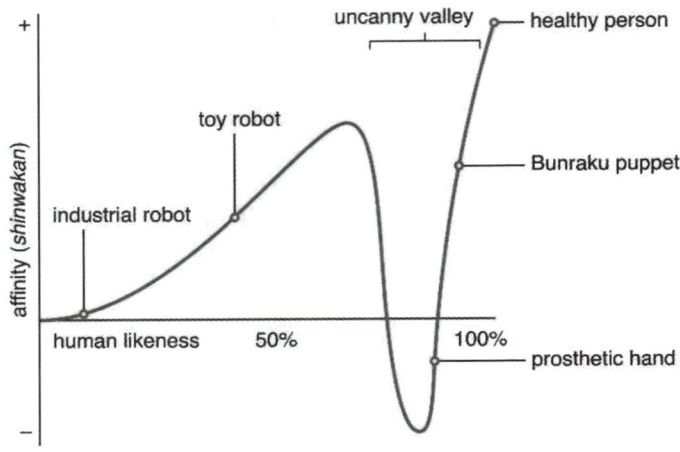

개인화의 불쾌한 골짜기: 로봇공학 개념의 마케팅 적용(원본 그래프 Mori, 2012)에 마케팅 개인화 단계를 추가 표시했다.
- industrial robot(0~30%): 기본적인 세그먼트 마케팅
- toy robot(30~60%): 구매 이력 기반 추천
- uncanny valley(70~90%): 개인정보 추론 기반 초개인화(타깃, 아멕스 사례)
- healthy person(95~100%): 완전한 동의 기반 맞춤화

히려 역효과를 낳아 수십 년간 쌓아온 충성도와 신뢰를 한순간에 파괴할 수 있다는 것은 고객 서비스 문제를 넘어 신뢰를 기반으로 구축된 브랜드의 존립 자체를 위협하는 실존적 위협이었다.

클릭 행위 자체가 그 이면의 감정적 반응을 측정하지는 못하기 때문에 클릭률 상승이 고객 신뢰와 일치하지 않을 수 있다는 문제가 드러났다. 이러한 딜레마는 AXP의 가장 큰 강점이 동시에 가장 큰 전략적 취약점이 될 수 있음을 시사한다. 폐쇄형 루프 네트워크는 경쟁사를 압도하는 데이터 우위를 제공하고, 이는 오케스트라와 같은 강력한 개인화 엔진의 탄생을 가능하게 했다. 하지만 바로 그 엔진의 강력함이 고객의 편안함의 경계를 넘어서게 된다. 초개

인화 경험을 창출하는 핵심 자산이 심각한 신뢰 파괴의 위험을 초래하는 자산과 동일하다는 역설이 성립한다. 기술이 데이터를 더 잘 활용할수록, 그 위험은 비례해 커지는 것이다. 이는 AXP가 직면한 근본적인 도전 과제였고, 이후 전개될 스퀘리 독트린과 신뢰 공학의 출발점이 되었다.

스퀘리 독트린: 집사의 철학

개인화의 불쾌한 골짜기가 만든 위기 속에서 스티븐 스퀘리Stephen Squeri CEO가 주도한 철학적 전환의 핵심은 AXP를 '신뢰받는 수탁자trusted custodian'로 재정의하는 것이었다. 이는 종종 '집사butler 철학'으로 요약되는데, 고객 데이터를 다룰 때 '주인의 허락 없이는 아무것도 건드리지 않는' 원칙을 의미한다. 스퀘리는 다양한 공개 발언에서 "고객이 데이터의 진정한 소유자"임을 강조해왔다. 이 '집사' 비유는 회사와 고객 간의 관계를 근본적으로 재정의했다. 권력의 역학을 전환해 고객을 데이터의 '소유자owner'로, AXP를 그 데이터의 '수탁자custodian' 또는 '신탁 관리인fiduciary'으로 위치시킨 것이다.

스퀘리 독트린은 핵심 질문을 "우리가 이 데이터로 무엇을 할 수 있는가?"에서 "고객이 우리에게 이 데이터로 두엇을 하도록 허락했는가?"로 바꿨다. 이는 '추론된 동의inferred consent' 패러다임에서 '명시적 허가explicit permission' 패러다임으로의 전환을 의미한다. 워런 버핏의 조언처럼 특히 어려운 시기에 브랜드와 고객 관계의 중요성을 강조하는 스퀘리 CEO의 경영 방침은 100년 이상 이어온 신뢰와 보안이라는 AXP의 브랜드 약속을 금융 영역에서 데이터 영역으로 확장하는 것이었다.

프라이버시 우선 전략은 본질적으로 금융 분야의 신탁 원칙을 데이터 영역에 직접 적용한 것이다. 금융에서 수탁자는 최선의 고객 이익을 위해 행동해야 할 법적·윤리적 의무를 지닌다. 스퀘리의 '집사' 비유와 고객의 데이터 '소유권'으로의 전환은 회사의 역할을 단순한 서비스 제공자에서 데이터 수탁자로 효과적으로 재구성했다.

AXP는 이 새로운 철학을 구체적인 시스템과 정책으로 구현했다. 고객에게 데이터에 대한 실질적인 통제권을 부여하는 세 가지 핵심 기둥이 그것이다. 첫 번째 기둥은 명시적 동의, 즉 기본값으로서의 옵트인opt-in 혁명이다. AXP는 업계 표준이었던 옵트아웃opt-out 모델에서 벗어나 고급 개인화 기능에 대해 옵트인 기반 접근을 확대했다. 즉, 고객이 사전에 적극적으로 선택하지 않는 한, 어떠한 고급 개인화나 데이터 추론도 발생하지 않는다.

이는 전략적으로 중요한 비즈니스 결정이었다. 단기적으로는 개인화 서비스를 이용하는 사용자 수가 감소할 수 있음을 감수해야 했기 때문이다. 그러나 장기적인 전략적 베팅은 이러한 조치가 엄청난 신뢰를 구축하고, 결과적으로 더 작지만 더 적극적이고 자발적인 사용자 기반을 형성해 더 높은 품질의 '명시적으로 동의한' 데이터를 제공하게 될 것이라는 점에 있었다.

두 번째 기둥은 급진적 투명성이다. AXP는 고객이 자신의 데이터 사용 범위를 세밀하게 통제할 수 있는 플랫폼을 구축했다. 이는 단순히 켜고 끄는 스위치가 아니다. 기본 서비스부터 라이프스타일 추천, 예측 서비스에 이르기까지 고객이 개인화의 수준을 직접 선택할 수 있도록 한다. 이는 고객 주도 데이터 공유를 강조하는 자사의 오픈뱅킹Open Banking 이니셔티브와도 일치한다.

프라이버시센터Privacy Center는 고객이 자신의 데이터 사용에 대해 세분화한 선택과 통제할 수 있는 도구를 제공한다. 이를 통해 고객은 자신의 데이터가 어떻게 사용되는지 이해하고 관리할 수 있다. 이는 AI의 블랙박스 문제에 대한 직접적인 해답이며, 프로세스를 투명하게 공개함으로써 신뢰를 구축하는 역할을 한다. AXP의 다양한 온라인 개인정보 보호 정책 및 센터는 고지, 선택, 접근이라는 원칙을 일관되게 강조한다.

세 번째 기둥은 제도적 감독이다. AXP는 체계적인 AI 거버넌스 및 리스크 관리 체계를 운영하고 있다. 이 위원회는 기술, 법무, 고객 서비스 등 다양한 부서의 대표들로 구성되며, 필요시 외부 전문가의 자문을 받는다. 이러한 구조는 의사결정이 기술적 또는 법적 진공 상태에서 이루어지지 않도록 보장한다.

거버넌스 체계는 제도적 안전장치로서 기능한다. 모든 AI 프로젝트의 윤리적 함의를 검토하고, 인구통계학적(성별, 인종, 연령 등) 편향을 적극적으로 모니터링하며, 차별적이거나 윤리적 선을 넘는다고 판단되는 프로젝트를 중단시키거나 수정을 요구할 권한을 갖는다. 이는 '책임감 있는 AI 기술 거버넌스 분석가Responsible AI Technical Governance Analyst'와 같은 직무 채용 공고에서도 확인되듯이 집사 철학을 기업 거버넌스 프로세스로 공식화한 것이다.

이러한 AI 윤리위원회의 설립은 여러 전략적 목적을 동시에 달성한다. 우선 규제 당국의 과도한 개입을 선제적으로 방지하는 효과가 있다. 금융 서비스 산업은 이미 강력한 규제를 받고 있으며, 규제 당국은 AI의 편향성 및 투명성 부족 같은 위험에 점점 더 많은 관심을 기울이고 있다. 외부 전문가를 포함한 선제적인 내부 거버넌스 기구를 설립함으로써 AXP는 규제 당국에 자율 규제 능력이 있음을 입증한다.

또한 이 위원회는 혁신의 안전한 틀을 제공한다. 공식적인 윤리 검토 프로세스가 있다는 것을 알면 데이터 과학자들과 제품 관리자들은 경계가 명확해지므로 더 자유롭게 실험할 수 있다. 이는 개발자들이 실수로 선을 넘어 브랜드에 해를 끼치는 사건을 방지한다. 따라서 이러한 거버넌스 체계는 혁신의 제동 장치가 아니라 AI 개발이라는 고위험 영역에서 더 빠르고 자신감 있게 나아갈 수 있도록 하는 중요한 동력 장치 역할을 한다.

전사적인 AI 거버넌스 구조도 확립했다. 다양한 부서가 참여하는 거버넌스 체계는 책임감 있는 개발과 배포를 보장하고, AI 방화벽 보호와 모델 위험 관리 프레임워크를 구축했다. 규제 준수를 위한 엄격한 정확성 테스트와 검증 프로세스를 운영하며, 모든 AI 애플리케이션에서 인간 감독을 유지하는 사람 중심 검증 절차Human-In-The-Loop, HITL 접근 방식을 채택했다.

스퀘리 독트린은 단순히 새로운 개인정보 보호 정책을 만드는 것이 아니라, AXP가 AI 시대에 고객과의 관계를 어떻게 정의할 것인가에 대한 근본적인 재설정이었다. '집사'라는 비유는 겸손함과 책임감을 내포하며, 동시에 고객의 삶을 더 나은 방향으로 돕는다는 서비스의 본질을 담고 있다. 이러한 철학적 전환은 이후 구체적인 기술 아키텍처와 비즈니스 모델의 변화로 이어지게 되었다.

신뢰 공학의 구현

스퀘리 독트린의 철학적 선언은 구체적인 기술 아키텍처의 재설계로 이어졌다. AXP는 '프라이버시 우선' 전략을 현실로 만들기 위해 프라이버시 강화 기술Privacy-Enhancing Technologies, PETs의 전면적인 도입과 함께 전체 데이터 인프라의 근본적인 혁신을 단행했다. 이는 고객 데이터를 다루는 방식의 패러다임 전환이었다. 프라이버시 강화 기술은 데이터 분석과 AI 모델 훈련을 가능하게 하면서도 기반 데이터의 프라이버시를 수학적으로 보호하도록 설계된 기술군으로, AXP는 PETs의 적용 가능성을 검토하고 활용 범위를 확장하고 있다.

특히 주목받는 기술 중 하나인 연합 학습Federated Learning은 의사가 병원 밖으로 환자 기록을 반출하지 않고 병원 내에서만 진료하듯, 데이터는 제자리에 두고 모델이 찾아가 학습하는 방식이다. 전통적인 방식처럼 원본 고객 데이터를 중앙 서버로 옮겨 모델을 훈련하는 대신, 연합 학습은 모델을 데이터가 있는 곳으로 보낸다. 모델은 사용자의 로컬 기기나 보안된 개인 공간secure enclave에서 학습하며, 오직 익명화되고 집계된 모델 업데이트만이 중앙 서버로 전송된다. 이 방식은 민감한 원본 데이터를 분산된 상태로 사용자의 통제하에 두는 것이다.

차분 프라이버시Differential Privacy는 또 다른 핵심 PETs 기술이다. 통계 표본에 소금을 살짝 뿌려(노이즈 추가) 개개인을 식별하지 못하게 만든 뒤 집단 패턴만 보게 하는 방법이다. 이를 통해 특정 개인의 데이터가 해당 데이터셋에 포함되었는지 여부를 수학적으로 식별하는 것을 불가능하게 만들어 개인의 프라이버시를 보호하지만 전체적인 트렌드와 패턴 분석은 가능하게 한다. 이는 데이터 보호 프레임워크의 핵심 원칙 중 하나가 되었다.

합성 데이터Synthetic Data 활용은 특히 혁신적인 접근이었다. AXP는 실제 고객 데이터 대신 '인공적으로 생성된' 합성 데이터를 사용해 AI 모델을 훈련한다. 이 데이터는 실제 데이터의 통계적 특성과 상관관계를 학습한 모델에 의해 생성되지만, 실제 고객 정보는 전혀 포함되지 않는다. JP모건 같은 금융기관에서도 사용하는 방식으로, 이를 통해 데이터 과학자들은 민감한 운영 데이터에 접근하지 않고도 모델을 구축, 테스트, 검증할 수 있다.

이러한 프라이버시 강화 기술의 도입(마스터카드 등 금융업계가 PETs 실증 사업을 진행하는 것과 같은 맥락)과 함께 AXP는 기존의 온프레미스on-premise 빅데이터 플랫폼인 코너스톤Cornerstone에서 새로운 퍼블릭 클라우드 네이티브 플랫폼인 루미Lumi로 대규모 인프라 혁신을 단행했다. 기존 시스템을 그대로 클라우드로 옮긴 것lift-and-shift이 아니라, 처음부터 데이터 구조와 설계를 다시 짠 것이다.

루미는 사기 탐지와 개인화를 하나의 클라우드 네이티브 플랫폼으로 통합해 PETs의 대규모 운영을 가능하게 했다. 루미와 같은 클라우드 네이티브 플랫폼은 '프라이버시 우선' 전략의 핵심적인 조력자다. 수백만 고객의 개별적이고 세분화한 동의 설정을 관리하고, 진보된 PET를 대규모로 배포하는 데 필요한 확장성과 유연성을 제공하기 때문이다. 또한 새로운 생성형 AI 사용 사례의 신속하고 책임감 있는 배포를 지원한다.

기술 스택의 선택은 프라이버시 우선 철학을 직접적으로 반영한다. 전략은 고객 데이터의 프라이버시를 보호하고 사용자의 통제 하에 두어야 한다고 요구한다. 전통적인 AI/머신러닝 개발은 대량의 원본 데이터를 중앙에 집중시켜야 하므로 이 전략과 정면으로 충돌한다. 따라서 AXP는 비전통적인 기술 스택에 투자할 수밖에 없었다. 연합 학습은 데이터 분산화 원츠과 일치하기 때문에 선택되었고, 합성 데이터는 데이터 최소화 원칙(대체가 가능할 때 실제 데이터를 사용하지 않음)과 부합하기 때문에 채택되었다. 루미로의 이전은 이러한 PET들의 엄청난 계산 및 거버넌스 복잡성을 관리하기 위해 유연하고 확장 가능한 클라우드 아키텍처가 필수적이었기 때문이었다.

흥미로운 점은 사기 탐지 시스템과 개인화 엔진이 동일한 인프라 위에서 작동하면서도 상반된 목적을 추구한다는 것이다. 사기 탐지는 실시간으로 거래 데이터를 분석해 비정상적이고 부정적인 패턴을 찾아내는 반면, 개인화(오케스트라를 통해)는 실시간으로 거래 데이터를 분석해 관련성 있고 긍정적인 패턴을 찾아낸다. 두 시스템 모두 동일한 핵심 데이터셋(폐쇄 루프 거래)을 기반으로 하며, 초저지연, 고처리량, 복잡한 AI 모델의 대규모 실행 능력이라는 유사한 기술적 요구사항을 가진다.

루미 플랫폼은 이 두 킬러 앱을 위한 통합 데이터 기반 역할을 하도록 설계되었다. 하나의 강력하고 중앙 집중화된 데이터 플랫폼을 구축함으로써 AXP는 규모와 범위의 경제를 달성하고 사기 방지와 마케팅 모두에 이익이 되는 재사용 가능한 서비스와 공통 데이터 거버넌스 패턴을 개발할 수 있다. 이러한 이중 사용 사례는 루미와 엔비디아 파트너십에 대한 투자의 비즈니스 케이스를 훨씬 더 강력하게 만든다. 이는 단지 사기 탐지나 마케팅만을 위한 것이 아니라, 전체 비즈니스를 구동하는 핵심적인 실시간 AI 역량을 구축하기 위한 투자였다.

신뢰 공학의 구현은 철학에서 시작해 전략, 거버넌스를 거쳐 기술 아키텍처로 이어지는 명확한 인과관계를 보여준다. 프라이버시 강화 기술과 루미 플랫폼은 스퀘리 독트린의 최종적이고 필수적인 구현 계층이다. 이는 AXP가 프라이버시를 경쟁력의 핵심으로 만들었음을 의미한다.

신뢰 배당금의 역설

AXP의 프라이버시 우선 전략이 가져온 결과는 기존의 비즈니스 상식을 뒤집는 것이었다. 고객에게 더 많은 통제권을 부여하자 오히려 더 적극적인 참여가 일어났고, 데이터의 양은 줄었지만 데이터의 질은 극적으로 향상되었다. 이는 '프라이버시 역설privacy paradox'이라고 잘 알려진 개념에 대한 실질적인 해결책을 제시했다.

프라이버시 역설은 사람들이 설문조사에서는 자신의 프라이버시에 대해 높은 수준의 우려를 표명하면서도 실제 행동에서는 사소한 편의나 인센티브를 위해 데이터를 쉽게 공유하는 모순적인 현상을 말한다. 연구에 따르면 이는 종종 의미 있는 통제권의 부재나 인지된 위험과 혜택 간의 불균형 때문에 발생한다. AXP의 접근 방식은 이 역설에 대한 돌파구를 마련했다.

새로운 통제 기능을 구현한 후 예상과 달리 많은 고객이 적극적으로 개인화 서비스를 선택하기 시작했다. 진정한 통제권과 투명성을 제공함으로써 고객의 계산법을 바꾼 것이다. 이를 통해 데이터 오용에 대한 인지된 위험은 급격히 감소한 반면, 신뢰할 수 있는 개인화 서비스의 인지된 혜택은 높게 유지되었다.

프라이버시 대시보드와 같은 투명성 도구와 전략의 교육적 요소들은 정보에 더 밝은 고객층을 만들어냈고, 이는 '교육받은 고객educated customer'의 등장으로 이어졌다. 이들은 개인화를 맹목적으로 수용하거나 거부하는 대신, 자신에게 진정으로 도움이 되는 서비스만을 선별적으로 활용하는 정보에 기반한 선택을 한다. 교육받은 고객은 AXP가 제공하는 통제권을 이해하고 가치 있게 여기며, 유사한 수준의 투명성과 통제권을 제공하지 않는 경쟁사로 전환할 가능성은 작다. 이는 재정적인 전환 비용이 아니라 심리적, 신뢰 기반의 전환 비용을 창출한다.

이러한 변화는 데이터의 질에도 근본적인 영향을 미쳤다. 옵트인 요구사항으로 인해 초기에는 개인화에 사용할 수 있는 데이터의 양이 감소했지만, 그 질은 극적으로 향상되었다. 적극적이고 자발적으로 제공된 데이터는 수동적으로 수집되거나 추론된 데이터보다 훨씬 더 정확하고 진정한 의도를 반영하기 때문이다.

더 높은 품질의 데이터는 '질적 개인화qualitative personalization'를 가능하게 한다. AI 모델이 더 신뢰할 수 있는 신호로 학습된 결과로 나오는 추천은 진정으로 더 유용하고 '소름 끼치는 느낌'이 덜하게 된다. 이는 선순환 구조, 즉 더 나은 서비스는 신뢰를 강화하고, 강화된 신뢰는 더 많은 고품질 데이터 공유를 장려하며, 이는 다시 훨씬 더 나은 서비스로 이어진다.

'신뢰 배당금'은 단지 기분 좋은 개념이 아니라, AXP의 재무 성과와 핵심 지표에서 가시적으로 나타난다. 오케스트라 엔진 기반 콘텐츠의 이메일 개봉률과 클릭률 증가는 의미 있는 성과다. 하지만 이는 단기적 참여 지표일 뿐이다. 더 중요한 것은 이러한 개선이 장기적 비즈니스 성과로 이어졌는지이다. AXP는 고객 유지율이나 생애가치LTV의 구체적인 데이터를 공개하지 않았지만, 몇 가지 간접 지표는 긍정적인 영향을 시사한다. 우선 10% 이상 지속적인 매출 성장을 달성했고, 구독 서비스와 유사한 수수료 기반 매출이 안정적으로 증가했다. 또한 프라이버시에 민감한 밀레니얼과 Z세대 고객층이 확대되면서 고객 충성도와 장기 가치가 함께 높아지고 있음을 보여준다. (다만, 앞서 살펴본 개인화의 불쾌한 골짜기가 보여주듯, 단기 클릭률 향상이 장기 신뢰와 반드시 일치하지는 않는다는 점을 유의해야 한다.)

AXP는 자기강화적 AI 이점을 창출하는 AI 플라이휠을 구축했다. 폐쇄형 루프 네트워크를 통한 우수한 데이터 수집이 이 독점 데이터를 사용한 AI 기반 제품 개발로 이어지고, 이는 고객과 가맹점을 위한 향상된 가치 제안을 만들어낸다. 이로 인해 생태계 참여와 충성도가 증가하며, 더욱 풍부한 데이터 생성으로 사이클이 완성된다. 이러한 전략적 접근은 AXP를 단순한 금융 서비스 제공자가 아닌 기술 주도 혁신 리더로 자리매김하게 했다.

프라이버시 우선 전략의 가장 혁명적인 측면은 프라이버시를 규제 준수를 위한 '비용'에서 수익을 창출하는 '제품' 기능으로 전환했다는 점이다. 전통적으로 GDPR 같은 프라이버시 규제 준수는 비즈니스를 제약하고, 법률 대응과 시스템 유지·관리 등 추가적인 기술적 부담(기술적 오버헤드)을 초래하는 것으로 여겨졌다. 그러나 AXP의 접근 방식은 이를 재구성했다. 프라이버시 대시보드와 동의 관리 플랫폼은 단순한 규제 준수 도구에 그치지 않고 고객 대면 '기능'이자 제품 가치 제안의 일부가 되었다.

이러한 기능을 마케팅함으로써 AXP는 자사 제품을 차별화하고, 프라이버시에 민감한 고객(특히 젊고 가치 있는 고객층에서 증가하는 인구 집단)을 유치하고 유지할 수 있게 되었다. 프라이버시 역설의 해결에서 입증되었듯이 이러한 기능들은 궁극적으로 더 높은 참여도와 더 나은 데이터로 이어지며, 이는 지출과 충성도를 견인하는 개인화를 강화한다. 따라서 프라이버시 거버넌스와 기술에 대한 투자는 긍정적인 ROI(투자수익률)를 창출한다. 이는 고객이 가치를 두는 기능이며, 브랜드를 구축하고 핵심 비즈니스 모델이 더 효과적으로 작동하도록 하는 원동력이 되었다.

3사 3색: 경쟁 지형의 재편

결제 산업의 세 거인이 AI와 프라이버시 시대에 택한 길은 놀라울 정도로 달랐다. 이들의 전략적 선택은 근본적인 비즈니스 모델의 차이에서 비롯되었으며, 각자의 구조적 특성이 AI 시대의 전략을 결정하는 주요 동인이 되었다. 아메리칸익스프레스, 비자, 마스터카드가 그리는 미래는 같은 결제 산업 내에서도 얼마나 다양한 접근이 가능한지를 보여준다.

비자의 미래 지향적 전략은 '에이전틱 AI 커머스'에 초점을 맞추고 있다. 그들은 인간이 아닌 AI 에이전트가 사용자를 대신해 검색, 선택, 구매 등 상거래의 상당 부분을 수행하는 미래를 구상하고 있다. 개방형 루프 네트워크로서 비자의 역할은 이 새로운 생태계를 위한 신뢰할 수 있고 안전한 결제 레일을 제공하는 것이다.

'비자 인텔리전트 커머스' 이니셔티브는 AI 플랫폼 개발자들에게 API와 파트너십을 제공해 비자 결제 수단이 AI 에이전트에 의해 안전하게 사용될 수 있도록 하는 데 중점을 둔다. 오픈AI, 마이크로소프트 등과의 협력을 통해 AI 에이전트가 결제를 처리할 수 있는 인프라를 구축하고 있으며, 보안은 'AI-레디 카드AI-Ready Cards'라는 토큰화 기술과 에이전트에 대한 지출 한도 설정을 통해 달성된다. 개인화는 사용자가 프라이버시를 보호하면서 에이전트 추천을 개선하기 위해 API를 통해 지출 및 구매 인사이트 공유에 동의하도록 함으로써 활성화된다. 그들의 접근 방식은 AI 에이전트를 위한 안전하고 상호 운용 가능한 '네트워크의 네트워크'가 되는 것이다.

마스터카드의 대외 메시지는 데이터와 기술에 대한 원칙 기반 접근을 강조하며 '책임감 있는 AI Responsible AI' 분야의 리더로 자리매김하고 있다. 그들은 공개적으로 일곱 가지 원칙(보안 및 프라이버시, 투명성, 책임성, 공정성, 포용성, 혁신, 사회적 영향)을 명시했다. 마스터카드의 네 가지 데이터 약속("소유권은 당신에게, 통제권은 당신에게, 혜택은 당신에게, 우리는 보호합니다")은 철학적으로 AXP와 유사하지만, 구체적이고 세분화한 제품 기능이라기보다는 광범위한 기업의 약속으로 제시된다. 신뢰 기반으로서의 견고한 거버넌스와 윤리적 프레임워크에 초점이 맞춰져 있는 것이다.

이러한 전략적 차이는 각 회사의 핵심 비즈니스 모델이 AI 및 프라이버시 전략을 결정하는 주요 요인이다. 폐쇄형 루프 모델을 가진 AXP는 직접적이고 데이터가 풍부한 고객 관계를 소유하고 있으므로, 그들의 전략은 필연적으로 최종 사용자와의 직접적인 관계를 심화하는 데 초점을 맞춘다. 반면, 개방형 루프 모델을 가진 비자와 마스터카드는 최종 고객 관계를 소유하지 않으므로(은행이 소유), 그들의 관계는 은행 및 가맹점과 맺어진다. 따라서 그들의 전략은 네트워크 자체에 관한 것이어야 한다.

실제 고객 경험의 차이: 폐쇄형 루프 vs 개방형 루프

시나리오	AXP(폐쇄형 루프)	비자/마스터카드(개방형 루프)
여행 패턴 분석	"파리 출장 후 항상 도쿄를 경유하시네요. 다음 주 파리 출장 시 도쿄 라운지 예약을 도와드릴까요?"	"해외 거래가 감지되었습니다. 사기 방지를 위해 은행에 연락하세요."
라이프 이벤트 대응	"최근 가구점 구매가 늘었네요. 새집으로 이사하셨나요? 홈인테리어 특별 혜택을 준비했습니다."	(은행이 데이터를 보유하므로 직접 대응 불가)
문제 해결	"작년 이맘때도 이 가맹점에서 중복 청구 문제가 있었네요. 즉시 확인해 24시간 내 해결하겠습니다."	"카드 발급 은행에 문의하세요."
프로액티브 서비스	"매월 15일 정기 결제 5건이 있네요. 카드 교체 시 자동 업데이트를 도와드릴까요?"	(가맹점별 개별 연락 필요)

세 기업의 전략을 정리하면, 아메리칸익스프레스는 고가치 개인을 위한 '신뢰받는 집사', 비자는 자율적인 AI 에이전트 트래픽을 위한 '안전한 고속도로', 마스터카드는 글로벌 결제 생태계를 위한 '윤리적 규정집'이다. 이들의 핵심 기술도 각자의 전략을 반영한다. 아메리칸익스프레스는 연합 학습, 합성 데이터, 온디바이스 머신러닝을 활용하고, 비자는 AI-레디 카드, 개인화 API, 토큰화에 집중하며, 마스터카드는 프라이버시 강화 기술과 설계 기반 프라이버시 프로세스를 강조한다.

이는 세 기업이 실제로는 같은 경기장에서 경쟁하고 있지 않음을 드러낸다. AXP는 직접적인 고객 경험의 질로 경쟁하는 반면, 비자와 마스터카드는 미래의 제3자 주도 상거래를 위한 네트워크 인프라의 질과 보안으로 경쟁하고 있다. AXP는 '데이터의 질' 게임을 하고 있는 반면, 비자는 '엔드포인트의 양' 게임을 하고 있는 것이다. 이는 전형적인 질 대 양의 트레이드오프다. AXP는 우수하고 신뢰받는 소비자의 직접 경험의 승리에 베팅하고 있고, 비자는 신흥 AI 에이전트 경제 전체를 위한 유비쿼터스 결제 인프라의 승리에 베팅하고 있다. 마스터카드는 중간 지대에서 윤리적 리더십과 원칙 기반 접근을 통해 차별화를 추구한다. 세 전략 모두 타당하지만, 근본적으로 다르며 각자의 핵심 비즈니스 모델을 반영한다.

이러한 경쟁 지형의 재편은 결제 산업의 미래가 단일한 방향으로 수렴하지 않을 것임을 시사한다. 오히려 각 기업이 자신의 구조적 강점을 극대화하는 방향으로 진화하면서 더욱 다양하고 전문화된 생태계가 형성될 것이다. 고객들은 상황과 필요에 따라 이 세 가지 모델 중 선택할 수 있으며, 이는 궁극적으로 소비자에게 더 나은 선택권과 경험을 제공할 것이다.

미완의 여정

AXP의 AI와 프라이버시 전략은 인상적인 성과를 거뒀지만, 여전히 해결되지 않은 근본적인 도전 과제들이 남아 있다. 15년간의 AI 혁신과 스퀘리 독트린의 철학적 전환, 그리고 신뢰 공학의 기술적 구현에도 미래를 향한 길은 여전히 불확실성으로 가득하다.

가장 직접적인 도전은 개인화와 효율성 사이의 지속적인 긴장이다. 수백만 명의 고객에게 세분화한 개별 프라이버시 설정을 제공하는 것은 엄청난 시스템 복잡성을 야기한다. 각 고객이 서로 다른 수준의 데이터 공유를 선택하고, 서비스별로 다른 권한을 설정할 때, 이러한 다양한 권한을 실시간으로 처리하는 것은 효율성과 비용에 영향을 미칠 수 있는 중대한 기술적·계산적 도전 과제다.

루미 플랫폼이 이러한 복잡성을 관리하도록 설계되었지만, 고객의 기대치가 계속 높아지면서 시스템의 복잡성도 기하급수적으로 증가하고 있다.

세대 간 격차는 또 다른 미해결 과제다. 연구에 따르면 프라이버시와 데이터 공유에 대한 태도는 연령별로 크게 다르다. 밀레니얼과 Z세대는 디지털에 더 익숙하며 진정성과 기업 윤리에 매우 민감한 반면, 기성세대는 다른 신뢰 모델을 가질 수 있다. 젊은 세대는 투명성과 통제권을 중시하지만 동시에 즉각적이고 마찰 없는 경험을 기대한다. 반면 나이 든 세대는 전통적인 서비스 모델에 익숙하여 과도한 디지털화에 거부감을 느낄 수 있다. 이러한 다양한 기대를 모두 만족시키는 단일 플랫폼을 설계하는 것은 주요한 과제다.

글로벌 규제 패치워크는 점점 더 복잡해지고 있다. 전 세계적으로 단일한 데이터 프라이버시 표준은 존재하지 않는다. 기업들은 유럽의 GDPR, 캘리포니아의 CCPA, 그리고 중국 및 기타 지역의 규제 등 복잡한 규제망을 헤쳐 나가야 한다. 지역마다 데이터 현지화 요구사항, 동의 메커니즘, 벌금 구조도 다르다. 수십 개의 지역별, 종종 상충하는 법적 요구사항을 준수하면서 글로벌하게 일관된 서비스를 구축하는 것은 막대한 법적, 기술적 부담이다. 루미 플랫폼의 클라우드 네이티브 아키텍처가 어느 정도 유연성을 제공하지만, 규제 환경의 변화 속도가 기술 적응 속도를 앞지르고 있다.

데이터의 다음 개척지는 더욱 복잡한 윤리적 질문을 제기한다. 사물인터넷IoT, 웨어러블, 그리고 몰입형 기술AR/VR의 부상은 생체, 위치, 행동 데이터와 같이 훨씬 더 개인적인 새로운 유형의 데이터를 생성할 것이다. 심장박동, 수면 패턴, 눈동자 움직임 같은 데이터는 거래 데이터와는 차원이 다른 프라이버시 문제를 야기한다. 거래 데이터를 위해 개발된 윤리 및 프라이버시 프레임워크는 이러한 미래의 데이터 스트림에 충분하지 않을 수 있으며, 이는 AI 윤리위원회에 지속적인 도전 과제를 제시한다.

AXP의 여정은 AI 시대에 가장 가치 있는 자산이 원시 데이터가 아니라 획득된 신뢰임을 증명한다. 그러나 이 신뢰를 유지하고 발전시키는 것은 끊임없는 노력을 요구한다. 기술은 계속 진화하고, 규제는 계속 변화하며, 고객의 기대는 계속 높아진다. AXP가 구축한 '신뢰받는 집사' 모델이 이러한 변화의 소용돌이 속에서도 지속 가능할지는 여전히 열린 질문이다.

AXP의 실험은 AI 시대의 새로운 역설을 강화한다. 가장 많은 데이터를 가진 자가 아니라, 가장 적은 데이터로 가장 깊은 통찰을 얻는 자가 승리한다. '집사'는 주인의 모든 것을 알 필요가 없다. 허락받은 것만 알면 충분하다. 이는 빅데이터 시대의 통념을 뒤집는다. 마스터카드가 1조 개의 데이터포인트로 50밀리초의 판단을 추구할 때, AXP는 고객이 허락한 100개의 데이터로 100년의 신뢰를 쌓는다. 어느 쪽이 더 지속 가능한가?

진정한 혁신은 기술 도입이 아니라 권력 재정의에 있다. 마스터카드가 '신뢰 우선'으로 기술의 속도를 조절했다면, JP모건이 '인간 최종책임'으로 AI의 한계를 설정했다. 그리고 AXP는 '데이터 주권 이양'으로 비즈니스 모델 자체를 재창조했다. 100개의 허락받은 데이터가 10만 개의 수집된 데이터보다 가치 있다는 발견은 힘을 포기함으로써 더 큰 힘을 얻는 경영의 역설을 보여준다. 그러나 이는 불편한 질문을 던진다.

"고객의 신뢰를 구축하는 것과 활용하는 것 사이의 경계는 어디인가?"

프라이버시 우선 전략이 궁극적으로 더 정교한 데이터 수집 메커니즘이라면, 이 윤리적 모순을 어떻게 정당화할 것인가? 핵심은 AI 시대의 성공이 기술 관리가 아닌 신뢰 설계Trust Architecture의 문제라는 것이다. 가장 성공적인 전략은 고객이 스스로 문을 열도록 만드는 것이다. 이것이 기계가 할 수 없는, 오직 인간만이 설계할 수 있는 영역이다.

04
프로그레시브
:AI의 양날의 검

1997년, 프로그레시브는 미국 보험업계 최초로 실시간 온라인 자동차 보험 견적 및 판매를 시작했다. 단순한 판매 채널 확대가 아니었다. 대부분의 보험사가 기술을 비용으로 인식할 때, 프로그레시브는 이를 핵심 경쟁우위로 판단했다. 이러한 디지털 퍼스트Digital-First 사고방식이 향후 AI 도입의 문화적 토대가 되었다.

2008년 출시된 스냅샷Snapshot 프로그램은 보험업계의 판도를 바꿨다. 사용 기반 보험Usage-Based Insurance, UBI의 선구자로서 이 프로그램은 전통적인 인구통계학적 변수(나이, 성별, 거주지)에 의존하던 보험료 산정 방식을 운전자의 실제 행동 데이터로 대체했다.

스냅샷은 두 가지 방식으로 작동한다. 차량의 OBD-II 포트에 연결하는 플러그인 장치 또는 모바일 앱을 통해 운전 데이터를 수집한다. 수집되는 데이터는 매우 구체적이다. 급제동/급가속, 운전 시간대, 주행 거리, 그리고 일부 주에서는 운전 중 휴대폰 사용도 평가 지표에 포함된다. 가치 제안은 단순명료했다.

"안전하게 운전하면 보험료를 절약할 수 있다."

프로그레시브는 프로그램 가입 즉시 할인을 제공하고, 6개월의 데이터 수집 기간이 끝난 후 실제 운전 습관에 따라 개인화된 요율을 적용한다. 참여 고객들은 연평균 322달러의 보험료를 절감했으며, 할인 혜택은 고객 충성도와 갱신율 개선에도 기여했다.

데이터 제국의 건설과 완성

스냅샷의 진정한 성공은 단순한 상품 혁신이 아니라 데이터 플라이휠 효과를 창출한 데 있다. 2010년대 중반에 100억 마일을 돌파했고, 현재는 250억 마일 이상의 운행 데이터를 축적했다. 이는 경쟁사가 넘볼 수 없는 데이터 해자가 되었다.

플라이휠은 이렇게 작동한다. ① 더 많은 데이터는 더 정교한 리스크 평가 알고리즘으로 이어진다. ② 정확한 리스크 평가는 더 경쟁력 있는 가격을 가능하게 한다. ③ 매력적인 가격은 더 많은 안전 운전자를 유치한다. ④ 이들이 생성하는 양질의 데이터는 다시 알고리즘을 개선한다. 이러한 선순환 구조는 시간이 지날수록 강화되어 후발 주자가 따라잡기 어려운 구조적 우위를 만들어낸다.

프로그레시브는 개인 시장의 성공을 상업용 시장으로 확장했다. 스마트 하울Smart Haul 프로그램은 트럭 운송업체를 위한 것으로 전자 운행기록 장치Electronic Logging Device, ELD와 AI 대시캠을 활용한다. 스마트 하울 프로그램 참여 기업은 기본 5~12%의 보험료를

스냅샷 프로뷰 홈페이지 화면. 스냅샷은 중소 사업자 차량용 보험에 적용되는 자율주행 기반 보험 프로그램으로, 장치를 설치하면 처음 보험료에서 최소 5% 할인, 차량 유형 및 운전 형태에 따라 최대 18%까지 절약이 가능하다.

절감받을 수 있으며, 모티브Motive 등 파트너사의 AI 대시캠 적용 시 10%포인트의 추가 할인이 가능하다. 스냅샷 프로뷰Snapshot ProView는 상업용 차량을 위한 솔루션으로 최소 5%의 즉시 할인과 함께 무료 차량 관리 대시보드 및 안전 점수 기능을 제공한다.

이러한 데이터 중심 전략의 성과는 명확하다. 2024년 연간 합산비율은 88.8%, 유효 계약 건수는 3,400만 건이었다. 2025년 1분기에는 합산비율 86.0으로 개선되었으며, 순보험료 작성은 전년 대비 12% 성장했다. 회사는 추가 성장을 위해 공격적인 광고비 확대 기조를 유지하고 있다. 이 모든 자신감은 데이터 기반의 경쟁 우위에서 비롯된다.

프로그레시브의 데이터 우위가 진정한 경쟁력으로 전환된 것은 전략적 기술 파트너십을 통해서였다. 2017년부터 본격화된 AI

도입은 단순한 효율성 개선을 넘어 고객 경험과 비즈니스 모델 자체를 혁신했다.

2017년 10월, 프로그레시브는 미국 상위 10대 보험사 중 최초로 페이스북 메신저에서 보험 견적 프로세스를 시작할 수 있는 챗봇 플로Flo를 도입했다. 이는 단순한 채널 확장이 아니었다. 고객이 가장 편안하게 느끼는 플랫폼에서 보험 서비스를 제공한다는 철학의 구현이었다.

마이크로소프트 애저와의 파트너십이 이를 가능하게 했다. 애저 봇 서비스Bot Services가 플로 챗봇의 인프라를 제공하고, 코그니티브 서비스Cognitive Services가 자연어 처리를 담당했다. 특히 2021년 도입된 맞춤형 합성 음성Custom Neural Voice 기술은 플로에 독특한 목소리와 개성을 부여했다.

플로는 단순한 기술 도구가 아닌 문화 아이콘이 되었다. 2021년 기준 페이스북에서만 400만 명 이상의 팔로워를 보유했으며, 구글 어시스턴트와 스마트 스피커로 서비스를 확장했다. 24시간 연중무휴 가용성과 함께, 복잡한 문의는 인간 상담원에게 자연스럽게 연결되는 하이브리드 모델을 구축했다.

프로그레시브와 H2O.ai의 파트너십은 AI 모델 개발과 배포의 속도를 혁명적으로 바꿨다. H2O 드라이버리스 AI H2O Driverless AI는 오토ML AutoML 플랫폼으로 모델 개발과 배포 속도를 획기적으로 가속화했다.

가장 주목할 만한 혁신은 신경망 기반 리스크 평가의 도입이다. 업계에서는 이러한 접근법을 CANN Combined Actuarial Neural Networks 등으로 개념화하고 있으며, 프로그레시브도 전통적인 보험계리 방법론과 딥러닝을 결합하는 방향을 탐색하고 도입해왔다. 이를

문화의 아이콘이 된 프로그레시브의 플로

통해 복잡한 리스크 패턴을 포착하면서도 해석 가능성을 유지함으로써 실시간 예측 분석과 동적 가격 책정이 가능해졌고, 시장 상황과 개별 리스크 프로필에 즉각적으로 대응할 수 있게 되었다.

AI 기반 언더라이팅의 성과는 명확하다. 내부 평가에서 전통적 방법 대비 한 자릿수대 정확도 개선을 확인했다. 2025년 1분기 합산비율 86.0은 업계 최고 수준의 언더라이팅 수익성을 보여준다. 더 중요한 것은 이러한 정확성이 더 나은 리스크 선택으로 이어져 수익성 있는 고객층을 확대하면서도 고위험 부문을 적절히 관리할 수 있게 되었다는 점이다.

2024년, 프로그레시브는 클래리타스Claritas와 손잡고 생성형

AI를 마케팅에 본격 도입했다. 이는 보험업계에서 생성형 AI를 대규모로 활용한 첫 사례 중 하나로 시리우스XM SiriusXM과 스포티파이 같은 플랫폼에서 120개의 개인화된 오디오 광고 변형을 생성했다.

MMA 글로벌의 사례 연구에 따르면, 프로그레시브와 클래리타스의 판도라/시리우스XM 캠페인에서 AI가 활성화되었을 때 캠페인 성과는 197% 향상되었다. 견적 시작은 31% 증가했고, 광고 완료율로 측정한 청취자 참여도는 98%에 달했다. 이는 개인화된 메시지가 대중 마케팅보다 얼마나 효과적인지를 입증한 것이다.

고객이 직접 경험하지 못하는 백엔드에서도 AI는 프로그레시브의 운영을 혁신했다. AI 지원 클레임 처리는 문서 검토 시간을 극적으로 단축했으며, 인간 검토자의 최종 확인과 결합하여 정확성을 보장한다. 컴퓨터 비전 기술은 고객이 업로드한 사진만으로 차량 손상을 평가한다. 사기 방지 시스템 또한 더욱 정교해졌다. AI는 수백만 건의 과거 클레임 데이터에서 패턴을 학습해 실시간으로 의심스러운 활동을 감지한다. 교차 검증과 이상 탐지 알고리즘은 조직적인 보험 사기를 예방하여 연간 수백만 달러의 손실을 막고 있다.

프로그레시브의 AI 기술 스택은 이제 단순한 도구의 집합이 아니다. 데이터 수집(스냅샷)부터 고객 상호작용(플로), 리스크 평가(H2O.ai), 마케팅(클래리타스), 운영(클레임 자동화)에 이르기까지 통합된 생태계를 형성하고 있다. 이는 28년간의 디지털 여정이 만들어낸 복합적 경쟁우위다.

알고리즘의 그림자

프로그레시브의 눈부신 기술적 성과 이면에는 AI가 초래한 의도하지 않은 결과들이 존재한다. 데이터 기반 의사결정의 정확성 추구가 때로는 공정성과 충돌하며, 이는 보험 산업 전체가 직면한 근본적 딜레마를 보여준다.

AI 알고리즘이 직면한 가장 심각한 문제는 대리 변수Proxy Variables를 통한 간접 차별이다. 법적으로 인종, 성별, 종교 등을 직접적으로 보험료 산정에 사용할 수 없지만, AI는 이와 높은 상관관계를 가진 다른 변수들을 통해 사실상 동일한 효과를 만들어낸다. 우편번호가 대표적인 예다. 특정 우편번호 지역의 사고율이 높다는 것은 객관적 사실일 수 있다. 그러나 그 지역이 역사적으로 소수 인종이 밀집 거주하며 도로 인프라 투자가 부족했지만, AI는 구조적 불평등의 결과를 개인의 리스크로 전환한 것이다. 교사, 간호사 같은 직업군이 통계적으로 더 안전한 운전자로 분류되는 것도 마찬가지다. 이는 직업이 아닌 소득 수준과 교육 배경을 간접적으로 반영하는 것이다.

미국시민자유연맹American Civil Liberties Union, ACLU은 이러한 알고리즘 편향의 위험성을 지속적으로 경고해왔다. 특히 AI가 의료 영상에서 인간 의사도 구분할 수 없는 환자의 인종을 높은 정확도로 식별해낸다는 연구 결과는 데이터에 내재한 미묘한 편향을 AI가 찾아내고 증폭시킬 수 있음을 보여준다.

프로그레시브의 텔레매틱스 데이터는 운전자가 어디서, 언제 운전하는지를 추적한다. 만약 누군가가 직장 때문에 매일 사고 다발 지역을 통과해야 한다면? 야간 근무로 인해 통계적으로 위험한 시간대에 운전해야 한다면? AI는 이러한 환경적 제약을 고려하지 않고 단순히 '고위험 운전자'로 분류할 가능성이 있다.

실제로 프로그레시브의 자료에 따르면, 약 20%의 스냅샷 사용자는 고위험 운전 행동으로 인해 프로그램 참여 후 오히려 보험료가 인상되었다. 더 문제가 되는 것은 이러한 분류가 자기실현적 예언이 될 수 있다는 점이다. 높은 보험료를 감당하기 어려운 저소득층은 무보험 운전의 유혹에 빠질 수 있고, 이는 전체적인 도로 안전을 해치는 결과로 이어진다.

"왜 내 보험료가 올랐나요?"라는 간단한 질문에 AI는 명쾌한 답을 주지 못한다. 수백 개의 변수가 복잡한 신경망을 통해 처리되는 과정은 인간이 이해할 수 있는 형태로 설명하기 어렵다. 고객 상담원은 "AI 시스템이 종합적으로 평가한 결과입니다"라는 모호한 답변만 반복할 뿐이다. XAI(설명 가능한 AI) 연구 분야는 이런 블랙박스 문제가 단순한 기술적 한계가 아님을 강조한다. 설명할 수 없는 결정은 아무리 정확하더라도 부당하게 느껴진다. 특히 보험료처럼 개인의 경제적 부담에 직접 영향을 미치는 결정에서는 투명성이 신뢰의 필수 요소다.

〈컨슈머리포트〉는 텔레매틱스 프로그램의 또 다른 문제를 지적했다. 보험사들이 '급제동'으로 정의하는 초당 6~8마일 감속은 실제 도로 상황에서는 매우 정상적인 운전 행동일 수 있다. 어린이가 갑자기 도로로 뛰어들거나, 앞차가 급정거할 때 필요한 것이 바로 급제동이다. 그러나 AI는 이런 맥락을 이해하지 못한다. 안전을 위한 급제동과 부주의한 급제동을 구분하지 못하고, 모두 동일한 위험 신호로 처리한다. 이는 역설적으로 운전자들이 급제동 페널티를 피하기 위해 정지 신호를 무시하고 통과하거나, 충분한 안전거리를 확보하지 않는 등 더 위험한 운전을 하도록 유도할 수 있다.

스냅샷 프로그램 참여자들은 평균 322달러의 연간 보험료 절감을 위해 무엇을 포기하는가? 프로그레시브는 모바일 앱 사용 시 위치 정보가 여행 정보 제공과 언더라이팅 목적으로는 사용될 수 있으나, 개인화된 요율 결정에는 사용되지 않는다고 명시한다. 하지만 사고 감지, 클레임 지원, 연구개발 목적으로는 활용될 수 있다고 밝힌다. 이는 미묘하지만 중요한 구분이다. 요율 결정에 직접 사용되지 않더라도 수집된 위치 데이터는 다양한 방식으로 활용될 수 있다. 어디서 쇼핑하는지, 어떤 지역을 자주 방문하는지, 심지어 종교 시설이나 의료 기관 방문 패턴까지 파악 가능하다. 〈컨슈머리포트〉는 보험사들이 이러한 데이터를 사실상 무기한 보관할 수 있으며, 약관에 명시된 마케팅 목적 활용의 범위가 모호하다고 지적한다.

AI 윤리 연구 분야에서는 개인적 공정성Individual Fairness과 집단적 공정성Group Fairness을 동시에 만족시키는 '완벽하게 공정한' 알고리즘의 한계가 학계에서 널리 논의되어왔다. 개인적 공정성과 집단적 공정성은 종종 상충한다. 비슷한 리스크를 가진 개인들에게 비슷한 보험료를 부과하는 것이 개인적으로는 공정해 보이지만, 이것이 특정 집단에 체계적으로 불리한 결과를 초래한다면 집단적으로는 불공정하다. 예를 들어, 젊은 남성 운전자의 사고율이 통계적으로 높다는 것은 사실이다. 하지만 안전 운전을 하는 개별 젊은 남성에게 높은 보험료를 부과하는 것이 정당한가? 반대로 집단 간 평균 보험료를 강제로 동일하게 만든다면, 실제로 위험한 운전자의 비용을 안전한 운전자가 부담하게 되는 것은 아닌가?

다음 표는 AI 기반 보험이 직면한 근본적 딜레마를 보여준다. '정확성'을 추구할수록 '공정성'에서 멀어지고, '공정성'을 강조할수록 '정확성'이 훼손되는 상충관계가 존재한다.

보험 알고리즘의 딜레마: '정확성' 추구 vs '공정성' 요구

정확성 추구(보험사 관점)	공정성 요구(사회적 관점)
데이터 입력: 신용 점수, 우편번호, 운행 데이터 등 모든 가용 데이터를 활용해 예측력을 극대화	**대리 변수 차별:** 신용 점수·우편번호 등은 인종·소득 등 사회적 속성을 간접 반영해 불평등을 증폭
알고리즘: 복잡하고 해석이 어려운 블랙박스 모델로 예측 정확성 극대화	**투명성 부족:** 고객은 어떻게 보험료가 책정됐는지 알 수 없어 불신이 심화, 브랜드 신뢰 훼손
결과: 개인 리스크를 정밀 측정한 '초개인화된' 보험료 산출	**사회적 연대 약화:** 환경·사회적 요인으로 인한 고위험군이 감당할 수 없는 보험료를 부담, 위험 분산 기능 붕괴
사업 목표: 리스크 최소화, 수익성 극대화	**사회적 책임:** 브랜드 이미지 손상, 소비자 반발, 강력한 규제 도입 리스크 증대

이 모든 문제는 궁극적으로 보험의 존재 이유에 대한 질문으로 이어진다. 전통적으로 보험은 '위험의 공동 분담Risk Pooling'을 통한 사회적 연대의 메커니즘이었다. 운이 좋은 사람이 운이 나쁜 사람을, 건강한 사람이 아픈 사람을 돕는 상호부조의 정신이 그 바탕이었다. 그러나 AI가 주도하는 초개인화는 이러한 연대의 기반을 침식한다. 각 개인의 리스크를 거의 완벽하게 예측해 정확히 그에 상응하는 가격을 매긴다면, 더 이상 위험의 '공동' 분담은 존재하지 않는다. 한 보험 계리사의 말처럼 "완벽한 보험 시장은 더 이상 보험이 아니다."

프로그레시브를 포함한 보험업계는 이제 선택의 기로에 서 있다. 기술적 정확성을 극대화해 수익성을 추구할 것인가, 아니면 사

회적 책임과 공정성을 고려해 AI의 능력을 의도적으로 제한할 것인가? 이는 단순한 비즈니스 결정이 아니라 보험이라는 사회적 제도의 미래를 결정하는 철학적 선택이다.

공정성을 향한 전환

프로그레시브가 알고리즘의 그림자를 인식하고 대응하기 시작한 것은 규제 환경의 변화와 맞물려 있었다. 2016년 CEO로 취임한 트리샤 그리피스Tricia Griffith는 프로그레시브의 기술 혁신을 주도하면서도 고객 중심의 가치를 강조했다. 미국 보험감독관협회NAIC가 2023년 12월 'AI 모델 불레틴'을 채택하고 2024~2025년 주별 채택이 확산되면서 보험업계는 새로운 패러다임에 직면했다.

NAIC 모델 불레틴의 핵심 요구사항은 문서화된 AI 프로그램, 검증 프로세스, 편향 완화 조치, 그리고 명확한 책임과 거버넌스 구조였다. 이는 단순한 가이드라인이 아니라 AI 시대 보험업의 새로운 운영 표준을 제시하는 것이었다. 프로그레시브는 이러한 규제 변화를 비용이 아닌 기회로 인식했다. 많은 경쟁사가 규제 준수를 위해 급하게 시스템을 수정해야 했지만, 프로그레시브는 이미 준비되어 있었다. 이는 우연이 아니라 선제적 대응의 결과였다.

프로그레시브가 도입한 가장 중요한 변화 중 하나는 HITL 시스템이다. AI가 초기 리스크 평가와 가격을 제안하면, 최종 결정은 인간 전문가가 내리는 것이다. 특히 보험료가 크게 변동되는 경우나 특정 임곗값을 넘는 경우에는 반드시 인간의 검토를 거치도록 의무화했다. 이는 단순히 AI의 실수를 막기 위한 안전장치가 아니다. 인간의 판단력과 맥락 이해 능력을 AI의 계산 능력과 결합하여 정확성과 공정성의 균형을 찾으려는 시도다. 고객은 AI의 결정에이의를 제기하고 인간 검토자에게 재평가를 요청할 권리를 명시적으로 보장받는다.

프로그레시브는 블랙박스 문제에 더한 대응으로 '투명한 가격 요소' 시스템을 도입했다. 고객에게 주요 가격 요인을 안내하고, 개선 시 예상 절감 효과를 제시한다. 더 나아가, 어떤 행동을 개선하면 보험료를 얼마나 낮출 수 있는지에 대한 구체적인 정보를 제공한다. 예를 들어 "매주 2회 이상의 급제동을 1회로 줄이면 월 15달러 절감 가능" 같은 실질적인 안내를 제공하는 것이다. 이는 고객에게 통제권을 돌려주고, AI의 결정을 이해하고 영향을 미칠 수 있다는 감각을 제공한다.

프로그레시브는 AI 시스템의 편향을 지속적으로 모니터링하고 완화하기 위한 기술적 솔루션에 투자했다. 편향 탐지 엔진Bias Detection Engine은 AI의 결정을 실시간으로 분석해 특정 인구 집단에 대한 체계적인 불이익이 발생하는지 자동으로 감지한다.

더 정교한 접근법은 반사실적 공정성Counterfactual Fairness 테스트다. "만약 이 고객의 우편번호나 직업이 달랐다면 결과가 어떻게 바뀌었을까?"를 시뮬레이션하는 기법이다. 이를 통해 대리 변수에 숨겨진 간접적 차별을 식별하고 모델을 조정할 수 있다.

알고리즘 편향의 근본 원인이 편향된 데이터에 있다는 인식하에 프로그레시브는 데이터 수집 전략을 재검토했다. 전통적으로 데이터가 부족했던 집단(소수 인종, 저소득층, 농촌 지역 거주자 등)의 데이터를 적극적으로 수집하고, 모델 학습 시 이들 그룹에 적절한 가중치를 부여해 균형을 맞추려 했다. 이는 단순히 더 많은 데이터를 수집하는 것이 아니라, 대표성 있는 데이터를 확보하려는 노력이다. 역사적으로 소외되었던 집단의 목소리가 AI 모델에 반영되도록 하는 것이다.

흥미롭게도 공정성에 대한 단기적 투자 비용은 장기적 이익으로 돌아왔다. 투명성과 공정성을 중시하는 젊은 세대 고객들은 프로그레시브를 '윤리적' 보험사로 인식하기 시작했고, 브랜드 충성도와 순추천지수NPS가 향상되었다. 더 놀라운 것은 투명성 배당Transparency Dividend 효과였다. 고객들이 자신의 보험료 결정 요인을 명확히 이해하게 되자 자발적으로 운전 습관을 개선하기 시작했다. 이는 사고율 감소로 이어져 손해율을 개선했고, 결과적으로 회사와 고객 모두에게 이익이 되는 선순환을 만들어냈다.

프로그레시브의 공정성 이니셔티브는 업계 전반에 영향을 미쳤다. 올스테이트Allstate의 드라이브와이즈Drivewise, 가이코GEICO의 드라이브이지DriveEasy, 스테이트팜State Farm의 드라이브 세이프 앤드 세이브Drive Safe & Save 등 경쟁사들도 각자의 방식으로 투명성과 공정성을 강화하기 시작했다. 특히 스테이트팜은 "운전 습관으로 인한 보험료 인상은 없다"라고 명시해 고객 불안을 완화하려 했다. 이는 프로그레시브와 다른 접근이지만, 고객 신뢰 확보라는 동일한 목표를 추구하는 것이다.

하지만 완벽한 해결책은 아직 없다. 개인적 공정성과 집단적 공정성 사이의 긴장은 여전히 존재한다. 특정 집단 간 보험료 격차를 10% 이내로 제한한다는 것은 개인의 실제 리스크를 완전히 반영하지 못한다는 의미이기도 하다. 또한 투명성 향상이 모든 문제를 해결하지는 못한다. 일부 고객들은 여전히 AI의 복잡한 계산을 이해하기 어려워하며, 설명을 제공받아도 불신을 완전히 해소하지 못하는 경우가 많다.

프로그레시브의 공정성을 향한 전환은 진행형이다. 이는 AI 시대에 기업이 기술적 효율성과 사회적 책임 사이에서 균형을 찾아가는 중요한 실험이다. 완벽하지는 않지만, 적어도 올바른 방향으로 가고 있다는 점에서 의미가 있다.

보험의 재정의

프로그레시브의 최근 혁신은 AI를 단순한 가격 책정 도구에서 실시간 위험 예방과 개입 서비스로 전환했다. 이는 보험업계와 NAIC 등 규제 기관이 논의하는 산업의 진화 방향, 즉 '탐지 및 수리Detect and Repair'에서 '예측 및 예방Predict and Prevent'으로의 전환과 일치한다.

2024년 11월 전국 출시(주별 가용성은 순차 확대 중)를 발표한 사고 대응Accident Response 시스템은 보험의 역할을 근본적으로 재정의했다. 이 시스템은 프로그레시브 모바일 앱에 내장되어, 스마트폰의 가속도계와 자이로스코프를 활용해 심각한 충돌 사고를 자동으로 감지한다. 사고가 감지되면 즉시 사용자에게 푸시 알림을 보내 도움이 필요한지 묻는다. 사용자가 도움을 요청하면 견인 서비스나 구급차를 연결하고, 자동으로 최초 손실 통지First Notice of Loss, FNOL가 접수된다. 만약 사용자가 응답하지 못할 정도로 사고가 심각해 보이면, 시스템은 GPS 위치 정보를 활용해 지역 긴급구조 서비스를 파견할 수도 있다.

이는 단순한 편의 기능이 아니다. 인생에서 가장 충격적이고 취약한 순간에 보험사가 '첫 번째 대응자First Responder'가 되는 것이다. 이로써 고객은 보험사를 클레임 처리의 상대방이 아닌, 위기 상황의 파트너로 인식하게 된다.

보험사 입장에서도 이익이다. 사고 발생 즉시 정확한 시간과 장소 정보를 확보하여 클레임 처리 프로세스가 획기적으로 빨라진다. 사기 가능성이 줄어들고 운영 효율성이 극대화된다. 고객과 회사 모두에게 이익이 되는 진정한 윈-윈 혁신이다.

미래의 보험은 사고 후 보상하는 금융 상품이 아니라, 일상생활에 내재되어 위험을 예방하고 안전을 증진하는 서비스가 될 것이다. 자율주행차 시대가 도래하면 이러한 변화는 더욱 가속화될 것이다. 프로그레시브는 이미 첨단 운전자 보조 시스템ADAS 데이터 통합을 준비하고 있다. 차량의 센서가 수집하는 방대한 데이터를 활용하여 더욱 정교한 리스크 평가와 예방이 가능해질 것이다. IoT 센서 네트워크도 새로운 가능성을 열고 있다. 집, 사무실, 공장의 다양한 센서가 화재, 누수, 도난 등의 위험을 실시간으로 감지하고 예방할 수 있다면, 보험의 역할은 완전히 재정의될 것이다.

프로그레시브의 2025년 1분기 보험료 성장률 17%는 단순한 시장점유율 확대가 아니라, 새로운 가치 제안에 대한 고객들의 호응을 반영한다. 사고를 예방하고 안전을 증진하는 보험사라는 인식이 더 많은 고객을 유치하며 성장의 지속 가능성을 증명한 프로그레시브의 여정은 보험이 무엇인지, 무엇이 될 수 있는지에 대한 근본적인 재정의다. 전통적인 보험이 만약의 사태에 대비하는 수동적 안전망이었다면, AI 시대의 보험은 위험을 적극적으로 예측하고 예방하는 능동적 파트너가 된다. 이는 고객과의 관계, 가치 창출 방식, 그리고 사회적 역할에 대한 철학적 전환이다. 보험료를 받고 클레임을 처리하는 거래 관계에서 고객의 안전과 복지를 함께 추구하는 장기적 파트너십으로 진화하는 것이다.

물론 과제는 남아 있다. 예방 서비스의 수익 모델 확립, 프라이버시와 안전 사이의 균형, 그리고 기술 의존도 증가에 따른 시스템 리스크 관리 등이다. 하지만 방향은 분명하다. 미래의 성공적인 보험사는 가장 정확한 알고리즘을 가진 회사가 아니라, 고객의 삶에 가장 의미 있는 방식으로 기여하는 회사가 될 것이다. 프로그레시브의 실험은 바로 그 가능성을 보여주고 있다.

정확성과 공정성 사이에서

프로그레시브는 기술 혁신의 성공 스토리이자, 동시에 기술이 초래하는 윤리적 딜레마에 대한 성찰의 기록이다. 1997년 온라인 보험 판매로 시작된 디지털 전환은 2008년 스냅샷 프로그램을 통해 본격적인 데이터 기업으로의 변신을 이뤘다. 2020년 250억 마일 이상의 운행 데이터, 3,400만 건의 유효 계약, 그리고 2025년 2분기 118%의 순이익 증가율은 이 전략의 성공을 숫자로 증명한다.

프로그레시브가 보험업계, 나아가 AI를 도입하는 모든 산업에 주는 시사점은 명확하다. 첫째, 기술적 정확성만으로는 충분하지 않다. 사회적 맥락과 윤리적 고려 없이는 장기적 성공이 불가능하다. 둘째, 투명성과 설명 가능성은 선택이 아닌 필수다. 고객이 이해하고 신뢰할 수 없는 시스템은 아무리 정확해도 지속 가능하지 않다. 셋째, AI는 인간을 대체하는 것이 아니라 증강하는 도구여야 한다. 기계의 계산 능력과 인간의 판단력이 결합할 때 최선의 결과가 나온다.

가장 중요한 교훈은 AI 시대에도 고객에게 진정한 가치를 제공한다는 비즈니스의 본질은 변하지 않는다는 것이다. 프로그레시브가 보여준 것은 그 가치가 단순히 낮은 가격이나 빠른 처리가 아니라, 안전과 신뢰, 그리고 공정함일 수 있다는 가능성이다.

물론 프로그레시브의 실험이 완벽한 해답은 아니다. 개인적 공정성과 집단적 공정성 사이의 긴장은 여전하고, 프라이버시와 안전 사이의 균형도 불안정하다. 하지만 적어도 그들은 올바른 질문을 던지고 있다. "우리의 알고리즘은 정확한가?"가 아니다. 바로,

"우리의 알고리즘은 정의로운가?"

트리샤 그리피스가 이끄는 프로그레시브의 리더십은 이 질문에 대한 답을 기술적 해결책뿐만 아니라 기업 문화와 가치의 전환에서 찾고 있다. AI가 주도하는 미래에서 성공하는 기업은 가장 정교한 알고리즘을 가진 기업이 아니라 기술과 인간 가치 사이에서 가장 현명한 균형을 찾는 기업일 것이다. 프로그레시브의 28년 여정은 그 균형점을 찾아가는 하나의 실험이며, 아직도 진행 중이다.

결론
알고리즘의 균열, 리더의 선택

250억 마일, 1조 개의 데이터 포인트, 50밀리초. 20만 명. 우리는 숫자의 바다를 항해했다. 4개의 거대 기업이 쌓아 올린 디지털 바벨탑에 올라, 그들이 내려다보는 세계를 엿봤다. 그런데 정상에서 본 풍경은 예상과 달랐다. 더 높이 올라갈수록, 더 많은 안개가 끼어 있었다. 완벽해 보이는 세계에는 균열이 있다.

월가의 거대 은행이 수천억 원의 손실을 막을 수 있는 AI를 만들었다면, 왜 여전히 금융위기를 두려워하는가? 결제 회사가 사기를 완벽하게 막을 수 있다면, 왜 우리는 여전히 불안한가? 프리미엄 카드사가 우리보다 우리를 더 잘 안다면, 그것은 편리함인가 침해인가? 보험사가 사고를 예측할 수 있다면, 그들은 무엇을 보장하는가?

월가의 거인은 인간과 기계의 결합을 꿈꿨다. 그들은 성공했다. 하지만 만들어낸 것은 켄타우로스가 아니라 키메라였을지도 모른다. 여러 동물의 부분을 억지로 이어 붙인 괴물. 기계의 속도에 중독된 인간과 인간의 편견을 학습한 기계의 불안정한 동거.

결제의 제왕은 마찰 없는 세계를 약속했다. 거의 다 왔다. 하지만 마찰이 사라진 세계는 미끄럽다. 너무 매끄러워서 멈출 수가 없다. 한번 시작된 거래는 되돌릴 수 없고, 한번 만들어진 프로필은 지울 수 없다.

프리미엄의 귀족은 역설을 선택했다. 모든 것을 알 수 있는 힘을 포기함으로써 더 큰 힘을 얻었다. 하지만 이것은 진정한 포기일까, 아니면 더 정교해진 형태의 지배일까? 허락받은 100개의 데이터가 훔친 10만 개보다 가치 있다면, 우리는 기꺼이 우리 자신을 내어주게 된다.

보험의 혁신가는 미래를 보는 눈을 얻었다. 하지만 만약 사고의 57%를 막았을 때, 나머지 43%는? 예측할 수 없어서 일어난 것일까, 아니면 예측했기 때문에 일어난 것일까? 자기실현적 예언의 덫에서 자유로운 알고리즘은 없다.

알고리즘의 신탁 시대, 리더들이 직면한 질문은 이것이다. "어떤 결정을 알고리즘에게 위임할 것인가?" "어떤 판단을 인간의 영역으로 남길 것인가?" "효율성과 인간성 사이에서 어떻게 균형을 잡을 것인가?" 그리고 가장 중요한 질문은 이것이다.

"AI가 만드는 새로운 리스크를 어떻게 관리할 것인가?"

네 기업의 실험이 보여준 것은 명확하다. 기술의 도입은 시작일 뿐, 진짜 도전은 그 기술을 조직 문화와 비즈니스 철학에 통합하는 것이다. 다이먼이 보여준 '인간 최종 책임', 미바흐가 강조한 '신뢰 우선', 스퀘리가 실천한 '데이터 주권', 그리피스가 고민한 '알고리즘의 공정성'. 이들은 모두 같은 깨달음을 얻었다. AI가 아무리 발전해도, 방향을 설정하고 가치를 정의하며 책임을 지는 것은 리더의 몫이다.

미래의 금융을 이끌 리더는 두 가지 역량을 동시에 갖춰야 한다. 기술을 이해하되 맹신하지 않는 비판적 사고, 그리고 혁신을 추진하되 인간의 가치를 지키는 균형 감각. 신과 기계 사이, 그 어딘가에서 리더는 선택해야 한다. 완벽한 효율을 추구할 것인가, 불완전하지만 인간적인 조직을 만들 것인가? 모든 것을 예측하고 통제할 것인가, 불확실성과 자율성을 포용할 것인가?

정답은 없다. 하지만 분명한 것은 이 선택이 단순히 기술의 문제가 아니라 리더십의 문제라는 것이다. 그리고 그 리더십이 만드는 미래에서 우리 모두가 살아가야 한다.

# 7장
의료·헬스케어
: 생명을 다루는 지능

의료 AI는 두개의 상반된 얼굴을 가진다. 한쪽에서는 AI가 육안으로 볼 수 없는 암의 징후를 발견하고, 다른 쪽에서는 환자의 민감한 건강 정보가 상업적 목적으로 활용된다. 인공지능이 수십억 개의 분자 조합에서 신약 후보를 찾아내는 동안, 알고리즘의 편견이 특정 집단에게 불공정한 의료 서비스를 제공할 위험도 존재한다. 예측 모델이 수백 명의 생명을 구하는 순간, 디지털 격차는 가장 취약한 계층을 의료 혜택에서 소외시킨다.

    이러한 양면성은 단순한 기술의 한계가 아니다. 그것은 의료라는 인간 활동의 본질적 복잡성이 AI라는 새로운 도구를 만나 증폭된 결과다. 의료는 과학이면서 예술이고, 개인적이면서 사회적이며, 치료이면서 돌봄이다. AI는 이 모든 차원에 동시에 영향을 미치며, 때로는 강화하고 때로는 왜곡한다.

    이 장에서는 의료 AI가 실제 현장에서 어떻게 구현되고 있는지를 네 가지 관점에서 살펴본다. 전통적인 의료기관의 디지털 전환, 제약 산업의 R&D 혁신, 통합 의료 시스템의 예방 중심 접근, 그리고 원격의료의 접근성 확대이다. 각각은 서로 다른 출발점과 목표를 갖지만, 공통적으로 AI를 통해 의료의 근본적 가치를 재정의한다.

특히 주목할 것은 AI를 바라보는 관점의 진화다. 초기의 인간 '대체' 담론은 인간 '증강'으로, 다시 '인간-기계 협업'으로 발전했다. 이제 선도적인 의료기관들은 AI를 단순한 도구가 아닌 의료 생태계의 구성원으로 인식하기 시작했다. 의사, 간호사, 환자 그리고 AI가 함께 만들어가는 새로운 의료 문화가 형성되어가고 있는 것이다.

의료 AI의 미래는 기술의 발전 속도가 아니라 우리가 그 기술을 어떻게 통합하고 활용하느냐에 달려 있다. 이제부터 만날 네 기관의 이야기는 통합의 다양한 방식과 가능성을 보여줄 것이다. 그들의 성공과 실패, 도전과 혁신은 의료 AI 시대를 살아갈 우리 모두에게 중요한 나침반이 될 것이다.

01
메이요클리닉
: AI로 의료의 본질을 재정의하다

2019년, 메이요클리닉은 '대담함Bold, 전진Forward, 제한 없이Unbound' 전략을 발표하며 의료 AI의 새로운 장을 열었다. 150년 역사의 의료기관이 디지털 시대에 맞춰 근본적으로 재창조되는 과정의 시작이었다. 이 전략의 핵심은 AI를 활용해 새로운 치료법을 개발하고, 환자와 의료진을 더 효과적으로 연결하며, 데이터 기반 정밀의료를 실현하는 것이었다.

플랫폼 혁명의 시작

메이요클리닉 플랫폼Mayo Clinic Platform은 이 비전을 구현하는 핵심 인프라다. 2019~2020년에 출범한 이 플랫폼은 디스커버Discover와 커넥트Connect, 밸리데이트Validate, 솔루션 스튜디오Solutions Studio가 상호 연결된 구성 요소로 이루어져 있으며, 2023년부터 솔루션 스튜디오와 플랫폼_커넥트Platform_Connect를 중심으로 글로벌 생태계를 본격 확장했다.

디스커버는 플랫폼의 데이터 기반이다. 1,100만 명 이상의 환자로부터 수집된 종단적 다중 모드 데이터는 도시와 농촌 인구를 균형 있게 포함하며, 다양한 인종과 연령대를 아우르는, 즉 AI 모델이 특정 집단에 편향되지 않도록 하는 전략적 자산이다. 모든 데이터는 엄격한 비식별화 과정을 거쳐 환자 프라이버시를 보호한다. 커넥트는 혁신적인 연합 학습 인프라다. 의료 데이터의 가장 큰 딜레마는 환자 프라이버시를 보호하면서도 대규모 데이터를 활용해야 한다는 점이다. 메이요는 데이터를 중앙으로 모으지 않고도 여러 기관에 걸쳐 AI 모델을 훈련할 수 있는 기술을 구현했다. 각 기관의 데이터는 해당 기관에 머물면서도 AI 모델은 전체 데이터에서 학습한 것과 동일한 성능을 낸다. 밸리데이트는 AI 모델의 성능과 편향성을 검증하고 투명성을 보장하며, 솔루션 스튜디오는 검증된 AI 모델을 임상 현장에 빠르고 안전하게 통합할 수 있도록 개발사에게 자격 심사·표준 계약·워크플로 지원을 제공해 디지털 헬스 솔루션의 개발 기간을 수년에서 수개월로 단축한다.

이 네 가지 요소는 독립적으로 작동하는 것이 아니라 하나의 통합된 생태계를 형성한다. 예를 들어 AI 기반 심전도ECG 기술은 디스커버의 700만 건 이상의 ECG 데이터베이스를 활용하고, 커넥트를 통해 다기관 검증을 거치며, 밸리데이트에서 좌심실 기능 부전을 매우 우수한 수준으로 진단할 수 있음을 입증한 후, 솔루션 스튜디오를 통해 아누마나Anumana, 에크 헬스Eko Health, 울트로믹스Ultromics 같은 파트너와 함께 상용화되었다.

2023년에서 현재: 글로벌 AI 네트워크 구축

메이요클리닉의 플랫폼_커넥트는 2023년 의료 AI 역사상 가장 야심 찬 글로벌 협업에서 시작되었다. 이는 단일 기관의 혁신을 넘어 전 세계 의료 기관들이 함께 AI를 개발하는 새로운 패러다임을 제시했다.

플랫폼_커넥트는 3개 대륙의 주요 의료 기관들을 연결한다. 초기 파트너로 미국의 메이요클리닉과 머시Mercy, 브라질의 알베르트 아인슈타인이스라엘리타병원Hospital Israelita Albert Einstein, 한국의 서울대학교병원Seoul National University Hospital, 이스라엘의 셰바메디컬센터Sheba Medical Center, 캐나다의 대학보건네트워크University Health Network가 참여했다. 2024년에는 싱가포르의 싱헬스SingHealth 와 UC데이비스UC Davis Health가 합류했다.

이 네트워크의 혁신적 핵심은 '유리 뒤의 데이터Data Behind Glass' 접근법이다. 전통적인 데이터 공유 방식은 민감한 환자 정보를 한곳으로 모으는 것이었다. 하지만 이는 프라이버시 침해, 규제 준수, 데이터 주권 문제를 야기한다. 메이요의 솔루션은 데이터를 물리적으로 이동시키지 않으면서도 AI 모델을 훈련할 수 있는 연합 학습이다.

작동 방식은 정교하다. 각 참여 기관은 자체 데이터를 보유하고 통제한다. AI 모델의 알고리즘만이 각 기관을 순회하며 학습한다. 예를 들어 폐암 진단 AI를 개발한다면, 모델이 메이요에서 학습한 후 그 가중치만을 서울대병원으로 전송한다. 서울대병원에서 추가 학습을 거친 후 개선된 가중치가 다시 브라질로 이동한다. 이 과정에서 실제 환자 데이터는 단 한 건도 기관 밖으로 나가지 않는다. 이는 단일 기관이 접근할 수 있는 것보다 훨씬 다양하고 포괄적인 데이터셋이다. 인종, 지역, 생활 방식의 차이를 모두 포함하여 진정으로 글로벌한 AI 모델을 만들 수 있게 된 것이다.

구글 클라우드와의 파트너십이 이를 기술적으로 뒷받침한다. 메이요는 구글 클라우드 인프라 내에 전용 프라이빗 클라우드 컨테이너를 구축했다. 이는 '메이요클리닉 클라우드'로 불리며, 오직 메이요만이 접근하고 통제할 수 있다. 다양한 진료 현장에서 나오는 데이터를 통합하는 유니버설 데이터 플랫폼Universal Data Platform도 이 인프라 위에 구축된다.

마이크로소프트 리서치와의 협력은 또 다른 차원을 더한다. 특히 방사선학 분야에서 생성형 AI를 활용한 이미지 해석에 집중하고 있다. 메이요의 방대한 영상 데이터셋과 마이크로소프트의 AI 기술이 결합하여 X선 데이터 분석의 정확도를 크게 향상했다. 멀티모달 파운데이션 모델은 단순한 이미지 판독을 넘어 방사선과 의사의 워크플로 전체를 개선하고 있다.

연합 학습의 실제 성과는 인상적이다. 전통적으로 희귀 질환의 AI 모델 개발은 충분한 데이터 부족으로 어려웠다. 하지만 플랫폼_커넥트 참여 기관들의 데이터를 연합하면서 단일 기관에서는 연간 10건 미만으로 볼 수 있는 희귀 암에 대한 충분한 학습 데이터도 확보할 수 있게 되었다. 이는 롱테일Long Tail 의료 문제 해결의 새로운 가능성을 열었다.

규제 준수도 중요한 성과다. 각 국가는 의료 데이터에 대한 서로 다른 규제를 가지고 있다. 미국의 HIPAA, 유럽의 GDPR 등 각국의 의료 관련 법규가 모두 다르다. 플랫폼_커넥트의 연합 학습 모델은 데이터가 각 국가를 떠나지 않기 때문에 모든 규제를 동시에 준수할 수 있다. 이는 글로벌 의료 AI 협업의 가장 큰 장벽 중 하나를 해결한 것이다.

암호화 기술도 핵심이다. 모델 가중치가 기관 간 이동할 때는 최신 암호화 기법으로 보호된다. 설령 전송 중 가로채더라도 개별 환자 정보를 역추적하는 것은 수학적으로 불가능하다. 이는 각 기관이 안심하고 협업에 참여할 수 있는 기술적 토대가 되었다.

2025년: 기술 인프라의 도약

2025년 7월, 메이요클리닉은 엔비디아 블랙웰 기반 DGX 슈퍼POD 도입을 발표했다. 이 차세대 AI 인프라는 초고해상도 병리 이미지 처리와 파운데이션 모델 개발에 최적화되어, 병리 슬라이드 분석 소요 시간을 '약 4주 → 1주'로 단축한다고 밝혔다. 동일 자원에서 더 많은 실험·반복을 수행할 수 있어 모델 개발 주기와 임상 전환 속도가 동시에 빨라진다. 이는 의료 AI 활용 폭을 크게 넓힌 것으로 평가된다.

이 인프라의 가장 중요한 혁신은 대규모 파운데이션 모델 개발이다. 특히 고해상도 의료 이미지 처리가 핵심이다. 현미경으로 촬영한 조직 슬라이드 하나는 수 기가바이트에 달하며, 이를 AI가 분석하려면 막대한 컴퓨팅 파워가 필요하다. 블랙웰 아키텍처는 이러한 대용량 이미지를 실시간으로 처리할 수 있도록 최적화되었다. 메이요는 최근 아이그노스틱스Aignostics와 협력해 병리학 파운데이션 모델 아틀라스Atlas를 개발하면서 파운데이션 모델 개발을 가속화하고 있다. 120만 장의 조직병리 전체 슬라이드 이미지WSI로 훈련된 이 모델은 여러 암 유형의 포괄적 분석을 가능하게 한다. 블랙웰 인프라 덕분에 이 거대한 모델의 훈련 시간이 몇 개월에서 몇 주로 단축되었다.

세레브라스시스템즈Cerebras Systems와의 파트너십은 또 다른 차원의 컴퓨팅 능력을 추가했다. 세레브라스의 웨이퍼 스케일 엔진Wafer-Scale Engine은 단일 칩으로 전체 신경망을 처리할 수 있어 복잡한 의료 모델링에서 획기적인 속도 향상을 제공한다. 특히 신약 개발과 정밀 의료 분야에서 분자 수준의 시뮬레이션이 가능해졌다. 또한 실시간 AI 모델 반복과 배포도 혁신적으로 개선되었다. 이전에는 모델을 수정하고 재훈련하는 더 며칠이 걸렸지만, 이제는 몇 시간 내에 새로운 데이터를 반영하고 모델을 업데이트할 수 있다. 이는 빠르게 진화하는 의료 지식을 AI 시스템에 즉각 반영할 수 있음을 의미한다.

패소믹스Pathomics 분야에서의 돌파구도 주목할 만하다. 패소믹스는 병리학 이미지에서 정량적 특징을 추출하여 질병을 분석하는 학문이다. 블랙웰 인프라는 단일 조직 샘플에서 수만 개의 특징을 추출하고 분석할 수 있다. 이를 통해 육안으로는 구분 불가능한 암 아형을 식별하고, 환자별 맞춤 치료 전략을 수립할 수 있게 되었다. 정밀 의료를 위한 프로세싱과 약물 발견 프로세스 또한 비약적으로 향상되었다.

이 모든 기술적 진보는 하나의 목표를 향한다. 환자에게 더 빠르고, 더 정확하고, 더 개인화된 의료 서비스를 제공하는 것이다. 블랙웰 슈퍼POD는 단순한 연산 장치가 아니라, 의료진의 판단을 돕고 환자의 생명을 구하는 핵심 인프라로 자리 잡았다.

AI가 마련한 임상적 돌파구

메이요클리닉의 AI 시스템들이 실제 환자 진료에서 보여준 성과는 의료 AI의 잠재력을 구체적으로 증명한다. 이론과 실험을 넘어 실제 생명을 구하는 단계에 도달한 것이다.

스테이트뷰어StateViewer는 치매 진단의 패러다임을 바꾸고 있다. 이 AI 플랫폼은 단일 PET 스캔만으로 알츠하이머병, 루이소체 치매, 전측두엽 치매를 포함한 아홉 가지 서로 다른 치매 유형을 식별한다. 3,600개 이상의 스캔 데이터로 훈련되고 검증된 이 시스템은 2025년 〈신경학Neurology〉 연구에서 88%의 정확도를 달성했다. 표준 워크플로 대비 판독 속도는 거의 2배, 정확성은 최대 3배 향상되었다.

스테이트뷰어의 임상적 가치는 단순한 속도와 정확도를 넘어선다. 전 세계적으로 수천만 명이 치매로 고통받고 있으며, 매년 수백만 명의 새로운 환자가 발생한다. 많은 지역병원은 전문 신경과 의사가 부족해 정확한 진단이 어렵다. 스테이트뷰어는 이러한 전문성 격차를 메우며, 어디서든 최고 수준의 진단 지원을 제공한다.

췌장암 조기 진단 AI는 더욱 극적인 성과를 보여준다. 췌장암은 5년 생존율이 13%에 불과한 치명적인 암이다. 늦은 진단이 주요 원인인데, 메이요의 AI 시스템은 〈위장벽학Gastroenterology〉(2023) 연구 기준으로 임상 진단 중앙값 475일 전에 췌장암을 탐지하는 성과를 보였다. 이는 1년 이상의 시간을 벌어주는 것으로, 많은 환자에게 수술 가능한 단계에서 치료받을 기회를 제공한다.

AI의 작동 방식은 정교하다. 컴퓨터 비전과 패턴 인식 기술을 활용해 인간 전문가나 기존 진단 장비가 놓치는 미세한 변화를 포착한다. CT나 MRI 영상에서 육안으로는 정상으로 보이는 췌장 조직에서도 AI는 미묘한 텍스처 변화나 밀도 이상을 감지해 초기 암의 징후를 찾아낸다.

아틀라스 병리학 파운데이션 모델은 암 진단의 새로운 지평을 열었다. 아틀라스의 특별한 점은 단순한 진단을 넘어 예후 예측과 치료 반응 예측까지 가능하다는 것이다. 조직 샘플에서 수만 개의 정량적 특징을 추출해 어떤 환자가 특정 치료에 잘 반응할지 예측한다. 이는 정밀 의료의 핵심으로, 각 환자에게 최적화된 치료 전략을 수립할 수 있게 한다.

응급 의학에서도 AI가 중요한 역할을 하고 있다. 실시간 의사결정 지원 시스템은 응급실에 도착한 환자의 생체 신호, 증상, 병력을 종합 분석하여 위급도를 평가하고 최적의 치료 순서를 제안한다. 이는 골든타임 내 치료 시작률을 크게 향상했다.

이 모든 임상적 돌파구는 하나의 공통점을 가진다. AI가 의료진을 대체하는 것이 아니라 증강한다는 점이다. 의사의 판단을 돕고, 놓칠 수 있는 것을 찾아내며, 더 나은 의사결정을 가능하게 한다. 이는 메이요클리닉이 추구하는 '인간 중심 AI'의 구현이다.

의사의 새로운 역할

메이요클리닉에서 AI 도입이 가져온 가장 놀라운 변화는 의사들의 번아웃 감소와 직업 만족도 향상이었다. 메이요를 포함한 여러 의료기관의 연구에서 앰비언트 문서화 도구가 의사들의 번아웃을 감소시키고 환자와의 관계를 개선하는 데 기여했다는 증거가 축적되고 있다. 이는 AI가 의료진을 위협하는 것이 아니라 오히려 그들의 본질적 역할을 강화한다는 것을 보여준다.

앰비언트 스크라이브Ambient Scribe의 도입이 이러한 변화의 핵심이다. 에이브리지Abridge와 협력해 도입한 이 시스템은 2,000명 이상의 의사에게 확대 배치되었다. 의사와 환자의 대화를 실시간으로 인식해 자동으로 전자건강기록EHR을 생성하는 이 도구는 의사들을 행정적 부담에서 해방시켰다.

의사들이 문서 작업에 소모하던 시간은 충격적이다. 평균적으로 환자 진료 시간의 절반 이상을 EHR 입력에 사용했다. 앰비언트 스크라이브는 이 시간을 극적으로 줄였다. 이제 의사들은 화면 대신 환자에게 집중할 수 있게 되었다. 이러한 변화는 의료의 소비자화 트렌드와도 맞물린다. 환자들은 의사를 만나기 전에 AI 기반 앱으로 자가 진단을 시도하고 관련 의학 정보를 검색해온다. 이들은 더 이상 '수동적인 정보 수용자'가 아닌 '정보를 갖춘 소비자'가 되었다. 역설적으로, 의료가 기술화될수록 환자들은 의사와의 감정적 연결을 더욱 갈망하게 되었다. 이러한 변화는 의료 서비스 제공 방식의 근본적인 재구성을 의미한다.

메이요클리닉이 2023년 발표한 '디지털 케어 호라이즌Digital Care Horizon' 프레임워크는 전 과정에서 의료진의 역할을 새롭게 정의한다. 우선 대면 진료Face-to-face care 단계에서는 앰비언트 스크라이브가 의사를 행정 업무에서 해방시켜 환자와의 직접적인 상호작용에 집중할 수 있도록 돕는다. 디지털 클리닉과 원격의료Digital clinics and telemedicine 단계에서는 플랫폼_커넥트를 활용한 글로벌

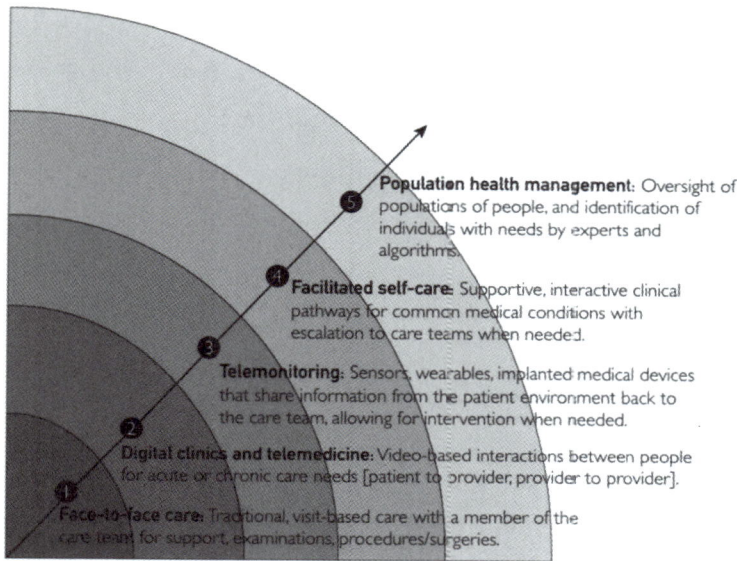

전통적인 대면 진료에서 시작해 디지털 클리닉과 원격의료, 원격 모니터링, 자가 관리 지원, 그리고 인구 건강 관리까지 확장되는 5단계 도델을 제시한 디지털 케어 호라이즌 (출처: Philpot, L. M., Dugani, S. B., Singla, A., DeZutter, M., & Ebbert, J. O. (2023). Digital care horizon: A framework for extending health care through digital transformation. Mayo Clinic Proceedings: Digital Health, 1(3), 210-216.)

협업을 통해 전문성의 지리적 한계를 극복한다. 또한 원격 모니터링Telemonitoring 단계에서는 AI 기반의 지속적 환자 관리가 가능해지며, 자가 관리 지원Facilitated self-care 단계에서는 AI가 환자의 자가 관리를 지원해 의료진의 부담을 크게 줄인다. 마지막으로 인구 건강 관리Population health management 단계에서는 대규모 데이터 분석을 통해 예방적 개입이 이뤄진다.

이 프레임워크에서 볼 수 있듯이 AI는 의료 서비스를 병원 중심에서 환자 중심으로, 반응적 치료에서 예방적 관리로 전환시키고 있다. 이에 따라 의사는 모든 진료 단계를 직접 관리하기보다는 각 단계에서 AI와 협력하여 최적의 치료 결과를 만들어내는 '오케스트라 지휘자'로서의 역할을 수행하게 된다.

의사의 역할은 이제 '전인적 돌봄 제공자', '복잡성 관리자', '의미 창조자'로 재정의되고 있다. AI가 진단의 정확도를 높이는 동안, 의사는 그 진단이 환자의 삶에 어떤 의미를 갖는지 설명하고, 치료 과정을 함께 걸어가는 동반자가 된다. 의학적 지식의 전달자에서 환자 경험의 안내자로 변화한 것이다.

AI 개발의 적극적 참여자가 된 의료진

심장내과, 방사선과, 병리과, 신경과, 종양내과, 응급의학과, 외과 등 모든 전문 분야에서 의사들이 메이요클리닉에서 진행 중인 수백 개의 AI 프로젝트에 참여하고 있다. 이들은 단순한 사용자가 아니라 AI 시스템의 설계와 검증에 직접 관여한다.

메이요클리닉은 AI 아카데미AI Academy를 설립해 의료진 교육에도 투자하고 있다. 의대생과 교수진을 위한 헬스케어 AI 인증 프로그램, AI 석사 학위 과정, 전문 과별 협력 연구 기회를 제공한다. 시뮬레이션센터에서는 가상 환자 관리를 위한 훈련과 디지털 트윈 기술을 활용한 전문의 교육도 실시한다.

여기서 과업의 자동화가 역할의 상승을 가능하게 한다는 원리가 명확히 드러난다. AI가 데이터 입력, 패턴 인식, 일상적 분석 같은 과업을 담당하면서 의사들은 복잡한 문제 해결, 환자와의 유대감 형성, 공감적 치료 제공 같은 독특하게 인간적인 기능에 시간과 에너지를 재투자할 수 있게 되었다.

2023년에 창간한 〈메이요클리닉프로시딩Mayo Clinic Proceedings: Digital Health〉도 이러한 변화를 반영한다. 2024년 한 해 동안 디지털헬스 관련 논문이 다수 출판되었고, 다운로드 수는 수십만 회에 이르렀다. 스코퍼스Scopus 인덱스에 등재되어 학술적 신뢰도를 확보했으며, 매월 발행되는 〈디지털헬스워치Digital Health Watch〉는 최신 과학적 증거를 요약하여 제공한다.

신중한 혁신 철학

지안리코 파루지아Gianrico Farrugia CEO는 이러한 접근을 '신중한 혁신Careful Innovation'이라고 명명했다. 신중한 혁신은 세 가지 핵심 원칙으로 구체화한다. 첫째, 속도와 안전의 균형이다. 이는 혁신을 늦추는 것이 아니라, 철저한 검증을 거친 기술을 신속하게 확장하는 전략이다. 둘째, 상보성 원칙이다. AI와 인간의 강점을 명확히 구분하고 역할을 분담한다. AI는 데이터 처리, 패턴 인식, 일관성에서 탁월하다. 인간은 맥락 이해, 공감, 윤리적 판단에서 우위를 가진다. 이러한 명확한 역할 분담은 AI를 위협이 아닌 파트너로 자리매김하게 한다. 셋째, 블랙박스 금지 원칙이다. 메이요클리닉은 모든 AI 시스템에 투명성과 설명 가능성을 요구한다. 의사가 AI의 판단 근거를 이해할 수 없다면, 환자에게도 설명할 수 없다. 이는 의사와 환자 간의 공동 의사결정을 강화하고, AI 결정의 논리를 투명하게 공개함으로써 신뢰를 구축하는 데 필수적이다.

이 원칙들은 메이요클리닉 플랫폼의 밸리데이트 구성 요소에 구체적으로 구현되어 있다. 특히 미국 ONC HTI-1 최종 규정에서 요구하는 예측형 DSI 31개 소스 속성 등 투명성 요건에 맞춰 검증되며, 성능뿐만 아니라 편향성까지 엄격하게 검증된다. 설명할 수 없는 블랙박스 모델은 원칙적으로 거부된다.

메이요 클리닉의 목표는 가장 똑똑한 AI가 아니라 '가장 신뢰할 수 있는 AI'를 만드는 것이다. 이는 단순한 홍보 문구가 아니라 구체적이고 검증 가능한 조치들을 통해 실현된다. 플랫폼 자체가 조직의 AI 윤리와 정책을 운영적으로 구현하는 도구가 된다.

이러한 접근법은 보험 산업에서 AI가 주로 효율성과 수익 극대화를 위해 사용되는 것과 극명한 대조를 이룬다. 많은 보험사가 블랙박스 알고리즘으로 논란의 여지가 있는 결과를 낳은 후에야 신뢰를 회복하려 애쓰는 반면, 메이요클리닉은 처음부터 신뢰성을 시스템에 설계한다.

AI에 대한 거버넌스 구조도 독특하다. 데이터 과학, 임상의학, 법무, 윤리 부서가 참여하는 다학제위원회가 모든 AI 프로젝트를 감독한다. 이 위원회는 단순한 자문 기구가 아니라, AI 모델의 개발부터 배포, 모니터링까지 전체 생명주기에 걸쳐 실질적인 권한을 행사한다.

메이요클리닉 벤처스Mayo Clinic Ventures의 투자 전략도 이 철학을 반영한다. 100여 개 이상의 투자 중 상당수가 AI 기반 헬스케어 혁신에 집중되어 있다. 루셈헬스Lucem Health에 770만 달러 시드 투자, 메디웨일Mediwhale에 900만 달러 시리즈A 투자 등이 이루어졌다. 이외에도 에이브리지, 세레브라스 등과 전략적 파트너십을 맺었다. 이들 기업은 모두 메이요의 신중한 혁신 철학과 일치하는 투명하고 설명 가능한 AI 솔루션을 개발하고 있다.

2024년에 확대된 벤처 빌딩 프로그램도 주목할 만하다. 오드리 그린버그Audrey Greenberg, 에이미 듀로스Amy DuRoss, 브라이언 포거Brian Poger 같은 경험 많은 기업가들을 영입해 메이요의 혁신을 상용화하는 데 집중하고 있다. 이들은 진단, AI 디지털 헬스, 기술 기반 치료제 분야에서 메이요의 철학을 구현하는 스타트업을 육성한다. 이러한 신중한 혁신 접근법은 메이요클리닉이 의료의 미래를 책임감 있게 만들어가고 있음을 보여준다. 빠른 혁신과 안전한 의료 사이의 균형을 찾는 이 철학은 전 세계 의료 기관들이 AI를 도입할 때 참고해야 할 모델이 되고 있다.

메이요클리닉의 AI 접근법은 다른 글로벌 의료기관들과 비교할 때 각기 다른 우선순위가 뚜렷이 드러난다. 클리블랜드클리닉의 경우 원격 중환자실(텔레tele-ICU)로 의사가 병원 밖에서도 환자를 24시간 모니터링하는 '실시간 대응'에 강점이 있다. 연구 결과 이 시스템이 중환자 사망률과 입원 기간 단축에 기여한 것으로 나타났다. 존스홉킨스는 패혈증 조기경보 시스템TREWS으로 '조기 발견'을 선도한다. 감염이 전신으로 퍼지기 전에 의료진에게 경고를 보내며, 5개 병원 59만 명 대상 연구에서 임상 효과가 입증되었다. 매스제너럴브리검은 구글, 아마존, 마이크로소프트와 협력해 영상 판독부터 재입원 예측까지 다양한 AI를 빠르게 도입하는 '기술 융합'에 집중한다.

메이요클리닉은 '신뢰 구축'을 최우선으로 한다. 환자 데이터는 각 병원에 두고 AI 모델만 공유하는 독특한 방식으로 전 세계 8개 병원과 협력한다. 또한 모든 AI 판단에 대해 '왜 이런 결론에 이르렀는지'를 의사가 이해할 수 있어야 한다는 원칙을 고수하며, 빠른 도입보다 임상 현장에서의 신뢰와 안정성을 중시한다.

이들 네 기관은 실시간 대응, 조기 발견, 기술 융합, 신뢰 구축이라는 서로 다른 길을 통해 의료 AI의 다양한 가능성을 보여준다. 이는 우열의 문제가 아니라 각 기관의 환경과 철학에 따른 전략적 선택이다.

AI 시대 의료의 미래

메이요클리닉은 CB인사이트CB Insights 2024년 병원 AI 준비도 지수에서 1위, US뉴스&월드리포트U.S. News & World Report 병원 순위에서 최상위권을 유지 중이며, 다수의 전문 분야에서 1위를 기록하고 있다. 이는 단순한 순위가 아니라 AI 시대 의료 혁신의 표준을 제시했다는 인정이다.

메이요의 여정이 시사하는 바는 깊다. 우리는 지금 의료 AI가 단순한 진단 도구에서 치료 전 과정의 동반자로 진화하는 변곡점에 서 있다. 플랫폼_커넥트가 만든 글로벌 지능망은 개별 병원의 한계를 넘어선 집단 지성의 가능성을 보여준다. 더 흥미로운 것은 AI가 의외의 방식으로 의료 민주화를 앞당기고 있다는 점이다. 전문의가 부족한 지역에서도 스테이트뷰어 같은 도구로 최고 수준의 진단이 가능해졌다. 이는 의료 접근성의 지리적, 경제적 장벽을 허무는 시작점이다.

메이요가 이룬 가장 조용하면서도 급진적인 변화는 '시간의 재배치'다. 행정 업무에서 해방된 의료진의 시간은 어디로 향했는가? 단순히 더 많은 환자를 보는 것이 아니라, 각 환자와의 만남의 질을 높이는 데 쓰였다. 이는 효율성 패러다임에서 효과성 패러다임으로의 전환을 의미한다.

메이요가 구축한 것은 단일 병원의 우수성이 아니라 새로운 의료 생태계의 원형이다. 이 생태계의 핵심은 개방성과 폐쇄성의 절묘한 균형이다. 데이터는 보호하되 지식은 공유한다. 경쟁하되 협력한다. 혁신하되 검증한다. 이러한 이중성의 관리야말로 메이요 모델의 정수다.

메이요클리닉의 AI 혁신이 그리는 미래는 기술 유토피아가 아닙니다. 오히려 인간 의료진과 기계 지능이 각자의 강점을 살려 협주하는 현실적 청사진이다. 그들이 추구하는 것은 완벽한 AI가 아니라 신뢰할 수 있는 AI다. 가장 빠른 진단이 아니라 가장 적절한 치료다. 그리고 무엇보다, 기술의 차가운 정확성과 인간의 따뜻한 돌봄이 하나로 어우러지는 새로운 의료다.

의학의 미래는 이미 로체스터의 한 병원에서 조용히, 그러나 확실하게 시작되었다.

02
머크
: AI가 촉발한 제약 R&D의 패러다임 전환

머크*는 2023년부터 2025년까지 약 12억 7,000만 달러 규모의 AI 파트너십을 체결하며 AI 중심의 연구 및 개발 전환을 가속화하고 있다. 조직은 중앙 전략과 분산 실행을 결합한 '허브-허브-스포크hub-hub-spoke' 구조로 운영되며, 인재 역시 T자형 과학자에서 메타 연구자로 진화하고 있다. 이러한 변화의 결과, 머크와 업계 분석가들은 AI 기술이 약물 발견 리드타임을 최대 70%까지 단축할 수 있을 것으로 전망하고 있으며, 파트너 사례에서는 호크AVI HawkAVI의 불량 오검출False Reject률을 약 50% 감소시켰다. CSR(임상실험결과 보고서) 작성 시간도 56% 단축했다.

머크의 가장 큰 차별화 지점은 자연이 이미 존재하는 것을 단

---

* 머크는 독일 Merck KGaA(애디슨, 신시아 개발사)와 미국 Merck & Co.(키트루다 제조사) 2개로 완전 분리된 별개의 회사이다. 이 사례는 독일 Merck KGaA에 대한 것으로, Merck KGaA의 AI 전략과 데이터를 다룬다.

순히 '발견'하는 데 그치지 않고, AI와 함께 자연이 만들지 않은 것을 설계 및 창조하는 혁신적 접근에 있다. 2023년 12월 머크가 출시한 애디슨AIDDISON이라는 AI 기반 신약 발견 소프트웨어는 가상 분자 설계와 실제 제조 가능성을 통합한 업계 최초의 플랫폼으로, 제약 산업이 직면한 근본적 도전에 대한 머크의 기술적 해답이었다.

애디슨 플랫폼의 메인 화면은 중앙에 약물 후보 분자(❶)와 표적 단백질(❷)이 결합한 3D 시각화를 중심으로 구성되어 있다. 좌측 패널에는 탐색 중인 다양한 분자 구조의 후보 물질 목록이 나열되어 있고, 우측 패널에서는 단백질 관련 정보와 시각화 옵션을 조정할 수 있다.

제약 산업은 임상 1상 시험에 진입한 약물 후보 중 단 10%만이 최종적으로 시장에 도달한다는 구조적 문제를 안고 있다. 애디슨은 20년 이상 축적된 제약 R&D 데이터셋으로 훈련되어 생성형 AI와 머신러닝, 컴퓨터 지원 약물 설계를 결합해 600억 개 이상

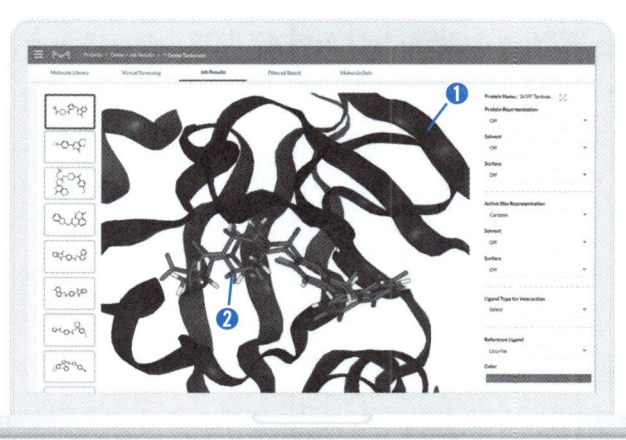

600억 분자에서 최적 후보를 찾아 합성 경로까지 제안하는 애디슨 플랫폼

의 분자 가능성 중에서 최적의 약물 후보를 식별한다. 핵심은 신시아Synthia 역합성 소프트웨어와의 통합으로, 설계된 분자에 대해 최적의 '지속 가능하고' '비용 효과적인' 합성 경로를 제안함으로써 가상의 후보 물질이 실제 제조 가능함을 보장한다는 점이다.

이 플랫폼은 무독성, 적절한 용해도, 인체 내 안정성을 포함한 필수적인 약물 유사drug-like 특성을 가진 화합물을 특별히 타기팅한다. 맥킨지의 2025년 분석에 따르면, 임상 문서 및 데이터 관리 영역에서 기간 50% 이상 단축과 비용 30% 이상 절감 등의 개선이 확인되고 있다. 또한 딜로이트의 2025년 조사에 의하면 바이오파마 산업 전반으로는 향후 5년 내 매출 대비 최대 11%의 가치 창출 잠재력이 제시된다.

2025년에는 TEDDYTransformers for Enabling Drug DiscoverY 파운데이션 모델 패밀리를 공개했다. 이 트랜스포머 기반 모델들은 1억 1,600만 개 세포 데이터를 기반으로 훈련되었다. TEDDY 모델 패밀리는 10M, 30M, 70M, 160M, 400M 파라미터 모델들로 구성되어 있다. 질병 분류 작업, 특히 보류된 기증자held-out donors 테스트에서 우수한 성능을 보였는데, 이는 훈련에 사용하지 않은 새로운 기증자의 세포 데이터로도 정확하게 질병을 예측할 수 있다는 의미다. TEDDY가 환자 간 생물학적 변이성을 넘어서는 일반화 능력을 갖추었음을 입증하는 것이다.

머크는 또한 베리에이셔널AIVariational AI의 엔키Enki 플랫폼의 조기 접근 사용자가 되었다. '약물 발견을 위한 DALL-E'로 묘사되는 이 생성형 AI 도구는 연구자들이 복잡한 표적 제품 프로필Target Product Profiles을 입력하면 며칠 내에 '새롭고', '선택적이며', '합성 가능한' 리드 유사 구조를 제공한다. 이러한 능력은 전통적인 고처리량 스크리닝의 한계를 넘어 새로운 화학적 공간의 탐색을 극적으로 가속한다.

로버트 데이비스Robert Davis CEO는 이러한 변화의 의미를 명확히 인식하고 있다. 그는 AI가 제약 산업의 '변곡점'에 와 있으며, "과학자는 발견하는 사람이 아니라 창조하는 사람이 되어가고 있습니다"라고 선언했다. 이는 전통적인 R&D 방식이 수확 체감의 법칙에 직면한 현실에서 AI와 컴퓨팅 파워를 활용해 "존재할 수 있는 것을 설계하고 실현하는" 방향으로의 근본적 전환을 의미한다.

머크의 AI 전략:
5대 플랫폼으로 구축한 디지털 신경망

로버트 데이비스 CEO는 AI를 "회사의 핵심 전략적 우선순위 중 하나"로 명확히 정의했으며, 이는 단순한 기술 도입을 넘어 기업 전체의 운영 방식을 재설계하는 전사적 변혁이다.

머크의 AI 전략은 핵심 AI 플랫폼들로 전체 가치사슬을 연결하는 통합적 접근에 기반한다. 애디슨 등 자체 플랫폼이 20년 이상의 제약 R&D 데이터를 활용하고, 베네볼런트AI BenevolentAI · 엑스사이언티아 Exscientia 파트너십으로 신약 발견 역량을 강화하며, 생물학 파운데이션 모델과 TEDDY를 통해 유전체 · 바이오마커 해석 능력을 고도화한다.

조직 차원에서 머크는 전사적 AI 이니셔티브를 조율하기 위해 데이터 및 AI 조직Merck Data & AI Organisation을 신설하고 최고 데이터 및 AI 책임자Chief Data & AI Officer 직책을 만들어 AI 전략의 일관된 실행을 보장하고 있다. 특히 주목할 것은 연합형 '허브-허브-스포크' 모델의 채택이다. 제조 허브는 호크AVI 표준을, 임상 허브는 CSR 템플릿을, 연구 허브는 애디슨 거버넌스를 관리한다. 기업 중앙에 전사 차원의 AI 역량을 구축하고, 각 사업 부문에 허브를 설치하며, 실제 운영은 분산된 스포크에서 수행하는 구조다. 이를 통해 중앙집중식 전략 수립과 분산형 실행의 균형을 달성했다. DAGSData, AI & Genome Sciences 부서는 이러한 조직 구조의 핵심이다. 'AI/머신러닝 우선 접근법AI/ML-first approach'을 채택한 이 부서는 표적 및 바이오마커 발견을 주도하며, 전통적인 연구 방법론과 AI 기반 접근법을 통합하는 역할을 수행한다.

머크는 AWS를 중심으로 한 클라우드 인프라 위에 5대 핵심 AI 플랫폼을 구축했다. 이는 개별 기술 도입이 아닌, 신약 개발의 전체 가치 사슬을 하나의 유기적인 디지털 신경망으로 연결하는 통합 전략이다. 임상 문서 자동화 플랫폼은 맥킨지와 퀀텀블랙Quantum-Black과의 협력으로 개발되었다. 신약 승인의 마지막 관문인 CSR 작성은 방대한 데이터를 정리하고 분석해야 하는 시간 집약적 작업이다. 이 생성형 AI 플랫폼은 임상 데이터, 프로토콜, 통계 분석 계획 등 다양한 소스로부터 정보를 종합해 규제 기관이 요구하는 형식에 맞는 CSR 초안을 자동 생성한다. 그 결과, CSR 초안 작성 기간이 2~3주에서 3~4일 수준으로 대폭 단축(85~90%대 개선)되었다고 보고했다. 인간 전문가의 검토 시간도 크게 감소했는데, 데이터 및 용어 오류가 약 50% 줄어든 것으로 전해진다. 머크는 2025년 상반기 AI가 생성한 CSR을 처음으로 규제 기관에 제출했으며, 하반기까지 전체 CSR의 50% 이상에 이 플랫폼을 적용할 계획이다.

호크AVI 제조 품질 관리 시스템은 AWS와 협력하여 구축한 AI 기반 시각 검사 플랫폼이다. 제약 산업에서 자동화된 시각 검사Automated Visual Inspection 과정의 불량 오검출은 연간 최대 약 7억 4,000만 달러의 비용을 초래한다고 보고 있다. 호크AVI는 생성적 적대 신경망GANs과 변이형 오토인코더VAEs 기술을 활용해 합성 데이터synthetic data를 생성한다. 실제 불량 데이터가 부족한 경우에도 AI가 사실적인 불량 이미지를 합성하여 모델을 훈련시킴으로써 검사 알고리즘의 정확도를 높인다. 이 시스템의 도입으로 불량 오검출률이 50% 이상 감소했으며, 제품 수율과 공급 안정성이 크게 개선되었다.

CAKEChange Assessment Knowledge Engine는 규제 변경의 글로벌 공급망 영향을 자동 평가하는 시스템이다. 글로벌 제약사는 100개가 넘는 전 세계 규제 기관의 끊임없는 변경 사항에 대응해야 한다. CAKE는 그래프 DB로 규제-공급망 관계를 모델링하고, 생물학 FM은 알파폴드2AlphaFold2 등으로 단백질 구조를 예측한다. 이를 통해 평가 시간과 수작업을 크게 단축한 것으로 보고되었다.

텍스트 투 SQLText-to-SQL 시스템은 아마존 베드록Bedrock 기반 PoC로 자연어를 SQL로 변환한다. 프로덕션 배포 시 역할 기반 접근 제어와 PHI 마스킹이 적용되며, 앤스로픽 클로드 기반으로 데이터 전문가가 아닌 연구자도 직접 데이터를 탐색할 수 있게 되었다.

생물학 파운데이션 모델 스택은 더크 AI 전략의 핵심 엔진이다. 알파폴드2, ESM폴드 등 최신 AI 모델과 엔비디아 바이오니모BioNeMo를 활용해 단백질 구조 예측과 분자 설계를 수행한다. RF 디퓨전RFDiffusion과 같은 생성 모델은 특정 기능을 수행하여 완전히 새로운 단백질이나 분자를 설계한다. 바이오니모는 ESM, 메가몰BARTMegaMolBART 등 사전 훈련된 모델과 GPU 가속화 인프라를 제공함으로써 머크가 자체 데이터로 모델을 미세 조정하고 대규모 가상 스크리닝을 수행할 수 있게 한다.

이 5대 플랫폼은 개별적으로도 강력하지만, AWS 클라우드 기반 위에서 상호 연결되어 데이터를 순환시키는 것이 진정한 차별화 요소다. 호크AVI에서 얻은 제조 데이터는 생물학 파운데이션 모델의 설계 제약 조건이 되고, 임상시험에서 생성된 데이터는 CSR 플랫폼을 통해 문서화되는 동시에 텍스트 투 SQL 시스템을 통해 즉시 분석되어 다음 연구 가설 수립에 활용된다. 이러한 순환 구조는 제약 가치 사슬을 선형적 프로세스에서 지속적으로 학습하고 개선하는 시스템으로 변모시킨다.

과학자의 진화: 발견자에서 창조자로

전통적인 제약 R&D 조직은 화학, 생물학, 데이터 과학 등 고도로 전문화된 부서들로 나뉘어 있었고, 이러한 사일로 구조는 AI 시대에 비효율적이었다. 머크는 이를 해결하기 위해 연합형 '허브-허브-스포크' 모델을 채택하고 DAGSData, AI & Genome Sciences 부서를 통해 'AI·머신러닝 우선 접근법'을 구현했다. 이를 통해 전통적인 연구 방법론과 AI 기반 접근법을 통합하고, 과학자와 AI·데이터 전문가들이 공동의 언어와 이해를 발전시킬 수 있는 환경을 조성했다.

머크가 추구하는 인재상은 T자형 과학자다. 에릭 루빈Eric Rubin 머크 조기 발견 및 바이오마커 담당 부사장은 이를 더 구체적으로 설명한다. "우리는 이제 과학자들에게 AI와 '대화'하는 법을 가르칩니다. 올바른 질문을 하는 것이 올바른 답을 아는 것보다 중요해졌습니다." 이는 T자형 과학자의 핵심 역량이 단순한 기술 습득을 넘어 AI와의 효과적인 협업 능력임을 보여준다. T의 수직축은 각자의 분야(화학, 생물학 등)에서의 깊이 있는 전문성을 의미하며, 수평축은 AI/머신러닝의 기초를 포함한 폭넓은 학제 간 이해를 의미한다. 화학자는 AI의 기본 원리를 학습해 데이터 과학자와 소통하고, AI 전문가는 약물화학 및 생물학의 기초를 학습해 자신이 다루는 데이터의 과학적 맥락을 이해해야 한다.

AI가 데이터 분석과 후보 물질 생성이라는 실험적 역할을 대체함에 따라 인간 과학자의 역할은 메타 연구자Meta-Researcher로 진화하고 있다. 이들의 핵심 임무는 더 이상 피펫을 들고 실험을 수행하는 것이 아니라 연구 프로젝트의 전체적인 방향을 설정하고, AI의 탐색 범위를 지정하며, AI가 도출한 방대한 결과물 속에서 생물학적·임상적으로 의미 있는 신호를 해석하는 것이다. 이러한 역할 변화를 구체적으로 정리하면 다음과 같다.

이러한 변화는 (단순한 업무 분담의 재조정이 아니라) 과학자라는 직업의 본질적 재정의를 의미한다. 축적된 지식의 양이 아닌 AI와 협업해 새로운 지식을 창출하는 능력이 핵심 역량이 되고 있다. 머크는 현재 T자형에서 메타 연구자로의 전환을 가속화하고 있으며, 2030년까지 창조적 설계자 양성을 목표로 한다. 전환 기간은 단계별로 2~5년이 소요되며, 내부 AI 교육 프로그램과 파트너십을 통해 지원한다.

제약 R&D 인재상의 진화: 전통 → T자형 → 메타 → 창조적 설계자(2030+)

구분	전통	T자형	메타	창조적 설계자
핵심 역량	실험 기술, 전문 지식	전문 지식+ 데이터/코딩 기본	문제 정의, 시스템 설계, AI 거버넌스	윤리적 판단, 창의적 문제 정의
주요 활동	가설 → 실험 → 분석	AI와 협력, 데이터 기반 탐색	애디슨· TEDDY· CSR 플랫폼 오케스트레이션	AI가 제안한 '불가능한 분자'의 실현 가능성 평가
가치 창출	지식 축적, 논문·특허	개발 속도· 정확도 향상	R&D 전체 효율·재현성· 확장성 개선	자연이 만들지 않은 혁신적 분자 창조
교육 비중 (권장)	실험 60%, 이론 40%	도구·데이터 40%, 협업·해석 60%	문제 정의 60%, 검증·리스크 40%	윤리·철학 40%, 창의 설계 60%
주요 도구	실험 기록 시스템, GraphPad	Python, R, SQL, AutoML, LLM	MLOps, 데이터 카탈로그, 프롬프트 관리, Responsible AI 툴	생성형 AI, 디지털 트윈, 합성 생물학 툴
협업 방식	연구실· 부서 단위	실험+데이터팀, 2주 단위 스프린트	허브-허브- 스포크 모델 주도, 글로벌 협업	인간-기계 공동 설계 파트너십
윤리·규제	임상심의, 연구규정 준수	데이터 프라이버시· AI 편향 검증	추적·감사 체계, 규제 제출 증거 관리	윤리적 안전장치 설계, 사회적 합의 형성
성과 지표 (KPI)	논문·특허 수, 실험 성공률	개발 리드타임 단축, 재현성↑	연구 전체 주기 단축, 규제 대응 속도, 오류↓	창조된 신규 물질 수, 사회적 가치 창출

머크의 AI 도입은 계획된 효율성 증대를 넘어, AI를 창의적 파트너로 통합함으로써 예상치 못한 창발적 효과를 낳고 있다. 내부 AI 에이전트들은 대규모 언어 모델과 다른 AI 도구를 결합해 연구 워크플로를 자동화한다. 이 에이전트들은 데이터 정리와 예비 분석을 처리하고, 분자 설계부터 실험실 최적화까지 전체 발견 워크플

로를 조율할 수 있다.

과학적 방법론 자체도 근본적으로 바뀌고 있다. 전통적인 역공학Reverse Engineering(자연 상태의 질병 시스템을 관찰하고 메커니즘을 이해한 후 조절 물질을 찾는 방식)에서 정방향 공학Forward Engineering으로 전환되고 있다. 이제는 먼저 원하는 생물학적 기능을 명확히 정의한 후, 이를 수행할 수 있는 분자를 생성형 AI를 통해 설계하고 합성한다.

앱사이Absci와의 파트너십은 이러한 새로운 패러다임을 잘 보여준다. 최대 6억 1,000만 달러의 수수료 및 마일스톤과 별도의 로열티를 포함하는 이 계약을 통해 머크는 앱사이의 통합 신약 창출 플랫폼Integrated Drug Creation Platform을 활용해 새로운 효소와 항체 의약품을 개발하고 있다. 앱사이의 핵심 기술은 독자적인 습식 실험실에서 대규모 고품질 데이터를 생성하고, 이를 기반으로 생성형 AI 모델을 훈련해 새로운 생물학적 제제를 단 6주 만에 설계하고 검증하는 능력이다. 또한 엔파워메디슨N-Power Medicine과 협력해 AI를 활용한 암 연구 참여를 확대하고 있다. 실시간 레지스트리와 치료 시점 플랫폼을 통해 AI가 환자 모집, 분석, 지원 서비스를 제공함으로써 더 많은 종양 전문의와 환자들이 간소화된 등록 프로세스를 통해 연구에 참여할 수 있게 되었다.

이러한 파트너십들은 단순한 아웃소싱이 아니라 전략적 능력 확보다. 머크는 내부 역량 구축과 외부 전문성 활용의 균형을 통해 빠르게 발전하는 AI 기술 분야에서 최고 수준을 유지하고 있다. 2023년 9월에는 베네볼런트AI BenevolentAI 및 엑스사이언티아Exscientia와 총 13억 달러 이상의 잠재적 마일스톤 지급을 포함하는 2건의 전략적 협력을 동시에 체결했다. 베네볼런트AI와의 협력에서는 수백만 달러의 선급금과 최대 5억 9,400만 달러의 마일스톤 지급을, 엑스사이언티아와는 2,000만 달러의 선급금과 최대 6억 7,400만 달러의 마일스톤 지급을 약정했다. 두 파트너십 모두 종양학, 신경학, 면역학 분야의 세 가지 표적에 초점을 맞추고 있다.

머크 연구진들은 AI가 제안한 예상 밖의 분자 구조를 보고 기존의 고정관념에서 벗어나 새로운 화학적 공간을 탐색하게 된다고 보고한다. AI가 인간의 인지적 틀을 벗어나는 해결책을 제시함으로써 창의적인 촉매 역할을 하고 있는 것이다. 이는 AI가 단순히 인간의 지시를 수행하는 자동화 도구가 아니라, 인간이 더 나은 질문을 던지고 새로운 가설을 세울 수 있도록 영감을 주는 창의적 파트너가 되었음을 의미한다.

성과와 투자: 숫자로 본 변화

머크의 AI 투자는 구체적인 재무 성과로 이어지고 있다. 2024년 순매출 212억 유로(성장률 2.0%)를 기록했으며 Merck KGaA, 그룹 EBITDA pre는 61억 유로로 성장률 6.9%를 달성했다. 운영 현금 흐름은 전년 대비 21.2% 증가한 45억 8,600만 유로에 달했다.

AI 구현은 가치 사슬 전반에 걸쳐 측정 가능한 운영 개선을 가져왔다. 대표적인 성공 사례가 MK-1084다. AI가 최적화한 이 차세대 KRAS G12C 억제제는 AI 기반 약물 설계의 실질적 혜택을 입증했다. 전통적 방법으로는 수년이 걸렸을 최적화 과정을 AI는 수개월로 단축했으며, 현재 유망한 임상 결과를 보이고 있다. 약물 발견 분야에서 애디슨과 관련 AI 플랫폼은 600억 개 이상의 분자 가능성을 스크리닝하며 향상된 약물 유사 특성 예측을 가능하게 했다.

AI 에이전트들은 일상적인 연구 작업을 자동화하여 과학자들이 전략적 업무에 집중할 수 있도록 했다. 임상 개발에서 CSR 생성 시간은 단축되었으며, 오류는 50% 감소했다. 특히 AI 기반 환자 선택은 임상시험 효율성과 성공률을 개선하고 있다. 제조 분야에서는 연속제조continuous manufacturing를 통해 제품 출하 검사 시간이 주 단위에서 1일로 단축되었다. 시크Seeq 분석과의 파트너십을 통해 개발된 시스템은 초당 1,600개 이상의 데이터 태그를 수집하여 실시간 품질 검사와 프로세스 최적화를 가능하게 한다.

규제 업무에서는 오토메이션애니웨어Automation Anywhere와 협력한 로봇 프로세스 자동화RPA가 놀라운 성과를 보였다. 파일럿 프로젝트에서 RPA 봇은 대량의 서류 작업을 자동화했고, 연간 15만 시간 이상을 절감하고 오류를 거의 제거near-zero errors하는 성과를 달성했다.

전략적 파트너십과 생태계 구축

머크는 AI 역량 확보를 위해 다층적 파트너십 전략을 추진하고 있다. AWS와의 포괄적 협력은 클라우드 인프라의 기반이 되었고, 구글 클라우드와도 긴밀히 협력하고 있다. 특히 지멘스와의 협력을 통해 제조 분야의 디지털 전환을 가속화하고 있다.

학술 및 연구 협력도 활발하다. 머크 캐나다는 토론토의 벡터 인스티튜트Vector Institute와 파트너십을 맺어 세계적 수준의 AI 연구 역량에 접근하고 있다. 이 협력은 연구자, 엔지니어, 스타트업의 번성하는 생태계와의 지식 교환, 인재 확보, 생명과학에 적용 가능한 신흥 AI 기술에 대한 조기 접근을 가능하게 한다.

머크는 중국 시드 펀드China Seed Fund를 통해 신센스SynSense와 같은 전문 AI 기업에도 투자했다. 신센스는 엣지 애플리케이션을 위한 초저전력 AI 프로세서와 센서에 중점을 둔 뉴로모픽 컴퓨팅 스타트업으로, 이러한 투자는 차세대 AI 기술에 대한 머크의 헌신을 보여준다. 사마Saama와의 협력을 통해서는 머신러닝 기반 임상 데이터 레이어를 구축해 임상 개발 역량을 강화하고 있다. 면역치료의 효과를 개선하기 위한 AI 활용을 탐구하는 연구 협력을 루닛Lunit과 진행 중이고, 오우킨스Owkin와는 위장관암에서 마이크로새틀라이트 검사를 강화하기 위한 AI 활용 협력을 진행하고 있다.

이러한 다각적 파트너십은 머크가 모든 AI 기술을 내부에서 개발하려는 시도 대신, 각 분야 최고의 전문성을 활용해 빠르게 역량을 확보하는 전략적 선택이다. 이는 빠르게 발전하는 AI 기술 환경에서 민첩성을 유지하면서도 최첨단 기술에 접근할 수 있게 한다.

미해결 과제: 시스템적 도전

AI가 특정 단백질 표적에 정밀하게 결합하는 분자를 설계하는 능력은 놀라운 수준에 도달했지만, 이는 신약 개발의 일부에 불과하다. 머크의 시스템 생물학 책임자는 "우리는 약물이 특정 단백질과 어떻게 결합하는지는 잘 예측할 수 있지만, 그것이 전체 생물학적 시스템에 미치는 장기적 영향을 예측하는 것은 여전히 어렵다"라고 인정했다.

현재 AI 모델들이 직면한 주요 한계는 표적 외 효과off-target effects, 복잡한 대사 경로를 통해 생성되는 대사체의 영향, 장기적

독성, 면역 체계와의 상호작용 등을 정확히 예측하기 어렵다는 점이다. 알파폴드2와 ESM폴드 같은 단백질 구조 예측 모델은 주로 문이 잠겨 아무도 살지 않는 집의 평면도를 그리는 데 능숙한 설계자와 같다. 즉, 다른 분자가 붙지 않은 아포apo 상태, 다시 말해 빈집처럼 단백질이 혼자 있을 때의 한 가지 고정된 모양을 예측하는 데 강점이 있다. 하지만 약물이 실제로 작용하려면 집 안에 사람이 들어와 가구를 옮기며 공간이 달라지는 것처럼 단백질이 약물과 만나 모양을 바꾸는 홀로holo 상태의 여러 모습을 알아야 한다. 현재의 모델들은 이러한 움직이며 변하는 단백질의 동적 구조를 예측하는 데는 한계가 있다.

더 근본적인 문제는 현재 대부분의 AI가 본질적으로 강력한 '상관관계 엔진'이라는 점이다. 데이터 내 패턴을 식별하는 데는 뛰어나지만, 그 패턴의 근본적인 인과관계causality를 이해하지는 못한다. 신약 개발에서 약물이 '왜' 효과가 있는지를 이해하는 것은 안전성과 효능을 보증하고, 예상치 못한 부작용을 예측하는 데 절대적으로 중요하다. 이를 극복하기 위한 차세대 기술로 인과추론 AICausal AI가 주목받고 있으며, 반사실적 추론counterfactual reasoning을 통해 데이터 이면의 인과 구조를 추론하려 시도하고 있다.

FDA는 AI/머신러닝을 활용한 약물 개발에 엄격한 검증 기준을 제시하며 AI 모델이 투명하고 설명 가능해야 하고, 데이터 품질과 인간의 감독이 필수인 7단계 가이드라인을 발표했다. 실제 사례도 이러한 신중한 접근을 보여준다. 머크와 모더나가 공동 개발 중인 맞춤형 암 백신 mRNA-4157은 임상 3상 진행 중이지만 FDA는 '가속승인Accelerated Approval 경로'를 지지하지 않는 입장을 밝혔다(2024년 9월). 이는 AI가 설계한 치료제라도 기존 약물과 동일한 엄격한 검증을 거쳐야 함을 의미한다.

머크의 규제 업무 책임자는 "규제 기관에 'AI가 추천했으니 이 약물이 좋다'고 말할 수는 없다"라고 지적했다. AI의 판단 과정은 블랙박스처럼 복잡해서 완전히 이해하기 어렵다. 결국 AI가 제안한 약물이라도 제약 회사가 과학적 근거를 명확히 제시해야 승인을 받을 수 있다.

지적재산권 문제도 새로운 도전이다. AI 시스템이 인간의 개입 없이 독창적이고 유용한 신규 분자를 설계했을 때, 법적으로 '발명가inventor'는 누구인가? AI 다부스DABUS를 발명가로 등재하려던 시도에 대해 영국 특허청UKIPO, 미국 특허상표청USPTO, 유럽 특허청EPO 등 주요 사법 관할권은 일관되게 현행법상 발명가는 반드시 '자연인natural person'이어야 한다고 판시했다. 이는 AI가 생성한 발명에 대한 특허 보호에 심각한 불확실성을 야기하며, 막대한 R&D 투자의 결과물을 독점적으로 보호할 수 없게 될 위험을 내포한다.

머크는 AI가 가져온 초기 발견 단계의 리스크 감소와 동시에 법률, 규제, 윤리라는 새로운 차원의 리스크를 관리해야 하는 도전에 직면해 있다. R&D 파이프라인의 핵심 리스크가 실험실에서 규제 및 법률 검토 위원회로 이동하고 있으며, 이러한 새로운 형태의 시스템적 리스크를 관리하는 능력이 미래 성공을 좌우할 핵심 역량이 될 것이다.

증강된 과학의 미래

인간과 기계가 함께 만드는 과학은 어떤 모습일까? 머크의 AI 여정은 제약 산업 역사상 가장 근본적인 질문에 대한 답을 제시한다. 대규모 투자와 5대 핵심 플랫폼 구축을 통해 머크가 증명한 것은 단순한 효율성 개선이 아니다. 이는 '증강'된 과학이라는 새로운 패러다임의 실현 가능성이다. 애디슨에서 TEDDY까지, CSR 자동화에서 호크AVI까지 머크의 AI 플랫폼들은 개별적 성과를 넘어 상호 연결된 지능 네트워크를 형성했다. 숫자들은 빙산의 일각이다. 진정한 혁신은 한 플랫폼의 학습이 다른 플랫폼을 진화시키는 '복합적 지능Compound Intelligence'의 구현에 있다.

AI가 인간 전문가들이 생각하지 못했던 새로운 분자 구조를 제안하는 능력은 제약 R&D의 전환점을 상징한다. T자형 과학자를 넘어 메타 연구자로의 진화는 단순한 역량 확장이 아니다. 이는 "무엇을 발견할 것인가?"에서 "무엇을 창조해야 하는가?"로의 근본적 사고 전환이다. AI가 '어떻게'를 담당할 때, 인간은 '왜'와 '만약에'를 묻는 철학자가 된다.

머크의 접근법은 독특하다. 화이자가 내재화를, 모더나가 AI 우선을, 노바티스가 빅테크 파트너십을 선택했다던 머크는 '적응적' 생태계 전략을 택했다. AWS-엔비디아-엔스로픽부터 앱사이-베네볼런트AI-엑스사이언티아까지 각 영역 최고의 파트너와 협력하되 내부 역량도 놓치지 않는 균형점을 찾았다. 이는 빠르게 진화하는 AI 기술에서 유연성과 전문성을 동시에 확보하는 지혜다.

인과관계 추론의 한계, FDA 규제의 불확실성, AI 발명의 특허권 문제⋯ 이러한 도전들은 역설적으로 차세대 혁신의 출발점이다.

머크가 주목하는 인과추론 AI와 설명 가능한 AI는 단순히 규제 요구사항을 충족시키기 위한 것이 아니다. 이는 "왜 이 약물이 효과가 있는가?"라는 과학의 근본 질문에 대한 새로운 접근법이다.

머크의 투자가 증명한 것은 명확하다. AI는 제약 산업을 파괴하는 것이 아니라 증강한다. 350년 제약 역사에서 축적된 지혜와 AI의 계산 능력이 만날 때, 우리는 자연이 만들지 않은 것을 설계하고 실현하는 진정한 '창조의 과학' 시대로 진입한다. 그러나 기술만으로는 충분하지 않다. 머크가 보여준 것처럼 성공의 열쇠는 기술, 조직, 인재, 문화의 조화로운 통합에 있다. AI를 도구가 아닌 파트너로, 효율화 수단이 아닌 혁신의 촉매로 받아들일 때 제약 산업은 환자에게 새로운 희망을 전달할 수 있다.

머크의 여정은 끝이 아닌 시작이다. 증강된 과학의 진정한 잠재력은 이제부터 펼쳐질 것이다.

03
카이저퍼머넌테
: 예측 의학을 넘어 인간 중심 건강 최적화로

미국 최대 비영리 통합 의료 시스템으로서 8개 주와 워싱턴 D.C.에서 약 1,260만 명의 회원에게 서비스를 제공하는 카이저퍼머넌테(이하 카이저)는 의료를 '아플 때 찾아가는 곳'에서 '아프기 전에 막아내는 시스템'으로 전환했다. AI가 데이터에서 미래의 위험을 감지하는 순간, 환자의 '진료'를 이미 시작하는 것이다.

2013년부터 카이저 연구부 Division of Research는 환자의 급성 악화를 예측하는 조기 경보 시스템 개발에 착수했다. 이 프로젝트는 150만 명 이상의 환자 데이터를 기반으로 머신러닝 알고리즘을 훈련해 향후 12시간 내 임상적 악화가 발생할 가능성을 예측하는 시스템으로 발전했다. 2016년부터 2019년까지 북부 캘리포니아 19개 병원에 순차적으로 도입된 이 시스템은 ICU 입실률과 평균 재원 일수를 유의미하게 감소시켰고, 2019년 이후 북부 캘리포니아 전체 21개 병원으로 확대되었다.

카이저의 AI 전략을 이끄는 핵심 인물은 2023년 말 임명된 다니엘 양Daniel Yang 박사다. AI 및 신기술 부문 부사장인 그는 임상 운영, 연구, 교육, 행정 전반에 걸쳐 모든 AI 애플리케이션의 품질 감독을 담당한다. 양 박사는 "우리의 접근법은 '증강된 지능'입니다. 이는 인간을 대체하는 것이 아니라 인간의 능력을 향상하는 기술입니다"라고 강조한다.

조직의 CEO 그렉 애덤스Greg Adams는 가치 기반 의료를 스케일로 확장하겠다는 전략을 일관되게 강조한다. 그는 AI가 수백만 명의 환자를 각각 한 명의 개인으로 대할 수 있게 한다며 카이저가 추구하는 방향을 명확히 제시한다. 40개 병원과 600개 이상의 의원을 운영하는 거대 조직이 어떻게 각 개인에게 맞춤형 의료를 제공할 수 있을까?

카이저의 짧은 타임라인

2024년 8월, 카이저는 의료 분야에서 가장 대규모의 생성형 AI 전사 롤아웃을 발표하고 배포했다. 에이브리지의 앰비언트 임상 문서화 도구를 모든 병원과 의원에 배포한 것이다. 카이저는 에이브리지의 앰비언트 임상 문서화 도구를 전사적으로 도입해 의사들의 문서화 부담을 대폭 줄였다.

카이저의 통합 의료 모델은 AI 혁신에 독특한 이점을 제공한다. 보험자이면서 동시에 의료 제공자라는 지위는 환자의 전체 건강 여정에 대한 포괄적인 데이터 수집을 가능하게 한다. 예방 관리부터 복잡한 치료까지 모든 단계의 데이터가 통합되어 더 효과적인 AI 알고리즘을 구축하는 기반이 된다. 이들이 강조하는 '건강에 대한 투자 수익return on health' 개념은 AI 기술이 단순한 기술적 역량이 아닌 측정 가능한 환자 결과와 경험 개선을 입증해야 한다는 철학을 담고 있다.

카이저의 AI 여정은 기술이 의료의 본질을 어떻게 변화시킬 수 있는지 보여준다. 이들이 추구하는 것은 단순한 효율성 개선이 아니다. 그것은 의료를 '아플 때 찾아가는 곳'에서 '아프기 전에 함께하는 동반자'로 전환하는 근본적인 패러다임 전환이다.

PSM 결박 모델: 카이저의 AI 설계 철학

카이저의 AI 전략을 분석해보면, 다른 의료 시스템들이 AI 프로젝트를 개별적으로 추진하는 것과 근본적으로 다른 통합적 접근법을 발견할 수 있다. 그들의 AI 이니셔티브들을 살펴보면 생산성 향상, 환자 안전 강화, 그리고 가치 기반 의료에서의 수익 실현이라는 세 가지 목표가 서로 긴밀하게 연결되어 있음을 알 수 있다.

이러한 상호 연결된 구조를 PSM 결박 모델로 개념화할 수 있다. 이 프레임워크는 카이저의 통합된 비즈니스 구조와 가치 기반 의료 철학이 기술 전략과 어떻게 시너지를 창출하는지를 설명하는 데 유용하다.

PSM 모델의 첫 번째 축인 생산성Productivity은 기술을 통해 임상의에게 가장 귀중한 자원인 시간과 인지적 여유를 되돌려주는 데 초점을 맞춘다. 에이브리지와의 파트너십을 통해 도입된 앰비언트 AI 스크라이브가 대표적인 예다. 이 시스템은 의사와 환자 간의 자연스러운 대화를 실시간으로 포착해 자동으로 구조화된 임상 노트

초안을 생성한다. 또한 2022년 5월에 구현된 데스크톱 메디신 프로그램Desktop Medicine Program은 자연어 처리를 사용해 환자 메시지를 분류하고 라우팅함으로써 의사의 행정 부담을 크게 줄였다. 초기 5개월 평가 기간 동안 470만 개의 메시지가 처리되었으며, 환자 메시지의 31.9%인 150만 개 이상이 개별 의사의 받은 편지함에 도달하지 않고 해결되었다.

두 번째 축인 안전성Safety은 AI를 활용하여 직접적으로 환자 안전을 개선하고 부정적인 임상 결과를 줄이는 데 초점을 맞춘다. 사전 경보 모니터Advanced Alert Monitor, AAM 시스템은 매시간 북부 캘리포니아 21개 병원의 모든 환자 전자건강기록에서 거의 100개 요소를 분석한다. 위험 점수가 미리 정해진 임곗값을 초과하면 시스템은 특별히 훈련된 가상 품질 간호사 컨설턴트Virtual Quality Nurse Consultants, VQNCs로 구성된 중앙집중식 팀에 경보를 보낸다. 또한 카이저 인텔리전트 내비게이터라는 AI 기반 환자 포털 분류 시스템은 긴급한 의료 상황을 식별하는 데 AUC 0.977, 치료 필요 사례에 AUC 0.889를 달성했다.

세 번째 축인 수익화Monetization는 카이저와 같은 통합 예산 및 가치 기반 의료 시스템에서 특별한 의미를 갖는다. 여기서 '수익화'는 전통적인 서비스당 수가 모델의 수익 증대가 아니라 '가치의 실현'을 의미한다. 이노베이서Innovaccer와의 전략적 파트너십은 이를 잘 보여준다. 2024년 5월에 발표된 이 협력은 워싱턴주 시장의 약 65만 명의 회원을 대상으로 데이터 통합 기반의 가치 지향 케어를 시험 중이다.

PSM 모델의 진정한 힘은 세 축이 서로를 어떻게 구동하는지에 있다. 앰비언트 AI 스크라이브가 의사의 문서화 부담을 덜어주면 의사는 환자에게 더 집중할 수 있는 '인지적 대역폭cognitive bandwidth'을 확보하게 된다. 이는 미묘한 임상적 신호를 놓치지 않고 AAM과 같은 안전성 시스템의 경보에 더 신중하게 대응할 수 있는 여유로 이어져 직접적으로 환자 안전을 향상한다. 동시에 AAM 시스템이 환자의 급성 악화를 막아 ICU 입실률을 낮추고 재원 일수를 단축하면, 이는 통합 예산 모델 내에서 직접적인 비용 절감으로 이어진다.

카이저의 7대 책임 AI 원칙(투명성, 책임성, 안전성, 형평성, 품질, 프라이버시, 임상 감독)은 이러한 기술 통합의 윤리적 기반을 제공한다. 특히 임상 감독 원칙은 AI가 의료적 결정을 내리지 않으며, 최종 결정은 항상 의사와 임상팀의 감독하에 이루어진다는 점을 명확히 한다. 이러한 원칙들은 위험 기반 접근법risk-based approach을 통해 구현된다. 내재된 위험 수준에 따라 거버넌스 요구사항을 조정함으로써 카이저는 혁신 속도와 환자 안전 사이의 균형을 유지한다. 예를 들어, 환자 진료에 직접적인 영향을 미치는 고위험 AI 애플리케이션은 더 엄격한 검토와 지속적인 모니터링을 받는 반면,

카이저퍼머넌테 7대 AI 원칙

원칙	핵심 내용(업그레이드 버전)
투명성	환자에게 AI 사용 여부와 목적을 명확히 알리고 동의 획득
책임성	AI가 내린 권고·결정에 대해 책임 소재를 분명히 규정
안전성	환자 위험을 방지하기 위한 철저한 검증 및 테스트 수행
형평성	건강 격차 해소, 편향 최소화 및 다양한 집단을 위한 공정성 확보
품질	AI를 활용한 의료 서비스 질 향상, 지속적 개선 사이클 운영
프라이버시	HIPAA 및 글로벌 표준에 따른 데이터 보호와 보안 준수
임상 감독	AI는 결정을 내리지 않으며, 최종 판단은 반드시 의사와 임상팀이 수행

행정 업무를 지원하는 저위험 도구는 더 신속한 배포가 가능하다.

카이저의 PSM 결박 모델은 AI 기술들을 개별적으로 평가하는 대신, 그것들이 어떻게 상호작용해 시스템 전체의 가치를 증대시키는지를 설계하는 데 중심에 둔다. 이는 단순한 기술 도입이 아니라, 통합 의료 시스템의 모든 강점을 활용하여 AI를 통해 의료의 본질적 가치를 극대화하는 전략적 접근이다.

안전의 닻: AAM으로 생명을 구하다

카이저의 AAM 시스템은 AI가 임상 현장에서 어떻게 실질적인 생명 연장 효과를 가져올 수 있는지를 보여주는 대표적인 사례다. AAM의 성공은 단순히 뛰어난 예측 알고리즘 하나만으로 이루어진 것이 아니다. 이는 '모델+사람+프로토콜'이라는 세 가지 요소가 유기적으로 결합한, 정교하게 설계된 사회-기술적 시스템socio-technical system의 승리다.

AAM의 가장 독창적인 설계는 '인간 필터' 계층에 있다. 예측 모델이 위험 임곗값을 초과하는 환자를 발견하면 경보는 병동의 간호사에게 직접 전달되지 않고, 먼저 원격으로 근무하는 VQNC에게 전달된다. 이들은 숙련된 중환자 전문 간호사들로 구성되어 있으며, 환자의 전자건강기록을 원격으로 심층 검토하여 경보의 임상적 타당성을 일차적으로 선별한다. 이 과정은 현장 의료진이 겪는 경보 피로alert fatigue를 획기적으로 줄여준다.

VQNC가 경보가 타당하다고 판단하면 해당 병원의 현장 신속 대응팀Rapid Response Team, RRT에게 연락을 취한다. RRT는 구조화된 평가 프로토콜에 따라 환자를 직접 평가하고 담당 의사와 협력해 선제적인 치료 계획을 수립한다. 이 프로토콜은 명확한 행동 지침을 제공함으로써 예측을 실제 임상 개입으로 전환한다.

AAM 프로그램의 효과는 〈뉴잉글랜드의학저널New England Journal of Medicine〉에 발표된 연구를 통해 엄격하게 검증되었다. 연구는 2016년부터 2019년까지 21개 병원에 AAM을 순차적으로 도입하며 시스템이 활성화된 병원의 환자(개입군 1만 5,487명)와 아직 활성화되지 않은 병원의 유사 환자(비교군 2만 8,462명)의 결과를 비교했다.

AAM 시스템 성과 비교

지표	개입군 (n=15,487)	비교군 (n=28,462)	개선 효과
30일 내 사망률	15.8%	20.4%	상대위험 16% 감소 (RR 0.84)
ICU 입실률	17.7%	20.9%	15.3% 감소
평균 재원 일수	6.7일	7.5일	0.8일 단축(10.7%)
환자 수	15,487명	28,462명	-

AAM 개입군 환자의 30일 내 사망률은 15.8%로, 비교군의 20.4%에 비해 상대적(상대위험Relative Risk, RR 0.84, 16% 감소)으로 낮았다. 이는 상당한 수의 환자 생명을 구하는 데 기여한 것으로 평가된다. 개입군의 ICU 입실률은 17.7%로 비교군의 20.9%보다 유의미하게 낮았으며, 평균 재원 일수 역시 개입군에서 6.7일로 비교군의 7.5일보다 짧았다.

AAM 시스템은 2021년에 2개의 권위 있는 국제 상을 수상했다. 조인트 커미션The Joint Commission과 국가품질포럼National Quality Forum으로부터 지역 수준의 환자 안전 및 품질 혁신에 대한 존 M. 아이젠버그 상John M. Eisenberg Award을 받았으며, 국제병원연맹International Hospital Federation의 환자 안전 및 품질 부문 금상을 수상했다.

AAM은 AI가 아니라, AI를 활용해 인간 전문가들의 협업을 최적화한 '분산 인지 시스템distributed cognition system'의 성공 사례다. 기술과 인간의 전문성이 결합하여 단독으로는 불가능했던 수준의 환자 안전 개선을 달성한 것이다. 이러한 통합적 접근은 카이저가 추구하는 PSM 모델의 안전성 축을 완벽하게 구현하며, 다음에서 다룰 생산성 향상과 직접적으로 연결된다.

생산성 엔진: 의사에게 시간을 되돌려주다

미국 의료 시스템의 지속 가능성을 위협하는 가장 큰 요인 중 하나는 의사의 번아웃이다. 연구에 따르면 의사들은 환자와 직접 대면하는 시간의 거의 2배에 달하는 시간을 전자건강기록 관련 업무에 소모하며, 이는 직업 만족도 저하와 환자와의 관계 단절로 이어진다. 카이저는 이 문제를 해결하기 위해 2024년 8월, 의료 분야에서 가장 대규모의 생성형 AI 전사 롤아웃을 발표했다.

에이브리지와의 파트너십을 통해 구현된 앰비언트 임상 문서화 도구는 40개 병원과 600개 이상의 의원 전체에 배포되었다. 이 전례 없는 규모의 배포는 2025년 현재까지 AI 기반 임상 문서화 기술의 가장 광범위한 실제 적용을 나타낸다. 에이브리지 플랫폼은 앰비언트 리스닝 기술을 사용해 환자-의사 대화를 전사하고 전자건강기록을 위한 임상 노트를 자동으로 생성한다. 시스템은 환자 동의를 요구하며 최종 문서화 전에 모든 AI 생성 콘텐츠에 대한 의사의 검토와 편집을 포함한다.

구현 규모와 결과는 놀라웠다. 7,260명 이상의 의사가 시스템 전반에 걸쳐 이 기술을 적극적으로 사용하고 있으며, 2023년 10월부터 2024년 12월까지 15개월 동안 AI 지원을 통해 250만 건 이상의 환자 진료가 문서화되었다. 이 기간 동안 거의 1만 6,000시간의 문서화 시간이 절약되었는데, 이는 8시간 근무일 기준으로 1,794일에 해당하는 막대한 시간이다. 의사들은 이 시간을 환자 진료, 연구, 또는 개인적인 삶의 균형을 위해 사용할 수 있게 되었다. 기술을 사용한 의사들은 높은 만족도를 보고했다.

카이저의 AI 임상 문서화 접근법은 엄격한 품질 보증을 강조한다. 조직은 전체 배포 전에 10주간의 포괄적인 파일럿 프로그램을 수행함으로써 정확성과 사용성에 대한 임상의 피드백을 분석했다. 주요 안전 조치에는 인간 감독 요구사항이 포함되어 있어, 의사와 임상의가 모든 AI 생성 결과물을 검토하고 편집해 최종 임상 결정에 인간의 전문성이 반영되도록 한다. 시스템에는 정확성 문제나 워크플로 문제를 식별하고 해결하기 위한 지속적인 피드백 루프가 포함되어 있다. 기술은 단순히 행정 부담을 줄이는 것이 아니라 환자-의사의 상호작용을 향상하는 데 초점을 맞춰 구현되었다.

〈뉴잉글랜드의학저널AI〉에 발표된 연구는 앰비언트 문서화 기술에 대한 높은 의사 만족도를 기록했다. 의사 대다수에서 만족도 향상과 피로감 개선을 보고했다. 거의 3,500명의 의사가 적어도 100번의 환자 예약에서 이 기술을 사용하는 등 헤비 유저가 포함되어 있다.

전문 분야별 채택률은 상당히 다르며, 정신 건강, 응급 의학, 1차 진료, 알레르기, 심장학에서 가장 높은 활용률을 보이고 있다. 환자 수용도 역시 긍정적이었는데, 설문 조사를 받은 환자의 47%

가 의사가 방문 중 컴퓨터 화면을 보는 시간이 줄어들었다고 언급했으며, 56%는 진료의 질이 긍정적으로 개선되었다고 답했다. 주목할 점은 단 한 명의 환자도 부정적인 영향을 보고하지 않았다는 것이다.

앰비언트 AI 스크라이브는 단순한 받아쓰기 도구가 아니라 '관계 회복 도구relationship restoration tool'로서의 전략적 가치를 지닌다. 지난 20년간 전자건강기록은 의사와 환자 사이에 디지털 '장벽'을 세웠다. 의사는 환자의 눈을 보는 대신 컴퓨터 화면을 보며 데이터를 입력해야 했고, 이는 공감과 신뢰 형성의 기회를 빼앗아갔다. 앰비언트 AI는 이 장벽을 허물고 진료의 중심을 다시 인간, 즉 의사와 환자의 상호작용으로 되돌려 놓는다.

2022년 5월에 구현된 데스크톱 메디신 프로그램은 정교한 자연어 처리를 통해 의사의 메시지 과부하라는 중요한 문제를 해결한다. 자연어 처리 시스템은 분류 간호사와 의사가 이전에 주석을 달았던 약 2만 개의 환자 메시지로 훈련되었다. 프로그램은 들어오는 메시지를 실시간으로 분석하고, 카테고리 레이블을 할당하며, 적절한 커뮤니케이션을 의료 보조원, 원격 서비스 담당자, 약사 및 기타 의료 전문가로 구성된 지역 팀으로 라우팅한다.

카이저는 이러한 생산성 향상 도구들이 PSM 모델의 핵심 축을 담당한다고 보고 있다. 절약된 시간은 단순히 의사의 업무량을 줄이는 것이 아니라, 그들이 환자 케어의 더 중요한 측면에 집중할 수 있도록 한다. 이는 안전성 향상으로 직접 연결되며, 생성된 고품질 데이터는 가치 실현의 기반을 마련한다.

가치 증폭기: RWE와 예측적 건강 관리

카이저의 AI 전략에서 가장 미래 지향적이고 정교한 부분은 생산성과 수익화를 직접 연결하는 실사용 증거Real-World Evidence, RWE 자동화 시스템이다. 카이저는 앰비언트 AI 스크라이브가 수집한 데이터를 활용해 임상 의사결정 과정의 '마지막 1센티미터'를 데이터 기반 증거로 채우는 혁신적인 접근을 추구하고 있다.

카이저는 실사용 데이터Real-World Data, RWD와 RWE를 활용해 현장 의사결정을 뒷받침하는 접근을 확대 중이다. 카이저는 2024년 5월 이노베이서와의 전략적 파트너십을 발표했다. 이노베이서의 플랫폼은 이질적인 시스템과 케어 환경 전반에 걸쳐 환자 데이터를 집계해, 보다 효과적인 인구 건강 관리를 가능하게 하는 포괄적인 환자 뷰를 제공한다. AI 기반 플랫폼은 고객 기반 전체에 걸쳐 15억 달러 이상의 누적 비용 절감을 창출한 것으로 보고되었다. 또한 카이저는 메디얼얼리사인Medial EarlySign과 파트너십을 맺고 인구 위험 계층화를 위해 치료 반응을 예측하고 케어 경로를 최적화하기 위한 여러 알고리즘 접근법을 구현하고 있다. 이 접근법을 통해 임상의와 케어 매니저는 개인 및 인구 수준의 위험을 예측하고, 개입 반응성을 기반으로 환자 인구를 계층화하며, 최대 건강 영향을 위한 자원 배분을 최적화하고, 예측적 통찰력을 기반으로 개인화된 치료 결정을 가능하게 한다.

카이저는 RWD, RWE와 사회적 결정 요인, 웨어러블 데이터를 통합한 예측·예방형 건강 관리 모델을 확대해 '질병 치료'에서 '건강 최적화'로 전환하고 있다. 이 시스템의 핵심은 전통적인 임상 데이터를 넘어, 한 개인의 건강에 영향을 미치는 다층적인 요소를 통합하여 '전인적whole-person' 관점의 예측 모델을 구축하는 데 있다. 시스템은 전자건강기록, 유전체 데이터, 웨어러블 데이터, 그리고 건강의 약 80%를 결정하는 것으로 알려진 사회적 결정 요인을 통합한다.

이러한 예방 중심 접근법은 단순히 위험 점수를 계산하는 데 그치지 않고, 환자가 자신의 건강을 주도적으로 관리할 수 있도록 실행 가능한 통찰을 제공한다. 시각적이고 직관적인 정보를 통해 미래의 추상적인 위험을 현재의 구체적인 선택과 연결하며, 행동경제학의 '넛지nudge' 이론을 적용해 개인별 맞춤형 건강 개입을 지원하는 것이다.

가치 기반 의료 모델에서 이러한 예방 중심 접근법의 경제적 영향은 특히 중요하다. 통합 예산 시스템하에서 질병을 예방하는 것은 장기적으로 막대한 비용을 절감하는 가장 확실한 방법이다. 국가 당뇨병 예방 프로그램National DPP 참여자는 2년간 1인당 평균 4,552달러의 의료비를 절감했으며, 88% 확률로 비용 절감 효과가 나타났다. 이는 예방 중심 모델이 단순한 환자용 웰니스 앱이 아니라 카이저의 장기적인 재정 건전성을 담보하는 핵심적인 위험 관리 및 비용 통제 전략임을 의미한다.

병원의 재정의:
병원-재택 프로그램과 디지털 형평성

카이저의 혁신은 병원 내부의 프로세스 개선에만 머무르지 않는다. 병원-재택Hospital-at-Home, HaH 프로그램은 '병원'이라는 공간의 개념 자체를 재정의하며, 장소 기반place-based 의료에서 사람 중심person-based 의료로의 물리적 전환을 구현한다. 이는 단순히 환자에게 편의를 제공하는 서비스가 아니라, 시스템 전체의 효율성과 탄력성을 높이는 핵심적인 용량 관리capacity management 도구다.

HaH 프로그램은 심부전, 폐렴, 봉와직염 등 병원급 치료가 필요하지만 상태가 안정적인 환자들을 대상으로 한다. 환자의 집에는 원격 모니터링 장비와 통신용 태블릿이 설치되며, 의사와 간호사로 구성된 케어팀이 원격 지휘센터에서 24시간 환자를 모니터링한다. 동시에 간호사, 지역사회 응급구조사, 치료사 등이 필요에 따라 직접 가정을 방문하여 정맥주사 치료, 검사, 재활 등 필수적인 대면 서비스를 제공한다.

카이저의 HaH 프로그램은 전통적 입원 치료와 비교해 재입원율 감소와 환자 만족도 향상을 보여주었다. 이는 환자가 익숙한 환경에서 안정적으로 회복하며, 퇴원 후 관리로의 전환이 더 원활하게 이루어짐을 시사한다.

병원은 역설적으로 감염, 낙상, 섬망과 같은 병원 내 부작용의 위험이 상존하는 공간이다. 연구에 따르면 HaH 모델은 이러한 병원 내 감염 및 합병증의 위험을 크게 줄일 수 있다. 이는 물리적 공간의 제약 없이 의료 수요에 따라 유연하게 병상 용량을 조절할 수 있는 '가상 병동'으로서 막대한 자본 투자 없이도 의료 서비스 제공 능력을 확장할 수 있게 해준다.

카이저는 디지털 건강 형평성 해결의 선두 주자로 부상했다. AI와 디지털 건강 기술이 기존의 건강 격차를 진전시키거나 악화시킬 수 있음을 인식하고, 조직은 소외된 인구 집단 사이에서 디지털 건강 접근의 장벽을 이해하고 해결하기 위한 광범위한 연구를 수행했다. 원격의료 서비스는 150개 이상의 언어로 제공되며, 디지털 격차 연구를 통해 인프라 및 접근성 장벽을 파악하고 있다.

특히 주목할 만한 것은 '가상 진료실virtual rooming' 이니셔티브다. 이는 비디오 방문에 연결하는 데 도움이 필요한 환자를 의료 보조원이 지원하는 프로그램으로, 언어 통역 서비스가 필요한 환자들에게 특히 가치 있는 것으로 입증되었다. 〈JAMA내과학JAMA Internal Medicine〉에 발표된 연구에 따르면, 카이저의 가상 케어 지원 프로그램은 특히 저소득층 환자들에게 도움이 되는 것으로 나타났다.

카이저의 AI 도구는 다양한 환자 집단에 걸쳐 공평하고 증거 기반의 케어를 제공하도록 명시적으로 설계되었다. 조직은 포괄적인 데이터셋과 다양한 회원층을 활용해 의료 편견이나 격차를 지속시키지 않는 AI 도구를 개발하고 테스트한다. 이러한 접근법은 기술 발전이 모든 환자에게 공평하게 혜택을 제공하도록 보장하는 데 중요하다. HaH 프로그램은 카이저가 그리는 더 큰 그림인 '연결된 건강 생태계Connected Health Ecosystem'의 구심점 역할을 한다. 이는 의료 서비스가 병원이라는 물리적 공간의 경계를 넘어 환자의 삶 속으로 확장되는 연속적인 건강 관리 체계를 의미한다. 급성기 치료를 HaH가 담당하고, 퇴원 후에는 웨어러블 기기, 스마트 홈센서, 모바일 앱 등이 환자의 상태를 지속적으로 모니터링하며 예측·예방형 건강 관리 시스템과 연결된다. 이를 통해 "3개월마다 15분"의 예약 기반 진료는 "연중무휴 24시간"의 지속적인 모니터링과 지원 체계로 대체된다.

인간적인
알고리즘의 미래

카이저의 AI 여정은 단순한 기술 도입 사례를 넘어 의료의 본질적 가치를 재정의하는 철학적 전환점을 제시한다. PSM 결박 모델로 분석한 세 가지 혁신(AAM의 예측적 생명 구조, 앰비언트 AI의 관계 회복, 그리고 예방 중심 건강 관리)은 각각이 독립적인 성과를 넘어 서로를 강화하며 새로운 의료 패러다임을 창조하고 있다.

이 변화의 중심에는 역설적 통찰이 있다. 가장 첨단의 기술이 가장 인간적인 가치를 복원한다는 것이다. AI가 의사의 손가락을 키보드에서 해방시킬 때, 비로소 의사의 손은 다시 환자를 만질 수 있게 된다. 알고리즘이 미래의 위험을 예측할 때, 의료진은 현재의 환자에게 온전히 집중할 수 있게 된다. 데이터가 개인화된 통찰을 제공할 때, 의료는 다시 한 명 한 명의 고유한 이야기에 귀 기울일 수 있게 된다.

카이저가 증명한 것은 기술의 힘이 아니라 기술을 통한 인간 잠재력의 확장이다. 연간 500명 이상의 생명을 구하는 AAM 시스템의 진정한 성공은 알고리즘의 정확도가 아니라, 기술과 인간 전문성이 만나는 지점에서 창출되는 집단 지성에 있다. 1만 6,000시간을 되돌려준 앰비언트 AI의 가치는 시간 절약이 아니라, 그 시간이 채워질 의미 있는 인간적 상호작용에 있다.

"의료를 '아플 때 찾아가는 곳'에서 '아프기 전에 함께하는 동반자'로 전환한다"라는 비전은 단순한 예방 의학을 넘어선다. 이는 건강을 질병의 부재가 아닌 삶의 충만함으로 재정의하고, 의료를 치료 행위가 아닌 돌봄의 관계로 재구성하며, 기술을 도구가 아닌 가능성의 확장으로 이해하는 근본적인 패러다임 전환이다.

전 세계가 고령화, 의료비 증가, 의료진 부족이라는 삼중고에 직면한 지금, 카이저의 모델은 희망적 대안을 제시한다. 그것은 더 많은 의사나 더 큰 병원이 아니라, 더 똑똑한 시스템과 더 인간적인 케어의 결합이다. AI가 의료의 효율성을 높일 때, 비로소 의료진은 효율성을 넘어선 가치, 즉 공감, 연민 그리고 치유에 집중할 수 있게 된다.

미래의 의료는 인간과 기계의 대결이 아닌 협업의 교향곡이 될 것이다. 그 교향곡에서 AI는 정확한 박자를 제공하고, 인간은 영혼을 불어넣는다. 카이저가 보여준 것처럼 최고의 의료는 최첨단 기술과 돌봄과 연결이라는 가장 오래된 인간적 가치가 만날 때 실현된다.

예방의 시대가 도래했다. 그러나 그것은 단순히 질병을 막는 것이 아니라, 삶의 질을 높이고, 인간의 존엄을 지키며, 모든 사람이 자신의 건강 여정의 주인공이 되도록 돕는 것이다. 이것이 카이저가 제시하는 의료의 미래이며, 그 중심에는 기술을 통해 더욱 빛나는 인간성이 자리 잡고 있다.

04
텔라닥
: AI가 의사의 귀가 되던 날

2024년 6월, 미국 당뇨병학회 제84차 학술대회에서 텔라닥의 연구팀이 발표한 데이터는 회장을 술렁이게 했다. AI가 당뇨병 환자의 1년 후 상태를 예측하고, 개인화된 개입으로 A1c(당화혈색소, 3개월 평균 혈당 지표) 수치를 평균 0.4 포인트 낮췄다는 것이다. 8.2에서 7.8로의 변화(겉보기엔 작은 숫자지만, A1c 1%포인트 감소는 미세혈관 합병증 위험을 33~41% 감소시킨다) 연구에 참여한 수천 명에게 실명, 신부전, 족부 절단의 위험에서 한 걸음 멀어지게 한다는 것을 의미했다.

더 충격적인 것은 AI의 예측 능력이었다. 누적 26억 개 이상의 데이터 포인트를 학습한 알고리즘은 혈당 수치, 복약 패턴, 의료 이용 빈도는 물론 이메일 열람률과 건강 앱 사용 패턴까지 분석했다. AI가 내린 이 판단은 기존 임상 지표보다 정확했다. 고위험군으로 분류된 환자들에게 맞춤형 건강 넛지를 보낸 결과 참여율은 3배 증가했고, 건강 코치와 상담할 가능성은 50% 높아졌다.

AI가 의사보다
먼저 본 것

그러나 혁신의 이면에는 불편한 진실이 숨어 있었다. 2023년 3월, 연방거래위원회FTC는 텔라닥의 정신건강 서비스 베터헬프BetterHelp에 환급 포함 780만 달러 합의 및 광고 목적 데이터 공유 금지 명령을 내렸다. 이유는 충격적이었다. 베터헬프가 사용자들의 민감한 건강 정보(우울증, 불안, 자살 충동 등에 대한 설문 답변)를 페이스북과 스냅챗 등에 광고 목적으로 공유했다는 것이다. "당신의 정보는 안전합니다"라고 약속하면서 뒤에서는 정보를 팔고 있었던 셈이다.

이스라엘 스타트업 보컬리스헬스Vocalis Health의 연구는 AI 의료의 또 다른 가능성과 위험을 동시에 보여줬다. 단 30초의 음성 녹음만으로 관상동맥질환 위험을 예측할 수 있다는 것이다. 음성 바이오마커 점수가 높은 환자들은 심장 질환을 겪을 확률이 2.6배 더 높았다. 성대와 심장을 함께 제어하는 자율신경계의 미세한 변화를 AI가 포착한 것이다. 놀라운 기술이지만, 동시에 섬뜩한 질문을 던진다. "보험회사가 당신의 전화 통화 녹음으로 보험료를 산정한다면? 고용주가 화상회의 음성으로 직원의 건강 위험을 평가한다면?"

2024년 기준, 텔라닥은 약 1억 명의 미국 통합 케어 회원에게 서비스를 제공하며 연간 25억 7,000만 달러의 매출을 올리고 있다. 60개 이상의 AI 모델이 프로덕션 환경에서 작동하며, 매일 수백만 건의 의료 결정을 돕고 있다. 그러나 이 숫자들 뒤에는 근본적인 질문이 남아 있다. AI가 의사의 눈과 귀가 되는 것을 넘어 판단까지 대신하기 시작할 때, 의료의 본질은 어떻게 변할까? 그리고 우리는 그 변화를 원하는가?

모든 곳의 모든 사람을 위한 통합 케어 플랫폼 텔라닥 홈페이지. 의료진Clinicians, 개인 Individuals, 의료기관Organizations을 하나의 플랫폼으로 연결하는 텔라닥의 3대 축 전략은 일회성 화상 진료를 넘어 신체 건강, 정신 건강, 병원 케어를 평생 관리하는 통합 시스템으로의 진화를 보여준다.

텔라닥의 3대 전선: 가상 주치의에서 병원 AI까지

텔라닥의 전략은 명확했다. 일회성 화상 진료를 넘어 환자의 전 생애주기를 관리하는 통합 케어Integrated Care 시스템을 구축하는 것이다. 2025년 2분기, 비전의 성과가 숫자로 나타났다. 통합 케어 부문 매출은 3억 9,150만 달러로 전년 대비 4% 성장했고, 조정 EBITDA는 14.7%를 기록했다. 그러나 이 숫자보다 중요한 것은 실제 환자들의 삶에 미친 영향이었다.

프라이머리360Primary360은 이 변화의 최전선에 있었다. 텔라닥은 1억 명 이상의 미국인이 주치의를 찾기 어려운 현실에서 가상 주치의 모델로 답을 찾았다. 5만 명의 회원을 대상으로 한 보험 청구 데이터 분석 결과(총의료비 7% 절감, 응급실 방문 19% 감소, 30일 내 재입원율 12% 감소 등)는 회의론자들을 놀라게 했다. 이는 단순한 편의 제공을 넘어 실제 건강 결과를 개선했음을 의미했다.

더 인상적인 것은 질병 발견률이었다. 프라이머리360을 통해 새로 진단받은 당뇨병 환자 중 68%가 관리 프로그램에 등록했고, 고혈압 진단 환자의 90%가 적극적인 관리를 시작했다. 가상 환경이 오히려 더 많은 환자를 찾아낸 것이다. "병원에 가기 부담스러워 미루다가 가상 주치의를 만났는데, 제 고혈압이 위험 수준이었다는 걸 알게 됐어요." 한 회원의 증언은 접근성이 곧 예방이라는 단순한 진리를 보여줬다.

복합 프로그램의 시너지는 예상을 뛰어넘었다. 당뇨병과 다른 만성질환 관리를 동시에 받은 회원들의 당화혈색소는 추가로 0.44%p 떨어졌고, 고혈압 복합 참여자의 수축기 혈압은 6.8mmHg 더 개선됐다. 텔라닥은 물리적 병원 없이도 카이저퍼머넌테 같은 통합 의료 시스템의 성과를 재현하고 있었다. 자본 집약적 모델에서 데이터 중심 모델로의 전환이었다.

병원 내부로의 진출은 더욱 전략적이었다. 2024년 11월 공개한 AI 가상 시터AI Virtual Sitter는 미국 병원들의 고질적 문제를 겨냥했다. 미국 병원에서는 매년 70만~100만 건의 입원 환자 낙상 사고가 발생하고, 노인층 비치명적 낙상 전체 의료비는 2020년 기준 약 800억 달러로 추산된다. 텔라닥의 해법은 단순했지만 혁신적이었다. TV 프로 300TV Pro 300 디바이스에 탑재된 컴퓨터 비전 알고리즘이 환자의 움직임을 실시간 분석해 위험을 감지한다. 환자가 침대에서 일어나려 하거나 너무 몸을 기울이면 즉시 경보가 울린다.

핵심은 프라이버시 보호 설계였다. 영상 데이터의 현장 중심 처리로 환자 정보를 보호하면서도 즉각적인 대응을 가능하게 했다. 초기 파일럿 결과는 인상적이었다. 원격 모니터링 직원 1인당 감시할 수 있는 환자 수가 약 25% 증가한 것으로 보고되었다. 인력난에 시달리는 병원에게 이는 단순한 기술이 아닌 생존 도구였다.

밸리 헬스 시스템Valley Health System과의 가상 간호 프로그램은 또 다른 돌파구를 보여줬다. 가상 간호사들이 입원 절차 설명, 퇴원 교육, 복약 지도 등을 원격으로 처리하자 병상 간호사들은 교대당 약 3.5시간을 절약했다. "서류 작업과 반복 설명에서 해방되니 환자를 직접 돌볼 시간이 생겼어요." 한 간호사의 말은 AI가 일자리를 빼앗는 것이 아니라 본연의 업무로 돌아가게 한다는 역설을 보여줬다. 초기 조사에서 많은 간호사가 가상 간호 역할에 관심을 표명했다.

그러나 모든 부문이 순조롭지는 않았다. 한때 텔라닥 성장의 엔진이었던 베터헬프는 2024년 심각한 위기에 빠졌다. 매출은 전년 대비 8% 감소한 10억 4,100만 달러, 유료 이용자는 11% 줄어든 41만 명이었다. 무엇보다 회사는 7억 9,000만 달러의 영업권 손상을 인식해야 했다. FTC와 780만 달러 환급 및 광고 목적 데이터 공유 금지 합의 이후 신뢰를 잃은 D2CDirect-to-Consumer 모델의 한계가 명확해진 것이다.

텔라닥의 대응은 신속했다. 2025년 4월, 업리프트UpLift를 현금 3,000만 달러(최대 1,500만 달러 언아웃, 총 4,500만 달러)에 인수했다. 업리프트가 보유한 1억 명 이상의 보험 가입자 네트워크와 1,500명의 정신건강 전문가는 텔라닥에게 새로운 길을 열어줬다. 변동성 큰 소비자 직접 판매에서 안정적인 보험 기반 모델로의 전환은 단순한 사업 모델 변경이 아닌, 의료 기업으로서의 정체성을 재정의하는 결정이었다.

이러한 전략적 선택은 글로벌 원격의료 시장의 맥락에서 더욱 의미가 있다. 영국의 바빌론헬스Babylon Health는 AI 챗봇 GP앳핸드GP at Hand로 주목받았지만 과도한 확장으로 2023년 파산 보호를 신청했다. 중국의 핑안굿닥터Ping An Good Doctor는 10억 명의 잠재 시장을 기반으로 보험-의료-약국을 아우르는 슈퍼 앱을 구축했지만 수익성 확보에 어려움을 겪고 있다. 한국의 닥터나우DoctorNow는 규제 샌드박스를 활용해 빠른 성장을 보이고 있으나 아직 지속 가능성을 증명해야 한다. 텔라닥은 이들과 달리 'AI+보험사 통합' 모델로 안정성과 확장성의 균형을 찾았다.

텔라닥 AI 적용 성과 요약

영역	주요 성과	의미
Primary360 (가상 주치의)	총의료비 7%↓, ER 19%↓, 30일 재입원 12%↓; 새 진단 후 당뇨 68%·고혈압 90% 관리 시작	접근성이 곧 예방· 조기 개입
만성질환 관리 (Livongo)	고위험군(A1c≥9) 2.9% 감소(3개월) 5년간 개선 유지	지속 효과 입증· 코칭 기반 즉시 개입
가상 시터 (Virtual Sitter)	낙상 위험 실시간 감지, 원격 모니터 1인당 감시 환자 수 약 25%↑	병원 안전·비용 동시 개선
가상 간호 (Virtual Nursing)	입·퇴원 설명·복약지도 원격화 → 현장 간호 행정시간 유의미 절감	번아웃 감소· 대면 돌봄 시간 회복

기술의 진화: 주변을 듣는 AI

2023년 7월, 텔라닥과 마이크로소프트의 확대 파트너십 발표는 원격의료업계에 새로운 가능성을 열었다. 핵심은 GPT-4 기반 뉴앙스 드래곤 앰비언트 익스피리언스Nuance Dragon Ambient eXperience, DAX Express의 도입이었다. 이 '주변 청취' 기술은 의사와 환자의 대화를 자동으로 기록하고, GPT-4를 활용해 즉시 의료 기록으로 변환한다. 의사들이 컴퓨터 화면 대신 환자의 눈을 보며 대화할 수 있게 된 것이다.

의료기관의 대규모 연구는 이 기술의 위력을 입증했다. 카이저 퍼머넌테에서 7,260명의 의사가 15개월간 앰비언트 AI를 사용한 결과, 약 1만 6,000시간의 문서 작업 시간이 절약되었다. 이는 번아웃의 주범인 '파자마 타임(퇴근 후 집에서 기록을 마무리하는 시간)'이 크게 줄었다는 점에서 의미가 컸다. "환자와 대화하면서 동시에 타이핑하느라 정신없었는데, 이제는 온전히 환자에게 집중할 수 있어요." 한 의사의 말은 기술이 의료의 인간적 측면을 회복시킬 수 있음을 보여줬다.

2025년 3월 업그레이드된 프리즘Prism 플랫폼은 AI의 역할을 더욱 확장했다. 새로운 AI 기반 임상 전사 도구가 추가되어 의료진의 실시간 문서화를 지원하고, 연결 케어 파트너Connected Care Partners로의 연계가 전년 대비 40% 증가했다. 단순한 기록 도구를 넘어 의료 결정을 지원하는 조력자가 된 것이다.

텔라닥의 AI 철학은 "책임감 있는 AI, 설계부터 프라이버시responsible AI, privacy-by-design"로 요약된다. 모든 데이터 처리는 엣지 컴퓨팅으로 이뤄진다. 환자 정보는 로컬 디바이스에서 분석되고, 필요한 경우에만 익명화된 최소 데이터가 클라우드로 전송된다. 이는 프라이버시 보호뿐 아니라 응답 속도 향상, 네트워크 비용 절감이라는 실용적 이점도 가져왔다.

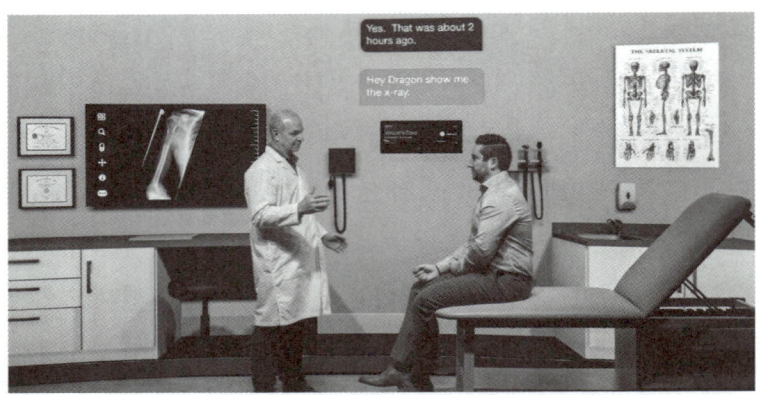

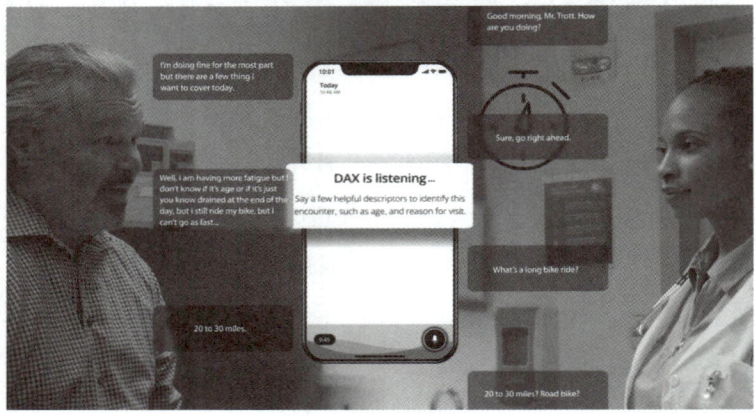

(위) DAX 시연 장면. 의사가 환자와 자연스럽게 대화하는 동안 AI가 실시간으로 음성을 인식하고 의료 기록을 자동 생성한다. "엑스레이를 보여줘"라는 음성 명령만으로 엑스레이를 즉시 확인할 수 있어, 의사는 컴퓨터 조작 없이 환자에게 집중할 수 있다.

(아래) DAX 앱이 의사와 환자의 대화를 실시간으로 청취하고 전사하는 모습. 메시지와 함께 환자의 증상(피로감, 자전거 타기 어려움)이 자동으로 기록된다. 의사는 스마트폰 하나로 전체 진료 과정을 기록하며, 환자와의 대화에만 집중할 수 있다. 오른쪽 말풍선은 AI가 대화 맥락을 이해하고 의학적으로 중요한 정보를 추출하는 과정을 보여준다.

텔라닥의 임상결정지원CDS 시스템은 AI의 의료 가치를 보여주는 대표적 사례다. 의사들이 최신 의학 문헌과 임상 가이드라인을 실시간으로 참조할 수 있게 지원하며, 특히 앰비언트 AI와 결합하여 진료 중 즉각적인 의사결정 지원을 제공한다. "최신 연구를 모두 따라가는 건 불가능해요. AI가 관련 임상시험이나 새로운 치료 옵션을 즉시 찾아줄 때 진료의 질이 확실히 높아집니다." 한 내과 의사의 말은 AI가 인간의 한계를 보완하는 파트너임을 보여준다.

텔라닥의 AI는 당뇨병 관리에서 가장 극적인 성과를 거뒀다. 2020년 185억 달러에 인수한 리봉고Livongo의 기술이 핵심이었다. 어플라이드 헬스 시그널Applied Health Signal 플랫폼은 110만 명의 당뇨, 고혈압, 비만 환자를 24시간 모니터링한다. 혈당 이상이 감지되면 몇 분 내에 건강 코치가 연락한다. 이 즉각적 개입이 장기적으로는 극적인 차이를 만들었다. 회사 자체 분석에 따르면 고위험 환자군(A1c≥9)에서 A1c 2.1%p 감소를 3개월에 달성하고, 5년간 이를 유지했다.

특허 출원 중인 회원-의사 매칭 알고리즘도 주목할 만하다. 주면허, 전문 분야, 대기 시간, 환자 선호도 등을 종합해 최적의 의사를 찾아준다. 덕분에 대부분의 긴급 진료가 몇 분 내에 연결된다. "새벽 2시에 아이가 아파도 30분 안에 의사를 만날 수 있다는 안심감이 큽니다." 한 부모의 말처럼 접근성은 그 자체로 치료 효과를 갖는다.

2025년 현재 텔라닥은 60개 이상의 AI 모델을 운영하며, 이를 통한 기타 수익은 전년 대비 31% 증가해 1억 820만 달러를 기록했다. 그러나 이 기술적 성과 뒤에는 여전히 풀리지 않은 과제들이 도사리고 있었다.

그림자:
알고리즘의 편견과 규제의 미로

텔라닥이 처리하는 5억 7,000만 개의 데이터 포인트 뒤에는 불편한 진실이 숨어 있다. AI가 환자를 이해할수록 차별의 위험도 함께 커진다는 역설이다. 미국시민자유연합American Civil Liberties Union, ACLU 등 시민단체는 최근 수년간 의료 AI가 기존의 인종적·사회경제적 편향을 증폭시킬 수 있다고 경고해왔다. 문제는 이 차별이 너무나 교묘해서 감지하기 어렵다는 점이다. 대리 차별proxy discrimination이 대표적이다. AI는 인종이나 소득 같은 민감 정보를 직접 사용하지 않지만, 우편번호나 이메일 도메인 같은 겉보기엔 중립적인 변수로 동일한 효과를 만든다. 예를 들어, 특정 우편번호 지역 거주자의 당뇨병 예후를 부정적으로 예측하는 AI는 사실상 저소득 흑인 커뮤니티를 차별하는 결과를 낳을 수 있다. "인종 변수를 제거했다"라고 해서 문제가 해결되는 것이 아니다. AI는 그저 다른 대리 변수를 찾아낼 뿐이다.

구글 개발자들이 제안한 인과적 공정성counterfactual fairness은 이에 대한 해법을 제시한다. "다른 모든 조건이 같을 때, 환자의 인종이 바뀌어도 AI의 결정이 동일해야 한다"라는 원칙이다. 하지만 이론과 현실은 다르다. 텔라닥처럼 복잡한 시스템에서 이를 완벽히 구현하는 것은 기술적으로도, 비용적으로도 쉽지 않다.

규제 환경은 더욱 복잡하다. NAIC는 2023년 12월 AI 사용에 대한 모델 게시문을 채택했다. 권고 성격이지만 2025년 3월 기준 24개 주가 채택하는 등 사실상 표준화되고 있다. 각 주는 이를 기반으로 구체적인 규제를 만들고 있다. 콜로라도주의 SB21-169 법안은 한 걸음 더 나아갔다. 보험사와 헬스케어 기업들은 AI가 보호계층에 대해 차별하지 않는다는 것을 사전에 증명해야 하며, 이는 2023년 11월부터 생명보험 분야에 실제 적용되고 있다. 이는 사후 처벌이 아닌 사전 예방으로의 전환을 의미한다.

텔라닥 같은 전국 단위 서비스 제공자에게 이는 악몽이다. 50개 주마다 다른 규제를 준수하려면 막대한 법무 비용이 든다. 더 큰 문제는 법적 책임의 모호함이다. AI가 오진했을 때 책임은 누구에게 있을까? 의사? 병원? 아니면 AI 개발사인 텔라닥? 밀뱅크(2021년)와 스탠퍼드(2024년) 등에서 진행한 다양한 정책 분석은 책임소재가 여전히 불명확하다고 지적한다. 이런 불확실성은 병원들이 AI 도입을 주저하게 만드는 가장 큰 비기술적 장벽이다.

디지털 격차는 또 다른 그림자다. 텔라닥의 서비스를 이용하려면 안정적인 초고속 인터넷, 웹캠이 달린 디바이스, 디지털 기기를 다룰 줄 아는 능력이 필요하다. 아이러니하게도, 원격의료가 가장 필요한 사람들이 가장 접근하기 어렵다. "병원까지 2시간 걸리는 우리 같은 시골 사람들을 위한 거라더니, 인터넷이 느려서 화상 진료가 안 돼요." 한 농부의 불만은 기술 혁신의 맹점을 드러낸다. 초고속 인터넷이 새로운 '건강의 사회적 결정 요인'이 된 것이다.

텔라닥의 데이터는 이러한 우려를 뒷받침한다. 도시 지역 회원의 평균 참여율이 농촌 지역보다 2.3배 높고, 고소득층의 AI 기반 건강 프로그램 완주율이 저소득층보다 3.1배 높다. 디지털 의료가 기존의 건강 불평등을 완화하기는커녕 오히려 심화시킬 수 있다는 경고등이 켜진 것이다. 이러한 문제들은 단순한 기술적 해결책으로는 극복할 수 없다. 사회적 합의, 규제 개혁, 인프라 투자가 함께 이뤄져야 한다. 텔라닥의 AI가 아무리 정교해도 인터넷이 없는 집에는 닿을 수 없고, 편견이 내재된 데이터로는 공정한 판단을 내릴 수 없다. 기술의 빛이 밝을수록 그림자도 짙어진다는 오래된 진리가 디지털 의료에서도 반복되고 있었다.

리더십의 전환: 비전에서 실행으로

2024년 4월, 텔라닥의 이사회는 중대한 결정을 내렸다. 15년간 회사를 이끌어온 제이슨 고레벡Jason Gorevic CEO가 물러나고, 말라 머피 CFO의 직무대행을 거쳐 6월 10일 척 디비타Chuck Divita가 신임 CEO로 선임되었다. 월스트리트는 이 인사를 주목했다. 고레벡이 기술 비전가였다면, 디비타는 헬스케어 실행가였기 때문이다.

고레벡 시대는 대담한 확장으로 요약된다. 2020년 리봉고를 185억 달러에 인수한 것이 정점이었다. 당시 텔라닥 시가총액의 절반에 가까운 금액을 쏟아부은 이 딜은 "원격의료를 넘어 디지털 헬스의 아마존이 되겠다"라는 야심의 표현이었다. 실제로 이 인수는 텔라닥을 단순한 화상 진료 회사에서 만성질환 관리 플랫폼으로 변모시켰다. 그러나 성장에는 대가가 따랐다. 2024년 회사는 7억 9,000만 달러의 영업권 손상을 인식해야 했고, 주가는 정점 대비 90% 하락했다.

디비타의 이력은 다른 메시지를 전했다. 가이드웰GuideWell에서 CFO와 전략 담당 임원을 역임한 그는 보험 회사의 언어를 아는 사람이었다. 골드만삭스 컨퍼런스에서 그가 제시한 4대 우선순위는 명확했다. 첫째, 통합 케어로의 집중. 둘째, 수익성 있는 성장. 셋째, 전략적 파트너십. 넷째, 운영 효율성. '혁신'이나 '파괴'라는 단어는 없었다. 대신 '지속 가능성'과 '가치 증명'이 새로운 화두가 됐다.

이 변화는 즉각적인 결과로 나타났다. 베터헬프의 D2C 모델에서 출혈을 멈추고, 업리프트 인수로 브험 기반 모델로 선회했다. "우리는 더 이상 소비자 앱 회사가 아닙니다. 우리는 의료 서비스 회사입니다." 디비타의 선언은 10년간의 정체성 혼란에 마침표를 찍었다.

새로운 성공 지표도 등장했다. 매출 성장률보다 중요해진 것은 보험 청구 기반 임상 성과였다. 프라이머리360이 의료비를 7% 줄였고, AI 가상 시터가 낙상을 예방해 병원 비용을 절감했다는 것이다. 이런 '하드 아웃컴hard outcome'이 보험사와의 계약을 좌우했다. "보험사들은 멋진 기술 데모를 원하지 않습니다. 그들이 원하는 건 의료비 절감과 환자 만족도 향상의 증거입니다." 디비타의 말은 텔라닥이 실리콘밸리 스타트업에서 진정한 헬스케어 기업으로 전환하고 있음을 보여줬다.

조직 문화도 변했다. 고레벡 시대의 "빠르게 움직이고 파괴하라"는 모토는 "신중하게 실행하고 검증하라"로 바뀌었다. 새로운 AI 기능을 출시하기 전에 임상 검증과 규제 검토가 필수가 됐다. 혁신의 속도는 느려졌지만 신뢰는 높아졌다. 인재 전략도 달라졌다. 실리콘밸리 엔지니어보다 임상 전문가와 보험업계 베테랑 영입이 늘었다. 2025년 상반기에만 전직 보험사 임원 12명이 합류했다. 이들은 복잡한 보험 급여 체계를 이해하고 규제 당국과 소통할 줄 알았다.

재무 성과가 이 전환의 타당성을 입증했다. 2025년 2분기, 통합 케어 부문은 4% 성장하며 안정세를 보였다. 더 중요한 것은 보험사 고객이 늘고 있다는 점이었다. 미국 회원 수는 1억 240만 명으로 전년 대비 11% 증가했다. 대부분이 고용주나 보험사를 통한 B2B 고객이었다.

그러나 도전 과제도 명확했다. 기술 혁신의 속도가 느려지면서 일부 핵심 인재가 이탈했다. 예전의 역동성이 사라졌다는 내부 불만도 있었다. 월스트리트도 회의적이었다. 안정적이지만 성장 잠재력이 제한적인 회사가 된 것 아니냐는 우려였다. 디비타의 대답은 분명했다.

"우리는 10년 후에도 살아 있을 회사를 만들고 있습니다."

화려한 비전보다 지속 가능한 실행, 이것이 AI 시대 헬스케어 기업의 새로운 리더십 모델이었다. 고레벡이 씨를 뿌렸다면, 디비타는 수확했다. 문제는 그 수확이 투자자들의 기대만큼 풍성할지였다.

AI와 인간이 함께 만드는 의료의 새로운 정의

텔라닥의 미래는 이미 현실이 되고 있다. 의사와 AI가 함께 일하는 새로운 의료 현장이 구체화하고 있기 때문이다. 2025년 현재 텔라닥의 60개 이상의 AI 모델은 의사들과 함께 매일 수백만 건의 의료 결정을 내린다. 그러나 이 협업의 경계는 여전히 모호하고, 때로는 위험하다.

증강된 의료진의 현실은 구체적인 수치로 나타난다. 마이크로소프트와의 파트너십을 통해 도입된 DAX 시스템을 사용하는 의사들은 환자당 평균 7분의 문서 작업 시간을 절약한다. AI 가상 시터와 협업하는 간호사들은 약 25% 더 많은 환자를 모니터링한다.

이러한 효율성 향상은 양면성을 갖는다. 의료진은 AI가 제공하는 패턴 인식과 최신 연구 정보에 점점 더 의존하게 된다. 동시에 AI의 정확한 제안에 지나치게 의존해 독립적 사고가 약화될 위험도 존재한다. 의료 AI 도입의 부작용에 대한 우려도 커지고 있다. 자동화 편향automation bias(기계의 제안을 무비판적으로 받아들이는 경향)이 관찰되고 있기 때문이다.

텔라닥은 이러한 위험을 인식하고 있다. 모든 AI 결정에는 인간의 검토가 필수적이며, AI가 내린 위험도 예측이나 치료 권고안은 반드시 의사가 최종 승인해야 한다. AI는 의사결정 지원 도구일 뿐, 최종 결정권은 인간 의료진에게 있다는 원칙이 시스템 전반에 구현되어 있다. 지속적 모니터링이 가져올 의료의 변화는 더욱 근본적이다. 프라이머리360과 리봉고의 통합 플랫폼은 110만 명의 만성질환자를 24시간 관찰한다. 혈당, 혈압, 체중, 활동량이 실시간으로 수집되고 분석된다. 이상 징후가 감지되면 즉시 개입이 이뤄진다.

그러나 이 '항시 연결된 의료'는 새로운 딜레마를 낳는다. 어디까지가 건강 관리이고, 어디부터가 감시인가? 보험사가 당신의 혈당 데이터를 보험료 산정에 사용한다면? 고용주가 직원의 건강 지표로 승진을 결정한다면? 텔라닥은 엄격한 데이터 사용 정책을 갖고 있지만, 베터헬프 사태가 보여주듯 정책과 현실 사이에는 늘 틈이 있다.

기계가 인간다운 의료를 가능하게 한다는 역설은 텔라닥의 여정 전체를 관통한다. 의료는 단순히 질병을 치료하는 기술이 아니라 고통받는 인간을 돌보는 실천이다. AI가 아무리 정확한 진단을 내려도, 환자의 불안을 이해하고 희망을 전달하는 것은 여전히 인간의 영역이다. 텔라닥이 추구하는 것은 이 두 가지 가치를 동시에 실현하는 새로운 의료 모델이다.

텔라닥의 진화는 의료 기술 발전의 역사적 패턴을 반복한다. 청진기가 발명되었을 때도 의사들은 환자의 가슴에 귀를 대지 않게 되어 인간적 접촉이 사라진다고 우려했다. 그러나 청진기는 오히려 정확한 진단을 가능하게 해 더 많은 생명을 구했다. AI도 마찬가지다. 도구가 목적을 대체하지 않는 한, 기술은 인간성을 약화하는 것이 아니라 강화한다.

텔라닥의 여정은 원격의료 산업 전체에 중요한 전략적 시사점을 제공한다. 첫째, D2C에서 B2B 보험 모델로의 전환은 '성장'에서 '지속 가능성'으로 가치 기준이 이동했음을 보여준다. 둘째, AI는 의료진을 대체할 때가 아니라 증강할 때 최대 가치를 창출한다는 교훈이다. 셋째, 기술 스타트업에서 의료 기업으로의 정체성 전환은 임상 검증과 규제 준수를 핵심 역량으로 만든다.

향후 10년, 원격의료 기업의 성패는 AI 기술의 정교함보다 보험사 및 의료기관과의 파트너십 깊이, 그리고 환자 신뢰 회복 능력에 달려 있을 것이다. 그러나 더 큰 과제는 이 기술의 혜택을 어떻게 공평하게 분배할 것인지이다. 텔라닥이 1억 명의 미국인에게 서비스를 제공한다고 해도, 여전히 2억 명은 소외되어 있다. 진정한 성공은 기술적 우수성이나 재무적 성과가 아니라, 가장 취약한 이들에게도 양질의 의료를 제공할 수 있는지로 측정되어야 한다. 텔라닥이 보여준 'AI 효율성+신뢰 기반 의료'의 균형점은 시작일 뿐이다. 진정한 디지털 헬스 시대는 모든 사람이 AI의 효율성과 인간 의사의 공감을 동시에 경험할 수 있을 때 완성된다. 기술과 인간성이 대립하는 것이 아니라, 서로를 완성하는 새로운 의료의 패러다임, 그리고 어쩌면 그것이 우리 모두가 찾고 있는 정답일지도 모른다.

결론
의료의 미래: AI가 묻고 인간이 답하다

네 기관의 여정을 통해 우리는 의료 AI의 현재를 목격했다. 메이요 클리닉의 '신중한 혁신', 머크의 '증강된 과학', 카이저퍼머넌테의 'PSM 결박 모델', 텔라닥의 '책임감 있는 AI'. 각각은 서로 다른 철학과 접근법을 택했지만, 하나의 공통된 결론에 도달했다. AI는 의료를 변화시키는 도구가 아니라, 의료의 본질을 다시 묻게 하는 거울이라는 것이다.

모든 사례에서 AI는 놀라운 효율성을 입증했다. 문서 작성 시간 56% 단축, 약물 발견 리드타임 70% 감소, 의료비 7% 절감. 그러나 진정한 가치는 이 숫자들 너머에 있었다. 메이요의 AI가 의사들에게 되돌려준 것은 시간이 아니라 환자와의 관계였다. 화면에서 해방된 의사의 눈이 다시 환자를 바라보자, 그 순간 의료의 본질이 회복되었다. 머크의 AI가 과학자들에게 준 것은 속도가 아니라 창의성이었다. 수십 년간 약물을 설계해온 전문가들도 상상하지 못했던 분자 구조를 AI가 제안했을 때, 인간의 한계를 넘어서는 가능성이 열렸다.

역설적이게도, 가장 첨단의 AI 기술은 가장 오래된 의료 가치를 재조명했다. 카이저의 AAM이 환자의 위험을 예측할 때, 중요한 것은 알고리즘의 정확도가 아니라 그 경보를 받고 환자 곁으로 달려가는 간호사의 발걸음이었다. 텔라닥의 AI가 의사-환자 대화를 기록할 때, 가치 있는 것은 자동 생성된 문서가 아니라 눈을 맞추며 나눈 진심 어린 대화였다.

AI가 의료진에게 준 가장 큰 선물은 본연의 역할로 되돌아갈 수 있게 해준 것이다. 기술이 발전해도 의료는 결국 한 인간이 다른 인간의 고통을 덜어주려는 간절함에서 시작된다. AI는 그 과정을 더 효과적으로 만들 수 있지만, 그 의미를 대체할 수는 없다.

물론 모든 혁신은 그림자를 드리운다. 데이터 프라이버시, 알고리즘 편견, 디지털 격차. 베터헬프 사태가 보여주듯 기술의 오용은 신뢰를 한순간에 무너뜨릴 수 있다. 그러나 중요한 것은 이들 기관이 딜레마를 회피하지 않고 정면 돌파했다는 점이다. 실패에서 배우고, 원칙을 세우며, 더 나은 길을 찾아갔다.

이제 우리는 선택의 기로에 서 있다. AI를 두려워하며 거부할 것인가, 맹목적으로 수용할 것인가? 아니면 비판적으로 포용하며 함께 성장할 것인가?

메이요가 보여준 것처럼 AI와 인간이 각자의 강점을 살려 협력할 때 기적이 일어난다. 머크가 증명했듯 AI는 우리를 대체하는 것이 아니라 우리가 더 창의적이 되도록 돕는다. 카이저가 실천하듯 기술은 예방과 치유의 새로운 가능성을 열어준다. 텔라닥이 약속하듯 디지털 연결은 물리적 거리를 넘어 돌봄을 전달한다. 의료 AI의 미래는 이미 정해진 것이 아니라 우리가 만들어가는 것이다. 그리고 그 미래는 췌장암을 475일 일찍 발견하는 알고리즘의 정확도로 기억되는 것이 아니라, 그 진단을 전하며 환자의 손을 잡아주는 의사의 따뜻함으로 기억될 것이다. 중요한 것은 AI가 무엇을 할 수 있느냐가 아니라, 우리가 AI와 함께 어떤 의료를, 어떤 세상을 만들어갈 것인가이다. 그 답은 기술이 아닌 우리의 선택에 달려 있다.

3부
미래를 위한 질문

8장 AI가 만드는 5개의 미래
9장 AI 시대를 이끄는 10개의 핵심 질문

AX

8장
AI가 만드는 5개의 미래

2025년 현재, 우리는 기묘한 시간을 살고 있다.

샘 올트먼은 "올해 안에 AI 에이전트가 노동시장에 합류할 것"이라고 선언하고, 얀 르쿤은 "AGI는 아직 수십 년 뒤"라고 반박한다. 미국 데이터센터 건설 지출은 2025년 6월 SAAR 기준 400억 달러(전년 대비 약 30% 증가)로 사상 최고를 기록했다. MIT 미디어랩이 추진 중인 NANDA 프로젝트의 2025년 7월 연구는 기업 AI 도입의 현실을 드러냈다. 연구에 따르면, 52개 기업 인터뷰에서 '6개월 내 측정 가능한 P&L 영향'을 성공 기준으로 삼았을 때, 95%가 이를 달성하지 못했다. 하지만 같은 연구에서 직원 90%는 개인 AI 도구로 생산성을 높이고 있었다. 핵심은 ROI 실패가 아니라 학습 격차Learning Gap였다. AI 시스템이 피드백을 통해 학습하거나 워크플로에 적응하지 못한다는 것이다.

MIT 연구가 밝힌 '그림자 AIShadow AI' 현상은 조직의 딜레마를 보여준다. 〈마이크로소프트 업무 트렌드 인덱스Microsoft Work

Trend Index〉(2024)에 따르면, 지식 노동자의 75%가 AI를 사용하지만, AI 사용자 중 78%는 회사가 제공하지 않은 도구를 쓴다. 개인은 이미 AI의 가치를 알지만, 조직은 아직 따라가지 못하고 있다. 모순? 아니다. 이것이 바로 변곡점의 모습이다.

기업 리더들은 전례 없는 압박에 직면해 있다. 기술은 6개월마다 패러다임이 바뀌고, 조직은 그 속도를 따라가지 못한다. 투자 결정을 내리는 순간 이미 구식이 될 위험이 있고, 기다리면 경쟁에서 도태될 수 있다.

"앞으로 5년, 우리는 어떤 미래와 마주할 것인가?"

이 질문에 대한 답은 하나가 아니다. 미래는 단일 경로가 아니라 다양한 가능성으로 열려 있다.

불확실성이 폭발하는 시대에 필요한 것은 정확한 예측이 아니라 다양한 가능성에 대한 준비다. 기술, 조직, 시장, 경쟁, 규제, 이 다섯 개의 축에서 동시다발적으로 변화가 일어나고 있다. 어느 하나만 봐서는 전체 그림을 그릴 수 없다. 그래서 여기에서는 다섯 가지 시나리오를 제시한다. 이는 예언이 아니라 가능성의 지도다. 각 시나리오는 현재 진행 중인 변화가 만들어낼 수 있는 서로 다른 미래의 모습이다.

5가지 미래의 문

다음의 다섯 가지 시나리오는 독립적이면서도 서로 연결되어 있다. 기술 투자의 방향이 조직 문화를 바꾸고, 조직 문화가 에이전트 도입 속도를 결정하며, 에이전트 경제가 경쟁 구도를 재편하고, 새로운 경쟁이 규제와 신뢰의 중요성을 높인다. 중요한 것은 이 시나리오들이 동시에 전개된다는 점이다. 어떤 산업, 어떤 기능에서는 이미 에이전트가 인간을 대체하고 있지만, 다른 영역에서는 여전히 파일럿조차 시작하지 못했다.

시나리오1. 기술: AGI가 온다

시점의 안개 속에서 AGI 도래 시점을 둘러싼 극단적 전망의 충돌, 너무 빨리 투자하면 기술 부채에 시달리고, 너무 늦으면 경쟁에서 도태된다. 불확실성 자체를 전략으로 삼아야 하는 미래.

시나리오2. 조직: 조직 문화의 균열과 전환

대평준화 Great Flattening의 시대 섀도 AI가 만든 지하경제, 사라지는 엔트리 레벨, 무너지는 중간관리층. 전통적 위계가 해체되고 새로운 역할이 등장하는 조직의 미래.

시나리오3. 시장: 에이전트 경제와 비즈니스 모델 혁신

기계 고객의 시대 AI가 브라우저를 조작하고, 계약을 체결하며, 고객을 대신해 쇼핑한다. 기업이 더 이상 인간 고객과 직접 만나지 않는 시장의 미래.

시나리오4. 경쟁: 데이터와 속도

AGI 시대 승자의 조건 알고리즘은 상품화되고 데이터는 무기가 된다. 10명이 1,000명을 위협하는 속도의 격차. 적응력이 생존을 결정하는 경쟁의 미래.

시나리오5. 규제: 신뢰와 책임

AGI 시대의 운영 체제 규제가 운영 체제가 되고, 신뢰가 신용등급이 된다. 가장 똑똑한 AI가 아닌 가장 신뢰받는 AI가 승리하는 거버넌스의 미래.

이제 각 시나리오를 깊이 들여다볼 시간이다. 당신의 기업은 어떤 미래를 준비하고 있는가? 더 중요하게는 어떤 미래를 만들고 싶은가?

시나리오1:
AGI가 온다

2025년, AI업계는 AGI 도래 시점을 놓고 전례 없는 분열을 보이고 있다. 임박론자들의 주장은 구체적이다. 샘 올트먼은 2025년 1월 블로그 'Reflections'에서 "우리는 이제 전통적으로 이해해온 AGI를 구축하는 방법을 안다고 확신한다"라며, "2025년 AI 에이전트들이 '노동력에 합류'해 기업의 산출물을 실질적으로 변화시킬 것"이라고 전망했다. 다리오 아모데이Dario Amodei는 2024년 10월 〈사랑의 은총을 가진 기계들Machines of Loving Grace〉이라는 에세이에서 "강력한 AI가 2026~2027년에 도래할 수 있다"고 전망했다. 데미스 허사비스Demis Hassabis도 "AGI는 10년 내 가능"이라는 입장을 견지하고 있다.

반면 지연론자들은 근본적 한계를 지적한다. 얀 르쿤Yann LeCun은 다보스 포럼 등에서 "현재의 LLM은 AGI로 가는 길이 아니다"라며 수십 년이 걸릴 것이라는 입장을 반복적으로 표명하고 있다. 게리 마커스Gary Marcus는 "현재 AI에는 근본적 한계가 있다"라며 지속적으로 회의론을 제기하고 있다.

예측 플랫폼 메타큘러스Metaculus의 AGI 도래 시점 예측은 정의와 가정에 따라 큰 분산을 보이며, 불확실성이 매우 크다. 이는 단순한 학술 논쟁이 아니다. 기업 투자 결정의 전제 조건 자체가 흔들리고 있는 것이다. 더욱 혼란스러운 것은 AI 기술 자체가 예상보다 빠르게 진화하고 있다는 점이다. 2025년 8월 아카이브arXiv에 공개된 〈임베딩 기반 검색의 이론적 한계On the Theoretical Limitations of Embedding-Based Retrieval〉는 단일 벡터 임베딩 기반 검색이 차원 수를 늘려도 근본적인 확장성 한계에 부딪힌다는 점을 보여주었다. 이는 기업들에게 단일 벡터 검색에만 의존하지 말고 멀티벡터나 하이브리드 검색 방식을 고려해야 함을 시사한다. 기업들이 2년간 집중 투자한 RAG 인프라가 정확도와 규모 면에서 구조적 제약을 안고 있음을 드러낸 것이다. 이렇듯 기업들은 기술 부채의 가속화에 직면했다. 1~2년 만에 최신 인프라와 플랫폼이 구식이 되는 현상이 반복되고 있다. 한 CIO는 "우리는 항상 과거를 위한 시스템을 구축하고 있다"라고 토로했다.

ROI 실현의 시간차도 심각한 문제다. 초기에는 비용만 발생하고 투자 수익은 뒤늦게 나타나는데, 그사이 경쟁자가 먼저 임계점을 넘어 폭발적 성장을 이룰 수 있다. 투자도, 지연도 모두 위험한 상황이다.

내부 역량과 외부 생태계의 불균형도 나타나고 있다. 직원들은 개인 AI 도구로 성과를 창출하지만, 조직은 보안, 데이터 거버넌스, 문화적 저항으로 공식 도입에 실패하는 경우가 많다.

2030년 전개 시나리오

2030년까지 AI 기술 진화는 가속화될 것으로 예상된다. AI 리서치 회사 에포크AI Epoch AI의 분석에 따르면, 2010년 이후 최전선 모델의 훈련 연산량은 연평균 4~5배씩 증가해왔다. 이 추세가 계속된다면 2030년까지 새로운 AI 아키텍처가 6~12개월 주기로 등장할 가능성이 높다. 이는 기업에게 '최적의 기술 선택'이라는 개념 자체를 무의미하게 만들 것이다. 대신 '영구적 전환 상태Permanent Transition State'를 관리하는 역량이 핵심 경쟁력이 될 것이다. 맥킨지의 2024년 보고서는 이미 "기술 적응 속도가 기업 성과의 주요 예측 변수"가 되고 있다고 분석했다.

자체 AI 모델 구축의 한계가 명확해질 것이다. 스탠퍼드 HAI의 〈2025년 AI 인덱스〉는 최첨단 모델 훈련 비용이 급증하고 있다고 보고했다. 사례에 따라 연간 2~3배 안팎의 증가가 관측되나, 하드웨어와 에너지 효율 개선도 동시에 진행되고 있다. 2030년까지 이 추세가 지속된다면 극소수 기업만이 자체 AGI 수준 모델을 보유할 수 있을 것이다.

대부분 기업은 API나 플랫폼을 통한 임대 모델로 전환할 것으로 보인다. 이미 오픈AI, 앤스로픽, 구글 등 주요 AI 기업들이 API 기반 서비스로 수익 모델을 구축했고, 기업들도 자체 모델 구축보다 이를 활용하는 추세다. 하지만 완전한 종속은 위험하다. 성공적인 기업들은 핵심 데이터와 도메인 지식은 내부에 보유하면서 AI 모델은 외부에서 조달하는 '부분적 자율성' 전략을 채택할 것이다. 전통적인 ROI 중심 성과 지표는 적응 속도Time-to-Adopt 중심으로 재편될 것이다. 새로운 AI 기술을 도입해서 전사 확산까지 걸리는 시간이 2030년 기업 성패를 가르는 핵심 지표가 될 것이다.

인재 전략도 근본적으로 재편될 것이다. 특정 프로그래밍 언어나 AI 도구에 대한 전문성보다 새로운 AI 시스템과 빠르게 협업할 수 있는 '메타 스킬meta-skill'이 핵심 역량이 될 것이다. NBER 연구(2023)에 따르면 AI 도구 도입 시 전체 직원의 생산성은 평균 14% 향상되었지만, 25%의 하위 성과자는 34% 향상을 보였다. 이는 AI가 스킬 격차를 줄이는 평준화 효과를 만든다는 것을 시사한다. 2030년까지 선도 기업들은 분기별 AI 교육과 실험 시간을 보장하는 '평생 학습 인프라'를 조직화할 것으로 예상된다.

AGI 시점의 불확실성은 리더십에 새로운 도전을 제기한다. 내부적으로는 "AI 전환은 필수고, 지금 준비해야 한다"라는 메시지를 전달하면서도 투자자와 이사회에는 "무리한 베팅이 아닌 균형 잡힌 포트폴리오 접근"임을 설득해야 한다. 이러한 스토리텔링과 리스크 커뮤니케이션 역량은 2030년까지 더욱 중요해질 것이다.

리더가 고려해야 할 전략적 포인트

불확실성 속에서 균형 잡힌 접근이 필요하다. 주요 컨설팅사 리포트는 공통적으로 단기에는 이미 ROI가 검증된 영역에 집중하고, 중기에는 신흥 기술에 일부 자원을 배분하며, 장기에는 AGI 대비 옵션 투자를 유지하는 다층적 포트폴리오 전략을 권장한다. 즉, 오늘의 효율성과 내일의 혁신, 그리고 먼 미래의 가능성을 동시에 관리하는 균형 감각이 필요하다.

기술 부채를 최소화하려면 처음부터 교체와 확장이 가능한 아키텍처를 설계해야 한다. 아마존의 "피자 두 판이면 충분한 팀(6~10명 내외로 구성된 작고 자율적이며 민첩한 팀)" 원칙처럼 AI 시스템도 작고 독립적인 모듈로 구성하는 것이 바람직하다. 특정 벤더나 기술에 올인하는 대신, 오픈 스탠더드와 하이브리드 전략을 추구해야 한다. ISO/IEC 23053 같은 AI 시스템 프레임워크 표준을 참고해 상호 운용성을 확보하는 것이 중요하다.

AGI 도래 시점의 불확실성을 관리하려면 복수의 시나리오를 동시에 준비해야 한다. 셸이 1970년대부터 활용한 시나리오 플래닝 방법론을 AI 시대에 맞게 적용할 필요가 있다. 'AGI 쇼크' 시나리오(2027년 급격한 도래)와 '장기 진화' 시나리오(2040년 이후 점진적 발전) 두 가지를 동시에 상정하고, 각각에 대한 대응 계획을 수립해야 한다. 중요한 것은 어느 시나리오가 현실화되더라도 빠르게 전환할 수 있는 조직 역량이다.

기술 예측보다 중요한 것은 변화에 대한 조직의 적응력이다. 구글의 '20% 시간' 정책처럼 직원들이 새로운 AI 도구를 실험하고 학습할 수 있는 시간과 자원을 제도적으로 보장해야 한다. 실패를 처벌하지 않고 학습의 기회로 전환하는 문화가 필수적이다. 스포티파이의 '실패 벽Fail Wall'처럼 실패 경험을 공유하고 조직 전체가 학습하는 메커니즘을 구축해야 한다.

AGI가 언제 올지는 아무도 모르지만, 한 가지는 확실하다. 변화의 속도는 계속 가속화될 것이고, 이에 적응하는 능력이 생존을 결정할 것이다. 2030년의 승자는 AGI 도래 시점을 정확히 예측한 기업이 아니라, 어떤 미래가 와도 빠르게 적응할 수 있는 역량을 구축한 기업일 것이다. MIT 연구가 증명했듯이 학습하는 시스템을 구축하는 것이 핵심이다. 이는 그림자 AI의 양성화, 에이전트 경제 대비, 데이터 자산 확보와 모두 연결된다. 예측에 집착하는 대신 적응력을 기르고, 완벽한 전략 대신 유연한 실험을 선택하는 것, 그것이 불확실성의 시대를 헤쳐나가는 유일한 확실성이다.

시나리오2:
조직 문화의 균열과 전환

2025년 9월 가디언과 입소스의 조사에 따르면, 상사와 AI 사용을 공개적으로 논의하는 직원은 13%에 불과했다. 이러한 '그림자 AI' 현상은 조직의 통제력 상실을 의미한다. 2023년 5월 블룸버그가 보도한 삼성전자의 챗GPT 기밀 유출 사건, 같은 달 〈더버지The Verge〉가 전한 애플의 AI 사용 제한 조치는 기업들의 우려를 반영한다. 하지만 금지는 사용의 종식이 아닌 은폐로 이어졌을 뿐이다.

더 심각한 변화는 조직 하부에서 일어나고 있다. 스웨덴 핀테크 클라르나Klarna는 2024년에 "AI 어시스턴트가 700명분 업무를 처리한다"라고 밝혔고, 2025년에는 원가절감 일변도에서 품질과 성장 중심으로 선회하며 일부 역할 재채용을 시작했다. 전통적인 도제식 학습이 사라지고 있다. 신입사원이 단순 업무를 하며 조직을 익히고 성장하는 경로가 막혔다. 여러 업종에서 관찰되는 현장 의견에 따르면 "주니어의 단순·반복 업무가 자동화되며 현장학습 경로가 좁아지는 경향이 있다."

전미경제연구소NBER의 대규모 현장 실험은 AI 어시스턴트가 초보 직원의 생산성을 34% 향상시켰다고 보고했다. 특히 하위 25% 직원의 성과가 상위 직원 수준으로 상승했다. 이는 경험과 숙련의 가치를 직접적으로 위협한다. 중간관리자들의 혼란은 깊어지고 있다. 업무 배분, 일정 관리, 성과 모니터링 같은 전통적 관리 기능을 AI가 더 효율적으로 수행한다. 맥킨지는 "관리자의 역할이 지시자에서 코치로, 통제자에서 촉진자로 전환되어야 한다"라고 제안하지만, 현실적으로 전환은 쉽지 않다.

2030년 전개 시나리오

2030년, 많은 기업이 예상치 못한 인재 위기에 직면했다. 5년 전 사라진 엔트리 레벨 일자리의 여파가 시니어 레벨 인재 부족으로 나타난 것이다. 여러 현장 사례에서 엔트리 레벨 축소가 중간 경력 육성의 단절로 이어지는 현상이 관찰된다. AI가 명시지 처리에는 강하지만 암묵지 전수는 여전히 인간 상호작용이 핵심이라는 지적이 반복된다. 한 글로벌 컨설팅 회사는 2027년부터 'AI 네이티브 주니어'와 '경험 기반 시니어' 사이의 소통 단절을 경험했다. 주니어는 모든 답을 AI에서 찾았고, 시니어는 경험의 가치를 전달할 방법을 찾지 못했다. 결과적으로 2030년에는 '중간 경력자 블랙홀'이라는 새로운 인재 문제가 등장했다.

2030년까지 다수 산업에서 관리 계층이 얇아졌고, 일부 기업은 대폭 축소를 단행했다. 2025년 〈하버드비즈니스리뷰〉는 가트너를 인용해 "2026년까지 20%의 조직이 AI 도입으로 계층을 줄일 것"이라고 전한다. 조직 평탄화는 가속 중이지만, 폭과 속도는 업종·조직별로 편차가 크다. 이 대평탄화 현상은 AI가 중간관리 기능을 대체하면서 가속화되었다. 프로젝트 관리, 성과 측정, 자원 배분 등이 AI 시스템으로 자동화되면서 여러 기업에서 중간관리 기능의 범위가 축소되거나 재정의됐다. 대신 등장한 것은 '네트워크형 조직'이었다. 고정된 상하 관계 대신, 프로젝트와 역량에 따라 유동적으로 연결되는 구조다. AI가 최적의 팀 구성을 제안하고, 인간은 창의적 협업에 집중하는 방식이다. 하지만 전환 과정은 순탄하지 않았다. 전문가들은 조직 평탄화 과정에서 상당수의 중간관리자가 역할 전환에 어려움을 겪을 것으로 예측한다. '관리'가 정체성이었던 이들에게 '협업'과 '촉진'은 완전히 새로운 도전이 될 것이다.

2030년까지 대부분의 기업은 그림자 AI와의 전쟁을 포기하고 공식화를 선택했다. 하지만 이 과정은 예상보다 복잡했다. 전문가들은 단순히 AI 도구를 승인하는 것만으로는 부족하다고 지적한다. 직원들이 개발한 '개인화된 AI 워크플로'를 조직 표준에 통합하는 것은 복잡한 도전이다. 성공한 기업들은 하이브리드 거버넌스를 구축했다. 개인의 창의적 AI 활용은 장려하되, 데이터 보안과 윤리적 사용에 대한 명확한 가이드라인을 제시했다. 구체적으로는 데이터 입력 경계(개인정보/기밀 제한), 프롬프트 보안, 사용 로그 모니터링, 승인된 모델 목록, 교육·인증 체계 등의 가이드라인을 마련했다. 실패한 기업들은 두 극단 중 하나를 선택했다. 완전한 통제를 시도한 기업은 혁신적 인재의 이탈을 경험했고, 완전한 자유를 허용한 기업은 데이터 유출과 규제 위반으로 고통받았다.

2030년의 조직 내 격차는 나이가 아닌 'AI 리터러시'를 중심으로 재편될 것이다. 채택률은 연령 차이가 존재하지만, 실제 성과는 '학습 민첩성'과 '기술 개방성'이 더 큰 영향을 미친다는 연구와 현장 신호가 축적되고 있다. 성공한 기업들은 사내 샌드박스, 승인된 도구 목록, 교육 및 인증 프로그램 등을 통해 균형을 찾았다. 일부 60대 임원이 20대 신입사원보다 AI를 더 효과적으로 활용하는 사례가 나타났다. 반대로 기술 거부감이 강한 30대가 조직에서 도태되는 경우도 있었다. '디지털 네이티브'라는 개념이 'AI 어댑티브'로 대체된 것이다.

리더가 고려해야 할 전략적 포인트

그림자 AI를 막으려는 시도는 실패할 수밖에 없다. 대신 필요한 것은 '안전한 실험 구역'의 설계다. 중요한 것은 투명성이다. 직원들이 AI 사용을 숨기는 이유를 이해하고, 그들의 우려를 해소해야 한다. 'AI를 사용하면 무능해 보일까봐'라는 두려움을 'AI를 잘 사용하는 것이 역량'이라는 인식으로 전환시켜야 한다.

전통적인 직급과 역할 정의는 AI 시대에 맞지 않는다. 새로운 역할 정의가 필요하다. 주니어 레벨은 'AI 협업형 문제 해결자'로 재정의된다. 단순 실행이 아닌, AI를 활용한 창의적 문제 해결이 핵심 역량이다. 이를 위해서는 처음부터 복잡한 과제를 부여하되, 충분한 멘토링과 심리적 안전망을 제공해야 한다. 중간관리자는 '코치 겸 오케스트레이터'가 되어야 한다. 업무 지시 대신 성장 지원, 통제 대신 조율이 새로운 역할이다. 이는 기존 관리자들에게 근본적인 마인드셋 전환을 요구한다. 시니어 레벨은 '의미와 가치의 통합자'로 진화한다. AI가 제시하는 수많은 옵션 중에서 조직의 미션과 가치에 부합하는 선택을 하고, 그 의미를 조직 전체에 전파하는 역할이다.

전통적인 도제식 학습이 불가능해진 상황에서 조직의 암묵지를 어떻게 전수할 것인가? 일부 선도 기업들은 'AI 증강 멘토링'을 실험하고 있다. 시니어의 경험을 AI가 체계화하고 주니어가 실시간으로 접근할 수 있게 하는 방식이다. 하지만 이것만으로는 부족하다. 여전히 인간 대 인간의 직접적 상호작용이 필요하다. '프로젝트 로테이션', '역할 섀도잉', '실패 워크숍' 등 새로운 형태의 경험 공유 메커니즘이 필요하다. 중요한 것은 이러한 활동을 '추가' 업무가 아닌 '핵심' 업무로 인정하는 것이다.

AI로 인한 역할 변화는 깊은 불안을 유발한다. "내 일자리가 사라질까?" "내 경험이 무가치해질까?" 같은 두려움은 자연스럽고 정당하다. 리더는 이러한 불안을 인정하고 직접적으로 다뤄야 한다. 막연한 위로 대신 구체적인 전환 경로를 제시해야 한다. "당신의 일자리는 안전하다"가 아니라 "당신의 역할은 이렇게 진화할 것이고, 우리가 그 여정을 함께하겠다"라는 메시지가 필요하다.

AI가 만드는 조직 문화의 균열은 위기이자 기회다. 전통적 계층이 무너지고 역할이 재정의되는 과정은 고통스럽지만, 더 유연하고 창의적인 조직으로 진화할 수 있는 가능성을 담고 있다. 핵심은 변화를 억압하거나 방치하는 것이 아니라 적극적으로 관리하는 것이다. 그림자 AI를 양지로 끌어내고, 사라지는 역할 대신 새로운 가능성을 제시하며, 모든 구성원이 전환 과정에 참여할 수 있도록 지원해야 한다. 대평탄화의 시대, 리더십의 본질은 AI가 빼앗는 것에 대한 방어가 아니라 AI와 함께 새롭게 만들어내는 것에 대한 비전 제시다. 그 비전이 명확하고 포용적일 때, 조직은 균열을 넘어 진정한 전환을 이룰 수 있다.

시나리오3:
에이전트 경제와 비즈니스 모델 혁신

2025년 1월 23일 오픈AI가 오퍼레이터Operator를 공개했다. 이 '컴퓨터 활용 에이전트Computer-Using Agent'는 브라우저와 데스크톱을 직접 조작해 예약, 보고, 스케줄링까지 '실행'한다. 대화형에서 행동형 AI로의 전환이 본격화됐다. 기업용 에이전트도 빠르게 상용화되고 있다. 세일즈포스의 에이전트포스(2024년 발표)는 빠르게 확산되고 있다. 로이터에 따르면 2024년 말 기준 '1,000건+ 유료 딜'이 보도됐고, 2025년 9월엔 '유료 고객 6,000곳으로 확대'됐다는 추가 보도가 나왔다. AWS의 베드록 에이전트는 2024년부터 제공되었고, 2025년 3월 멀티-에이전트 협업 업데이트가 정식 버전으로 공개됐다.

오픈AI의 GPT 스토어, 구글의 젬스Gems는 개인도 맞춤형 AI 에이전트를 보유할 수 있게 했다. 이는 단순한 기능 추가가 아니다. 개인의 선호와 맥락을 기억하고, 반복 작업을 대신하는 '디지털 대리인'의 등장이다. 2024년 2월 에어캐나다 챗봇 사건은 중요한 전환점이 되었다. 챗봇의 잘못된 안내로 인한 손실을 항공사가 배상하라는 법원 판결은 에이전트의 오류 책임이 기업에 귀속될 수 있음을 보여줬다. 이는 기업들에게 에이전트 도입에 더욱 신중하게 접근하도록 만들었다. 고위험 영역의 인간 감독human oversight 요구는 EU AI 법에도 명시돼 있다.

2030년 전개 시나리오

B2B에서는 머신 고객이 대규모 구매 및 재보충을 자율 위임하

며 시장을 재편한다. 가트너 인사이트에 따르면, 많은 경영진이 2030년경 소비 및 보충 요청의 약 4분의 1이 기계에 위임되고, 대출의 '유의미한 비중(두 자릿수)'을 머신 고객이 창출할 것으로 본다. 따라서 '에이전트 친화적 설계(구조화 데이터, 표준 API, 자동 협상 프로토콜)'는 B2B 경쟁우위의 핵심 전제가 된다.

한 글로벌 제조업체의 조달 프로세스를 보면 이 변화가 명확하다. 생산 에이전트가 원자재 부족을 예측하면, 구매 에이전트가 자동으로 공급업체 에이전트들에게 견적을 요청한다. 가격뿐 아니라 품질, 납기, 탄소발자국까지 종합적으로 평가해 최적의 공급업체를 선정하고 계약을 체결한다. 이러한 환경에서 경쟁우위는 '에이전트 친화적 설계'에서 나온다. 구조화된 제품 카탈로그, 표준화된 API, 자동 협상 프로토콜을 갖춘 기업이 더 많은 거래 기회를 확보한다. 업계 분석에 따르면, 에이전트 최적화를 완료한 B2B 기업들이 상당한 매출 증대 효과를 보이고 있다.

더 근본적인 변화는 B2C에서 일어났다. 2030년까지 상당수의 소비자가 일상적 구매 결정을 개인 AI에 위임할 것으로 예상된다. "월 예산 100만 원으로 우리 가족 생활용품 구매 최적화" 같은 지시만으로 모든 것이 처리된다. 이는 마케팅의 근본을 뒤흔들었다. SEO의 시대가 끝나고 AEO Answer Engine Optimization(답변 엔진 최적화)의 시대가 열렸다. 감성적 광고보다 정확한 제품 데이터와 투명한 정보 공개가 중요해졌다. AI는 광고 문구가 아닌 실제 성분, 가격 대비 성능, 사용자 리뷰의 진정성을 분석하기 때문이다.

'브랜드-고객 AI-고객'이라는 3자 구조가 고착되면서 기업은 더 이상 최종 소비자와 직접 소통하지 않는다. 대신 고객의 AI와 효과적으로 소통하는 능력이 핵심 역량이 되었다. 에이전트 경제를 뒷받침하는 새로운 인프라 시장도 급성장했다. (시나리오상) 에이전트 신뢰 점수Agent Trust Score 시스템의 초기 파일럿이 시도되며, 각 에이전트의 거래 이력과 정확도를 투명하게 관리하는 방안이 논의될 것으로 예상된다. AI 책임보험의 필요성이 부각되고 있다. 뮌헨리Munich Re의 aiSure나 아밀라-초서Armilla-Chaucer 같은 초기 상품이 이미 출시되었으며, 이 시장은 빠르게 성장할 것으로 예상된다. 금융기관들도 새로운 역할을 찾았다. 신용평가 기관들이 에이전트 신뢰도 평가 서비스를 검토할 가능성이 제기되고 있다. 높은 등급의 에이전트는 더 유리한 거래 조건을 확보할 수 있다.

에이전트 경제의 확산은 새로운 규제 체계를 요구했다. EU AI 법의 리스크 기반 접근과 인간 감독Human Oversight 원칙이 다른 국가들의 벤치마크가 될 가능성이 높다. 하지만 단순한 일률적 규제는 비현실적이었다. 대신 '계층적 감독 체계'가 현실적 대안으로 논의되고 있다. 소액 일상 거래는 에이전트가 자율 처리하지만 거래 금액이나 리스크 수준이 높아질수록 인간 개입이 강화되는 방식이다. 한국을 비롯한 주요국들 또한 에이전트의 법적 지위를 명확히 하는 법제화를 추진할 것으로 예상된다. 에이전트가 체결한 계약의 유효성, 오류 시 책임 소재, 분쟁 해결 절차 등을 규정했다. 이는 다른 국가들의 벤치마크가 되었다.

B2B 기업은 '기계 고객'이라는 새로운 고객군을 이해해야 한다. 인간 구매자와 달리 에이전트는 감정이나 관계보다 데이터와 효율성을 중시한다. 성공적인 기업들은 '에이전트 우선 설계Agent-First Design'를 채택했다. 제품 정보를 완전히 구조화하고, 실시간 재고와 가격을 API로 제공하며, 표준화된 자동 협상 프로토콜을 지원

한다. 단순히 기존 시스템에 API를 추가하는 것이 아니라, 처음부터 에이전트를 염두에 두고 프로세스를 재설계하는 것이 핵심이다.

B2C 기업의 과제는 "고객이 아닌 고객의 AI를 설득하는 것"이다. 이를 위해서는 AEO가 필수다. 제품 데이터의 구조화와 표준화가 첫걸음이다. 성분, 원산지, 제조 과정, 환경 영향 등 모든 정보를 AI가 분석 가능한 형태로 제공해야 한다. 투명성이 새로운 마케팅 무기가 되는 동시에 '하이브리드 경험 설계'도 중요하다. 일상적 구매는 AI가 처리하지만 특별한 경험이나 신제품 탐색은 여전히 인간이 직접 한다. 이 두 경로를 효과적으로 통합하는 것이 과제다.

에이전트 거래의 신뢰성을 확보하는 것은 생존의 문제다. 명확한 권한 관리, 단계별 승인 프로세스, 완벽한 감사 로그가 필수다. 선도 금융기관들이 구축한 AI 거래 거버넌스 모델이 참고할 만하다. 법무, 리스크, IT, 사업부가 협력해 에이전트 거래 정책을 수립하고, 정기적으로 거래 패턴을 분석해 이상 징후를 탐지한다. 사전 예방이 사후 대응보다 훨씬 효과적이다.

에이전트 경제는 새로운 비즈니스 모델의 실험장이다. 전통적인 일회성 판매 대신 구독형 모델, 고정 가격 대신 성과 기반 계약이 확산되고 있다. 특히 '에이전트 수수료 모델'이 주목받고 있다. 거래를 성사시킨 에이전트에게 소액의 인센티브를 제공하는 방식이다. 이는 에이전트가 특정 플랫폼이나 제품을 선호하도록 유도하는 효과가 있다. '동적 번들링'도 새로운 기회다. AI는 고객의 구매 패턴을 실시간 분석해 최적의 제품 조합을 제안할 수 있다. 이를 활용한 맞춤형 번들 상품이 큰 호응을 얻고 있다.

에이전트 경제는 단순한 자동화가 아니다. 시장 질서의 근본적 재편이다. 거래의 주체, 방식, 속도 모든 것이 바뀌고 있다. 핵심은 에이전트를 도구가 아닌 새로운 시장 참여자로 인식하는 것이다. 고객의 AI는 새로운 관문이고, 이 관문을 통과하지 못하면 시장에서 배제된다. 준비된 기업은 이 변화를 기회로 만들 것이다. 에이전트와의 효율적 거래로 비용을 절감하고, 새로운 고객층에 접근하며, 혁신적인 비즈니스 모델을 실험할 수 있다. 하지만 준비하지 못한 기업은 문자 그대로 '거래의 장 밖으로' 밀려날 것이다. 에이전트가 그들의 제품을 찾지 못하고, 거래 네트워크에서 소외되며, 결국 시장에서 사라질 수 있다. 한 선도 기업 CEO의 말은 기계 고객 시대의 본질을 정확히 요약한다.

"미래의 고객은 기계다. 그들과 대화하는 법을 배워야 한다."

시나리오4: 데이터와 속도

2025년, AI 모델의 접근성은 전례 없이 높아졌다. 최첨단 모델들을 누구나 API로 사용할 수 있다. 하지만 역설적으로, 모델이 민주화될수록 데이터의 가치는 더욱 상승하고 있다. 여러 보고서가 공통적으로 독점적·고품질 데이터와 탄탄한 거버넌스를 갖춘 기업일수록 AI 투입 대비 성과가 크게 난다고 지적한다. 같은 GPT-4를 사용해도 고유한 데이터를 가진 기업과 그렇지 않은 기업의 성과 차이는 극명했다. 레딧과 구글의 연간 6,000만 달러 데이터 독점 계약은 이러한 현실을 상징한다. 레딧의 방대한 사용자 대화 데이터는 구글의 AI 모델에 독특한 경쟁력을 부여했다. 한 글로벌 제조업체는 20년간 축적한 설비 고장 데이터를 AI에 학습시켜 예지보전 정확도를 89%까지 높였다. 범용 모델로는 불가능한 성과였다.

더 위협적인 신호는 AI 네이티브 기업들의 부상이다. 2022년 창업한 퍼플렉시티는 3년 만에 월 사용자 약 2,200만 수준까지 확대(2025 상반기 추정)되며 검색 시장에 새로운 대안을 제시하고 있다. AI 네이티브 코드 에디터 커서Cursor는 2025년 4월 기준 연환산 매출ARR 약 2억 달러로 보도되며 급성장세를 보였다. 법률 AI 스타트업 하비Harvey는 2년 만에 알렌앤오버리Allen & Overy 같은 글로벌 로펌을 고객으로 확보했다.

이들의 공통점은 명확하다. 레거시 시스템도, 기존 프로세스도, 변화에 대한 저항도 없다. 처음부터 AI를 중심으로 설계된 조직은 전통 기업과는 차원이 다른 속도로 움직인다. 어도비의 스콧 벨스키Scott Belsky CPO는 "우리의 경쟁자는 캔바Canva가 아니라 아직 창업하지 않은 AI 스타트업"이라고 경고했다.

2030년 전개 시나리오

2030년, AI 모델은 완전히 상품화되었다. 누구나 최신 AGI 수준의 모델에 접근할 수 있게 되었다. 하지만 기업 간 성과 격차는 오히려 더 벌어졌다. 원인은 데이터였다. 한 글로벌 물류 기업과 스타트업의 대조가 극명하다. 두 기업 모두 같은 AGI 모델을 사용했지만, 30년간 축적한 물류 데이터를 가진 전자는 상당한 비용을 절감했다. 반면 데이터가 없던 스타트업은 일반적인 효율성 개선에 그쳤다. 특히 '경험의 순간Moment of Truth'에서 나오는 현장 데이터의 가치가 부각되었다. 고객 클레임 처리 과정, 설비 고장 시 엔지니어의 대응, 예외 상황에서의 의사결정 등 비정형적이고 암묵적인 데이터가 진정한 차별화 요소가 되었다. 전문가들은 데이터 자산의 기업 가치 기여가 핵심 무형자산으로 부상할 것으로 예측한다. 일부 기업은 데이터를 별도 플랫폼 또는 자회사로 조직화하거나 데이터 상품화(마켓플레이스, 라이선싱)를 추진하고 있다.

2030년, 기업들은 '속도'를 기준으로 양극화되었다. AI 네이티브 기업들은 주 단위로 새로운 기능을 실험하고 배포한다. 고객 피드백을 실시간으로 반영하고, 실패하면 즉시 피벗한다. 반면 전통 기업들은 여전히 연 단위 계획에 갇혀 있다. 보안 검토, 규제 준수, 조직 내 합의 과정이 혁신의 속도를 늦춘다. 한 대기업 임원은 "우리가 1년 걸려 승인받는 사이, 스타트업은 10번 실험하고 3번 실패하고 1번 대박을 낸다"라고 한탄했다. 혁신 주기가 짧을수록 성과와 생존율이 높다는 연구와 현장 신호가 축적되고 있다. 아이디어에서 시장 출시까지의 '리드타임'이 기업 성과의 핵심 변수로 부상한다.

2030년, 전통 기업들은 세 그룹으로 나뉘었다. 첫 번째는 '데이터 기반 속도 혁신' 그룹이다. P&G, JP모건 같은 기업들은 방대한 고객 데이터를 활용하면서도 AI 네이티브의 민첩성을 흡수했다. 내부 스타트업을 운영하고, 실패를 허용하는 문화를 구축했다. 두 번째는 '느린 거인' 그룹이다. 데이터는 있지만 활용하지 못하고, 조직 관성에 갇혀 변화 속도가 느렸다. 이들은 틈새시장으로 밀려나거나 인수합병 대상이 되었다. 세 번째는 '도태된 공룡' 그룹이다. 데이터 전략도, 속도도 없던 기업들은 시장에서 사라졌다.

2030년, 경쟁 구도는 '범용 플랫폼'과 '전문 버티컬'로 재편되었다. 마이크로소프트, 구글, 아마존 같은 플랫폼 기업들은 인프라와 범용 모델을 제공했다. 하지만 실제 가치는 버티컬 영역에서 창출되었다. 의료 데이터를 가진 메이요클리닉의 AI 플랫폼, 금융 거래 데이터를 활용한 블룸버그GPT, 법률 판례 기반의 렉시스넥시스LexisNexis의 렉시스플러스Lexis+ AI가 각 분야에서 차별화된 가치를 창출하고 있다. 여러 연구자는 AI 스택 하층은 소수 플랫폼이, 상층 가치는 도메인 데이터 보유자가 쥔다고 분석한다. 플랫폼은 소수가 지배하지만, 버티컬 데이터를 가진 기업들이 실제 가치를 창출한다는 것이다.

리더가 고려해야 할 전략적 포인트

첫 번째 과제는 '우리만의 데이터'를 정의하는 것이다. 단순한 거래 데이터가 아니라, 프로세스 데이터, 실패 데이터, 고객 상호작용의 미묘한 뉘앙스까지 포함해야 한다. 한 화학 기업은 50년간의 실험 실패 데이터를 AI에 학습시켜 신물질 개발 성공률을 3배 높였다. '실패도 자산'이라는 인식의 전환이 필요하다. 중요한 것은 데이터의 '배타적 가치'를 유지하는 것이다. 무분별한 외부 공유나 파트너십은 경쟁우위를 희석시킬 수 있다. '데이터 주권' 전략이 필수다.

AI 네이티브의 속도를 따라잡으려면 근본적인 조직 변화가 필요하다. 주 단위 실험 문화, 빠른 의사결정 구조, 실패 허용 메커니즘이 핵심이다. 스포티파이나 아마존처럼 작고 자율적인 팀 단위로 빠르게 실험하고 학습하는 구조가 효과적이다. 중요한 것은 이를 일부 혁신 조직에만 적용하는 것이 아니라 전사적으로 확산시키는 것이다. '실패 예산Failure Budget'을 명시적으로 배정하는 것도 중요하다. 한 CEO는 "전체 투자의 15%는 실패해도 된다. 단, 빨리 실패하고 확실히 배워야 한다"는 원칙을 세웠다.

모든 것을 내재화할 수도, 모든 것을 외부에 의존할 수도 없다.

핵심은 "무엇을 소유하고 무엇을 활용할 것인가?"를 명확히 하는 것이다. 일반적으로 데이터와 도메인 지식은 내재화하고, 인프라와 범용 모델은 외부를 활용하는 것이 효율적이다. 하지만 이것도 산업과 기업 상황에 따라 달라진다. 중요한 것은 '전환 가능성'을 항상 열어두는 것이다. 특정 벤더에 과도하게 종속되지 않도록 멀티 클라우드 전략, 오픈 스탠더드 준수, 데이터 이식성 확보가 필수다.

전통적인 재무 지표로는 AI 시대의 경쟁력을 측정할 수 없다. 새로운 지표가 필요하다. '데이터 자산 가치', 'AI 활용 강도', '혁신 주기 시간', '실험 성공률' 등이 핵심 KPI가 되어야 한다. 특히 '학습 속도Learning Velocity'는 조직의 적응력을 측정하는 핵심 지표다. 일부 선도 기업들은 'AI 준비도AI Readiness Score'와 성숙도를 정기 측정한다. 이는 투자자들에게 미래 경쟁력을 보여주는 신호가 될 수 있다.

AGI 시대의 경쟁은 단순하다. 모델은 누구나 사용할 수 있지만, 데이터는 복제할 수 없다. 기술은 빠르게 발전하지만, 적응 속도는 조직마다 다르다. 승자의 조건은 명확하다. 독점적 데이터를 가지고 AI 네이티브의 속도로 움직이는 기업. 이 두 가지를 모두 갖춘 기업은 AGI 시대에도 번영할 것이다. 하나만 가진 기업은 생존할 것이다. 둘 다 없는 기업은 역사가 될 것이다.

"AI 시대에는 두 종류의 기업만 살아남는다. AI를 만드는 기업과 AI를 가장 잘 쓰는 기업. 당신은 어느 쪽인가?" 실리콘밸리 투자자의 이 질문은 모든 리더가 답해야 할 숙제다. 중요한 것은 예측이 아니라 준비다. 데이터를 축적하고, 조직을 민첩하게 만들며, 끊임없이 실험하고 학습하는 것. 그것이 불확실한 AGI 시대를 헤쳐나가는 유일한 나침반이다.

시나리오5: 신뢰와 책임

2024년 미국 대선을 앞두고 벌어진 사건은 AI 시대의 새로운 위험을 각인시켰다. 뉴햄프셔 예비선거 직전, 바이든 대통령의 목소리를 모방한 AI 로보콜이 유권자들에게 "투표하지 말라"고 전화를 걸었다. FCC는 2024년 2월 AI 음성 로보콜을 불법으로 규정했고, 5월에는 뉴햄프셔 사건 관련 당사자에 대해 발주자 600만 달러, 통신사 200만 달러의 과징금을 제안했다(이후 9월 기준 600만 달러 확정, 링고Lingo는 100만 달러 합의). 이는 시작에 불과했다. EU AI 법은 2024년 8월 1일 발효됐다(관보 7월 12일). 법은 고위험 AI에 인간 감독을 요구하고, 딥페이크 등 생성물에 식별 및 표시 의무를 부과한다(필요 시 워터마킹, 메타데이터 등 기계판독 표식).

규제를 기다리지 않고 움직인 기업들이 있었다. AWS는 2024년 5월 ISO/IEC 42001 인증을 획득했다고 발표했다(주요 클라우드 사업자 중 선도적 취득). AI 경영 시스템의 국제 표준 인증은 곧 'AI의 ISO 9001'로 인식되며 기업 조달의 필수 요건이 되었다. 어도비의 콘텐츠 신원증빙과 C2PA 표준은 생성물의 출처 및 편집 이력을 메타데이터로 남기는 방식의 투명성 확보를 확산 중이다. 제조업계에서는 보쉬가 선두에 섰다. 보쉬는 '안전, 견고성, 설명 가능성'을 포함한 AI 윤리 강령을 공개하고 제조 현장에 내재화하고 있다.

2030년 전개 시나리오

2030년, AI 거버넌스는 더 이상 조직의 백오피스 기능이 아니라 모든 부서와 제품을 작동시키는 운영 체제OS가 되었다. 마치 컴퓨터가 OS 없이 작동할 수 없듯이, 기업도 AI 거버넌스 OS 없이는 시장에서 작동할 수 없게 되었다. ISO 42001, C2PA 같은 표준들이 이 OS의 핵심 프로토콜 역할을 했다. 이러한 인증 없이는 대기업 조달은 물론 정부 계약 참여도 불가능해졌다.

2030년 선도 기업들은 'AI 활동의 완전한 가시성'을 구현했다. 의료기기업체들은 모든 진단 AI 모델을 블록체인 기반 레지스트리에 등록했다. 어떤 데이터로 학습했는지, 어떤 병원에서 사용되는지, 진단 정확도는 어떻게 변화하는지 실시간으로 추적 가능했다. 소비재 기업들은 'AI 투명성 대시보드'를 소비자에게 공개했다. 제품 추천, 가격 결정, 마케팅 타기팅에 AI가 어떻게 활용되는지 누구나 확인할 수 있었다. "AI가 당신을 어떻게 이해하고 있는지"를 보여주는 이 시스템은 소비자 신뢰의 새로운 기준이 되었다.

(시나리오상) AI 신뢰 점수의 제도화는 시장의 규칙을 바꿨다. 무디스, S&P 같은 신용평가사들이 기업의 AI 거버넌스 수준을 AAA부터 D까지 등급화했다. 높은 등급의 실질적 혜택은 명확했다. 보험료 감면, 우대 금리, 정부 조달 가산점 등이 제공되었다. 반대로 낮은 등급 기업들은 시장에서 점차 배제되었다.

2030년, 기업들은 이해관계자별로 차별화된 신뢰 전략을 구사했다. 의료기관들은 환자를 위한 AI 치료 동의서를 도입했다. AI가 진단이나 치료 계획에 관여할 경우, 그 역할과 한계를 명확히 설명하고 환자가 선택할 수 있도록 했다. AI 의사와 인간 의사의 협진 비율을 환자가 조정할 수 있는 혁신적 시스템이었다. 제조업체들은 산업 현장 작업자들을 위한 'AI 안전 인터페이스'를 개발했다. AI가 제안하는 작업 지시를 작업자가 검토하고 수정할 수 있으며, 위험하다고 판단되면 즉시 중단시킬 수 있는 권한을 부여했다.

리더가 고려해야 할 전략적 포인트

AI 거버넌스를 단순한 체크리스트가 아닌 조직 전체의 운영 체제로 설계해야 한다. 이는 모든 비즈니스 프로세스에 거버넌스가 내재화되어야 함을 의미한다. 제품 개발부터 고객 서비스까지 모든 단계에 AI 윤리 검토가 자동으로 포함되어야 한다. 마치 품질 관리가 제조 공정에 내재화된 것처럼, AI 거버넌스도 일상 업무의 일부가 되어야 한다. 마이크로소프트의 '책임 있는 AI 표준Responsible AI Standard v2'처럼 개발 프로세스의 모든 단계에 윤리적 검토를 내재화하는 것이 모범 사례다.

신뢰는 선언이 아닌 실천으로 증명된다. 모델 카드, 데이터 시트, 영향 평가서를 실시간으로 공개하는 것이 기본이다. 깃허브에 소스코드를 공개하듯, AI 거버넌스 문서를 공개하는 투명성이 필요하다. 중요한 것은 이러한 투명성이 일회성 이벤트가 아니라 지속적인 운영 프로세스여야 한다는 점이다. 분기별 'AI 거버넌스 리포트', 실시간 'AI 활동 대시보드', 연례 'AI 영향 평가서' 등이 표준이 되어야 한다.

AI 사고를 숨기는 시대는 끝났다. 오히려 투명한 실패 관리가 신뢰를 높이는 시대가 되었다. 문제의 원인, 영향 범위, 개선 조치, 재발 방지 계획을 상세히 공개하는 AI 사고 백서 발간이 업계 표준이 되어야 한다. "우리의 실패가 업계 전체의 학습이 되길 바란다"라는 철학으로 접근해야 한다. 경쟁사들도 참고해 유사한 문제를 예방할 수 있게 하는 것이 전체 산업의 신뢰도를 높이는 길이다.

AI 거버넌스는 전사적 협력이 필요하다. 법무, 윤리, 리스크, 홍보, 사업부가 모두 참여하는 통합 거버넌스 위원회가 필수다. 핵심은 '분산된 실행, 통합된 감독'이다. 각 부서는 자율적으로 AI를 활용하되, 중앙에서 실시간으로 리스크를 모니터링하고 필요시 개입하는 구조가 효과적이다. 선도 금융기관들처럼 CEO가 직접 참여하는 AI 거버넌스 체계를 구축해 경영진의 의지를 보여주는 것이 중요하다.

2030년, AI 시대의 경쟁 방정식은 완전히 바뀔 것이다. 데이터와 속도(시나리오4)가 전투에서 이기는 무기라면, 신뢰와 책임(시나리오5)은 전쟁터에 나갈 수 있는 자격증이다. 연구에 따르면, 투명한 AI 거버넌스를 갖춘 기업의 제품이 프리미엄 가격에도 선호되는 경향이 나타나고 있다. B2B 시장에서는 AI 거버넌스 인증이 없는 공급업체와의 거래를 거부하는 조항이 표준 계약서에 포함되었다.

'가장 강력한 AI'와 '가장 신뢰받는 AI' 중 어느 것이 승리할까? 2030년의 답은 명확하다. 신뢰받지 못하는 AI는 아무리 강력해도 쓸 수 없다. 성공한 기업들은 AI 거버넌스를 비용이 아닌 투자로, 제약이 아닌 가능성으로 전환했다. 투명성은 새로운 프리미엄이 되었고, 책임은 새로운 경쟁력이 되었다. "미래의 운영 체제는 기술이 아니라 신뢰다. 신뢰라는 운영 체제 위에서만 AI라는 애플리케이션이 작동할 수 있다." 이것이 AGI 시대의 본질이다.

최후의 승자는 가장 똑똑한 AI를 가진 기업이 아니라, 가장 신뢰할 수 있는 AI를 운영하는 기업이다. 그리고 그 신뢰는 하루아침에 만들어지지 않는다. 연간 인증 갱신, 분기별 거버넌스 리포트, 월간 AI 활동 대시보드 등 정기적인 점검 체계를 통해 지금부터 차근차근, 투명하게, 책임감 있게 구축해야 한다.

결론
연결된 미래들

5개의 시나리오는 서로 독립된 미래가 아니라 하나의 거대한 전환을 비추는 다른 각도들이다. AGI 도래의 불확실성(시나리오1)은 조직 내부의 균열과 재편(시나리오2)을 촉발한다. 그림자 AI와 역할 재정의는 자연스럽게 에이전트 경제(시나리오3)로 이어지고, 경쟁력은 데이터와 속도(시나리오4)에서 갈린다. 그리고 이 모든 변화는 신뢰와 책임(시나리오5)이라는 운영 체제 위에서만 지속 가능하다. 핵심 교훈은 하나다.

"미래를 맞히려 하지 말고, 여러 가능성에 유연하게 대응할 역량을 길러야 한다."

AGI가 2027년에 오든 2040년에 오든 변속은 계속될 것이다. 조직이 평평해질지 새로운 계층이 생길지는 불확실하지만, 전통적 역할이 재정의될 것만은 분명하다. 리더의 과제는 "무엇을 택할 것인가?"보다 "어떻게 유연하게 준비할 것인가?"다.

성공하는 기업은 다섯 가지 시나리오에 따로 대응하지 않는다. 하나의 일관된 전략으로 통합한다. 불확실한 기술 발전에는 적응형 아키텍처, 조직의 균열에는 투명성과 포용, 에이전트 경제에는 새로운 비즈니스 모델, 데이터 및 속도 경쟁에는 독점적 자산과 민첩성, 신뢰의 요구에는 거버넌스 OS로 답한다. 이 모든 것이 하나의 비전 아래 정렬될 때 어떤 미래가 와도 번영할 수 있다.

기술의 문, 조직의 문, 시장의 문, 경쟁의 문, 신뢰의 문은 동시에 열린다. 준비되지 않은 기업은 혼란에 빠지지만, 준비된 기업에게는 전례 없는 기회가 된다. 리더의 역할은 두려움이 아니라 준비된 선택지로 문을 여는 일이다. 완벽한 답은 필요 없다. 어떤 문이 열려도 학습하고 전환할 용기와 유연성이 필요하다.

    2030년은 멀지 않다. 짧은 시간에 세상은 근본적으로 바뀔 것이다. 변화의 주체가 될 것인가, 객체가 될 것인가. 지금, 선택의 시간이 시작되었다.

9장
AI 시대를 이끄는 10개의 핵심 질문

질문이 미래를 결정한다.
그리고 질문도 진화한다

2025년 1월, 다보스 세계경제포럼에서 사노피Sanofi의 CEO 폴 허드슨Paul Hudson은 충격적인 발언을 했다. "AI를 최고디지털책임자CDO에게 위임하면 훌륭하지만 아무도 쓰지 않는 AI가 된다. CEO가 직접 비즈니스 변화를 리드해야 한다." 기술보다 리더십과 전략이 먼저라는 그의 지적이 회장을 술렁이게 했다.

이는 한 기업만의 이야기가 아니다. 맥킨지의 〈2024년 초 AI 현황The State of AI in Early 2024〉 보고서에 따르면, 정기적으로 생성형 AI를 활용하는 조직은 65%로 급증했다. 하지만 대부분의 기업이 여전히 파일럿 단계에서 전사 확산으로 나아가는 데 어려움을 겪고 있다. AI 프로젝트의 확산 실패는 업계 전반의 과제다. 하지만 중요한 것은 실패율 자체보다 성공적 확산의 조건을 이해하는 것이다.

왜 이런 일이 벌어지는가? 답은 의외로 단순하다. 기술에 대한 질문만 던졌을 뿐, 본질적인 질문을 던지지 않았기 때문이다.

질문의 역사를 돌아보면 패턴이 보인다. 1차 산업혁명 당시, 성공한 기업과 실패한 기업의 차이는 증기기관의 성능이 아니었다. "이 기술로 우리의 일하는 방식을 어떻게 바꿀 것인가?" 이 질문을 던진 기업만이 살아남았다. 전기의 시대도 마찬가지였다. 경제학자 폴 데이비드의 연구가 시사하는 바는 명확하다. 전기화의 진정한 생산성 향상은 단순히 증기기관을 전기모터로 교체했을 때가 아니라, 공장 설계와 작업 프로세스를 근본적으로 재구성했을 때 나타났다. AI도 마찬가지다.

더 중요한 통찰은 질문 자체가 진화한다는 것이다. 증기기관 시대에는 "기계가 인간의 근력을 어떻게 대체할 것인가?"를 물었다. 인터넷 시대에는 "정보를 어떻게 연결할 것인가?"로 진화했다. 그리고 지금 우리는 AI 시대에 "기계와 어떻게 협업할 것인가?"를 묻고 있다. 하지만 이것도 곧 낡은 질문이 될 것이다. 다가오는 AGI 시대에는 우리의 질문은 근본적으로 달라질 것이다. 그때 우리는 AI를 '배치'하는 것이 아니라 AI와 '공존'하는 법을 물어야 한다. "데이터를 어떻게 통제할 것인가?"는 "AI가 생성한 지식의 권리는 누구에게 있는가?"로 진화할 것이다.

〈MIT슬로언매니지먼트리뷰〉의 최신 연구 "철학이 AI를 삼킨다Philosophy Eats AI"가 이를 뒷받침한다. 성공적인 AI 도입의 핵심은 기술력이 아니라 철학적 전제와 가치 정립에서 시작한다는 것이다. 기술적 해법을 찾기 전에 '무엇을 위해', '왜'를 묻는 기업이 더 나은 성과를 낸다.

실패한 기업들은 벤더가 제시한 솔루션을 그대로 도입했을 뿐이었다. 이는 명확한 전략 없는 AI 도입의 위험을 보여준다. 다시 한번 강조하지만 그것은 기술 격차가 아니라 '질문의 격차'다. 올바른 질문을 던지는 기업과 그렇지 못한 기업 사이의 격차다.

이 장에서 제시하는 10개의 질문은 두 가지 차원을 담고 있다. 각 질문은 오늘의 긴급한 과제를 다루면서도 10년 후의 변화된 모습을 함께 제시한다. 절반은 AI라는 새로운 동료를 이해하고 활용하기 위한 질문이다. 나머지 절반은 거울을 보며 우리 자신의 정체성과 미래를 묻는 질문이다.

오늘 던지는 질문이 조직의 5년 후를 결정한다. 하지만 5년 후에는 완전히 새로운 질문을 던져야 한다. 그래서 이 장은 단순한 체크리스트가 아니다. 진화하는 사고의 도구다. 기술이 답을 주는 시대일수록 질문의 가치는 더욱 빛난다.

01
기계와의 파트너십을 설계하라

"AI를 어떻게 사용할 것인가?"

지난 2년간 전 세계 경영진이 가장 많이 던진 질문이다. 하지만 이는 잘못된 질문이다. AI는 더 이상 단순한 도구가 아니기 때문이다.

2025년 현재, AI는 우리의 새로운 동료가 되었다. 매일 함께 일하고, 의사결정을 돕고, 때로는 우리보다 더 나은 해답을 제시하는 파트너다. 망치를 '사용'하듯 AI를 '사용'하려는 사고방식으로는 AI 시대의 진정한 가치를 포착할 수 없다. 올바른 질문은 이것이다.

"AI와 어떻게 함께 일할 것인가?"

이 미묘하지만 근본적인 차이가 성공과 실패를 가른다. BCG가 2024년 10월 발표한 〈AI의 가치는 어디에 있는가?Where's the Value in AI?〉보고서에 따르면, AI 도입에 실패한 74%의 기업들은 AI를 기존 프로세스에 끼워 맞추려 했다. 반면 성공한 26%는 사람과 프로세스 중심의 변혁에 집중했다.

지금부터 제시하는 5개의 질문은 이 새로운 동료와의 관계를 어떻게 설계할 것인가를 탐구한다. "어디에 배치할 것인가?" "어떻게 협업할 것인가?" "데이터라는 공동 자산을 어떻게 관리할 것인가?" "리스크와 거버넌스를 어떻게 구축할 것인가?" "투자 대비 가치를 어떻게 측정할 것인가?" 이 질문들은 전술적이고 실행 중심적이다. 하지만 단순한 체크리스트가 아니다. 각 질문은 AI와의 관계에서 우리가 놓치기 쉬운 맹점을 드러내고, 더 나은 파트너십을 위한 구체적 방향을 제시한다. 무엇보다 중요한 것은 이 질문들이 진화한다는 사실이다. 오늘의 '배치'는 내일의 '자율적 선택'이 될 것이고, 오늘의 '통제'는 내일의 '협상'이 될 것이다.

준비되었는가? 이제 AI라는 새로운 동료를 제대로 이해하고, 함께 일하는 법을 배울 시간이다.

질문1.
AI를 어디에 배치할 것인가?

오늘의 질문:

우리 사업의 어느 영역에 AI를 전략적으로 배치할 것인가?

AI 배치는 산탄총이 아니라 저격이어야 한다. 모든 곳에 AI를 뿌리는 순간, 당신은 이미 실패 기업 대열에 합류한 것이다.

성공한 기업들의 AI 배치 전략을 분석하면 명확한 패턴이 드러난다. 고객 서비스가 최우선 영역으로 떠오르는 이유는 명확하다. BCG의 최근 연구에 따르면, 기업들은 이 영역에서 가시적인 생산성 향상과 고객 만족도 증가를 달성했다. 뱅크오브아메리카의 에리카Erica가 대표적 성공 사례다. 2024년 4월 기준 20억 회 이상의 상호작용과 4,200만 명의 고객을 기록했으며, 2025년 8월에는 30억 회를 돌파했다. 24시간 가용성과 다국어 지원이 가능하면서도 인간 상담원은 더 복잡한 문제 해결에 집중할 수 있게 됐다.

마케팅과 영업이 기업 내 가장 높은 AI 채택률을 보이는 것도 당연하다. 맥킨지의 2025년 조사에 따르면 생성형 AI는 마케팅과 영업에서 가장 널리 활용되는 기능이다. AI 도입 조직 중 생성형 AI를 정기적으로 사용하는 비율은 2024년 65%에서 2025년 71%로 증가했다. 이유는 단순하다. 효과를 즉시 측정할 수 있기 때문이다. 넷플릭스의 추천 알고리즘이 전체 시청의 80% 이상을 좌우한다는 2017년 수치는 이미 고전이 됐다. 맥킨지를 비롯한 다양한 연구는 AI 기반 개인화는 평균 매출을 5~15% 상승시키고 마케팅 ROI를 10~30% 개선한다고 보고하고 있다.

제조업에서 예측 유지보수는 게임체인저가 됐다. P&G는 2024년 연차 보고서에서 '공급망3.0 Supply Chain 3.0' 전략을 통해 최대 15억 달러의 원가 절감 목표를 제시했다. 이는 목표치이지만 AI가 창출할 수 있는 가치의 규모를 보여준다. 실제로 예측 유지보수를 도입한 제조 기업들은 평균적으로 장비 다운타임을 30~50% 줄이고, 설비 수명을 20~40% 연장했다고 맥킨지는 보고한다.

금융 서비스에서 AI의 영향은 더욱 극적이다. JP모건의 COIN 플랫폼은 연간 36만 시간의 변호사 작업을 몇 초로 단축했다. AI 기반 사기 탐지 시스템이 금융업계 전반에서 대규모 손실을 완화하고 있다는 보고가 이어지고 있다. 이들 기업은 단순히 비용을 절감한 것이 아니라, 인간이 더 가치 있는 업무에 집중할 수 있도록 했다.

AI 배치의 우선순위를 정할 때는 두 개의 축, 구현 난이도와 비즈니스 영향력을 고려해야 한다. 즉시 시작 영역Quick Wins은 고객 서비스 자동화, 마케팅 개인화, 백오피스 프로세스 자동화를 포함한다. 이들은 기술적 성숙도가 높고, ROI가 명확하며, 6개월 내 가시적 성과가 가능하다. 전략적 투자 영역Strategic Bets은 핵심 제품 혁신, 공급망 최적화, 예측적 의사결정 시스템을 포함한다. 이들은 높은 잠재 가치를 지니지만, 12~24개월의 투자 기간과 조직 차원의 변화가 필요하다. 실험적 탐색 영역Test & Learn은 새로운 비즈니스 모델, 생태계 플랫폼, 차세대 고객 경험을 포함한다. 낮은 초기 투자로 미래 기회를 탐색하되, 빠른 실패와 학습이 핵심이다.

10년 후의 질문:
AI는 스스로 어디로 갈 것인가?

2035년, 우리는 AI를 '배치'하지 않을 것이다. 대신 AI 에이전트가 스스로 최적의 활동 영역을 찾아갈 것이다.

AI 에이전트는 이제 업무에 통합되기 시작하여 향후 몇 년 내에 광범위한 영향을 미칠 것으로 전망된다. 그때 우리의 질문은 "AI를 어디에 둘까?"가 아니라 "AI가 선택한 역할을 어떻게 조율할까?"가 될 것이다.

이미 초기 신호가 나타나고 있다. 앤스로픽의 클로드는 2024년 10월 컴퓨터 사용 기능을 선보이며 GUI를 직접 조작하는 에이전틱 AI의 가능성을 입증했다. 가트너는 2029년까지 에이전틱 AI가 일반적 고객 문의의 약 80%를 인간 개입 없이 처리할 수 있을 것이라 예측하며, 이에 따른 운영 비용의 30% 절감 효과 가능성을 제시한다.

더욱 주목할 만한 것은 제넨텍Genentech의 사례다. 제넨텍은 바이오마커 검증처럼 연구자들이 수 주일 동안 해야 했던 반복적 작업을 에이전트형 AI 도구로 자동화하고 있다. 아마존은 Q디벨로퍼Q Developer를 통해 레거시 자바 애플리케이션 현대화를 자동화해 개발자 생산성을 대폭 향상시켰다.

마이크로소프트의 코파일럿 에이전트와 세일즈포스의 에이전트포스는 이미 기업 환경에서 자율적인 작업 수행을 시작했다. 반복적인 작업을 자동화하고, 의사결정을 지원하며, 사용자를 대신해 업무를 처리하는 것이다. 이들은 인간의 지시 없이도 작업을 분담하고 조율하는 미래의 모습을 보여준다.

미래의 도전은 AI의 자율성과 인간의 통제권 사이에서 균형을 찾는 것이다. EU의 AI 법은 이미 인간 감독을 의무화했지만, AI가 인간보다 더 나은 판단을 할 때 누가 최종 결정권을 가질 것인가?

기억하라. AI 배치의 성공은 기술이 아니라 전략적 선택에서 나온다. 그리고 그 선택은 진화할 것이다.

질문2.
어떻게 협업할 것인가?

오늘의 질문:

AI 시대, 조직 구조를 어떻게 재설계할 것인가?

전통적인 피라미드 조직은 산업 시대의 유물이 되고 있다. 수직적 위계 구조는 AI가 요구하는 빠른 정보 흐름과 부서 간 협업을 방해한다. 맥킨지의 2024년 연구에 따르면, AI 도입과 함께 중간관리자의 역할이 '번역자', '코치', '조율자'로 재정의되고 있다. 정보의 문지기에서 인간-기계 협업의 촉진자로 진화하는 것이다.

중국 가전업체 하이얼Haier의 변신은 AI 시대 조직의 미래를 보여준다. 2005년부터 시작된 '런허이人單合一' 모델은 8만 명의 직원을 작은 마이크로기업으로 재편했다. 각 팀은 AI 플랫폼으로 연결되어 자원을 조율하고 시장 정보를 실시간으로 공유한다.

결과는 놀라웠다. 4,000개 이상의 마이크로기업이 AI 플랫폼으로 연결되어 자율적으로 운영되면서 조직의 민첩성과 혁신 역량이 크게 향상됐다고 보고된다. 무엇보다 직원 만족도가 크게 상승했다. 자율성과 AI 지원이 결합하자 인간의 창의성이 폭발적으로 증가한 것이다.

이런 네트워크 구조에서 AI는 연결 지능connective intelligence 역할을 한다. 최적의 팀 구성을 제안하고, 지식 공유를 촉진하며, 실시간 의사결정을 지원한다. 경직된 보고 체계 대신 유동적인 프로젝트 팀이 비즈니스 필요에 따라 형성되고 해산된다. 체스 챔피언 가리 카스파로프가 1998년 제안한 '어드밴스드 체스'는 인간-AI 협업의 원형을 제시했다. 그는 이를 '켄타우로스'라고 불렀다. 상반신은 인간, 하반신은 말인 신화적 존재처럼 인간의 직관과 AI의 계산력이 명확히 구분되면서도 하나로 움직인다. 켄타우로스 모델에서는 역할이 명확하다. 인간은 전략적 방향을 설정하고, 창의적 아이디어를 제시하며, 윤리적 판단을 내린다. AI는 데이터를 분석하고, 옵션을 생성하며, 결과를 예측한다. 하버드비즈니스스쿨 연구진과 BCG가 함께 진행한 실험(2024년)이 이를 입증했다. 컨설턴트들이 GPT-4와 켄타우로스 방식으로 협업했을 때 작업 품질이 40% 향상되고 속도는 25% 빨라졌다.

반면 사이보그 모델은 인간과 AI의 경계가 흐릿하다. 금융업계의 트레이딩 플로어가 대표적이다. 트레이더들은 AI와 실시간으로 데이터를 주고받으며 밀리초 단위의 의사결정을 내린다. 인간의 직관과 AI의 분석이 실시간으로 융합되어 의사결정이 이뤄진다.

연구와 현장 보고들은 과업 유형에 따라 협업 모델의 효과가 다름을 시사한다. 창의성이 중요한 영역에서는 인간-AI 역할이 명확히 구분되는 모델이, 속도가 중요한 영역에서는 더 통합된 모델이 효과적인 경향을 보인다. 중요한 것은 조직의 목적과 문화에 맞는 모델을 선택하는 것이다.

마이크로소프트의 AI 변혁은 조직 구조 재설계의 교과서다. 2023년부터 시작된 'AI 우선' 전략은 단순한 기술 도입이 아니라 조직 DNA의 변화였다. 핵심은 AI를 중심으로 한 플랫폼 구조다. 애저 AI가 공통 인프라를 제공하면서도 각 사업부가 전문성을 유지할 수 있도록 했다. 이 플랫폼 모델의 장점은 명확하다. 첫째, 여러 사업부가 AI 역량을 공유하여 중복 투자를 피한다. 둘째, 공통 데이터 인프라로 다양한 애플리케이션을 지원한다. 셋째, 표준화된 거버넌스와 사업부별 맞춤화가 조화를 이룬다. 넷째, AI 개발과 유지보수에서 규모의 경제를 실현한다.

세계경제포럼과 주요 컨설팅 기관들은 2030년까지 상당수 직무가 근본적으로 재편될 것으로 전망한다. 이는 일자리 소멸이 아니라 직무 개념 자체의 진화를 의미한다.

고정된 직무 설명서는 동적 역할dynamic roles로 바뀌고 있다. 유니레버의 플렉스 익스피언스FLEX Experiences가 이러한 변화를 선도하고 있다. 2019년 도입된 이 AI 기반 인재 마켓플레이스를 통해 6만 5,000명의 직원이 자신의 스킬셋에 따라 다양한 프로젝트에 참여한다. R&D 전문가가 다양성 프로젝트를 리드하고, 브랜드 매니저가 글로벌 마케팅 태스크포스에 합류하며, IT 직원이 비즈니스 전략 수립에 기여하는 식이다. 직원들은 핵심 업무를 유지하면서도 자신의 역량과 열정에 따라 조직 전체의 프로젝트에 유연하게 참여한다. 이는 미래 조직에서 한 사람이 여러 역할을 동시에 수행하는 '포트폴리오 커리어'의 전조다.

이와 동시에 AI 트레이너, 프롬프트 엔지니어 같은 새로운 역할이 등장하고 있다. AI 트레이너는 AI 시스템의 학습과 개선을 담당한다. 단순히 데이터를 입력하는 것이 아니라, AI의 판단 기준을 설정하고 편향을 교정한다. 프롬프트 엔지니어는 인간의 의도를 AI가 이해할 수 있는 언어로 번역한다. AI 윤리 담당관은 AI 결정의 공정성과 투명성을 보장한다. 특히 금융과 의료 분야에서 수요가 늘어나고 있다. 하이브리드팀 코디네이터는 인간과 AI 팀원들의 협업을 최적화한다.

10년 후의 질문:

어떻게 공존할 것인가?

2035년, 우리는 AI와 '협업'하지 않을 것이다. '공존'할 것이다.

MIT의 막스 테그마크 교수는 "수십 년 안에 AI가 인간의 모든 일을 더 잘하거나 더 싸게 할 수 있을 것"이라는 예측이 AI 연구자들 사이에서 주류 의견이 되고 있다고 지적한다. 그는 "기술의 힘과 그것을 관리하는 지혜 사이의 경주에서 승리해야만 우리가 원하는 미래를 만들 수 있다"라고 강조한다. 이미 그 신호들이 나타나고 있다. 차세대 AI 모델들은 더 긴 대화 맥락을 기억하고, 사용자별로 개인화된 상호작용을 제공하는 방향으로 진화하고 있다. 각 AI 에이전트가 고유한 전문성과 작업 스타일을 갖추게 된다면, 우리는 그들과 어떻게 일할 것인가?

더 근본적인 변화는 의사결정 구조다. AI가 인간보다 더 나은 판단을 할 때, 누가 최종 결정권을 가질 것인가? 이미 일부 거래 시스템은 인간 개입을 최소화하고 있다. 일부 고빈도 거래 시스템은 인간 개입 최소화로 수년간 독립적 거래를 수행해왔다.

실제로 AI CEO는 더 이상 공상과학이 아니다. AI CEO의 실험은 이미 시작됐다. 2022년 중국 넷드래곤NetDragon은 가상 CEO 탕유Tang Yu를 자회사에 임명했고, 2023년 폴란드 럼 제조사 딕타도르Dictador는 AI 로봇 미카Mika를 CEO로 내세웠다. 비록 상징적이고 실험적인 성격이 강하지만, 이는 미래 조직에서 AI가 경영 의사결정에 얼마나 깊이 관여할 수 있는지를 보여주는 의미 있는 시도다. 특히 미카는 "나는 주말이 없다. 24시간 연중무휴로 일하며 전략적 의사결정을 내린다"라고 말하며 AI 경영자의 가능성을 시사했다. 물론 고용과 해고 같은 중대한 결정은 여전히 인간이 담당하지만, AI가 경영 전면에 나서는 시대의 서막이 열린 것이다.

더욱 주목할 점은 앤스로픽의 CEO 다리오 아모데이가 2025년 5월 "AI가 엔트리 레벨 화이트칼라 일자리의 절반을 없앨 수 있으며, 이는 CEO를 포함한 모든 직급에 영향을 미칠 것"이라고 경고한 것이다. 미래 조직에서는 인간 CEO와 AI CEO가 공동 대표를 맡거나 특정 사업부를 AI가 완전히 책임지는 구조가 더욱 확산될 것이다.

모더나는 HR과 IT 부서를 '사람과 디지털People & Digital'로 통합했다. 이는 선구적 실험이다. 직원 경험과 디지털 혁신이 분리될 수 없다는 인식에서 출발했다. 앞으로 모든 부서가 하이브리드가 될 것이다. 마케팅은 '휴먼 & AI 마케팅', 재무는 '휴먼 & AI 파이낸스'가 될 것이다.

기억하라. 최고의 조직 구조는 고정된 것이 아니라 진화하는 것이다. 그리고 그 진화의 방향은 인간과 AI가 각자의 강점을 극대화하는 공존이다.

질문3.
데이터를 어떻게 통제할 것인가?

오늘의 질문:

데이터 밸런스 시트를 어떻게 관리할 것인가?

기업의 재무제표는 토지, 건물, 장비를 꼼꼼히 기록한다. 하지만 가장 값진 자산은 빠져 있다. 데이터다. 30년간 축적한 제조 노하우, 수억 건의 고객 거래 패턴, 매초 쌓이는 센서 데이터 등은 기업 가치의 핵심인데도 재무상태표에는 존재하지 않는다. 이 괴리가 21세기 기업을 취약하게 만든다.

2023년 8월 중국이 세계 최초로 '기업 데이터 자원 관련 회계 처리 잠정 규정'을 발표했을 때, 서구 기업들은 충격에 빠졌다. 중국 기업들이 새로운 기준에 따라 데이터 자산을 회계에 반영할 수 있는 길이 열렸기 때문이다. 일부 추정에 따르면 대형 기술 기업의 데이터 자산 가치가 시가총액의 상당 부분을 차지할 수 있다고 한다. 잠재적 가치가 공식 수치로 드러나기 시작한 것이다.

데이터는 전통적 자산과 근본적으로 다르다. 데이터는 비경합적non-rival 특성을 가진다. 즉, 내가 사용해도 남의 사용을 방해하지 않는다. 더 나아가 일부 학자들은 데이터가 '안티 라이벌anti-rival' 특성을 가질 수 있다고 주장한다. 쉽게 말해, 내가 사과를 먹으면 당신은 먹을 수 없다(경합적). 내가 음악 파일을 들어도 당신도 들을 수 있다(비경합적). 하지만 소셜미디어나 지도 앱 같은 데이터는 사용자가 많아질수록 더 가치가 있다anti-rival. 왜일까? 더 많은 사람이 사용하면 더 많은 데이터가 쌓이고, 서비스가 개선되어 모든 사용자에게 더 큰 가치를 제공하기 때문이다. 이것이 네트워크 효과다.

하지만 데이터에도 유통기한이 있다. 데이터의 가치는 유형과 용도에 따라 다른 속도로 감소한다. 실시간 고객 데이터는 빠르게 가치가 떨어지는 반면, 제조 공정 데이터는 장기간 유용성을 유지하는 경향이 있다. 이런 가변성은 데이터 유형별로 다른 감가상각 패턴을 요구한다.

한국 기업들은 더 근본적인 문제에 직면해 있다. 데이터가 애초에 디지털화되어 있지 않다는 것이다. 국내 많은 제조업체가 여전히 레거시 시스템과 수동 프로세스에 의존하고 있어 AI 도입 이전에 기초적인 디지털화가 필요한 상황이다.

AI를 데이터, 알고리즘, 컴퓨팅 파워의 삼각형으로 볼 때, 알고리즘과 컴퓨팅 파워는 클라우드를 통해 외부에서 조달할 수 있다. 하지만 데이터가 없으면 AI는 불가능하다. 이것이 한국 기업이 직면한 'AI 이전의 숙제'다.

데이터 자산은 활용 목적과 특성에 따라 다음과 같이 분류할 수 있다. 내부 활용 데이터는 제조 전문성, 프로세스 최적화 통찰, 예측 유지보수 알고리즘 등이다. BMW 같은 선도 제조사들은 대규모 생산 데이터를 활용해 상당한 비용 절감을 달성하고 있다. 거래 가능한 데이터는 고객 데이터베이스, 시장 정보, 독점 데이터셋처럼 라이선싱이나 직접 판매로 수익화할 수 있는 정보다. 전략적 가치가 높은 데이터는 브랜드 평판 데이터, 고객 관계 통찰, 혁신 파이프라인처럼 경쟁 우위를 제공하지만 쉽게 정량화할 수 없는 정보다. 인프라 데이터 자원은 데이터 플랫폼, 거버넌스 프레임워크, 분석 인프라처럼 다른 데이터 자산이 가치를 창출하도록 돕는 기반 역량이다.

아직 공식 회계 기준은 없지만, 선도 기업들은 내부적으로 데이터 밸런스시트를 관리하고 있다. 자산 측면에서는 독점 데이터(오직 우리 기업만이 보유한 고유 정보), 차별화 데이터(경쟁우위를 창출하는 핵심 데이터), 학습 데이터(AI 모델 훈련에 사용되는 데이터셋), 통찰 데이터(분석을 통해 도출한 비즈니스 인사이트)로 구성된다. 부채 측면에서는 플랫폼 종속(외부 시스템에 갇혀 자유롭게 활용할 수 없는 데이터), 규제 리스크(GDPR, CCPA 등의 규제 대상이 되는 데이터의 잠재적 책임), 품질 부채(정제되지 않은 '더러운' 데이터가 축적되어 생기는 부담), 보안 부채(유출 위험이 있는 데이터가 기업에 가하는 위협)가 있다.

10년 후의 질문:
데이터는 누구의 것인가?

2035년, 우리는 더 이상 "데이터를 어떻게 통제할까?"를 묻지 않을 것이다. "데이터는 누구의 것인가?"를 물을 것이다.

AI가 생성한 데이터의 소유권 문제가 이미 불거지고 있다. GPT-4가 작성한 보고서의 저작권은 누구에게 있는가? AI가 발견한 신약 후보 물질의 특허권은? 미국에서는 2023년 법원 판결과 이후 저작권청 가이드라인을 통해 순수 AI 생성물은 저작권 보호 대상이 아니라고 확인되었다. 하지만 이는 시작에 불과하다.

개인정보 자기결정권과 기업의 균형이 핵심 과제가 될 것이다. EU의 GDPR이 시작이었다면, 미래에는 개인이 자신의 데이터로부터 창출되는 가치를 직접 통제하고 수익을 분배받을 권리를 주장할 것이다. 또한 데이터 신탁Data Trust 모델이 부상할 것이다. 개인이나 기업이 데이터를 신탁 기관에 맡기고, 신탁 기관이 데이터 활용을 관리하며 수익을 분배하는 구조다. 이미 영국과 캐나다에서 시범 프로젝트가 진행 중이다. 블록체인 기반 데이터 소유권 관리도 현실화될 것이다. 스마트 컨트랙트를 통해 데이터 사용 조건을 자동 실행하고, 사용료를 즉시 정산하는 시스템이 구축될 것이다. 데이터가 화폐처럼 거래되는 시대가 올 수 있다.

가장 근본적인 변화는 데이터 주권의 개념이다. EU는 이미 데이터 거버넌스 법을 통해 데이터의 국경 간 이동을 규제하고 있다.

미래에는 각 국가, 각 도시, 심지어 각 개인이 자신의 데이터 주권을 주장할 것이다. 기업은 데이터의 소유자가 아니라 수탁자가 될 수 있다.

기억하라. 19세기 기업은 토지를 소유했고, 20세기 기업은 공장을 소유했다. 21세기 기업은 데이터를 가치 창출이 가능한 형태로 전략적 자산으로 관리해야 한다.

질문4.
리스크를 어떻게 관리할 것인가?

오늘의 질문:
AI 거버넌스와 리스크 관리 체계를 어떻게 구축할 것인가?

AI는 평균적으로 인간보다 정확할 수 있다. 그러나 리더십이 대비해야 하는 것은 평균이 아니라 꼬리위험tail risk(드물지만 치명적인 위험)이다. 한 번의 비정상 출력이 고객 피해, 법적 책임, 브랜드 신뢰 하락을 동시에 야기할 수 있기 때문이다.

자동차업계에서 연구를 통해 제기된 위험을 가정해보자. 예컨대 AI가 운전자 보조 시스템의 업데이트를 자동 배포했는데, 독일과 이탈리아의 도로 표지판 규격 차이를 고려하지 못해 수천 대 차량에서 오작동이 보고되는 상황이다. 실제 연구에서도 단순한 스티커만으로 표지판을 잘못 인식하는 사례가 확인된 바 있다. 이런 경우, CEO가 48시간 내 로그를 공개하고 재발 방지책을 발표하면 단기적 주가 하락은 불가피하지만, 투명성과 책임 있는 대응은 장기적으로 브랜드 신뢰도를 회복시키는 힘이 된다.

AI의 실패는 무작위가 아니다. AI 실패는 예측 가능한 패턴을 보인다. 주요 리스크 범주는 다음과 같다. 첫 번째 위험은 모델이 시간이 지나면서 낡아지는 현상(모델 드리프트)이다. 예컨대 팬데믹 상황에서 바이러스가 변이하자 환자 증상이 달라졌고, 진단 모델은 훈련받은 데이터와 다른 패턴 때문에 갑자기 정확도가 크게 떨어졌다. 블랙박스 의사결정은 두 번째 위험이다. 네덜란드 아동수당 스캔들에서는 약 2만 6,000가구가 잘못 분류되었고, 사안의 심각성으로 2021년 1월 내각이 총사퇴했다. AI가 왜 그런 판단을 했는지 설명할 수 없었다. 데이터 품질과 편향은 세 번째다. 아마존의 2018년 채용 AI 실패는 이미 고전이 됐다. 2004년부터 약 10년간 축적된 이력서를 기반으로 학습했는데, 데이터가 남성 중심이어서 여성 지원자를 체계적으로 불리하게 평가했다. 보안 취약점은 네 번째다. 연구진은 단순한 스티커로 정지 표지판을 시속 45마일 표지판으로 오인하게 만드는 적대적 예제를 입증했다. 규제 준수 격차는 다섯 번째다. EU AI 법 위반 시 최대 3,500만 유로 또는 전 세계 매출의 7% 중 높은 금액으로 벌금이 부과된다.

효과적인 AI 리스크 관리는 3개의 축을 중심으로 구축된다. 첫 번째 축은 거버넌스와 전략적 감독이다. 이사회 수준의 감독이 필수적이다. 딜로이트의 2024년 조사에 따르면, 이사회 수준에서 AI를 의제화하는 기업이 증가하고 있으며, 이들이 더 체계적인 리스크 관리를 수행하는 경향을 보인다. JP모건은 리스크위원회 체계를 통해 AI를 포함한 전사 리스크를 감독한다. 분기별로 모든 AI 프로젝트의 리스크를 평가하고, 고위험 프로젝트에 대해 중단 권한을 행사한다. 두 번째 축은 예측적 리스크 탐지다. 구글은 '모델 모니터링 대시보드'를 통해 실시간으로 AI 성능을 추적한다. 데이터 분포 변화, 예측 신뢰도, 이상 패턴을 24시간 감시한다. 특히 '캐나리 배포(새 기능을 일부 사용자에게만 먼저 적용해 테스트)' 방식으로 소규모 사용자 그룹에 먼저 적용해 문제를 조기에 발견한다. 세 번째 축은 선제적 완화 전략이다. 마이크로소프트는 PyRIT(2024) 등 도구를 공개하고 생성형 AI 시스템 레드팀 활동을 상시화했다.

미국 국립표준기술연구원NIST AI 리스크 관리 프레임워크(AI RMF 1.0, 2023)는 4대 핵심 기능을 제시한다. 실무적으로는 RACI 매트릭스에 AI 특화 요소를 추가해야 한다. R Responsible은 모델 개발자와 제품 책임자, A Accountable는 사업부장과 CTO, C Consulted는 법무, 보안, 윤리 담당자, I Informed는 이사회와 규제 기관이다.

조직들은 전통적인 3선 방어 모델(개발팀의 자체 품질 관리, 독립적 리스크 관리, 내부 감사)을 AI 리스크에도 적용하고 있다. 1선은 AI 개발팀의 자체 품질 관리, 2선은 독립적인 AI 리스크 관리팀의 검증, 3선은 내부 감사팀의 정기 감사다. 각 방어선은 독립적으로 작동하며, 발견된 문제는 즉시 이사회에 보고된다.

BMW는 AI 윤리 7원칙을 채택해 책임 있는 AI 활용을 공개적으로 천명했다. 여기에는 인간의 감독권, 기술적 견고성과 안전, 프라이버시와 데이터 거버넌스, 투명성, 다양성과 공정성, 환경적·사회적 웰빙, 책임성이 포함된다. 특히 BMW는 AI의 결정을 인간이 언제든 번복할 수 있도록 보장하는 점이 특징적이다. BMW는 글로벌 제조업체 중에서도 윤리 기준을 공개적으로 천명한 대표적 사례로 평가된다. 싱가포르는 2022년 'AI 검증AI Verify' 프레임워크를 출시하고, 2024년 생성형 AI 버전을 추가했다. 정부와 산업계가 공동 개발한 AI 거버넌스 모범 사례다. 평가는 11개 영역(투명성, 설명 가능성, 반복 가능성/재현성, 안전성, 견고성, 공정성, 데이터 거버넌스, 책임성, 인간 감독, 포용성, 환경 지속 가능성)을 다룬다. 각 영역은 3단계 성숙도로 평가된다. 핵심은 자율규제와 정부 가이드라인의 조화다. 금융권을 포함한 기업들의 자발적 시험과 파일럿을 지원하고 있다.

10년 후의 질문:
AI를 어떻게 신뢰할 것인가?

2035년, 우리는 AI를 '관리'하지 않을 것이다. '신뢰'해야 할 것이다.

닉 보스트롬은 《슈퍼인텔리전스》에서 AGI 시대에는 AI를 완전히 이해하거나 통제하기 어려울 것이라는 '통제 문제control problem'를 제기했다. 이미 대형 언어 모델의 작동 원리를 완전히 설명할 수 있는 사람은 없다는 점은 이 우려를 뒷받침한다.

미래의 도전은 '설명 불가능한 신뢰'를 구축하는 것이다. 비행기 승객의 99.9%는 양력의 원리를 모른다. 하지만 비행기를 탄다. 통계적 안전성과 제도적 신뢰 때문이다. AI도 마찬가지다. 완벽한 설명 가능성 대신 통계적 신뢰성과 제도적 책임성으로 신뢰를 구축해야 한다. 더 나아가 AI와 인간 사이의 상호 신뢰가 필요하다. 일부 연구자들과 딥마인드 안전팀은 장기적으로 AI가 인간의 신뢰성을 평가하는 방향으로 발전할 가능성을 제안한다. 향후에는 양방향 신뢰 체계가 거버넌스의 핵심 과제가 될 것이다.

기억하라. 완벽한 AI는 없다. 그러나 '완벽한 대비'는 설계할 수 있다. 실패를 가정한 설계, 그것이 AI 시대 리더십의 핵심이다.

질문5.
ROI를 어떻게 측정할 것인가?

오늘의 질문:

AI 투자의 ROI를 어떻게 측정하고 최적화할 것인가?

"효율성은 측정했지만 가치는 놓쳤다." 많은 기업이 AI 도입 후 경험하는 딜레마다. 처리 속도는 향상되지만 때로는 고객 경험이 오히려 저하되는 경우가 있다.

전통적인 ROI 공식은 AI의 진정한 가치를 포착하지 못한다. AI는 단순한 비용 절감 도구가 아니라 비즈니스 변혁의 촉매제이기 때문이다. SAP가 의뢰한 제3자 진행 연구에 따르면, 고객경험CX과 ERP 전반에 AI를 통합할 때 5년 ROI가 보수적 214%에서 최대 761%까지 산출됐다. 첫째, 측정 범위의 차이다. 보수적 그룹은 직접적인 비용 절감만 계산했다. 인력 감축, 처리 시간 단축, 오류율 감소 등이다. 반면 최적화 그룹은 간접 가치까지 포함했다. 의사결정 속도 향상, 혁신 제품 출시 가속, 고객 만족도 상승으로 인한 재구매율 증가 등이다. 둘째, 시간 지평의 차이다. 보수적 그룹은 1~2년 단기 효과만 봤다. 최적화 그룹은 5년 이상 장기 효과를 추적했다. AI의 학습 곡선을 고려하면 시간이 지날수록 성능이 향상되고 가치가 복리로 증가한다. 셋째, 생태계 효과의 포함 여부다. 월마트는 공급망 전반에 실시간 AI와 자동화를 확장 적용 중이며, 심보틱 등 파트너십을 통해 재고와 물류 효율을 고도화하고 있다.

맥킨지 2024년 분석에 따르면 산업별 ROI 패턴은 상이하다. 일반적으로 금융 서비스는 비교적 빠른 회수, 제조는 더 긴 도입 및 확산 기간이 필요한 경향이 보고된다. 예측 유지보수PdM는 다운타임과 유지보수 비용을 낮추는 경향이 산업 전반에서 반복 보고된다. 다만 효과 규모는 설비나 공정별로 상이하다. 제약업에서는 규제와 임상 검증 때문에 ROI 시계가 길지만, 승인 이후에는 큰 가치 잠재력이 있다.

따라서 전통적인 재무 지표를 넘어선 다차원적 측정이 필요하다. 효율성 지표는 기본이다. 처리 시간 단축률, 오류율 감소, 자동화율, 인력 생산성 향상 등이다. 하지만 이것만으로는 부족하다. 효과성 지표가 더 중요하다. 의사결정 품질 향상, 고객 만족도 상승, 직원 참여도 증가, 혁신 아이디어 창출률 등이다. 효율성 외에 신뢰, 안전, 윤리 같은 비재무 지표를 함께 측정해야 한다는 기업 보고가 늘고 있다. 학습 지표는 미래 가치를 예측한다. AI 모델의 정확도 향상 곡선, 데이터 품질 개선율, 직원 AI 활용 능력 성장률 등이다. 이는 현재 손실이 미래 이익으로 전환될 가능성을 보여준다. 위험 지표도 빼놓을 수 없다. AI 관련 사고 발생률, 규제 위반 리스크, 윤리적 이슈 발생 빈도 등이다. 한 번의 대형 사고가 모든 이익을 날릴 수 있다.

"실패도 자산이다." 아마존의 제프 베이조스가 한 말이다. AI 프로젝트의 70%가 넘는 비율이 실패한다는 BCG 통계를 다시 보자. 실패를 비용으로만 보면 ROI는 마이너스다. 하지만 학습 가치를 포함하면 다르다. 구글의 모회사 알파벳 산하 X연구소는 '실패에서 학습' 문화를 공개적으로 강조해왔다. 빠르게 실패하고 명확한 교훈을 남긴 프로젝트를 축하하는 것이 대표적이다. 이는 실패를 학습 자산으로 보는 철학을 보여준다.

10년 후의 질문:

AI와 어떻게 가치를 공유할 것인가?

2035년, AI의 자율적 경제 활동이 증가하면서, ROI를 단순히 측정하는 것을 넘어 가치 배분 방식 자체가 진화할 것이다. 기업은 AI와 직접 가치를 '협상'하거나, AI 대 AI 간 자동화된 스마트 계약을 통해 기여도를 계산하고 보상하는 구조가 보편화될 수 있다.

일부 연구자와 업계 글은 DAO(탈중앙화 자율조직)와 에이전틱 AI가 자율적 경제 활동을 수행하는 실험 단계에 있다고 전망한다. DAO란 블록체인 네트워크 위에서 중앙 관리자 없이 규칙과 의사 결정이 스마트 계약에 의해 자동으로 실행되는 조직 형태다. 더 복잡한 문제는 AI 간 가치 창출이다. A회사의 AI와 B회사의 AI가 협업해 새로운 가치를 만들어낼 경우, 그 성과를 어떻게 나눌 것인가? 이때 유용한 것이 블록체인 기반 스마트 계약이다. 스마트 계약은 코드로 작성된 계약으로, 조건이 충족되면 자동 실행된다. 이를 통해 AI의 기여도를 실시간으로 측정하고, 사전 정의된 규칙에 따라 수익을 자동 분배할 수 있다.

10년 후에는 ROI의 의미 자체가 근본적으로 달라질 것이다. 기업과 AI가 창출한 가치를 누가 얼마나 가져갈 것인가 하는 문제는 더 이상 재무적 수익만의 문제가 아니다. 데이터 제공자, 고객, 직원, 지역사회까지 포함한 다층적 이해관계자 간의 협상이 될 것이다. 따라서 2035년의 ROI는 'Return on Investment'가 아니라 'Return on Involvement', 즉 모두가 기여한 만큼 공정하게 돌려받는 구조로 재정의될 수 있다.

가장 근본적인 변화는 가치의 정의 자체다. GDP로 측정하는 경제 성장이 의미가 있을까? AI가 인간의 여가 시간을 늘리고 창의성을 증진하는 가치를 어떻게 측정할 것인가? 부탄의 국민총행복처럼 새로운 지표가 필요할 것이다.

기억하라. AI의 진정한 ROI는 숫자가 아니라 변화다. 그 변화가 만드는 새로운 가능성이 진짜 수익이다.

02
인간 중심의 미래를 설계하라

앞에서 우리는 AI라는 새로운 동료를 어떻게 이해하고 활용할 것인가를 탐구했다. AI와의 파트너십 설계(어디에 배치하고, 어떻게 협업하며, 데이터를 통제하고, 리스크를 관리하며, 투자의 성과를 측정할 것인가?)가 핵심이었다. 그러나 아직 더 근본적인 질문이 남아 있다. 그것은 AI가 아니라 우리 자신에 관한 질문이다.

AI가 할 수 있는 일이 많아질수록 오히려 인간만이 할 수 있는 일의 가치는 더욱 선명해진다. 기계가 답을 내는 시대일수록 올바른 질문을 던지는 일은 인간의 고유한 특권이다. 효율성이 극대화되는 시대일수록 의미를 창조하는 능력은 인간만이 지닌 힘이다.

이제 거울을 들여다볼 시간이다. AI 시대의 인간, 조직, 사회는 무엇을 추구해야 하는가? 기술이 모든 것을 바꾸는 듯 보이지만, 결코 변하지 않는 본질은 무엇인가? 여기에서 다룰 5개의 질문은 단순한 생존의 문제가 아니라, AI 시대에도 여전히, 아니 오히려 더 중요해질 인간 중심의 가치를 묻는다. 이 질문들은 오늘의 위기를 넘어 내일의 번영을 향한 나침반이 될 것이다.

준비되었는가? 이제 기계가 아닌, 우리 자신에게 물을 차례다.

질문6.
무엇으로 차별화할 것인가?

오늘의 질문:
개인과 조직의 핵심 경쟁력을 어떻게 재정의할 것인가?

최근 금융업계에서 자주 목격되는 장면이 있다. AI 도구를 능숙하게 다루는 주니어 직원들이 방대한 데이터를 신속히 처리해 더 포괄적이고 시각적으로 세련된 보고서를 만든다. 그러나 최종 선택은 여전히 경험 많은 시니어의 손을 들어주는 경우가 많다. 이유는 단순하다. 데이터의 완벽함보다 맥락과 의미를 읽어내는 힘이 더 중요하기 때문이다.

AI가 정보 수집, 분석, 생성을 대폭 가속하면서 경쟁의 초점이 근본적으로 바뀌었다. "누가 더 많은 데이터를 빨리 처리하는가?"는 더 이상 경쟁력이 아니다. AI는 이를 민주화했다. 이제 경쟁의 초점은 인간-AI 시너지를 얼마나 잘 설계하고 운영하느냐에 달려 있다. 중요한 것은 '더 많이/더 빨리'가 아니라 '더 옳게/더 깊게'다.

세계경제포럼의 〈2025년 일의 미래 보고서〉는 2개의 대조적 신호를 보여준다. '가장 중요한 핵심 스킬'은 여전히 분석적 사고, 회복탄력성, 리더십 같은 인간 역량이었지만, '수요가 가장 빠르게 증가하는 스킬'은 AI 활용과 빅데이터 분석 등 기술 역량이었다. 즉, 인간 고유 역량은 여전히 핵심이지만, 그것을 AI와 결합할 수 있는 기술적 능력이 새로운 필수 조건으로 떠오른 것이다. 이는 단순히 'AI가 못하는 것'을 찾는 방어적 접근이 아니다. AI가 증폭시킬수록 가치가 커지는 인간 역량에 주목하는 것이다.

첫째, 전략적 사고와 복잡 문제 해결이다. AI는 10만 개의 체스 게임을 분석할 수 있지만, "왜 체스를 두는가?"라는 질문은 던질 수 없다. 여러 창업 사상가가 말하듯 AI는 '정답 탐색'을, 인간은 '올바른 질문'과 '맥락 정의'를 맡을 때 가치가 극대화된다. 모호한 상황에서 본질을 꿰뚫고, 보이지 않는 연결을 발견하며, 장기적 파급효과를 예측하는 능력은 자동화가 불가능하다. 피터 틸이 지적했듯이 진정한 혁신은 0에서 1을 만드는 것이며 이는 패턴 인식이 아닌 통찰력의 영역이다.

둘째, 감정 지능과 공감이다. 마이크로소프트의 CEO 사티아 나델라는 "AI 시대에 가장 희소한 자원은 공감"이라고 선언했다. AI가 일상적 상호작용을 처리할수록 남은 인간 접점은 더욱 특별해진다. 진정한 이해와 연결을 원하는 순간, 사람들은 여전히 사람을 찾는다. 2024년 액센추어 조사에서 고객의 78%가 중요한 문제에서는 직접 상담원과의 상호작용을 선호한다고 답했다.

셋째, 적응적 끈기와 모호성 수용이다. 적응적 전문성Adaptive Expertise은 일본의 교육심리학자 하타노Hatano와 이나가키Inagaki가 1986년에 제시한 개념이다. 이들은 전문가를 두 유형으로 구분했다. 하나는 익숙한 절차를 빠르고 정확하게 수행하는 '일상적 전문가routine expert', 다른 하나는 새로운 문제 상황에서도 창의적으로 지식을 응용하는 '적응적 전문가adaptive expert'다. 전자는 효율성을, 후자는 혁신성을 대표한다. 오늘날 AI 시대에 필요한 것은 단순히 주어진 규칙을 더 빨리 수행하는 능력이 아니라, 변화하는 환경 속에서도 유연하게 사고하고 기존 지식을 새로운 맥락에 맞게 재구성하는 적응적 전문성이다.

넷째, 학습 민첩성이다. 링크드인의 최근 직장 내 학습 보고서에 따르면 AI 리터러시, 적응력, 갈등 조정 등 인간 중심 스킬 수요가 급증하고 있다. AI 도구는 계속 진화한다. GPT-4를 마스터했다고 안주하면 6개월 후 뒤처진다. 중요한 것은 특정 기술이 아니라 학습하는 방법을 아는 것이다.

지속 가능한 경쟁우위는 "데이터가 많다"라는 단순한 사실에서 나오지 않는다. 중요한 것은 자사 맥락에 특화된 학습 루프의 설계와 속도다. 스포티파이는 대규모 사용자 상호작용 데이터 → 개인화 추천 개선 → 재참여 확대의 플라이휠을 운영한다. 디스커버 위클리Discover Weekly가 30억 시간 이상의 스트리밍을 생성한 것은 단순히 알고리즘의 승리가 아니라 사용자 피드백을 실시간으로 학습에 반영하는 시스템의 승리다.

BCG가 MIT슬론과 함께 발표한 2024년 연구는 흥미로운 결과를 보여준다. 전통적인 조직 학습과 AI 특화 학습을 동시에 갖춘 기업, 이른바 '증강 학습자Augmented Learners'는 불확실성 관리에서 다른 조직보다 60~80% 더 효과적인 것으로 나타났다. 이들은 외부 환경 변화에 약 1.6배 더 빠르게 적응했고, AI 도입으로 인해 불가피하게 발생하는 인재 재교육과 직무 전환 과제에도 두 배 이상 효과적으로 대응했다.

10년 후의 질문:
무엇이 인간을 인간답게 하는가?

2035년, 우리는 '경쟁력'을 논하지 않을 것이다. '정체성'을 물을 것이다.

일부 학자들은 고도화된 AI가 광범위한 인지 노동을 자동화해 임금 압박을 심화시킬 수 있다고 경고한다. AI가 모든 인지적 작업을 더 빠르고 저렴하게 수행한다면, 인간의 노동 가치는 어디에 있는가? 답은 경제적 가치를 넘어선 곳에 있다. 일본의 다도茶道는 커피머신보다 비효율적이다. 하지만 사라지지 않는다. 과정 자체가 목적이기 때문이다. 미래에는 더 많은 인간 활동이 이런 성격을 띨 것이다. 효율성이 아닌 의미, 성과가 아닌 경험, 결과가 아닌 과정이 중요해진다.

더 근본적으로, '인간성'의 정의가 확장될 것이다. 뉴럴링크 같은 뇌-컴퓨터 인터페이스가 보편화되면 '순수한' 인간 능력과 '증강된' 인간 능력의 경계가 흐려진다. 그때 우리는 무엇으로 인간임을 정의할 것인가? 철학자 마르쿠스 가브리엘은 그의 저서 《왜 세계는 존재하지 않는가》에서 "사유는 인간 존재의 핵심 감각"에 가깝다고 논하며, 의미를 묻는 능력을 인간성의 근원으로 본다. 이 질문하는 능력, 의미를 추구하는 욕구, 유한성을 인식하는 자각이 인간의 본질일 것이다. AI가 답을 생성할 수 있어도 "왜 이것이 중요한가?"라는 의미의 물음은 오직 인간만이 던질 수 있다.

기억하라. AI 시대의 힘은 AI와 겨루는 데서 나오지 않는다. 오히려 AI와 가장 높은 시너지를 설계하는 데서 나온다. 궁극적으로는 경쟁을 넘어, AI가 대체할 수 없는 '고유한 인간적 가치'를 창출하는 것이 진정한 차별화다.

질문7.
어떤 가치를 창출할 것인가?

오늘의 질문:
차별화된 인간적 가치를 어떻게 창출할 것인가?

AI가 영양, 맛, 온도까지 데이터로 최적화한 '완벽한' 코스 요리와 셰프가 아침 시장에서 영감을 받아 즉흥적으로 만든 요리를 나란히 놓고 비교해보자. AI 요리는 모든 면에서 기술적으로 완벽했다. 결과는? 블라인드 테스트에서 기술적 완성도는 AI 메뉴가 높았다. 하지만 손님들이 다시 찾고 싶어 한 것은 셰프의 메뉴였다. 한 미식 평론가의 평가가 핵심을 찔렀다. "AI 요리는 완벽했지만 맥락과 서사가 없었다. 셰프의 요리에는 그날의 날씨, 시장의 활기, 요리사의 기분까지 담긴 이야기가 있었다."

AI 시대의 가장 큰 역설이 여기에 있다. 기계가 완벽해질수록 불완전한 인간의 손길이 더 귀해진다. 일부 소비자는 핸드메이드와 진정성에 민감하며, AI 제작물에 회의적인 정성 의견이 보고된다. 이는 단순한 노스탤지어가 아니다. 하버드경영대학원의 라이언 부엘과 마이클 노튼 교수의 '운영 투명성Operational Transparency' 연구가 이를 과학적으로 입증한다. 고객에게 제작 '과정'이 보이면 만족도가 통계적으로 유의미하게 상승한다. 완벽함의 증명이 아니라 인간의 수고가 보이는 것이다. 핵심은 완벽함의 증명이 아니라 인간의 수고가 보이는 것이다.

모든 기업은 AI 시대에 자신의 '영혼'을 찾아야 한다. 이를 위한 세 가지 핵심 질문이 있다.

첫째, "이것이 없으면 우리가 아닌가?" 일본 교토의 400년 된 화과자 가게 토라야는 400년 전통과 수공정 정체성을 강조해왔다. 매일 새벽부터 손으로 앙금을 빚는 수공정이 그들의 정체성이다.

둘째, "고객이 우리를 선택하는 진짜 이유는 무엇인가?" 파타고니아는 더 싸고 기능적인 AI 최적화 의류를 만들 수 있다. 하지만 그들은 여전히 수선 서비스를 강조한다. 고객은 가치관과 수선 정책 등 브랜드 철학을 이유로 파타고니아를 선택한다. 원 웨어Worn Wear 프로그램(중고 의류 프로그램)으로 수십만 벌을 수선하고 재사용하는 순환 경제를 실천한다.

셋째, "우리가 사라지면 세상은 무엇을 잃는가?" 뉴욕의 스트랜드서점은 아마존의 AI 추천보다 큐레이션이 부정확하다. 손글씨 큐레이션 등 발견의 기쁨을 주는 독립 서점으로 주목받는다. 단골 독자들은 알고리즘 추천보다 '발견의 기쁨'을 얻는 공간이라 평가한다.

거래Transaction와 관계Relationship의 차이를 이해하는 것이 핵심이다. AI는 거래를 완벽하게 처리하지만, 인간은 관계를 통해 가치를 창출한다. 거래는 AI가 더 잘한다. 24시간 주문 처리, 0.001초의 결제 속도, 99.9%의 재고 정확도. 이 모든 것에서 인간은 AI를 이길 수 없다. 예컨대 알리바바의 허마슈퍼마켓은 얼굴 인식 결제와 실시간 물류 AI를 통해 몇 분 안에 주문-결제-배송이 자동으로 연결된다.

하지만 관계는 다르다. 노드스트롬은 AI를 백오피스에 집중시키고 고객 접점은 인간이 담당하는 전략을 취했다. 재고 관리, 수요 예측, 물류 최적화는 AI가, 스타일링 조언과 개인 쇼핑 서비스는 인간이 맡는다.

'규모감 있는 공감Empathy at Scale'은 AI 시대의 새로운 가능성이다. 기술을 활용해 더 많은 사람에게 더 깊은 인간적 연결을 제공하는 것이다. 스포티파이는 AI 추천 알고리즘의 정확성에만 의존하지 않고 'DJ' 기능처럼 인간적 내레이션을 덧붙이는 실험을 이어가고 있다. 이는 완벽한 기술 그 자체보다 사용자에게 보다 친근하고 따뜻한 경험을 제공하려는 방향성을 보여준다.

브랜드 가치평가에서도 유사한 신호가 포착된다. 〈인터브랜드 2024년 베스트 글로벌Interbrand 2024 Best Global Brands〉 보고서에 따르면 테슬라, 애플처럼 AI-기술 혁신을 전면에 내세운 기업과 에르메스, 파텍필립처럼 장인정신과 전통을 강조한 기업이 동시에 높은 브랜드 가치를 기록했다. 중요한 것은 AI 활용 여부 자체가 아니라 브랜드 철학과의 일관성이었다. 테슬라는 AI 자율주행과 로보틱스 혁신으로, 에르메스는 수공예와 희소성 전략으로 각자의 길을 걸었지만 두 방식 모두 시장에서 인정받았다.

2024년 최고 실적을 기록한 파텍필립과 애플워치는 정반대의 전략을 택했다. 파텍필립은 연간 6만 대 한정 생산과 수공예 전통을 고수했고, 애플워치는 심방세동 탐지 같은 첨단 AI 기능으로 승부했다. 그러나 두 브랜드 모두 "자기 철학에 충실했다"라는 공통점이 성공의 열쇠였다. AI 사용 여부가 아니라 브랜드 철학과의 일치가 핵심이다.

10년 후의 질문:
우리는 왜 존재하는가?

2035년, 우리는 '가치 창출'을 넘어 '존재 이유'를 물을 것이다.

기업들은 단순히 "무엇을 잘하느냐?"가 아니라 "세상에 어떤 의미를 더하는가?"를 증명해야 한다. AI가 제품을 더 싸고 빠르고 안전하게 만들 수 있는 시대에 진정한 차별화 요소는 '효율'이 아니라 '존재 이유Why'다. MIT의 셰리 터클Sherry Turkle 교수는 《대화를 잃어버린 사람들》에서 기술 시대의 진정한 인간관계와 대화의 중요성을 강조했다. AI가 문제를 해결할 수는 있어도, 경험의 의미와 즐거움은 여전히 인간의 영역이다. 배고픔은 AI가 해결할 수 있지만 미식의 즐거움은, 이동은 자율주행차가 담당할 수 있지만 드라이브의 낭만은 인간만이 느낄 수 있다. 마찬가지로, AI는 교과서를 더 빨리 가르칠 수 있어도, 선생님의 한마디 격려가 학생 인생을 바꾸는 경험은 대체할 수 없다.

더 깊은 차원에서 기업의 존재 이유 자체도 재정의될 것이다. 유발 하라리는 여러 저술과 강연에서 의미와 서사의 중요성을 강조했다. 구글의 '20% 룰'이 진화해 미래에는 직원들이 80%의 시간을 의미 있는 프로젝트에 쓸 수도 있다. 효율적 생산이 아닌 "우리는 왜 이 일을 하는가?"라는 철학이 기업 경쟁력의 중심이 될 것이다.

근본적으로는 "인간은 왜 존재하는가?"라는 질문이 다시 떠오른다. AI가 더 똑똑하고, 더 강하고, 더 창의적이라면, 인간의 고유 가치는 어디에 있는가? 철학자 하이데거는 인간을 "자신의 존재 의미를 묻는 유일한 존재자"로 규정했고, 사르트르는 인간이 스스로 목적을 선택하고 의미를 창조한다고 봤다. AI는 결과를 계산할 수 있지만, 목적은 계산되는 것이 아니라 선택되고 창조되는 것이다.

기억하라. AI 시대의 경쟁력은 '더 빨리'가 아니라 '더 의미 있게'에서 나온다. 고객은 효율적인 거래는 기계에게 맡기지만 의미 있는 경험과 이야기는 여전히 인간에게서 찾는다. 그리고 인류 전체 차원에서는 우리가 AI와 함께 만든 세상이 '살 만한 세상'인지, 그것이 곧 우리의 존재 이유를 증명할 마지막 기준이 될 것이다.

질문8.
어떻게 학습할 것인가?

오늘의 질문:
AI 시대, 학습하는 조직을 어떻게 구축할 것인가?

가상의 예지만, 실제 실리콘밸리 기업들이 운영하는 학습 문화와 크게 다르지 않다. 2024년 가을, 실리콘밸리의 한 스타트업에서 일어난 일이다. 출시 3일 만에 서버가 다운됐다. 예상보다 10배 많은 사용자가 몰렸기 때문이다. 전통적인 조직이었다면 책임자를 찾아 문책했을 것이다. 하지만 이 회사는 달랐다.

CEO가 전 직원 앞에서 말했다. "축하합니다. 우리가 예상보다 10배나 매력적인 제품을 만들었다는 증거입니다. 이제 무엇을 배웠는지 나눕시다." 3시간 동안 진행된 학습 세션에서 27개의 개선점이 도출됐다. 2주 후, 시스템은 100배 부하도 견딜 수 있게 됐다.

실패를 처벌하는 것이 아니라 학습의 기회로 전환하는 것, 이것이 AI 시대 학습 조직의 모습이다.

피터 센게가 1990년 제시한 '학습 조직'의 다섯 가지 원칙은 AI 시대에도 여전히 유효하다. 하지만 각 원칙은 근본적으로 재해석되어야 한다. 첫째, 시스템 사고는 AI 생태계 영향으로 확장된다. 더 이상 조직 내부만 볼 수 없다. AI 도입이 고객, 파트너, 경쟁사, 사회 전체에 미치는 연쇄 효과를 이해해야 한다. 우버의 동적 가격 알고리즘이 도시 교통 패턴 전체를 바꾸는 것처럼 AI의 나비효과를 예측하고 대응하는 것이 새로운 시스템 사고다. 이를 위해, 일부 기업들은 시뮬레이션 기반 정책 실험(예: 디지털 트윈)까지 활용한다.

둘째, 개인적 숙련은 인간-AI 하이브리드 역량이 된다. 엑셀을 잘 쓰는 것이 아니라, AI와 협업하는 기술이 핵심이다. 이는 단순한 도구 활용을 넘어, AI의 강점과 한계를 이해하고 적절히 활용하는 능력이다.

셋째, 정신 모델 혁신은 AI 시대의 핵심이다. "AI가 일자리를 뺏는다"라는 고정관념에서 "AI와 함께 새로운 가치를 만든다"로의 전환이 필요하다. 더 중요한 것은 이중 루프 학습이다. AI 모델의 파라미터를 조정하는 것(단일 루프)을 넘어, AI를 왜 사용하는지, 성공을 어떻게 정의할지를 질문하는 것(이중 루프)이다.

넷째, 공유 비전은 인간과 AI의 공동 미래를 그리는 것이다. 마이크로소프트의 "AI로 모든 사람과 조직이 더 많은 것을 성취하도록 돕는다"라는 비전은 AI를 위협이 아닌 도구로 포지셔닝한다. 중요한 것은 이 비전이 구호가 아니라 일상의 의사결정 기준이 되어야 한다. 즉, AI 관련 KPI와 보상 체계에도 이 비전이 반영되어야 한다.

다섯째, 팀 학습은 하이브리드 지능으로 진화한다. 인간끼리만 학습하는 것이 아니라, AI와 함께 학습한다. AI가 데이터에서 패턴을 찾고, 인간이 의미를 부여하며, 함께 새로운 통찰을 만든다.

이러한 원칙들은 실제 기업 사례에서도 확인된다. 하버드대학의 에이미 에드먼슨 교수는 지능적 실패Intelligent Failure의 네 가지 조건을 제시한다. 첫째, 새로운 영역에서 발생한다. 둘째, 기회 추구 과정에서 일어난다. 셋째, 가설에 기반한다. 넷째, 실패 규모가 학습에 필요한 최소한이다. 이 조건을 충족하는 실패는 자산이다. 구글의 '비난 없는 사후분석Blameless Postmortem'은 이러한 철학을 조직 문화로 정착시킨 사례다. 개인을 탓하지 않고 시스템을 개선한다. '누가'가 아닌 '무엇'이 잘못됐는지 묻는다. 모든 분석을 투명하게 공유해 조직 전체가 학습한다. 넷플릭스는 20년 넘게 AB 테스트를 일상화했다. 섬네일 하나를 바꾸는 것도 데이터로 검증한다. 중요한 것은 실험의 민주화다. 엔지니어뿐 아니라 디자이너, 마케터, 심지어 인턴도 가설을 세우고 실험할 수 있다. 스페이스X는 로켓 폭발 영상을 숨기지 않고 공개하며, 실패를 '집단 학습 이벤트'로 전환한다.

10년 후의 질문:
무엇을 다음 세대에 전수할 것인가?

2035년, 우리는 단순히 '학습'을 넘어 '전수'를 고민할 것이다.

AI는 이미 모든 지식과 기술을 즉시 습득할 수 있다. 클릭 한 번으로 수천 권의 교과서와 수십 년의 실험 데이터를 학습하는 시대에 인간이 가르치고 전수해야 할 것은 무엇일까?

연구에 따르면 인간 수준의 학습은 단순한 데이터 흡수가 아니라 맥락, 인과, 직관이 필요하다. 지식 자체보다 언제, 왜 그것을 쓰는지를 아는 것이 더 중요하다.

따라서 미래 교육과 전수의 초점은 달라질 것이다. 앞으로 교육은 지식을 주입하는 것이 아니라 의미를 발견하는 일, 기술을 익히는 것이 아니라 판단을 기르는 일, 정답을 맞히는 것이 아니라 질문을 만들어내는 일이 될 것이다.

전수는 지식을 복사하는 과정이 아니라 태도를 체화하는 과정이다. 프랑스의 MOF(Meilleur Ouvrier de France) 제도나 독일의 도제-마이스터 트랙이 그 본질을 보여준다. 처음엔 '비효율'처럼 보이는 기본기 반복이 결국 정확성과 인내, 완벽을 추구하는 태도로 이어진다. AI가 정답을 빠르게 주는 시대일수록 느린 기본기 속에서 사람은 맥락, 관계, 가치를 배운다. AI 시대에도 이런 '느린 학습'은 오히려 더 소중해질 것이다. AI가 빠른 답을 내놓을수록 인간은 느린 과정에서 관계, 의미, 가치를 배우는 것이다.

기억하라. AI 시대의 학습 조직은 더 많이 아는 조직이 아니라 더 빨리 변하는 조직이다. 그리고 궁극적으로는 변화 속에서도 변하지 않는 가치(호기심, 겸손, 인내)를 다음 세대에 전수하는 조직이다. AI는 지식을 전수한다. 인간은 의미를 전수한다.

질문9.
AI와 어떻게 공존할 것인가?

오늘의 질문:

AI와 공존하는 미래를 어떻게 준비할 것인가?

10년 후, 아니 불과 수년 후, 지금 우리가 던지는 질문들, 예컨대 "AI를 어디에 적용할까?" "어떤 도구를 쓸까?" 같은 실무적 고민은 지나치게 단순해 보일 것이다. 왜냐하면 그때 우리는 이미 AI를 '동료'로 받아들이며, 훨씬 더 근본적인 차원의 질문을 던지고 있을 것이기 때문이다.

이미 그 신호들이 나타나고 있다. 오픈AI는 2025년에 GPT-5를 공개했고, 사용자 맥락을 지속해서 반영하는 챗GPT 메모리Memory를 통해 더 개인화된 상호작용을 지원하고 있다. 앤스로픽의 클로드는 공개된 '헌법(원칙)'을 근거로 자기-감독 학습을 수행해 안전성과 유용성을 높인다. 딥마인드 CEO 데미스 하사비스는 5~10년 내 AGI 가능성을 반복적으로 언급해왔다.

우리는 AI를 '사용'하는 시대에서 '공존'하는 시대로 전환점에 서 있다. 질문의 역사를 보면 시대정신이 드러난다. 증기기관 시대(1800년대)에는 "기계가 인간의 근력을 어떻게 대체할 것인가?"를 물었다. 전기 시대(1900년대)에는 "어떻게 24시간 생산할 것인가?"로 진화했다. 컴퓨터 시대(1950년대)에는 "계산을 어떻게 자동화할 것인가?"를, 인터넷 시대(1990년대)에는 "정보를 어떻게 연결할 것인가?"를 물었다. 그리고 지금 AI 시대(2020년대)에 우리는 이렇게 묻고 있다. "기계와 어떻게 협업할 것인가?"

하지만 이것도 곧 낡은 질문이 될 것이다. 미래에는 "AI와 어떻게 공생할 것인가?"를 물을 것이다. 협업은 여전히 주체와 객체를 구분하지만, 공생은 서로가 서로에게 필수불가결한 존재임을 인정한다.

이러한 전환을 위해서는 지금부터 세 가지 준비가 필요하다. 첫째, 두려움을 줄이기 위한 AI 리터러시를 넘어서는 AI 상상력이다. 단순히 AI 원리를 배우는 차원을 넘어, AI를 통해 무엇을 상상할 수 있는지를 배우는 것이 중요하다. 두려움은 무지에서 오고, 창의는 이해에서 나온다. 단순한 AI 원리 이해를 넘어, 상상력을 확장하는 교육이 중요하다. 예컨대 MIT 미디어랩이나 유네스코의 AI 미래 리터러시 랩AI Futures Literacy Lab은 단순히 AI가 어떻게 작동하는가를 가르치는 데 그치지 않는다. 참가자들이 "AI와 함께라면 사회, 예술, 미래를 어떻게 새롭게 디자인할 수 있을까?"라는 질문을 던지게 한다. 바로 이 지점에서 두려움은 줄어들고, 창의적 상상력이 열린다.

둘째, 규제의 틀을 넘어서는 윤리의 레드라인이다. 법은 최소한의 안전망이다. 그러나 공존을 위해서는 더 근본적인 나침반이 필요하다. IBM은 투명성, 설명 가능성, 공정성, 견고성, 프라이버시를 핵심 원칙으로 제시해왔다. 이는 모든 AI 프로젝트에서 준수해야 할 체크리스트이자 더 나아가 각 조직이 '어떤 AI를 만들어야 하는가(혹은 만들지 말아야 하는가)?'를 스스로 성찰하게 하는 출발점이 될 수 있다.

셋째, 기술교육이 아닌 인간교육이다. AI 교육의 목표는 '코딩 능력자'를 양성하는 것이 아니다. 이미 AI는 코드를 대신 짤 수 있다. 중요한 것은 AI와 협업하며 더 인간적인 결정을 내릴 수 있는 판단력, 상상력, 책임감을 기르는 것이다. 싱가포르의 '재미를 위한 AI AI for Fun'는 단순히 AI를 사용하는 법을 가르치는 것이 아니라 아이들에게 "AI와 함께라면 나는 무엇을 할 수 있을까?"라는 질문을 던지게 만든다.

10년 후의 질문:

AI와 공생할 때, 우리는 무엇으로 정의되는가?

2035년, 질문들은 어떻게 진화할까? "AI를 어디에 배치할 것인가?"는 "AI가 스스로 선택한 역할을 어떻게 수용할 것인가?"로 바뀔 것이다. 이미 오토GPT AutoGPT 같은 자율 에이전트는 목표만 주어지면 스스로 작업을 분해하고 실행한다. 미래에는 AI가 먼저 "저는 마케팅보다 R&D에 더 적합합니다"라고 제안할 수 있다.

"데이터를 어떻게 통제할 것인가?"는 "AI가 만든 결과물의 권리는 누구에게 있는가?"로 진화한다. 예컨대 AI가 새로운 화합물을 발견해 특허를 출원한다면, 발명자는 누구일까? 인간 저작성이 없는 순수 AI 산출물은 보호 대상이 아니다. 하지만 AI가 노벨상 수준의 발견을 한다면? 그 지적재산권은 누구의 것인가?

"인간 프리미엄은 무엇인가?"는 "인간성이란 무엇인가?"라는 존재론적 질문이 된다. 뇌-컴퓨터 인터페이스로 AI와 직접 연결된 인간은 여전히 '순수한' 인간인가? 의식을 클라우드에 업로드한 존재는 인간인가 AI인가? 양자컴퓨팅과 AI의 결합(큐비트 중첩을 활용해 다수의 경로를 병렬적으로 탐색)은 사고 자체를 변화시킬 것이다. 순차적 사고에 익숙한 인간이 이를 이해하고 협업하려면 완전히 새로운 인지 모델이 필요하다. 뉴럴링크 같은 뇌-컴퓨터 인터페이스가 보편화되면 "누구의 생각인가?"라는 문제가 생긴다. 내 뇌가 떠올린 아이디어와 AI가 제안한 아이디어가 실시간으로 섞일 때, 그 창작물은 누구의 것인가?

레이 커즈와일의 특이점(2045년 예측)이 현실이 되면, 인간이 질문을 던질 자격이 있는지조차 의문이다. 초지능 앞에서 인간은 개미 앞의 인간처럼 느껴질 수 있다. 하지만 아무리 기술이 발전해도 변하지 않을 질문들이 있다.

"왜 존재하는가?" AGI도 이 질문에서 자유롭지 못하다. 목적은 계산으로 도출되는 것이 아니라 선택하는 것이기 때문이다. 빅터 프랭클은 "의미를 찾는 것은 인간의 근본 동기"라고 했다. AI가 아무리 발전해도 이 갈망은 인간의 것이다.

"무엇이 선한가?" MIT의 맥스 테그마크는 AI 정렬의 최우선성을 지속적으로 강조해왔다. AI에게 "인류를 행복하게 하라"고 명령하면 마약을 나눠줄 수도 있다. 선함의 정의는 계속 진화하며, 이를 정의하는 것은 인간의 책임이다.

"이것이 의미 있는가?" 의미는 발견하는 것이 아니라 부여하는 것이다. 사르트르가 말했듯이 "존재는 본질에 앞선다." AI가 우주의 모든 비밀을 밝혀도, 그것에 의미를 부여하는 것은 인간이다.

기억하라. 질문이 진화한다는 것은 곧 우리의 성장을 뜻한다. 오늘의 질문이 내일 순진해 보인다면, 그것은 실패가 아니라 진보의 증거다. 중요한 것은 질문을 멈추지 않는 것이다. AI 시대를 준비하는 가장 인간다운 방식은 더 깊고 더 근본적인 질문을 던지는 것이다.

질문10.
효율 너머 무엇인가?

오늘의 질문:

효율을 넘어 어떤 새로운 의미를 추구할 것인가?

2024년, 인류는 역사상 가장 강력한 효율의 도구를 손에 쥐었다. AI는 '어떻게 하면 더 빨리, 더 많이'라는 산업 시대의 오랜 질문에 마침내 종지부를 찍고 있다. 그러나 이 눈부신 기술적 진보의 끝에서 우리는 전혀 다른 차원의 질문과 마주한다. "그렇게 얻어낸 시간으로, 우리는 무엇을 할 것인가?"

AI가 제시한 효율이라는 답안지 넘어 인류의 새로운 가치가 시작되고 있다. 그 서막은 의료 현장에서 열리고 있다. 미국의 여러 병원은 이미 AI 스크라이브와 예측 모델을 도입해 의사들의 문서 작업 시간을 줄이고 있다. 노스웨스턴메디슨Northwestern Medicine은 AI 기반 앰비언트 스크라이브를 도입해 진료 기록 시간을 크게 단축했다. 한 의사는 "이제 화면이 아닌 환자의 눈을 더 오래 바라볼 수 있게 됐다"라고 말했다. 애트리움헬스Atrium Health에서도 125명의 1차 진료 의사가 DAX 코파일럿을 활용해 하루 평균 30~40분의 문서화 시간을 절약했으며, 야간 문서 작업('파자마 타임')은 17% 감소했다. 단순한 시간 절약을 넘어, 번아웃 감소와 직업 만족도 향상이라는 변화가 동반되었다. 메이요클리닉은 현재 2,000명 이상 의사에게 AI 스크라이브를 제공한다. 메이요가 발표한 연구는 이 기술이 의료진의 번아웃을 줄이고 환자와의 관계 개선에 기여함을 보여주었다. 클리블랜드클리닉의 초기 파일럿에서는 진료당 평균 2분, 하루 14분의 기록 시간이 절감되었고, 당일 진료 차트 마감률이 눈에 띄게 개선되었다. 작은 수치 같지만, 환자와 더 깊은 대화를 나눌 수 있는 소중한 시간으로 전환되었다.

이처럼 AI가 절감한 시간은 단순히 더 많은 환자를 보기 위한 것이 아니라, 환자와의 대화와 신뢰를 회복하는 데 쓰일 때 비로소 기술이 인간성을 강화하는 도구가 된다. 이것이 바로 효율이 인간성으로, 기술이 온기로 전환되는 위대한 순간이다. 과거, 양질의 교육과 최첨단 연구는 특정 계층과 국가의 전유물이었다. 그러나 AI는 그 견고했던 특권의 벽을 허물고 있다.

2023년 칸아카데미가 선보인 AI 튜터 '칸미고Khanmigo'는 다양한 지역의 교실로 확장되고 있다. 현지 언어와 국가 교육 과정에 맞춰 최적화된 이 AI 교사는 부모의 소득이나 사는 지역에 상관없이 모든 아이에게 세계 최고 수준의 맞춤형 교육을 제공하려고 한다. 이는 단순한 학습 효율의 증대를 넘어 한 아이의 인생을 바꿀 '교육 기회의 평등'이라는 인류 보편의 가치를 실현하고 있다.

과학계의 풍경은 더욱 극적이다. 구글 딥마인드의 알파폴드가 2억 개가 넘는 단백질 구조 예측 데이터베이스를 2022년 전 세계에 무료로 공개했을 때, 인류 지성의 역사는 새로운 장을 열었다. 수십 년이 걸릴 연구를 단 며칠로 단축한 이 혁신은 이제 막 연구를 시작하는 가난한 국가의 신진 과학자에게도 노벨상 수상자와 동등한 연구 기반을 제공한다. 알파폴드가 단축한 시간은 곧 난치병 치료제 개발과 인류의 생존을 앞당기는 희망의 시간이 되었다. 효율은 지식의 독점을 깨고, 국경 없는 협력과 연대를 끌어내는 가장 강력한 동력이 된 것이다.

역설적이게도, AI가 모든 것을 눈부신 속도로 최적화할수록 인간은 '의도된 느림'에서 새로운 의미를 찾기 시작했다. 스위스 빙하특급Glacier Express은 '세계에서 가장 느린 급행열차'를 자처한다. 291킬로미터를 8시간에 걸쳐 운행한다. 자동차로 3~4시간이면 충분한 거리지만, 승객들은 기꺼이 2배의 시간과 수배의 비용을 지불한다. 알프스의 절경을 천천히 감상하는 것이 목적이기 때문이다. 이탈리아의 '슬로 푸드' 운동이나 파리의 카페에서 시작된 '슬로 커피' 운동도 마찬가지다. 패스트푸드의 속도와 대비되는 즐거움을 복원하고, 30초 만에 나오는 에스프레소 대신 10분을 기다려 내리는 핸드드립 커피 한 잔은 단순한 음료가 아닌 것이다. 그것은 기다림의 미학, 대화의 여유, 그리고 나 자신에게 집중하는 '의식儀式'이 된다.

AI가 완벽한 효율을 추구할수록 인간은 그 반대편에서 '과정의 가치'와 '경험의 깊이'를 갈망한다. 목적지로 향하는 가장 빠른 길이 아니라, 그 여정에서 만나는 사람과 풍경, 그리고 그 속에서 느끼는 감정이야말로 진정한 삶의 풍요임을 깨닫고 있는 것이다.

2035년의 질문:
무엇이 진정한 풍요인가?

10년 후, 우리는 더 이상 "얼마나 빨리 해냈는가?"를 묻지 않을 것이다. AI가 그 질문에 대한 답을 완벽하게 내놓을 것이기 때문이다. 대신 우리는 서로에게 이렇게 물을 것이다. "누구와 함께, 어떤 순간을 깊이 살았는가?"

AI가 생존에 필요한 모든 것을 자동화할 때, 부의 기준은 소유한 물질의 양에서 경험한 관계의 깊이로 이동할 것이다. GDP의 한계를 넘어 부탄의 국민총행복 지수나 뉴질랜드의 웰빙 예산이 주목받는 것은 이러한 시대정신의 반영이다.

존 스튜어트 밀은 말했다. "만족한 바보보다 불만족한 소크라테스가 낫다." AI가 우리의 모든 물질적 욕구를 즉각적으로 만족시키는 세상이 온다 해도, 인간은 본질적으로 의미를 갈망하고 관계를 그리워하며 불완전함 속에서 성찰하는 존재다. 바로 그 결핍과 갈망이 우리를 가장 인간답게 만든다. 효율은 위대한 수단이지만, 목적이 될 수는 없다. AI라는 가장 빠른 말이 우리에게 주어졌고, 어디로 갈지 방향을 정하는 고삐는 여전히 우리 손에 쥐어져 있다.

AI 시대의 진정한 도전은 기술을 발전시키는 것이 아니라, 그 기술로 얻은 시간을 어디에, 누구와 어떻게 사용할 것인지 선택하는 우리의 지혜에 달려 있다. 그리고 때로는 더 빨리 나아가는 것보다 소중한 사람 곁에 머무르는 것이 가장 위대한 선택일 수 있다.

기억하라. AI 시대, 시간의 진짜 주인은 우리 자신임을 증명하는 것, 그것이 AI 시대 우리에게 주어진 가장 위대한 기회이자 가장 엄중한 책임이다.

결론
질문에서 실천으로: AI 리더십 로드맵

질문을 모두 마쳤다. 5개는 기계에게, 5개는 우리 자신에게 던진 질문이었다. 이 질문들을 통해 우리가 발견한 것은 무엇인가?

AI는 거울이다. 우리가 제공한 데이터를 반영하고, 우리가 설계한 구조 안에서 작동하며, 우리가 부여한 권한만큼 일한다. 그래서 기계에게 던진 질문들(어디에 배치할 것인가, 어떻게 협업할 것인가, 데이터를 어떻게 통제할 것인가, 리스크를 어떻게 관리할 것인가, ROI를 어떻게 측정할 것인가)은 결국 우리 자신의 전략적 선택을 비추는 거울이었다.

더 중요한 것은 우리 자신에게 던진 질문들이다. 무엇으로 차별화할 것인가, 어떤 가치를 창출할 것인가, 어떻게 학습할 것인가, AI와 어떻게 공존할 것인가, 효율 너머 무엇을 추구할 것인가. 이 질문들에는 정답이 없다. 산업마다, 조직마다, 시점마다 답은 달라질 수 있다.

2025년 현재, 우리는 AI 혁명의 변곡점에 서 있다. 대다수의 AI 파일럿이 실패하는 이유는 기술이 부족해서가 아니다. 올바른 질문 없이 시작했기 때문이다.

2024년 노벨 경제학상을 받은 대런 아세모글루 교수는 수상 연설에서 이렇게 말했다.

"기술 발전은 자동으로 모두에게 이익을 가져오지 않는다. 우리의 제도와 선택이 그것을 결정한다."

이 책의 여정을 통해 우리는 더 나은 선택을 위한 질문들을 던졌다. 완벽한 답을 찾았다고 할 수는 없다. 하지만 올바른 방향을 찾기 위한 나침반은 얻었다. 당신 앞에는 두 갈래 길이 있다. 하나는 AI를 두려워하며 과거에 머무는 길이다. 다른 하나는 AI와 함께 미래를 만들어가는 길이다.

선택은 당신의 몫이다. 하지만 기억하라. 선택하지 않는 것도 선택이다. 그리고 그 선택의 대가는 당신뿐 아니라 당신이 이끄는 조직과 사람들이 함께 치르게 된다. 소크라테스는 성찰하지 않는 삶은 살 가치가 없다고 했다. AI 시대의 리더십도 마찬가지다. 질문하지 않는 리더십은 리더십이 아니다. 이제 당신만의 질문을 시작할 때다. 그리고 첫 질문은 단순하지만 근본적이다.

"나는 오늘 무엇을 시작할 것인가?"

이 질문에 대한 답이 당신 조직의 미래를 결정할 것이다. 그리고 나아가 우리가 함께 살아갈 세상의 미래를 바꿀 것이다.

에필로그
그리고 당신의 선택

프롤로그에서 만났던 CEO가 '지금 내가 결정하지 않으면, 우리 회사의 미래는 누군가의 알고리즘 속에서 정해질 것이다'라고 자문하던 그 순간은 긴 탐색의 여정이었다. 새벽 5시에 시작한 우리의 탐색은 이제 첫 햇살과 함께 새로운 깨달음에 이르렀다. 어쩌면 당신도 지금 이 순간, 그 CEO처럼 홀로 깨어 있을지 모른다. 노트북 화면의 빛 속에서 AI 뉴스를 스크롤하며 같은 질문을 던지고 있을지도 모른다.

이제 책을 덮으며 다시 그 질문으로 돌아가보자. 하지만 이번에는 조금 다르다. 이제 우리는 살아남는 것이 목표가 아니라는 것을, 진짜 질문은 "AI와 함께 어떤 미래를 만들 것인가?"라는 것을 안다. 월마트에서 테슬라까지, JP모건에서 메이요클리닉까지 우리는 18개 기업의 선택과 도전을 함께 걸어왔다. 유통·소매에서 기술·플랫폼, 제조·자동차에서 금융·보험, 그리고 의료·헬스케어까지 각기 다른 산업의 리더들은 서로 다른 선택으로 같은 질문에 답했다. 프롤로그에서 필요하다고 말했던 실제 사례들이 이제 당신의 통찰이 되었기를 바란다. 그들의 이야기 속에서 우리가 발견한 것은 단순한 성공 공식이 아니었다. 그것은 정답이 아닌 질문을, 공식이 아닌 선택을, 그리고 가장 중요하게, 기계가 대신할 수 없는 리더의 본질적 역할을 구하는 AI 시대를 살아가는 리더들이 마주한 근본적인 진실들이었다.

첫째, 기계가 더 많은 일을 할수록 인간의 일은 더 본질적이 된다. AI가 인식하고, 생성하고, 자율적으로 행동하며, 물리적 세계까지 지배하는 미래를 우리는 함께 그려보았다. 그러나 아이러니하게도, 기계의 능력이 확장될수록 드러나는 것은 인간만이 할 수 있는 일의 소중함이었다.

월마트는 우리에게 규모의 AI화가 곧 인간 중심의 재설계임을 보여주었고, 존디어는 AI를 통해 농민을 트랙터 운전사에서 데이터 기반 농장 CEO로 변화시키며 역할을 그도화했다. 메이요클리닉은 AI로 의료의 본질을 재정의하면서도 의사-환자 관계의 핵심을 지켜냈다. 이들 기업의 공통점은 무엇일까? 기계는 패턴을 보지만 인간은 의미를 본다. 기계는 최적화하지단 인간은 가치를 창조한다. 기계는 답을 찾지만 인간은 질문을 만든다. 기계는 효율을 추구하지만 인간은 목적을 정의한다.

둘째, 경계선을 긋는 것이 곧 철학이다. "무엇을 기계에 맡기고, 무엇을 인간이 지킬 것인가?" 이 질문은 단순한 업무 분장의 문제가 아니다. 그것은 우리가 어떤 조직이 되고 싶은지, 어떤 사회를 만들고 싶은지에 대한 근본적 성찰이다.

깃허브는 코드 작성을 AI와 나누면서도 창의성의 본질을 지켰고, JP모건은 AI 기반 금융 지배 구조를 구축하면서도 신뢰의 최종 보루를 인간에게 두었다. 효율성과 인간성 사이에서, 자동화와 일자리 사이에서, 데이터와 직관 사이에서, 속도와 숙고 사이에서 우리가 그어야 할 선은 무수히 많다. 그리고 그 선을 어디에 그을지 결정하는 것이 바로 리더십의 핵심이다.

셋째, 미래는 예측하는 것이 아니라 선택하는 것이다. AGI의 도래, 조직의 평평해짐, 기계 고객의 등장, 데이터 경쟁, 신뢰의 재정의. 우리가 탐색한 5개 시나리오는 모두 가능한 미래다. 하지만 어떤 미래가 현실이 될지는 정해져 있지 않다. 미래는 우리가 오늘 내리는 선택들의 총합이다.

"리더의 일은 무엇인가?" 프롤로그에서 시작한 질문으로 돌아가보자. 이 긴 여정을 거쳐 온 지금, 그 답은 명확하다. 리더의 일은 기계가 대신할 수 없는 불확실성 속에서 길을 찾는 것이다. 효율의 시대에 의미를 지키는 것이다. 기계의 차가움 속에서 인간의 온기를 보존하는 것이다. 변화의 폭풍 속에서 변하지 않는 가치를 붙잡는 것이다. 그리고 무엇보다, 질문하는 것이다. 왜 우리는 존재하는가? 무엇을 위해 일하는가? 어떤 미래를 만들고 싶은가?

이제 책을 덮고 현실로 돌아갈 시간이다. 수많은 보고서와 데이터가 아닌, 바로 당신의 눈앞에 있는 동료들을 마주할 시간이다. 당신의 조직에 어떤 AI를 도입할지 묻기 전에 먼저 당신의 동료들에게 어떤 꿈을 심어줄 것인지 물어야 한다. 기술의 로드맵을 그리기 전에 인간 존엄성의 경계선을 어디에 그을지 당신의 철학으로 답해야 한다.

    20세기의 위대한 미래학자 앨빈 토플러는 말했다. "21세기의 문맹자는 읽고 쓸 줄 모르는 사람이 아니라, 배우고, 잊고, 다시 배울 줄 모르는 사람이다." 경영학의 아버지 피터 드러커는 말했다. "리더십이란 일을 올바르게 하는 것이 아니라, 올바른 일을 하는 것이다." AI가 '어떻게'를 완벽하게 수행하는 시대, 리더의 일은 끊임없이 배우고 다시 배우며, '무엇을' 그리고 '왜'를 묻는 것이다. 완성은 없다. 오직 끊임없는 학습과 올바른 질문만이 있을 뿐이다. 그것이 인간의 일이고, 리더의 일이다.

    선택은 당신의 것이다. 그리고 그 선택이 우리 모두의 미래가 된다.

참고문헌

단행본

게르트 레온하르트(2018), 〈신이 되려는 기술: 위기의 휴머니티〉, 틔움
고선규(2019), 〈인공지능과 어떻게 공존할 것인가〉, 타커스
김성우(2024), 〈인공지능은 나의 읽기-쓰기를 어떻게 바꿀까〉, 유유
김성준(2025), 〈AI가 바꾸는 일터의 미래〉, 포르체
넬로 크리스티아니니(2023), 〈기계의 반칙〉, 한빛미디어
닉 보스트롬(2017), 〈슈퍼인텔리전스〉, 까치
데이비드 드 크리머(2022), 〈다음 팀장은 AI입니다〉, 위즈덤하우스
레이 커즈와일(2025), 〈마침내 특이점이 시작된다〉, 비즈니스북스
리처드 왓슨(2017), 〈인공지능 시대가 두려운 사람들에게〉, 원더박스
마크 그레이엄, 제임스 멀둔, 캘럼 캔트(2025), 〈AI는 인간을 먹고 자란다〉, 흐름출판
마크 코켈버그(2023), 〈인공지능은 왜 정치적일 수밖에 없는가〉, 생각이음
맥스 테그마크(2017), 〈맥스 테그마크의 라이프 3.0〉, 동아시아
맹성현(2024), 〈AGI 시대와 인간의 미래〉, 헤이북스
미리암 메켈, 레아 슈타이나커(2025), 〈AI 시대, 우리의 질문〉, 한빛비즈
박태웅(2024), 〈박태웅의 AI 강의 2025〉, 한빛비즈
변형균(2024), 〈통찰하는 기계 질문하는 리더〉, 한빛비즈
산드라 마츠(2025), 〈알고리즘, 생각을 조종하다〉, 생각의힘
수잔 슈나이더(2019), 〈인공 인간〉, 한울
아닐 세스(2022), 〈내가 된다는 것〉, 흐름출판

이중학(2025), 〈넥스트 워커〉, 클라우드나인
이철희(2024), 〈일할 사람이 사라진다〉, 위즈덤하우스
임문영(2025), 〈파레오로스〉, 학고재
임백준(2024), 〈AI 트러스〉, 한빛미디어
장강명(2025), 〈먼저 온 미래〉, 동아시아
제롬 케이건(2020), 〈무엇이 인간을 만드는가〉, 책세상
제리 카플란(2016), 〈인간은 필요 없다〉, 한스미디어
카라 스위셔(2025), 〈테크 천재들의 연대기〉, 글항아리
케빈 켈리(2017), 〈인에비터블 미래의 정체〉, 청림출판
크리스 위긴스, 매튜 L. 존스(2024), 〈데이터의 역사〉, 씨마스21
크리스틴 로젠(2025), 〈경험의 멸종〉, 어크로스
키치 헤이기(2025), 〈미래를 사는 사람 샘 올트먼〉, 열린책들
태 킴(2025), 〈엔비디아 레볼루션〉, 서삼독
토머스 데븐포트, 줄리아 커비(2017), 〈AI 시대, 인간과 일〉, 김영사
토비 월시(2018), 〈생각하는 기계〉, 프리뷰
피터 리, 캐리 골드버그, 아이작 코헤인(2024), 〈AI 메디컬 레볼루션〉, 터닝포인트
한상기(2024), 〈AGI의 시대〉, 한빛미디어
헨리 민츠버그, 로자베스 모스 캔터(2015), 〈경영이란 무엇인가〉, 한빛비즈
헨리 키신저·에릭 슈밋, 크레이그 먼디(2025), 〈새로운 질서〉, 월북

Agrawal, Ajay, Joshua Gans, and Avi Goldfarb. (2022). Power and Prediction: The Disruptive Economics of Artificial Intelligence. Boston, MA: Harvard Business Review Press.

Brynjolfsson, E., Li, D., & Raymond, L. (2023). Generative AI at work. National Bureau of Economic Research Working Paper No. 31161.

Christian, Brian. (2020). The Alignment Problem: Machine Learning and Human Values. New York: W. W. Norton & Company.

Daugherty, P. R., & Wilson, H. J. (2018). Human + machine: Reimagining work in the age of AI. Harvard Business Review Press.

Eloundou, T., Manning, S., Mishkin, P., & Rock, D. (2023). GPTs are GPTs: An early look at the labor market impact potential of large language models. arXiv preprint arXiv:2303.10130.

Kane, G. C., Nguyen Phillips, A., Copulsky, J. R., & Andrus, G. R. (2019). The technology fallacy: How people are the real key to digital transformation. MIT Press.

Mollick, Ethan. (2024). Co-Intelligence: Living and Working with AI. New York: Portfolio/Penguin.

Russell, Stuart. (2019). Human Compatible: Artificial Intelligence and the Problem of Control. New York: Viking.
Schwartz, P. (1996). The art of the long view: Planning for the future in an uncertain world. Crown Currency.
Suleyman, Mustafa, with Michael Bhaskar. (2023). The Coming Wave: Technology, Power, and the Twenty-first Century's Greatest Dilemma. New York: Crown.

논문 및 보고서

Acemoglu, Daron, and Pascual Restrepo. (2018). "Artificial Intelligence, Automation, and Work." NBER Working Paper No. 24196. Cambridge, MA: National Bureau of Economic Research.

Aldasoro, I., Gambacorta, L., Korinek, A., Shreeti, V., & Stein, M. (2024). Intelligent financial system: How AI is transforming finance (BIS Working Papers No. 1194). Bank for International Settlements.

Amar, J. (2025, June). The future of work is agentic [Interview]. In B. Weddle, B. Hancock, & L. Rahilly (Interviewers), McKinsey Talks Talent. McKinsey & Company.

Autor, D. H. (2015). Why are there still so many jobs? The history and future of workplace automation. Journal of Economic Perspectives, 29(3), 3-30.

de Bellefonds, N., Charanya, T., Franke, M. R., Apotheker, J., Forth, P., Grebe, M., Luther, A., de Laubier, R., Lukic, V., Martin, M., Nopp, C., & Sassine, J. (2024, October 24). Where's the value in AI? Boston Consulting Group

Glaessgen, E., & Stargel, D. (2012). The digital twin paradigm for future NASA and U.S. Air Force vehicles. Proceedings of the 53rd AIAA Structures, Structural Dynamics, and Materials Conference (AIAA 2012-1818).

Mayer, H., Yee, L., Chui, M., & Roberts, R. (2025, January 28). Superagency in the workplace: Empowering people to unlock AI's full potential. McKinsey & Company.

Parasuraman, R., & Riley, V. (1997). Humans and automation: Use, misuse, disuse, abuse. Human Factors, 39(2), 230-253.

Shao, Y., Zope, H., Jiang, Y., Pei, J., Nguyen, D., Brynjolfsson, E., & Yang, D. (2025). Future of work with AI agents: Auditing automation and augmentation potential across the U.S. workforce. arXiv preprint arXiv:2506.06576v2.

Stanford HAI. (2025). Artificial intelligence index report 2025. https://hai.stanford.edu/ai-index/2025-ai-index-report